林慶彰　編

日據時期臺灣儒學參考文獻　上冊

臺灣學生書局印行

編者序

一

一九九四年底，臺北市長選舉進入高潮，統獨爭論響徹雲霄。有一天，與幾位在大學任教的朋友相聚，對這種反常的政治氣氛，感到憂心忡忡。我們數人或研究中國歷史，或研究中國文學，或研究經學，都是中國學術的研究者，大家提議可以騰出一點時間作臺灣本土關懷的事，研究歷史的朋友，打算開始研究臺灣歷史；研究文學的朋友，有研究臺灣古典詩文的念頭。我個人的專業是經學和儒學的研究，希望能了解日據時期臺灣儒學的研究成果。

這五年多雖不是全心全力都在蒐尋臺灣儒學文獻，但至少可用時時都在關心來形容。這一時段的儒學文獻本來就不多，加上儒學家的著作不是僅有稿本，就是亡佚，或者在海外出版，蒐集相當困難。這五年所蒐集到的成果也僅能編成一冊而已，這是相當汗顏的事。

二

根據一般蒐集資料的方法，我從書目入手，在官修的書目中，以《重修臺灣通志》卷十的〈藝文志著述篇〉（南投：臺灣省文獻委員會，一九九三年一月）資料最新。我從第四章〈日據時期之著述〉中找所需要的資料，在第二節〈哲學、宗教類〉只有曾天從的《眞理原理論》（臺北，一九三七年）、張漢（張純甫）的《非墨十說》、《是左十說》（未刊）、林履信的《希莊學術論叢》（廈門：宏文社，一九二二年）、李春生的《民教冤獄解》（一九〇五年）、《耶穌教聖識闡釋備考》（福州：美華書局，一九〇六年）、許地山《扶箕迷信底研究》（長沙：商務印書館，一九四一年）等九種書。這九種書，與儒學有關的，僅有張漢的《非墨十說》、《是左十說》二書而已。而這兩書，根據這〈藝文志著述篇〉的提要說：「張氏鑽研《墨子》、《左傳》數十年，深得二書奧衍，今稿散失不傳。惟聞《是左十說》中一說，係考證《左傳》爲孔子著《春秋》前之作品，持論實屬空前，餘不詳。」（頁二三八）根據這段提要，張漢的著作幾已亡佚，《是左十說》僅存的一說，也不知哪裏可找到。如果根據《重修臺灣省通志》卷十〈藝文志·著述篇〉，所謂「日據時期的臺灣儒學」，根本沒有留下任何重要的資料。

此後，我對此事一直持懷疑的態度，難道日據時期的儒學資料，僅僅那麼一點而已。在一次到文哲研究所圖書館查資料，忽然領悟到，可以從當時文人的文集來找資料，看看文集中有否儒學的資料。也可從日據時代的期刊找資料，更可以從近數十年的期刊論文索引中查查是否有研究當時儒學的論文。於是，我就按下列方向來查搜集資料：

㈠從文集找資料：我最先注意到臺灣中華書局編輯部編《臺灣先賢集》（臺北：臺灣中華書局，一九七一年）和高志彬編《臺灣先賢詩文集彙刊》（臺北：龍文出版社，一九九二年）和臺灣省文獻委員會出版的一系列文學家的全集，如《吳德功全集》（一九九二年五月）、《洪棄生先生全集》（一九九三年五月）、《連雅堂先生全集》（一九九二年三月），確知吳德功、洪棄生、連橫的文集中，有不少討論儒學的單篇文章。去年，黃美娥主編的《張純甫全集》（新竹：新竹市立文化中心，一九九八年六月）出版，第四冊《文集》中，赫然有被認爲久佚的《非墨十說》和《是左十說》，和其他相關儒學的文章。這是一件喜出望外的事。

㈡從當時期刊找資料：我找到東方文化書局影印出版的《新文學雜誌叢刊》想從《南音》、《人人》、《フォルモサ》、《先發部隊》、《第一線》、《臺灣文藝（臺灣文藝聯盟）》、《臺灣新文學》、《臺灣文學》、《文藝臺灣》、《華麗島》、

《臺灣文藝》（臺灣文學奉公會）中尋找是否有儒學方面的文章。恰好日本中島利郎先生編有《日據時期臺灣文學雜誌總目・人名索引》（臺北：前衛出版社，一九九五年三月），我一期一期翻閱，在《南音》第一卷四至六號（一九三二年二—四月）找到周定山所撰〈「儒」是什麼？〉一文，又在《南音》第一卷第十一號（一九三二年九月），找到周定山的〈刺激文學的研究〉一文；在《臺灣文藝》（臺灣文藝聯盟）創刊號（一九三四年十一月）找到黃得時的〈孔子的文學觀及其影響〉一文。另外，在連橫主編的《台灣詩薈》中找到了胡南溟的〈聖符內篇〉，林履信的〈洪範之社會學的研究〉、〈儒家教學精神〉等多篇，又在《台灣日日新報》中找到林履信的〈中華學術思想之精義〉。

除了一般性的期刊外，我也試著從比較學術性的刊物中去發掘儒學的資料，如《臺灣青年》、《臺灣》、《臺北帝國大學文政學部哲學科年報》。也找到了不少研究儒學的論文：

1.發表在《臺灣青年》者

譚鳴謙〈孔子教育學的研究〉，《臺灣青年》二卷四號，一九二一年五月。

吳　康〈荀子教育學的研究〉，《臺灣青年》二卷五號，一九二一年六月。

2.發表在《臺灣》者

金　博〈孟荀賈誼董仲舒諸子性說〉，《臺灣》第三年八號，一九二二年十一月。

高瀨武次郎〈苦悶之孔子〉，《臺灣》第三年九號，一九二二年十二月。

3.發表在《臺北帝國大學文政學部哲學科研究年報》者

後藤俊瑞〈二程子の實踐哲學〉，該《年報》第二輯，一九三五年六月。

後藤俊瑞〈朱子の本體論〉，該《年報》第三輯，一九三六年九月。

今村完道〈義について〉，該《年報》第五輯，一九三八年九月。

後藤俊瑞〈朱子の德論〉，該《年報》第六輯，一九三九年十二月。

今村完道〈周易の政治思想〉，該《年報》第七輯，一九四一年三月。

後藤俊瑞〈朱子の禮論〉，該《年報》第七輯，一九四一年三月。

4.發表在《台灣時報》者

井出季和太〈支那思想問題と公羊學〉，《台灣時報》（台灣總督府）第十九號，一九二一年二月。

合計有十一篇論文。但譚鳴謙、吳康、金博爲大陸學者投稿，應不能算是臺灣學者研究儒學的成果。高瀨武次郎、後藤俊瑞、今村完道、井出季和太都是日本人，如把臺灣儒學範圍擴大，才能納入。

㈢從相關研究論文找資料：雖然從上述兩種方法來查尋資料，已有不少收穫，但我仍希望所得資料越完整越好。所以我從國立中央圖書館主編的《中國文化研究論文目錄》（臺北：臺灣商務印書館，一九八二年十二月）和《臺灣文獻分類索引》中，去查尋是否有相關的研究論文，希望能從這些論文找到些許資料的線索，經多方檢索，尋得有關的論文有：

陶希聖〈郭明昆及其遺著〉，《新時代》一卷十二期，一九六一年十二月。

李騰嶽〈張純甫之詩及其「是左十說」之作〉，《臺灣風物》十五卷三期，一九六五年八月。

廖仁義〈臺灣哲學的歷史構造——日據時期臺灣哲學思潮的發生與演變〉，《當代》第二十八期，一九八八年八月。

從陶希聖的論文，我得知郭明昆這位學者的大略事蹟，和著作《中國家族制度與語言之研究》，其中有〈儀禮喪服考〉、〈喪服經傳考〉兩篇討論《儀禮》的論文，馬上請日本東京的琳瑯閣書店幫忙購買，不久即買到。後來，這書臺灣的南天書局也有翻印本。

從廖仁義先生的論文，知道廖文奎這位學者，著有《人生哲學之研究》，在上海出版，言明「迄今不易尋獲」。我忽然想到，既是民國時期在上海出版的書，在北京圖書館編《民國時期總書目（哲學·心理學）》中，應該會有收錄，該書目果然著錄了廖文奎的《人生哲學教程》（一九三六年十月），上海圖書館有收藏，又有《人生哲學之研究》（南京：大承出版社，一九三六年十二月），北京圖書館和上海圖書館都有收藏。我馬上請在復旦大學任教的王水照先生代爲影印，王先生來信說，復旦大學也有《人生哲學之研究》，就代印了復旦大學藏本。

另外，秦賢次先生贈送的《海鳴集續集》（臺北縣：臺北縣立文化中心，一九九六年七月）中有江文也的〈孔子的音樂底斷面與其時代的展望〉，知道江文也研究孔子的音樂論。一九九七年九月赴九州大學作爲期一年的研究，在九大圖書館中找到了江文也的《上代支那正樂考——孔子の音樂論》。

爲了將這些資料編爲一書，在九州大學期間，除了編輯《日本儒學研究書目》外，也利用部分時間翻譯郭明昆的〈喪服經傳考〉和〈儀禮喪服考〉，以及江文也的《上代支那正樂考》。在回國時，江文也的書初稿已譯就，郭明昆的論文祇譯了〈喪服經傳考〉。後來，在查閱江文也資料時，才知道一九九二年十月，由臺北縣立文化中心出版的《江文也文字作品集》，已收入陳光輝所譯《孔子音樂論》，即《上代支那正樂考》。陳先生的譯筆比我好得多，但我也珍惜自己的勞動成果，希望能把自己的譯本收入，有不妥的地方已參考陳先生的譯本修改。

民國八十八年十二月十八、十九日到台南成功大學參加「第二屆台灣儒學國際學術研討會」時，宋鼎宗教授告知林履信有〈洪範の體系的社會經綸思想〉一書，收在《如水社講演集第二輯》。回台北後，利用各種書目都未尋得此書。民國八十九年一月六日本所舉辦「清乾嘉學者之義理學」研討會時，述及查尋此書之甘苦，中央研究院歷史語言研究所陳鴻森教授告知他藏有此書，隔數日，即影印一份賜下，我即著手加以翻譯，歷三日完成。

三

根據前一節資料蒐集之經過，所收集到的資料已相當多，如何將這些資料作妥當的編排是最先要面對的問題。

首先，是如何處理今村完道、後藤俊瑞等人的論文，今村完道於一九二九年三月，被任命爲臺北帝國大學教授，在《臺北帝國大學文政學部哲學科研究年報》第五輯（一九三八年九月），發表〈義について〉；在第七輯（一九四一年三月）發表〈周易の政治思想〉。後藤俊瑞於一九二九年四月，被任命爲臺北帝國大學助教授，在《臺北帝國大學文政學部哲學科研究年報》第二輯（一九三五年六月）發表〈二程子の實踐哲學〉；第三輯（一九三六年九月）發表〈朱子の本體論〉；第六輯（一九三九年十二月）發表〈朱子の德論〉；第七輯（一九四一年三月）發表〈朱子の禮論〉；第八輯（一九四二年五月）發表〈朱子の認識論〉。今村和後藤兩人，是長期居住臺北，在臺北帝國大學執教的學者，他們研究儒學的成果，當然可視爲臺灣儒學的一部分。這本書所以沒有把他們的論文收進去，不是因爲他們是日籍學者，而是他們的論文份量太多，且需經過翻譯才能出版。這需要有相當多的人力和經費。但願將來有機會出第二集時，能專收這一部分的資料。

再就當時臺藉的儒學家來觀察，已輯得資料的學者如果按生年先後排列，計有吳德功（一八五〇—一九二四）、洪棄生（一八六七—一九二九）、胡南溟（一八六九—一九三三）、章太炎（一八六九—一九三六）、連橫（一八七八—一九三六）、張純甫（一八八八—一九四一）、周定山（一八九八—一九七六）、林履信（一八九九—一九五四）、郭明昆（一九〇四—一九四三）、張深切（一九〇四—一九六五）、廖文奎（一九〇五—一九五二）、黃得時（一九〇九—一九九九）、江文也（一九一〇—一九八三）等十三位。這十三位學者，有的是橫跨清代和日據時期，有的橫跨日據時期和國民政府來臺時期。橫跨清代和日據時期的學者，如吳德功、洪德生等人，今傳文集的論文，大多沒有註明著作年代，很難作判斷。因此，祇要是符合儒學標準的，大抵全部收錄。至於橫跨日據時期和國民政府來台時期的學者，如周定山、張深切、廖文奎、黃得時、江文也等人，祇取日據時期完成或發表之作品。所以，像張深切的《孔子哲學評論》（臺中：中央書局，一九五四年十二月），也祇能割愛。且該書篇幅甚大，又已有《張深切全集》（臺北：文經社，一九九八年）本，也不適合收入本書中。又像章太炎，他僅在台灣居住半年，僅收他在台灣發表之論文。

資料取捨的標準決定後，即將收錄的資料，應如何編排，也有必要加以說明。大抵來說，編輯資料性的書，可按主題來編排，也可按作者來編排。如就所蒐集來的儒學資料加以考察，這些儒學家所關懷的主題實在相當廣泛，加以歸納的話，至少有下列數類：

㈠儒家經典研究：如：吳德功的〈騶虞解〉；洪棄生的〈讀變雅詩說〉、〈讀變雅書感〉、〈禹貢水道解〉；連橫的〈說八卦〉、〈說河圖〉；洪棄生的〈禹貢水道解〉；張純甫的〈是左十說〉；周定山的〈刺激文學研究〉；林履信的〈洪範之社會學的研究〉、〈洪範體系中之社會經世思想〉；郭明昆的〈儀禮喪服考〉、〈喪服經傳考〉等都是。

㈡儒及孔子之研究：如：吳德功的〈孔教論〉；張純甫的〈孔子之說孝〉；周定山的〈「儒」是什麼？〉；黃得時的〈孔子的文學觀及其影響〉；江文也的〈孔子的音樂底斷面與其時代的展望〉、〈上代支那正樂考——孔子的音樂論〉等都是。

㈢歷史人物評論：如：吳德功的〈晁錯論〉、〈漢文帝論〉、〈孫子吳起論〉、

〈齊桓公論〉、〈鄭成功論〉；洪棄生的〈鄭歸生弒君論〉、〈趙盾弒君論斷〉、〈鄭成功論〉、〈王安石論〉、〈王安石論後〉、〈嚴子陵論〉、〈子產不毀鄉校說〉等都是。

㈣儒墨兩家評判：如：連橫的〈墨子棄姓說〉、〈墨爲學派說〉、〈墨道教世說〉；張純甫的《非墨十說》有〈非利說〉、〈非非命說〉、〈非非樂說〉、〈非非禮說〉、〈非非儒說〉、〈非非說〉、〈墨子非兼愛說〉、〈墨子非非攻說〉、〈墨子非務本說〉、〈非墨所以愛墨說〉等都是。

㈤新理論的建構：如：連橫的〈思想與性之分別〉、〈思想解放論〉、〈思想自由論〉、〈思想創造論〉、〈思想統一論〉；張深切的〈民族精神與民族性〉、〈理性與批判〉；廖文奎的〈人生哲學之研究〉等都是。

儘管從其內容來觀察，這一時期的儒學者所關懷的問題已相當的廣泛，但不能歸入以上五大類的資料仍舊相當多。這是要用內容來編排時，不得不考慮的問題。另外，日據時期短短的五十年，前後期的儒學也有不同，如果單就內容來編排，也不容易看出發展的軌跡。再者，純用內容來編排，也看不出一位儒者研究儒學的輪廓，該儒者思想有何開展和侷限性，也比較難作完整的評估。

爲了要避免上述所提到的種種缺點，這本《日據時期臺灣儒學參考文獻》，按作者時代先後，將吳德功、洪棄生、連橫、張純甫、周定山、張深切、郭明昆、廖文奎、黃得時、江文也等十位儒學者的儒學資料，依次編排。讀者很容易可以從這些資料，看出每位儒者的思想淵源和關懷的問題，及其與時代的關係。每位儒學家的重要性如何，也可以從所選錄的資料得到證明。

四

如就所收集來的資料內容細加分析，可以發現這些儒學家和資料，依其時代大抵可分為傳承與創新兩類。這兩類資料也有其不同的價值。

就傳承來說，可以吳德功、洪棄生、連橫、張純甫等人為代表，從他們的著作可以看出他們對儒家經典的傳承，留下了不少的資料，如吳德功的〈騶虞解〉，洪棄生的〈鄭歸生弒君論〉、〈趙盾弒君論斷〉、〈書弒書叛說〉、〈子產不毀鄉校說〉、〈讀變雅詩說〉、〈讀變雅書感〉、〈禹貢水道解〉；連橫的〈說八卦〉、〈說河圖〉；張純甫的〈禮為經國之紀〉、〈孔子之說孝〉、〈非墨十說〉、〈是左十說〉等都可以看出這幾位傳統儒者對傳統經典方面的素養。他們對傳統經典所作的考證和詮釋，比起中國儒學者之著作，當然要遜色不少，但如洪棄生的〈孔子之說孝〉，輯錄孔子論孝之文字；張純甫的〈是左十說〉，以《左傳》早於《春秋》觀點雖不正確，但輯錄《左傳》引《詩經》、《尙書》、《周易》的文字甚爲詳備，對研究《左傳》仍有輔助之功。且當時爲日本統治時代，治學的客觀條件，根本不能與中國的學者相比，有心從事典籍研究已屬難得，能作出成績自應嘉許。

其次，這些傳統儒者也有許多歷史人物的評論和制義文。制義文即八股文，以洪棄生爲最多，有《洪棄生制義文集》，從這些制義文可以看出當時出題的方式和學者撰作八股文的技巧。至於歷史人物的評論，吳德功有〈晁錯論〉、〈漢文帝論〉、〈孫子吳起論〉、〈齊桓公論〉、〈鄭成功論〉；洪棄生有〈鄭歸生弒君論〉、〈趙盾弒君論斷〉、〈鄭成功論〉、〈王安石論〉等，都可以反映他們評斷人物的方法和價值觀。

就創新方面來說，代表人物是周定山、郭明昆、張深切、廖文奎、黃得時、江文也等人。這些學者不是受過正規新式的教育，就是到過國外留學。他們受中國或國外研究方法的影響，對傳統學術有所反省或批評，甚至重新詮釋，如：周定山的〈「儒」是什麼？〉，是受狩野直喜〈儒の意義〉和張壽林〈儒的意義〉的影響，旨在探討「儒」的眞正本義，黃得時的〈孔子的文學觀及其影響〉，則批評孔子的文學觀限制了中國文學的發展。江文也的〈孔子的音樂底斷面與其時代的展望〉、《上代支那正樂考》，除探討中國上古音樂的起源外，也析論孔子對古代音樂的貢獻。儘管周定山、黃得時、江文也對孔子的觀點大不相同，然他們各有其持論的根據，並非僅僅主觀的見解。

郭明昆的〈儀禮喪服考〉、〈喪服經傳考〉，是希望透過《儀禮》的〈喪服篇〉重建古代的制度和習俗。他受不少國外社會學著作的影響，可說是日據時期最能應用新方法來研究經學的學者。廖文奎的《人生哲學之研究》，以《大學》的格物、致知、誠意、正心、修身、齊家、治國、平天下爲架構，融入他所學到的西方哲學知識，也就是以舊瓶裝新酒的方式來重新建構他認爲理想的人生。這也反映新一代臺灣知識份子在傳統和現代間的調適。

日據時期的五十年間，儒學資料可能不僅止於本書所收錄的片斷。它的價值也不止上文所述而已。我誠懇地呼籲關心臺灣儒學者發展的先進朋友，大家有志一同來做好這一時段的儒學研究。

五

這本書經五年的蒐集資料，能順利出版，實得力於下列各位先生女士的協助，謹臚列如下，以表示衷心的感謝：(1)復旦大學中文系王水照教授提供廖文奎《人生哲學之研究》；(2)廣州中山圖書館古籍部主任林子雄先生提供張壽林〈儒的意義〉；(3)中央研究院歷史語言研究所陳鴻森教授提供林履信的〈洪範の體系的社會經綸思想〉；(4)四川大學中文系博士生李寅生先生協助翻譯郭明昆的〈儀禮喪服考〉、〈儀禮經傳考〉。在中央研究院中國文哲研究所擔任助理的蕭開元、陳淑誼學弟代爲處理部分文稿；九州大學博士金培懿學弟，除協助翻譯外，也代爲修正部分翻譯稿，彰化師範大學國文研究所的吳伯曜學弟，標點部分稿件；東吳大學中文研究所的張博成學弟，玄奘大學中文研究所的周美華學弟，協助校對部分稿件，也應感謝。

民國八十八年十二月十八、十九日參加台南成功大學「第二屆台灣儒學國際學術研討會」時，得宋鼎宗、楊儒賓、施懿琳、翁聖峰等教授提供高見，謹再度表達萬分的謝意。台灣儒學之資料久不爲學界所重視，蒐集起來相當困難，編者囿於見聞，闕漏必甚多，敬請海內外先進同好能再賜予指教。

二〇〇〇年五月　林慶彰　誌於
中央研究院中國文哲研究所

日據時期臺灣儒學參考文獻　目次

上冊

胡南溟（一八六九—一九三三）

張純甫（一八八八—一九四一）

周定山（一八九八—一九七六）……二七九

下冊

吳德功（一八五〇—一九二四）

作者簡介

吳德功，字汝能，號立軒，彰化人。生於清道光三十年（一八五〇）五月六日。德功祖先來自福建泉州同安縣，世居彰化北門街，父名登庸，有子五人，依次為德功、書功、紀功、士功、敏功。

德功在清代時，經歷戴潮春與施九緞之亂。同治元年至三年（一八六二—一八六四）戴潮春之亂，德功年十三至十五歲，親見其事，每筆之於書。至光緒二十年（一八九四），白沙書院山長蔡德芳，知德功熟於《春秋》筆法，推舉德功撰寫載、施兩案之始末。光緒二十一年（一八九五），中日甲午戰爭失敗，清廷將臺灣割讓給日本，時德功年四十六，舉家至鄉下避難。光緒二十三年（一八九七）作《讓臺記》。稍後，德功家族因避難而死者有六人。

光緒二十六年（明治三十三年，一九〇〇），德功撰《觀光日記》，中有云：「明治三十三年，臺灣總督府男爵兒玉源太郎閣下舉行揚文會。總計全臺舉人、貢生、廩生止餘一百五十名。……（三月）二十四日，熊田君（總督府課員）枉顧，索取拙著施、載兩案。」可見他的著作頗受日本當局之重視。光緒二十八年（明治三十五年，一九〇二）

德功與吳鸞旂、周連山、楊吉臣等人，請旌表貞烈節孝婦四名，其中林吳氏為德功之胞妹。

光緒三十四年（一九〇八）至民國七年（一九一八）間，連橫撰《臺灣通史》，常向德功請教。連橫所撰《臺灣詩乘》說：「先生又關心風化，遇有忠義節烈之事為之表彰稱道弗置。故里閈多重其人，誠可謂積學之士也。先生名德功，字汝能，設教鄉中，垂四十年，誘掖後進，循循不倦。有《瑞桃齋詩稿》二卷，余就而借讀，為錄數首，以志景行。」可見連橫對他的志行和學識都相當景仰。

民國十一年（大正十一年，一九二二），臺灣總督府史料編纂委員會成立，德功受聘為「評議員」。時德功身兼彰化銀行董事、彰化農會副長、彰化廳參事，並經營煉瓦製造業、石材販賣業。日人視德功為「學者」、「實業家、民間有力者」。民國十二年（大正十二年，一九二三），日皇太子至臺灣巡視，德功與連雅堂等十五位本島人士，列名「學者」。民國十三年（大正十三年，一九二四）五月，德功逝世，享年七十五。

德功的著作，《重修臺灣省通志》卷十〈藝文志。著述篇〉列有：《彰化節孝冊》、《戴案紀略》、《施案紀略》、《讓臺記》、《瑞桃齋文稿》、《瑞桃齋詩話》、《觀光日記》第八種。民國八十一年（一九九二）臺灣省文獻委員會將上列八書輯為《吳德功先生全集》。

騶虞解

〈周南〉始〈關雎〉，而終〈麟趾〉，見化之入人深。〈召南〉始〈鵲巢〉，而終〈騶虞〉，見澤之及物廣。〈麟趾〉言公子之仁厚，而詩特美之曰「吁嗟麟兮」。〈騶虞〉言國君之仁恩，而詩特美之曰「吁嗟乎騶虞」。故〈騶虞〉之序，以爲〈鵲巢〉之應，而見王道之成也。自來說〈騶虞〉者，皆以獸名言，《毛傳》謂騶虞義獸，白虎黑文，不食生物，有至信之德則應，《集傳》從之，而以此詩爲美南國諸侯之事，嘆其仁心自然，是即所謂騶虞也。考《周禮義疏》引《韓》、《魯》說，謂騶虞是天子掌鳥獸之官，《孟子》招虞人以旌則指爲守囿之吏〈月令〉七騶咸駕，《左傳》六騶，則以騶爲馬御。歐陽修亦以騶虞爲馬御，虞爲山澤之官，又引〈射御〉云，天子以騶虞爲節，樂官備也。至賈誼《新書》又謂騶爲文王之囿，虞者囿之司獸。嚴粲又以《爾雅》不載騶虞，以證非獸，則騶虞似分爲二物矣。然考太公《六韜》及《淮南子》皆曰文王拘羑里，散宜生得騶虞獻紂，李白詩：「騶虞不虛來」。郭璞讚云：「矯足千里，倏忽若神」。而顏師古注相如〈封禪書〉亦指引騶虞，其見於經疏、緯書者甚夥，則不得謂無此獸名矣。且所謂樂官備者，謂「一發五豝」，喻得賢人多，賢人多則官備非騶御，虞人不乏官之謂。則此詩自以朱子從《毛傳》之說爲正解，而別錄歐陽之說於古序後者，蓋以備一說也。其曰：「一發五豝」，朱子以爲猶言中必疊雙，似與嘆美文王之澤及草木昆蟲之意，未符，不若鄭孔以獸五豝，矢惟一發，爲仁心之至，其義爲優。然曰「猶言」者，亦未敢遽定之詞，可見朱子虛心之意，猶錄歐陽之說也。要之此詩之應〈鵲巢〉亦如〈麟趾〉之咏〈關雎〉，故皆以仁獸爲喻，皆以吁嗟爲詞，皆以三句成章，編詩者分置〈二南〉之末，得無意乎。

夏宗師戊寅科試評：

引用經書，原原本本，結尊朱註，尤確。

小學考

《大戴禮》云：「古者八歲入小學，周官保氏以六書教國子。」即成周小學之教而言，小學者有三家，曰體制，曰訓詁，曰音韻，夫體制之書《說文》爲冠，許叔重《說文解字》分部五百四十，文九千三百五十有二，合爲十四篇，終於亥，始於乙，晉呂端作《字林》，梁顧野王撰《玉篇》，宋徐鍇爲《繫傳》，誠足發明《說文》之旨，治平中司馬光等奉詔輯《類篇》，推源析流，收集最爲詳備，僧行均於《說文》九千字外，多所推廣，併釋典之字，亦皆捃摭靡遺，郭忠恕《汗簡》，所收古籀，亦增於《說文》數倍，忠恕集七十一家篆法，其書亦多後世所未見者。夫訓詁之書，本於《爾雅》，漢揚雄《方言》十三卷，多發明《爾雅》之義，或謂其出於僞托，故《漢志》不錄，唐陸德明撰《經典釋文》三十卷，考證精博，惟登《老》、《莊》而不列《孟子》，未免習於當時風尚，非所謂乖謬者矣。陸佃作《埤雅》說本王安石，未免穿鑿。他如李商隱之《蜀爾雅》、劉溫潤《羌爾雅》、梅彪石《藥爾雅》、叔孫通《補爾雅》、劉伯莊《續爾雅》、劉杳《要雅》、羅願《爾雅翼》，皆以《爾雅》爲名，亦不可廢者。程端蒙作《小學子訓》，朱子以大《爾雅》稱之。張揖《廣雅》本《爾雅》，採《三倉》諸書，補所未備，隋曹憲爲之音釋，竊謂可與《爾雅》比者，惟此書耳。夫所謂音韻之書《廣韻》爲最，然注文頗嫌繁冗，《集韻》則宋祈等重修，亦見明確，《音辨》賈昌朝之所作也，義例可謂詳明，《韻補》吳棫之所編也，徵引亦極繁愽，至如郭忠恕所撰《五經文字》、夏竦所作《古文四聲》、毛晃所撰《禮部韻》，以及西域之四聲，皆小學之要也。聖朝文運昌明，經籍大備，而小學尤爲入德之門，學人敢不考證及之。

江老師觀風評：

小學源流，引證精確，不浮。

孔教論

今夫世之論教者，大抵喜談新學，厭棄古墳，徒尚武功，不修文德，以為教必使言論自由，男女平權，財用富足，國民自強，武備宜修，以為泰西科學文明，悉本於此，遂疑孔教為平淡無奇，高深莫測，公德希有，豈知孔教包括萬類。何止數端乎。試舉而論之，不見春秋筆則筆、削則削，匹夫操天子之權，或褒之或貶之，布衣于諸侯之政，許止父藥不先嘗，譏其不子；趙盾出奔不越境，書其弑君，秉其直，道之公，昭示後世，非謂言論自由乎。彼夫不執簡以爭，曲筆以徇者，孔教所不取也，不見詩賡渭陽之叶，則重親迎之儀，晉有郤缺之妻，能行如賓之禮，姤卦之辭，正位乎內外，君子之道，造端乎夫婦，悉皆由禮而行，待以敵禮，非言男女平權乎，彼鑽穴相窺，踰墻相從者，孔教所弗道也。不見道千乘之國，首言節財之流，讀〈大學〉終篇，亦務開財之源，觀衛民之庶，既富又加以教，論什一之征，國富宜藏於民，此皆得之有道，以充國儲，非言財用富足乎。若夫悖入悖出，喻利忘義者，孔教所弗論也，不見

〈中庸〉達德有三，勇與仁智並列，〈洪範〉言凶有六，弱與貧病同譏，思剛者之未見，曾譏諷于申棖，答成人之全體，嘗節取夫卞莊，此乃養其浩然之氣，而不撓屈，非言民人自強乎，彼夫好勇鬪狠，暴虎馮河者，孔教所常戒也，不見夫子與子貢論用兵，則食輕於信，與子路行三軍，則成在乎謀，有文事必有武備，一戰能反其田，因飢饉加以師旅，三年可使有勇，此亦不得已而用，以固國防，非言武備宜修乎，彼夫驕兵佳兵，爭城爭地者，孔教所常非也，我夫子日以大中至正之道，行日用倫常之經，極其至雖聖人有所不知，而小之夫婦之愚可與知焉，雖淺近何傷也。更觀夫子言性與天道，不得而聞，怪力與亂神，則皆不語，弟子雖有高堅前後之嘆，不過博文約禮之規，其高深何有也，且夫子時中之聖，有教無類，不見智愚之分，無行不與，何有固我之見，具老安少懷之量，本博施濟衆之懷，含宏廣大，立人達人，成己成物，洵包涵萬類也。使在今日得行其道，必取人之長以補短。不炫己之能以驕人，苟有利於國家者，必與時偕行，非所謂萬物並育而不相害，道並行而不相悖耶。何嘗無公德心也，大哉孔教。聖哉孔教。德心克廣，大道爲公，豈五大洲之宗教，所可相提而並論哉。

就人之不滿於孔教者，力爲辯疏，繁徵博引以證之，非徒阿好，已足服人，中且讚歎孔之美善，非一切教可且比。誠孔教功臣也。傅鶴亭拜讀。

晁錯論

今夫士君子謀國家之大事，定天下之大計，必相時度勢，量力揣才，而後可以發言，且其言既發，猶不可以畏葸顧及身家，使已處其安，人處其危，若未事而坐論有餘，臨事而謀略不足，卒使激變人心，釀成巨禍，何足謀人國事哉。昔漢景帝三年，山東七國諸侯勢甚雄大，晁錯請削之，此其謀非不善也，未幾七國興師，天下岌岌，以誅錯爲名，使錯兵自將，安知不可以滅此而朝食，則錯可以不死，乃計不出此，欲天子自將，而已留守，揆諸食人之祿，急人之難之謂何，而顧出此言乎。斯時景帝已芒刺在背，即無袁盎之讒，錯亦難逃棄市之罪矣。且自將之事，豈得易言哉。昔契丹師次澶州，軍書旁午，天下震驚，勝敗之機，存於呼吸，王欽若請幸金陵，陳堯叟請幸成都，寇準獨請自將，帝從之，悉以軍事付準，而俄頃之間，契丹北還，可謂功在社稷矣。厥後王欽若言於帝曰，澶淵之盟，陛下乃寇準之孤注也，斯亦危矣，帝由是罷寇知陝州。夫契丹之來，非準激之，帝雖自將，而準專號令，竟一鼓成功，安天下於衽席，而猶不免於罷黜，況七國之反，而錯實召之，欲天子自將，而錯不隨之，普天之下，咸發不平，豈獨盎一人已哉。蓋揣錯之存心，不揣時勢，不量才力，直以事成，則己居其功，不成己亦不及禍，此即鄙夫患得患夫之心，而論者顧許之以忠，豈通論乎。

於坡公之外，出一機軸，引寇準襯映，尤妙。櫻溪。

漢文帝論

且夫帝王御宇膺圖，欲使四海長治久安，澤流後世者，此雖貴有愛民之心，猶貴有果斷之識，功必賞，過必罰，有德可懷，有威可畏，仁至義盡，而後可也。三代之湯武，能行王道，亦不廢征誅，豈可行姑息之政，養癰貽患，止圖治安於目前，不顧叛亂於身後哉。如漢文帝者，當諸呂削平，入承大統，思欲與民休息，不忍數用兵，以戕民命，稽之前史，實罕其匹，然尉佗自立，不討之，反封之，吳王不朝，不罪之，反賜之，諸臣之貪，皆置而不問，自以爲恩深遍於遐邇，登斯民於衽席之安。詎知自古跋扈之臣，貪慾無厭，今日加榮封，明日要求顯爵；今日賜金錢，明日要求土地，以爲上不討我罪我，實非愛我，乃畏我也，勢必猖狂放肆，桀傲不馴，而爲所欲爲，將見天下騷然，尤而效者，更有甚甚焉。爲政者當防微杜漸，計出萬全，故《易》象之著堅氷，所由謹其始於履霜也。使文帝不早薨，支之強者幹必弱，七國必及身而反，不待晁錯之請削而始發也，伊時文帝之臣，絳灌無文，惟有賈生痛哭上書，以爲國大者已除，所存者皆國小而不爲患，同姓日強盛，雖兵釁未啓，而禍機隱伏於無形，若不使諸王將其土地，分封子孫以弱之，其害不可勝言也。但當日大臣以爲難，皆主靜而勿動，文帝自謂天下已治安，不先發制人，以弭其禍，欲效舜之無爲而治，慣用懷柔之策，以籠絡諸藩，故終帝之世，暫可苟安，而究未得恩威並行，寬嚴相濟之道也。雖然，文帝省刑薄斂，以儉樸示天下，敬老恤孤，斷獄止數百人，天下幾致刑措，其治猶近於王道焉。

防微杜漸，支強幹弱之語，自是確論。魏潤菴拜讀。

孫子、吳起論

周時孫吳二子，皆著兵書，尤善於用兵者也，太史公曰：「能行之者未必能言，能言之者未必能行」。二語道破古今著書者之通病。蓋自古坐而言者，未必起而行，或拾古人之牙慧，以文其空疎，或竊名家之緒餘，以易其姓氏，魏武著新法兵書，託言暗合古人，即《左傳》宋儒亦譏其浮夸，疑爲其徒所增入，欺世盜名，何代蔑有，二子皆爲大將，稱爲知兵，雖言行不相顧，瑕瑜不相掩，較勝於徒事剽竊者，萬萬矣。夫武子齊人，著兵書以進闔閭，使教美人戰，法令森嚴，率兵西破楚，北威齊、魯，然考左氏叙闔閭之事，未聞叙其戰略，論其功，不若吳起之多，但兵書十三篇，斟酌盡善，蘇明允稱其功遜於吳起，而其書則較勝，諒哉。吳起，衛人也，始仕魯，一戰而勝齊，再仕魏，與士卒同甘苦，終仕楚，爲相，明法令，養壯士，南平百越，北却三晉，西伐強秦，諸侯患之，功業赫然。論其功洵過於孫武矣。論者謂武卒兵代楚而無功，輔吳不能救其亡。不知當時伍員握大權，進退將帥，申包胥素與伍子爲友，當日早有復楚之言，後哭師秦庭，秦伯賦同仇之詩，興兵救楚，員不能預防，豈武之咎乎。吳王惑於聲色，聽太宰嚭之言，許越行成，伍子力諫不從，伏劍而死。而越竟沼吳。此豈武所能救乎。明允責以數罪，過矣。惜乎吳起初與武王泛舟西河，對以在德，不在險，何以初仕魯之勝齊邀功，終仕楚而以用兵示武，未聞以德輔其主，論者短之，其所著兵書四十八篇，明允謂其功過於武，其書不逮於武，與史公所論大略相同，若譏其見殺於楚，當日起爲楚練兵、破敵，威震強隣，忌者射殺之，此乃横逆之加，咎在楚人也。而臨危身覆王屍，射者連貫王身，被誅者數十人，其機智可謂過人矣。吾於此平心而論之，孫武知闔閭之不可諫而不諫，甘心退隱，不與伍子同伏屬鏤以死，其識甚高，可與百里奚等，吳起被刺，臨危能使犨人盡誅，與蘇秦死後，能使人捕刺客，同其急智，可知二子平日爲將，審機觀變，料敵如神，宜乎兵家祖之，何必論其行事之短長，與書之優劣哉。

議論如剝蕉抽繭，後幅以百里奚比孫武，以蘇秦比吳起，尤見精確。洪以倫拜讀。

齊桓公論

春秋有齊桓公爲五霸之首，尊周攘夷，世皆稱其功業赫奕。吾謂其功罪不相掩也。當其時周室衰微，諸侯強盛，王命不行，列國互相侵伐，桓公用管仲爲相，收蜃蛤魚鹽之利，用軌里連郡之制，人民殷富，國家強盛，雄鎭東海，又能仗義執言，徵盟討貳，於是服者懷德，貳者畏刑，莫敢抗命，聲名洋溢乎中國，施及蠻貊，其功莫與京矣。而吾謂其罪有不可逭者，蓋以九合諸侯，一匡天下，其中兵車之會三，衣裳之會六，倘使桓公能率諸侯，以朝天子，葵丘五命，請天子下詔敕，頒賜諸侯，藏於盟府，征伐不敢自專，存衛救刑，皆請王命而行，不自掠美市恩，天下有不服者，請王師伐之，將見西京之盛烈重新，可紹乃祖太公之遺風焉。乃計不出此，假仁假義，以遂其取全定霸之私圖，故孟子惡其仁之假，且以啓晉文之譎，甚至秦踞西戎，楚雄南服，皆託霸者之名，以蠶食諸夏。此詩人所由致概於〈下泉〉詩。孔子所由嘆三代下無王也。嗚呼，春秋時王室而既卑矣，周之子孫日失其序，是能尊周室攘夷狄者桓公也。然天下知有霸不知有王，使周室益衰，伐楚止盟，其大夫不痛懲荊舒，使夷狄益肆者，亦桓公也。故曰桓公爲功之首，亦罪之魁也。

以齊桓公罪不相掩，立論識見卓越，起結筆力雄邁絕倫。洪以倫拜讀。

朱陸異同辨

蓋聞理學始自宋儒，而異同之說，創自朱、陸。夫二子皆以反身切己爲事，雖見解議論，不無齟齬，然各尊所聞，各行所知，非如水火冰炭之不相入也。自二子之徒，汨流揚波，遂至祖朱者闢陸，祖陸者闢朱，黨相伐異，均無所見，而返之陸，朱亦不受也。當其與呂伯恭、陳傅良諸人，會講鵝湖時，論及教人，朱子欲學者泛觀博覽，而後歸之約，陸子欲學者先發明本心，而後使之博覽，朱以陸爲太簡，陸以朱爲支離，彼此不合，然各準其所從入之途，以爲教，固不容軒輊於其間也，陸子詆濂溪，增無極於太極之上，恐人求諸虛無逃入於禪，朱子不以爲然，往來辨論，亦不過參考以求是，而非有町畦之畔也。陸子在白鹿洞講義利之章，朱子極言其好，以爲切中學者深錮之病，其〈與楊道夫書〉猶云見子靜利義之說否，又〈與包道顯書〉云，南渡以來，八字立腳，理會著實者，惟子靜一人而已。晚年嘗云，其近日方見向時支離之病，則是朱之於陸，始異終同，服之深，尊之至，而見引爲知己也。自元儒謂朱子道問學功多，陸子尊德性功多，朱陸由是分爲兩途。於是尊朱者，曰朱專以道學問爲主，雖失於俗學之支離，而循序漸進，終不背於《大學》之訓；若象山一於尊德性，虛無寂滅，非復《大學》格致之學矣。尊陸者，曰陸專以尊德性爲主，雖墜於禪學之虛，而持守端實，終不失爲聖賢之徒。若紫陽一於道問學，支離決裂，非復聖門誠正之學矣，是二說者皆學二子者，分門別戶，而適以誣二子也。夫道問學、尊德性，皆聖賢學修德之功，二子皆祖孔孟之說，其於道問學、尊德性，又未嘗偏廢也。朱子曰「居敬窮理」。又曰「非存心無以致知」。又曰「君子之心常存敬畏」，何嘗不以尊德性爲事。陸子誨人曰「居處恭，執事敬，與人忠」，又曰「克己復禮」，又曰「學問之道無他，求其放心而已矣。」何嘗不以道問學爲事，即陸子易簡覺悟之說，每爲宗朱者口實，然易簡出於〈繫辭〉，覺悟二字即孔子所謂默而識之，知機其神之意也。要之，朱陸之學，躬行實踐，以聖賢自期，非若後世尋章摘句，博取聲譽者比，後之學者毋膠於憶見，以誣二子云。

江老師月課評：

異同處互勘，清辯滔滔。

謚法論

嘗考《汲冢周書》言周公旦、太公望制謚法，所謂謚者行之迹，號者功之表，車服者體之章也，是故大行受大名，細行受細名，所謂行出於己，名生於人也。〈士冠禮〉云，卿大夫死有謚何，謚者別尊卑，尊有德也。《穀梁傳》范寧註，謚者所勸善而懲惡也。《禮．檀弓》云，周則死後立謚，故春秋時皆以謚定國君之賢否，曰武公、曰桓公，以其用干戈以平四海也：曰哀公、曰悼公，憫其遭時之亂也。亦有再易謚者，如楚之成王，初謚之爲靈，後再易之爲成，其臣死亦賜謚，以別賢否。至如展禽居小官，其妻私謚之曰惠，要皆名實相稱，不敢妄謚。秦始皇恐死後人之議己，故自稱始皇，亦不敢妄加以謚也。自時厥後，歷代之君臣，亦皆以謚定其品行，如爲國捐軀，此岳飛所以謚武穆也。和議割地，此秦檜所以謚爲繆醜也。近代如曾國藩，則謚以文正。左宗棠則謚以文襄。此古今謚法之源流也。然亦有深明理學，維持夫道統，如宋之程頤，門人私謚爲明道先生，明之陳剩夫，以布衣伏闕上書，後人題其墓爲布衣陳先生。此皆因其人品節行誼，後世不敢呼其名而謚之也。迨至後世，不論何人，題主及墓碑，皆道士爲之謚，大抵男則謚光輝等字，女則謚慈儉等字。詎知此風不息，實貽風俗之害乎。嘗有人問其祖父之乳名則知之，問其祖父之謚，則皆昧然。若識字者，猶得稽其譜牒，而追尋之，若不識字者，不再傳而祖父之坟墓，皆不知其基址，即遇諸目前，亦以謚號與乳名不同，不敢確爲承認。今當各處遷塚，宜令各區區長保正，再易墓碑，可於謚名之下，再添註乳名，新喪者以乳名書之，有功名以官章書之，碑中及木主，可直書孝男乳名，不可以幾大房了之，能如此舉行，設有孤兒寡婦，遺失祖父坟地，而某公某母之墓，昭昭在人耳目，自不至如謚名，難以尋考也。苟有碩德鴻儒，爲人所欽仰，而門生故舊，欲爲立謚，亦當請有識者詳議，旁註以諱名，庶子孫易於尋覔焉，管見如是，未知高明以爲然否耶？

引古論今，立言有據。蓋由近日頻有移墓之事而發也。櫻溪。

鄭成功論

今夫事之成敗，胥由於天命，而非人力之所能爭，況係社稷之興亡，國家之鼎革，而謂可以人力爭乎。論者欲即成敗之局以繩忠臣義士，是烏足以知人而論世耶。明季鄭延平王，髫齡應童試題，爲小子當洒掃應對，文中云：「湯武之征伐，一洒掃之天下也，堯舜之揖讓，一應對之天下也。」主司大加賞識，取進晉江學，其叔鄭鴻逵見之曰：「此吾家千里駒也。」長隨芝龍見隆武帝，帝見其氣概不凡，常謂惜朕無女可配卿，即賜與國同姓，及芝龍叛歸清國，苦諫不從，招集義士，據金、廈兩島，抗天下全師，是時軍威已大振矣，方其下江南陷鎮江，大將甘輝，請取揚州，斷山東之援師，據京口斷兩浙之漕運，嚴扼咽喉，可以抵北京，號召天下，延平王不聽其言，深入重地，被梁化鳳所敗，時論短之，不知天不祚明已久，故使王不克遂其志，是天欲王開千里之沃野，而創不世之奇勳也。旋收合餘燼，從何彬計，舟師渡臺，適鹿耳門潮漲丈餘，遂連艦入港，逐揆一王而據之，水陸將士，進退有法，謀臣策士，卓有可觀，一時明宗室二十餘人從之，尊寧靖王爲監國，故明遺老，沈文開、辜朝薦、王忠孝等，附之。於是使兵士以開荒土，設學校以培人才，一時生番讐服，以鹿皮輸貢賦，開天興、萬年二縣於安平，漳泉閩粵之民，從之如歸市，昔日蛇虺所宅，麋鹿所居，今則沃野千里，人烟稠密菽粟如水火也。嗚呼，此一腔忠憤，爵祿不足動其心，刀鋸不足懾其氣，即至力窮勢蹙，而其志亦不可奪，一心惟知故主，雖南面王不足與易，此眞空前絕後之大丈夫也。論者欲比之田橫，何足道哉。厥後鄭經繼統，文有陳永華，武有劉國軒，威振域外，清廷下招徠之詔，然亦執不剃髮，不登岸，使命絡繹，百折不回，且奉永歷正朔，無異李克用三世不改唐號，斯眞克家之令子歟。且其治臺也，功過必明，其治家也，內外嚴肅，其治己也，臥薪嘗膽，徹夜周巡不寐，卒使海外孤島，生聚教訓，被鱗介以冠裳，化盱睢以禮樂，而成一大都會焉。嗚呼，是延平王雖不能竟其功於勝國，能樹其功於海外，不能成其志於一時，得成其名於萬世，不亦千古之偉人哉。

末段大爲延平王吐氣。櫻溪。

讀朱子《小學》書後

聞嘗觀《漢書·藝文志》所載小學，皆訓詁之類，而幼儀不講焉。讀朱子《小學》

皆採《四書》、《六經》之粹，自垂髫以迄成童，灑掃應對進退，以及衣服飲食，備載禮儀，俾知周旋中乎規，折旋中乎矩，迨至成童以上，使入大學，進之以格物致知之理，均平齊治之方，本末始終，皆有條理，先氣識而後文藝，洵可爲入德之門也。予生平篤嗜此書，及爲中部師範囑託，校中有朱子《小學》，句讀明晰，註解疎暢，以爲初學津梁，蒙養既正，可爲作聖之基，何致放辟邪侈，蕩檢踰閑哉。昨讀日下勺水先生所論，引西公誡儒臣，亦謂朱子《小學》爲修身不可少之書，士子舉業，不可不讀，此非饜飫乎《小學》之旨，玩味有得，詎能出此言耶。近觀禹域新編教科書，偏重西學，未免駁而不純之弊，反謂宋儒動行說理，多屬空言，涉於迂疎，庸詎知若論格致商工之學，西國卻較精，若論修身一科，舍朱子《小學》別無全書。其前半部詳言庸德庸行，後半部多識嘉言善行，學者但於日用倫常中，反己而求之，其道得矣。吾願本國學校，將此書以教中學者，雖未嘗讀《六經》，詳厥訓詁，而《六經》之精華，皆在其中矣。其裨益後進，豈淺鮮哉。

勺水文社之友，弟所兄事，其文亦受先生之知，自有奇緣。櫻溪。

——以上各文皆錄自吳德功著：《瑞桃齋文稿》（南投：臺灣省文獻委員會，一九九二年五月）。

洪棄生（一八六七—一九二九）

作者簡介

洪棄生，名攀桂，學名一，字月樵，臺灣割讓給日本後，改名繻，字棄生。原籍福建省南安縣。曾祖至忠流寓臺灣鹿港，遂家焉。棄生生於清同治五年（一八六六）十一月十一日。早年就讀於書塾及白沙書院。光緒十八年（一八九二）任南投登瀛書院山長。光緒二十一年（一八九五），臺灣割讓給日本，響應唐景崧抗日，不肯剪髮。

宣統二年（一九一〇）梁啓超應林獻堂之邀來臺觀光，棄生贈梁氏詩集三本。民國四年（大正四年，一九一五）日警強行剪去辮髮。民國八年（大正八年，一九一九）十月，臺灣文社舉行正式成立大員，棄生加入為評議員。民國十一年（大正十一年，一九二二年）七月十五日（陽曆九月六日）偕子炎秋赴大陸遊覽，受到上海詩人倪軼池、陳白沙、王植熱烈之歡迎。十月二十四日離天津南行返鄉。子炎秋留北京，考取北京大學。連橫創刊《臺灣詩薈》，刊載棄生之詩文及《寄鶴齋詩話》。民國十六年（昭和二年，一九二七）長子棪材虧欠彰化信用合作社公款五萬，逃往大陸，棄生以保人被捕入獄。次年（昭和三年，一九二八）二月九日病逝，享年六十三。

棄生之著作有《寄鶴齋詩集》、《寄鶴齋古文集》、《寄鶴齋駢文集》、《寄鶴齋時文集》、《寄鶴齋試帖集》、《寄鶴齋詩話》、《八州游記》、《八州詩草》、《中西戰紀》、《中東戰紀》及《瀛海偕亡記》等書，計百餘卷。民國八十二年（一九九三）五月，臺灣省文獻委員會編為《洪棄生先生全集》。

棄生之著作和志行，學界交相讚譽，如前輩孝廉施悅秋論其著作云：「置之古名家，不知何等，若謂有清一代，則後世不可得而掩也。」王瀹然論其駢體文云：「忽《莊》忽《騷》，忽奇忽正，忽慷慨淋漓，忽纏綿悱惻，叱咤風雲如飛龍破壁，忽嘯傲山谷如天馬行空。」李漁叔《三臺詩傳》論其志行云：「聞月樵於乙未割臺後，不肯剪髮，自比殷之頑民。日人屢招不出，旋假他事誣之，被繫經年，鬱抑卒。其集中憤惋之詞，隨處可見，如〈自敘五首〉有句云：『抱有殷周器，俄與溝壑填。薇厥甘如飴，夫豈飲盜泉。』又『出門無高會，日月長西傾，託身棲遠島，室有巨鯨鳴。』」

鄭歸生弒君論

經書弒君之人，而傳與之貳者二，一趙盾，一公子歸生也。盾弒君而《傳》以爲穿，歸生弒君而《傳》以爲公子宋。律嚴首惡而寬脅從，未有首惡免而脅從受罪者也。《春秋》爲萬世刑書，筆則筆，削則削，一字之誅嚴斧鉞，豈有赦首惡之人，而舉天下至不可堪之名，加之牽制被累之人，且使牽制被累之人蒙罪，而首惡之人反等諸無足重輕之數，雖舊史之謬不至斯。而謂夫子修《春秋》而沿其例哉。吾以爲公子歸生之弒君，經既以爲歸生，則誠歸生無疑也。必以爲公子宋，是《左氏》傳聞之過也。是《左氏》傳聞之過，而不徵信於經之過也。不徵信於經，而反牽連傅會以亂經，此《左氏》之傳例，有未盡可爲《春秋》據者，與《公》《穀》氏之說經，同有弊者也。經書弒君之人多矣，未有不書謀弒之人，而書與弒之黨者。故崔杼之弒齊君，煽逆者有侍人賈舉，而經不書賈舉而書崔杼者，崔爲主而賈爲使也。甯喜之弒衛君，從逆者有右宰穀，而經不書宰穀而書甯喜者，喜爲首而穀爲佐也。未有不書弒君之主名，而書勉強其間之人如《左氏》所云，子公怒而謀，子家懼而從者也。昭十三年，書公子比弒其君作亂者，爲薳蔡觀從之徒，而經不書蔡觀從，而書公子比者，以比願爲君也。

願爲君，則亦願爲弒，此弒之無疑者也。哀六年書陳乞弒其君，殺孺子者，爲公子陽生，而經不書陽生，而書陳乞者，以乞謀立君也。謀爲立不啻謀爲弒，其泣而對者僞也，此亦弒之無疑者也。烏有袖手徘徊之人，而罪反甚於洶洶首禍之人如公子歸生者哉？盾之弒君，爲不討賊也，歸生弒君，爲權不足也。夫不討賊，與作賊者，良有間矣。權不足以禦亂，與權足以爲亂者，又有閒矣。烏有權不足以禦亂之罪反等諸權足以爲亂者之罪哉？即等諸權足以爲亂之罪，亦必書曰：「公子宋，及公子歸生弒其君某」，從未有權足爲亂之人，不見主名，而權不足禦亂之人，反獨蒙其罪，如經書公子歸生，而不書公子宋者也。魯弒子般，既歸獄鄧扈樂，而必討共仲者，以共仲首惡也。後世司馬昭弒晉君，弒之者實賈充成濟，而史不謂賈充成濟，而以爲昭者，亦以昭首惡也。如《傳》所云公子歸生，即甚其罪，亦未有過於賈充成濟，乃罪不過賈充成濟，而名反等司馬昭，棄首惡而罪脅從，豈《春秋》書法，反不如後世信史哉？然則弒君之人爲誰？曰即經所云公子歸生是也。子公特鄧扈樂、賈充成濟之徒也。公之欲殺子公，蓋子家讚之者也。子公之欲弒君，蓋子家嗾之者也。不然經豈書公子歸生而不書公子宋哉？且一染指而遽動殺機，亦豈有此事哉？從《傳》而不從經，豈信經反不如信《傳》乎哉？或曰恐子家權輕，子公權重，太史畏子公而架其惡於子家，以告鄰國，舊史沿其誤耳。然舊史沿其誤，《春秋》亦必易其文，不然豈《春秋》之筆，反不如南董之直乎？觀後來討幽公之亂，斵子家之棺而逐其族，則其惡非架名可知。不然，胡爲子家既卒，鄭人復作身後之誅，如是之甚哉？趙盾之事，歐陽公蓋已發之，故茲不具論，論公子歸生。

趙盾弑君論斷

趙盾弑君，《傳》以爲穿，歐陽公駁之是也。顧不求所以弑君之實，與其事跡，則未足以服盾之心，而釋後世之疑耳。夫晉室漸卑，趙孟專權，盾有無君之心久矣。禮人臣過位必式，齒路馬有誅，其所以防微杜漸，矢人臣恭敬之心，即所以絕人臣篡弑之萌也。盾議立君，賈季召公子樂於陳，盾即爲國公議於朝，黜季可也。拒公子樂如拒雍可也。夫雍有強秦之助，令狐之衛，盾之自召，盾猶足以拒之，豈無助如公子樂，而不足以拒之乎？而必殺之於郫乎？則盾之蔑先君子以蔑君，其無君久矣。殺君之子，豈第齒路馬與不式位之細乎？此盾之果於殺公子樂，即盾之敢於弑靈公也。趙穿特其臂指者也。且公子樂爲盾不欲立，而盾敢殺之。公子雍爲盾所欲立，而又忍背之。則盾之視君如贅疣，玩君位於股掌，以立君爲嬉戲，又何有於靈公乎？厥後成公即位宦趙括爲公族，趙盾爲旄車之族。則公族日替，卿族日強，世卿之位固，分晉之勢成，晉陽之叛，不必待之於趙鞅，出公之逐，不必俟之於無卹，蓋桃園之攻，久已作韓魏之俑矣。反即討賊，亦司馬昭之討成濟也，豈足爲盾末滅哉？

書弒書叛說

迹涉於弒而書弒，疑於叛而書叛，聖人之筆削，非爰書之深文也。君親無將，《公羊》氏之說不可易也。周鄭交質，即射王中肩之將也。行父不問弒君，即後人出逐昭公之將也。祭仲之專，即鄭厲公出奔之將也。林父聘魯如君，即追敗公徒，出逐獻公之將也。子圍設服離衛，即投龜詬天，郟敖其君之將也。殺老牛莫之尸，視君如奕棋，語言不敬，即列國羣臣無君之將也。故陳恆弒君，朝服請討，夫子一言，即所以杜三家效尤之將。不然齊歸田氏，魯之不足以討恆，政在季氏，公之不能以成軍，夫子豈不知之，而胡爲迂儒之見乎？其涉弒而書弒，疑叛而書叛之意亦猶是也。盾弒君，鞅叛晉，厥後瓜分，即肇於此也。盾非果弒，鞅非果叛，聖人書之，亦非過也。

鄭成功論

因革興亡之際，擁戴者識時之達，抗命者守志之高。趨嚮不一，議論紛紜。而有志同冰霜、名爭日月，進之可爲前朝義臣、退之亦不失當代烈士者，吾於商、周得兩人焉；曰伯夷、叔齊。有志同鐵石、名重嶽山，進之可爲故國忠貞，退之亦僅爲敵國逋臣者，吾於宋、元得三人焉；曰文天祥、陸秀夫、張世傑。有名實疑似，形跡混淆，退之實爲當朝之亂臣、進之竟爲故國忠臣者，吾於周朝得兩人焉；曰管叔、蔡叔。有心事昭昭、形迹汶汶，進之則爲國家之義烈、退之竟爲亂賊之降虜者，吾於唐得一人焉；曰許遠。有遇同商周鼎革之際，而論在管蔡許遠之間，進之爲勝國義士、退之爲盛朝窮寇者，吾於明得一人焉；曰鄭成功。

夫夷、齊、文、陸諸人，不待論矣；若管、蔡之爲忠臣，不可得也。論者謂管、蔡不幸敗，其成則武庚之功臣而文王之肖子，審若此，是管、蔡之心在殷矣，何武王勸進之日，而不聞出一言以諫也？豈顧其兄之陷於逆而冀己之成爲忠歟！古今無此詭僞不情之忠臣也。許遠之不得爲降虜，韓文公論之矣，故今日得與張睢陽並列也。鄭成功之心志，雖經奉聖諭，而當時固以「海寇」目之。夫以「海寇」目之者，絕之於明，則將繫之於本朝乎？而鄭成功則固明之臣子，未嘗身入本朝也。成功少受唐王特達之知，賜姓、賜名，以駙馬體行事，封忠孝伯；其志趣必有過人者，其唐王必有早悉其心事者。厥後頑民自待，可諒其心之爲唐王也。唐王而非明之苗裔，則唐王寇也；唐王寇，則成功不得爲忠也。然王彥章之於朱溫，史臣猶有不絕之者；況唐王非篡逆之比，《御纂通鑑輯覽》且以列藩係之也。係唐王於明，則成功不得列於「寇」矣。

或有以海上田橫比之者。夫田橫進不得爲君、退不得爲臣，正名定分，於義無所統攝也。成功人臣孤憤之誼，固昭昭在人耳目間也；厥後唐王死，猶奉桂王正朔於海外。忠臣之繫戀，百世後猶瞻依其君也，非若奸雄之假名義以懾入也。唐王立，奉唐王，桂王立，奉桂王，成功固皆一心於明，無一毫私意於其間，非猶夫世之以黨援事君者也。

成功父芝龍跋扈不臣、甘心攜貳，成功痛哭而諫；可以知成功之心矣。唐王之一見成功、踰常優禮，固知其忠義之氣有以相感，而逆睹其父之難恃，獎其子以愧其父也；唐王亦人傑矣哉！

成功於本朝時有衝突，祖伊爲紂，不足怪耳。迨聖祖仁皇帝硃諭，以爲成功者乃明之義士，非朕之逆臣；則大哉王言！萬世春秋，如天之無不覆，如地之無不載矣，千古帝王所未有之綸音也。獎成功，所以愧明之臣子甘心銜璧者也。使知不遜如成功，而始終矢志，猶蒙異代之恩褒；則彼洪涊偷生爲長樂老者，可知其狗彘之不若矣！或猶以開闢土宇爲成功稱，陋乎哉稱成功也。

王安石論（一）

自古無不易之時，故自古無不變之法，然有變法而強，亦即有變法而亡，變法而強，管子之官山府海，商鞅之開阡闢陌，趙武靈之騎射短服是也。變法而亡，李斯之變古制，王莽之以《周禮》變漢制，王安石之以《周禮》變祖制是也。

夫李斯之致害，昭昭在天下後世矣，王莽以詐術篡天下，而以古道塗飾民間之耳目，政多紕繆，益不足言矣，若商鞅以富國強兵，佐秦之霸業，而以酷刑苛歛，傷秦之元氣，後人有謂秦之興，非商鞅變法之效矣。至趙武靈亦及身而敗，變法亦云末也，惟管子致一匡九合之績，功在當時，名垂後世，爲千古變法所莫及，然觀其寄軍政一端，無強兵之形，而有強兵之實，管子一書，雖非盡出管子之言，而可信其管子之爲者，修德、立政、牧民，以順人心，順天道爲本，以竭民力，厚賦歛爲憂，後人以爲得周官之意，固宜其變法而不擾也。

若安石之變法，騷擾天下甚矣，何以觀效乎，考安石之強兵，不過保甲、8坊馬等法，而民間之驚恐難堪，安石之富國，不過方田、均輸、青苗等法，而民間之削朘特甚，用之不得其人，行之不得其道，且置天變、祖法、人言於不恤，則安石之行《周禮》，直謂之無法，安在其能變法乎？夫《周禮》保邦治民之法亦多矣，安石心粗氣悍，俱不之及，而椎牟利孜孜，舍《周禮》之本而求其末，棄《周禮》之大而求其細，故昔人謂安石爲泥古鮮通，吾則謂安石爲學古寡識也。

嗚呼！以博古通經之安石，得君行政，期許至高，而爲法不愼，盛宋遂有南渡之災。然則儒生謀人家國，可輕言變法乎哉！昔人謂管子天下才，今觀其變法施令，不動聲色，內致齊桓之霸，外挫夷狄之強，則管子之才信不虛，而王安石之無才，亦概可見矣。

王安石論(二)

王安石之貽害國家，自古所未有也，熙寧行之而害，紹聖行之而害，至崇寧以後奉行，迄於宣和，而宋遂以南，王安石固不得辭其罪，而吾謂王安石之過，舉諸君子有以激成之，後來小人肆無忌憚，特藉安石以爲禍端，非安石之本心，亦於安石無與也。

夫安石其始與呂公著、司馬光、趙抃、歐陽修諸人甚善，則其立心措行，初非恣惡行姦，如章惇、蔡京諸人之比，乃以新法之故，與諸君子迄不相能，判若水火，而諸君子亦遂攻之不遺餘力，而新法之害，遂不可收。夫新法之不便於民不待言矣，然使諸君子行之，亦何至於保甲之刺民爲兵、青苗之強民賠累乎？惟諸君子攻之不能勝，而去之不終日，於是安石既不能得諸君子之力，不得不轉而求諸僉壬之助，故上而悞朝廷，下而擾閭閻。新法愈行愈差，安石自愈失愈遠，此安石之不幸，宋世之不幸，亦豈爲諸君子之幸乎？

迨至紹聖之時，章惇、蔡京之輩，假紹述熙寧之舉，以傾害元祐諸臣，而新法之名，以陷害諸君子，而馴至徽宗亡國，安石遂爲千古詬百厲之的，平心論之，安石之朝破一產、夕覆一家，舉不之恤，則其意不在新法，不在安石，特不過藉安石制作爲立法可疵，安石之立意可恕，而諸君子不救其弊，而專攻其法，致激成安石之憤戾，安石之不能容人，固不足責，而諸君子亦不得辭其咎也。

或謂鄙論出脫安石，責備諸賢，不無偏見，吾則謂此說程明道已言之矣，明道與安石同時，固謂新法之行，吾黨有以激成之，此雖明道忠厚之言，而要其時之情事，亦不外此也。

王安石論(三)

自古以儒生之才，目無前聖，而放言高論，滅裂往典，遂至致禍當時，貽害後世，而爲千古罪人者，吾於史得兩人焉。曰李斯、曰王安石。夫李斯蔑古者也，王安石述古者也，兩人之迹不同也，然李斯蔑古而古典亡，王安石述古而古意失，兩人之事則同也。李斯焚書坑儒以駭天下耳目，王安石著書立說，以塗天下耳目，兩人之行亦同也，故吾謂李斯以破壞古典亂天下，安石以穿鑿古典亂天下，兩人私智不同，而其亂天下則亦同也。

嗚呼！李斯之顯悖，古聖人知之矣，而安石之顯悖，古聖人不知也。安石之棄《春秋》而不用，立《字說》以惑人，用五經新說以錮學者。其叛經侮聖無論矣。乃其奉行《周禮》，處處以周公爲法，亦顯悖前聖也。夫周公《周禮》，順人情者也，而安石則無事而不違人情，然則安石特假周公之名，託周公之書以欺時君之目，而塞時人之口耳，豈眞欲行周公之禮哉！然則安石之必欲行《周禮》，其意何居？吾謂秦之李斯，逢君者也，宋之安石、亦逢君也，李斯窺秦皇欲以天下永私其子孫，而有厭棄前聖古法之心，故不惜悖其所學，而悉舉天下萬世之墳典而付之一炬，王安石亦窺神宗欲以天下爲己利，而有厭棄祖宗蹈常襲故之意，故不惜假其所學，而悉舉《周禮》六官之美法，以文飾其陰謀而施之一旦，不然王安石初上仁宗皇帝書，猶能本末並舉，而何以行之於神宗時，惟計利之末哉！

且天變於上，民怨於下，衆大臣言之於外，兩宮言之於內，而神宗不以罪安石，至安石以去要君，猶乃殷殷慰留，是可見君臣之交相爲利矣。夫神宗非嗜利，何以未任安石之先，而即有募民入粟、募粟實邊之舉，既任安石之後，何以欲行周公之法，而乃行呂惠卿之手實法乎？又何以行手實法而用蒲宗孟無豐凶之言乎？安石非逢君，何以欲致堯舜之君，而不行堯舜之道，何以欲效《周禮》之法，而悖周官之意乎？何以置周官大經大本於不圖，而惟利是牟乎？即其黨呂惠卿訐安石亦謂盡棄所學隆尙縱横之末矣，此蓋安石知神宗有嗜利之心，故置其他之學而言利，以投時君之好，而神宗皇帝亦遂不惜排擯一切耆舊老臣謨議，以從安石之言，此君臣嗜利而諱利，藉《周禮》以交相賊者也。若曰損下以益上，此本周公之法，非我作俑也。

嗚呼！使後世監熙寧紹聖之覆轍，遂以《周禮》爲禍，永無復敢行周公之經者，安石之罪也，然則安石之行古法而法亡，與李斯之焚古書而書廢，不且後先同揆也哉！

王安石論後㈠

前乎安石而言利者，漢之孔僅、桑弘羊，唐之王鉷、宇文融也。後乎安石而言利者，宋之蔡京、嚴挺之，南宋之賈似道、劉良貴也。然而彼諸人吾無責焉，謂其本穿窬斗筲之行，朝夕孶孶以利迎君，斯亦何足怪乎？獨怪夫安石者，素志堯舜周孔之間，自命皐夔稷离之徒，乃亦以利惑君卑之已甚，而更與呂惠卿之流爲剝膚刻骨之事，曾自命三代以上之人物，而忍出此乎哉？毋亦利令智昏，老而遂悖，有保持祿位之心，將順人主之意，而頓忘其所學乎哉？抑前之所學爲王道，爲聖功者，特藉以爲沽名釣譽之端，而後之所執爲理財、爲富國者，乃其平時之積慮本心之所樂爲歟？噫！安石二者必居一焉，而其末流所至，乃遂與宇文融、王鉷同歸，視桑孔猶不逮，是則可爲安石惜也夫！

王安石論後㈡

朱子謂安石不幸不爲文章侍從之臣，不幸而爲執政輔弼之臣。予則謂安石不幸不生於今日，而生於宋世，不幸不生於東方西方之國，而生於中國，是何也？今日之天下，一談利之天下也，東方西方之國，一嗜利之國，一以利爲的之國也。故今日彼方之國，不惜與民爭利，不惜以國市利，尤不惜以朝廷爲市利之市。其始也，國與國爭利，其繼也，國與民爭利，其終也，國奪民之利以爲利。國與國爭利，而不恤他國之有害，國與民爭利，而不恤民之有害，國奪民之利爲利，而不知兆民之害之伊於胞底矣。今日各國之私利，而今日各國之公義也。安石之法，雖出乎《周禮》之範圍，然未敢顯然與民爭利，亦未敢昂然奪民之利以爲利，亦未敢公然以朝廷爲利市，尤未敢悍然以朝廷爲罔利之利，更未敢很然以國家之利，而豪奪巧偷，絕不顧兆民之不利。雖其黨曾布之免役法（爲曾布所手定，見《布傳》。），呂惠卿之手實法，以利爲利，奪民既有未有之利，而至於民無所利，而有所害。亦未至以民爲殖利之民，而視民如生利之物，比之於草木狗彘之類，而惟知利其利，而不恤其不利，此安石之法，在當時所謂厲民暴民之甚者，而施於今日，則仁至義盡，而爲牧民愛民之甚者也。起韓琦、司馬光、蘇軾、鄭俠於今日，亦當以爲視東西各國之取民，如九牛之一毛者也。故若曾布、呂惠卿、李定、舒亶、蒲宗孟之徒，中國所目爲渾沌窮奇、擣杌饕餮，置之四凶三族之列者，而在於西方東方，則當謂之蒼舒、隤敳、檮戭、大臨、伯奮、仲堪、舉在八元八愷之列，而爲高陽高辛氏之才子也。此吾所以惜安石不幸不生於今日，而生於宋世，又不幸不生於西方東方，而生於中土也。

王安石論後書周禮說

《周禮》一書，何休疑之於前，歐陽脩疑之於後，蓋皆一偏之見也。五穀爲養人之物，而飲食醉飽，可以致死。藥石爲治病之資，而庸醫可以殺人。自王莽、王安石行《周禮》之後，而世遂視《周禮》若烏喙。然管子固嘗以致霸，後周宇文泰亦嘗藉之立國，此物此志也。夫《周禮》之大經大法，如日月之經天，亘萬古而不變，後世雖或異其名，而未能不循其實。若夫瑣屑之目，則不特後世不可行，即在周公當日，亦必有行有不行者。觀春秋時齊國舟鮫虞衡之設，所以收山林藪澤之利，而晏子即深譏固諫，以議其非。而景公初不敢援周公之典，以文己過，則可知《周官》之若川衡、澤虞、司市、司關、賈師、廛人諸官，當時早有張弛於其閒，而非爲垂久遠之制矣。後周宇文泰，承衰魏之後，百度俱廢，罔所措手，而蘇綽規仿《周官》，初上二十四條，繼上十六條，終爲之置六官。雖未能得《周官》之意，而後周之政，綱舉目張，遠非北齊可及者，善學周官之効也。後儒有以蘇綽爲《周禮》之蠹，而議宇文泰爲壞《周禮》之人者，蓋好爲異論，不樂成人之美者也。宇文泰非王莽、宋神宗之比，即蘇綽亦豈劉歆、王安石之流乎？蘇綽早卒，踵而遂其成者，盧辯虛文之徒，無蘇綽遠略。宇文泰亦旋薨於位，後世子孫，惟圖神器，故其成就，卑卑止於如此，然而租庸調之法，屯田府兵之制，沿隋及唐，猶蒙其利，則當時三十六條之便於民，而非若王安石之擾民可知也。夫事不擾民而可立國，可以垂後者，政之大者也。故周得之而併齊，隋襲之而一天下，唐擴而充之，而保及百年。彼漢武帝謂爲黷亂不驗之書，蓋自審好侈而憚其宮府檢束之嚴，非己身所能行，故聊以解嘲，夫豈由衷之言乎？王安石以聚歛迎人主，而以《周官》爲口實，夫豈學《周官》之人乎？故吾謂得《周官》之意者，管仲是也，得《周官》之迹者，蘇綽是也。若劉歆與王安石，得《周官》之弊而已矣。

嚴子陵論

顏闔之遁，王斶之前，戰國塵濁之世，非所以擬有漢中興之時，戰國驕世之士，非可以比大澤高釣之蹤。然而不立光武之朝，子陵之心事有可得而窺者，而徒以高蹈視之，獨淺之乎測子陵也。夫師友之重之不能以奪君臣之禮，朋友之誼之不可以淆上下之分之由來也久矣。光武爲同學，子陵知其爲同學也。光武爲皇帝，子陵不知其爲皇帝也。光武之聘以故人聘，子陵之來爲故人來耳。光武之賢，雖自忘其爲皇帝，然而舉朝之人之奉若天帝也，不待言矣。侯霸之相召，蓋欲以屈子陵者媚光武也。彼將謂子陵固可得而召也。太史之奏客星，蓋欲以媚天子者斥子陵也。彼且謂天子不可得而近也，子陵之富貴浮雲，萬乘草芥，其於諸人之舉動，蓋已目笑存之久矣，此所以不屑屑立於其朝也。或謂光武薄於夫婦，將不免疏於朋友，子陵所由見幾而作，不知光武固厚貌隆禮，以親暱子陵，而爲子陵之所不屑顧，則光武後日之厚薄，非子陵之所介意也。或謂雲臺諸將已定天下，子陵無所紓其本領，不知諸將有武功，豈能有文治，光武之待設施，子陵之可有爲，固自有在，天下豈有素無蘊蓄之人，而能漠然於崇高尊貴也乎？或謂功名之世，未敦氣節，子陵之去，所以培東漢二百年節誼之風，然此自後世觀感興起則然，當時子陵，蓋亦無此深心，子陵之超然世外，蓋九重之天子，萬乘之天下，其量足以涵蓋之而有餘，而豈能覊縻於其間乎？漢家開創皇帝，親蕭何若家人，而一怒而詈之，再怒而繫之矣。雖光武之賢，不虞有此，子陵之去皇帝若浼，亦不患有此，然而光武豈能必其不爲高祖乎哉？光武非以國士遇馬援者乎？而薏苡之謗，辱及身後，則故人皇帝之不可恃也固矣。子陵之去，所以全光武故人之誼也。然則子陵之遠引，可猶夫巢父之於堯，許由之於舜乎？吾則謂光武同學，尚有牛牢，當時屢徵不出，至於後世，不能舉其姓名，則子陵之來，殆猶爲多事焉耳。

子產不毀鄉校說

子產不毀鄉校，自一時之美也，然竊謂曷不因而興之也。夫城闕子衿，鄭之學校廢久矣。鄉校之存，是人心猶嚮嚮學也。人心嚮學，因而興之，不更易爲力乎？子產之不及此，蓋因兩大交迫，軍旅搶攘，有所不遑，又以鄉校之存，此事未爲盡泯，遂謂可勿過計。然而百姓之自爲鄉校，其未足知先王之道也明矣。且遐陬小邑，亦未必皆然也。子產不暇及此因已，抑何不以鑄刑書之力爲之耶？是不可謂非子產之疏也。然子產之不毀，子產之大也，人之勸子產毀，以其譏時政也。子產欲借以聞過，則三代謗木之風後世，諸葛忠武勤政已闕之見也。春秋之時，其鮮知此義也久矣。周厲王道路以目，秦始皇偶語棄市，其誰以此義告之也。然天下有道，庶人不議，竊謂學校興，流言亦息，子產之不毀，猶非兩得之道與？

讀變雅詩說

〈桑柔〉〈召旻〉，皆哀國之詩也。「倬彼昊天，寧不我矜」，哀黎民之失所，而天不衿也。「亂生不夷，靡國不泯」，哀戎狄之爲亂，而無國不破也。「自西徂東，靡所定處」，哀人民之流離，而無所託足也。讀念我土宇之言，詩人之思周也深矣。而鄭氏以爲士卒從軍，勞苦自傷之辭，陋哉。豈目不覩禍亂之慘，而未知也？漢之末，民之離散亦甚矣。何解詩如是之固民也？夫玁狁爲亂，蕩覆周京，征伐之事，可得已乎？此士卒報國之秋，何憚勞之有耶？故其下曰：「天降喪亂，滅我立王」，則詩人愛君之心如見矣。又曰：「哀恫通中國，且贅卒荒」，則喪國之深，情見乎辭矣。其曰：「靡有旅力」，恨無力以除蟊賊也者，戎狄也。此厲王之時，疾玁狁之詩也。其後章則刺厲王之不道，以有此亂也。〈召旻〉之詩曰：「蟊賊內訌」，喻申侯也。夫申侯以臣犯君，至召犬戎，以覆周邦，文武之道遂墜於地，申侯之肉不足食矣。論世者獨苛於褒姒，而略申侯。夫無申侯，褒姒何能滅周乎？此詩人疾申侯之辭也。「昏椓靡共」，疾申侯之不共召戎爲亂，昏椓之甚也。椓攻擊也，謂其昏瞀而攻擊周，爲不共之人也。即《左傳》公子椓之意也。鄭氏必以椓爲閹人，夫周之時，尚未有閹人干政者也。蟊賊謂指閹人，亦小哉賊也，豈如申侯之大也。故其下曰：「實靖夷我邦」，則非申侯，孰夷周邦哉？〈節南山〉之詩曰：「昊天不傭，降此鞠訩，昊天不惠，降此大戾」，亦危難悲天之辭，如人之疾痛，而呼父母也。鄭氏必以昊天爲喻王，何以解於昊天不平，我王不寧乎？〈黃鳥〉之詩曰：「此邦之人，不我肯穀」，又曰：

「不可與明」，「不可與處」，亦越在草莽之辭，疑如今之陷於夷狄之人也，哀哉當時之詩也。

讀變雅書感

變雅之詩，詩人之哀也甚矣。繁霜之秋，板蕩之時，民之危苦何可言哉？周室未衰，禮樂衣冠，德刑政教，薤然在於民間。迨乎玁狁一亂，犬戎再亂，而先王之遺風流澤，蕩無存矣。其維繫於各國者，一線之延，非復廣大清明之象也。而亂之方生，宗廟邱墟，京畿禾黍，民之室家復奚問乎？善乎詩人之言曰：「周宗既滅，靡所止戾也。」痛哉詩人之言曰：「周餘黎民，靡有孑遺也。」夫是時周宗猶未滅也，黎民尚有遺也。而詩人之言如此，此其想慕承平之盛，而悲傷禍亂之慘，哀痛之深，淪於骨髓矣。其哀也，乃其所以興乎？故宣王奮起，削平外患，撫循內治，一造中興之業，殆詩人有以感之乎？今日之世，其爲玁狁犬戎也大矣。而士大夫鮮知所以哀之者，鞠哉庶正，疚哉冢宰之言，誰得而誦之乎？故今日有宣王之功，必不爲宣王之詩，無宣王之功，亦不爲宣王之詩也。日蹙國百里，士大夫安之若素耳。唐之中世，遭祿山之亂，杜工部之詩，多哀痛之音，故其時亦有中興之日。宋之季詩降矣，而愁痛之情見於詞，有辛幼安之樂府，陸放翁之詩章，三再歎焉。故猶有偏安之局，蓋詩人哀於下，志士奮於上，一戰殺敵，兆於風謠之間矣。晉之世淪陷五胡，士大夫猶尚清談，其與今日噂沓背憎，千古一轍，其不遽亡者倖也。其在詩曰「亂是用餤」，其是之謂乎？

禹貢水道解第三

恆衛二水，在冀東北，合滱易滹沱以入海，非大水也。《禹貢》紀之，而不及冀南衛水者，統於衡漳也，漳衛之衛，隨開之始大也，汝水出天息，自豫趨徐挾穎湛以入淮，而《禹貢》不之及者，以汝合於泗也。

沔水之源爲沮水，爲東漢水，《水經》詳之，而《禹貢》不導及者，以沔合於漢，又別爲嘉陵，入於岷江、沱江也，沮爲東源，漾爲西源，漾在沮之西，而常璩《華陽國志》悞以沮爲漾，以漾爲沔，遂以漾爲東漢水，沮爲西漢水，《水經》注之，而辨析不清，宋蔡仲默注《禹貢》遂因之，不合於《水經》，不合於地理矣。沇水出垣縣，伏而東出於孟縣、豬二源爲濟水，循《禹貢》之文，絕河而南爲滎澤，東出于陶邱北，明鄭淡泉謂一見於王屋，伏而見於濟，再伏而入河，三見而爲滎，三伏而穴地，四見於陶邱，始不伏。繹《水經》之文，無伏見之跡，出滎澤而過陽武爲南濟，爲北濟，長流以入鉅野，澤過縣者五。夫鉅野即大野，在定陶東北，即陶邱北也。濟水發於冀，經於豫，分於徐，洋溢於兗，入海於青。其伏也，或因河之枯而行地，其流也，或因水之盛而出地乎？蓋古今之水道不同也乎？江漢之在於今也，與禹時無甚異，若河則既湮漯而嘗枯濟矣，鉅澤則元時已陸矣，人謂江南有大壑容水，故江不遷，河北無大壑渟水，故河屢徙固也，而非所論於禹之蹟也。

禹之大陸有澤，則冀之大壑也，雷夏既澤，則兗之大壑也，海濱廣斥，則青有大壑，大野既豬，則徐有大壑，滎、波、菏、澤、孟、豬，亦豈非豫之大壑也乎？視洞庭、太湖固爲小，視丹陽以下諸湖，亦未甚小也。惜乎後世或有刷禹溝渠者，而無有濬禹豬澤者也，無怪乎豬澤闕高河之就下而南也，惜乎《禹貢》不載疏導之法也，抑豈以水勢隨時隨地而遷變，猶兵勢變化無方，不可膠以成法歟？抑禹不自詡其勞，史臣知成功無由以知成法歟？吾讀《溝洫志》，觀漢人削砥柱而河水益湍悍，而彌歎神禹治水之神也。

禹貢水道解第四

濬川必先奠山也。自岍岐至于碣石，是謂北條之北山，而河行之；自西傾至于陪尾，是謂北條之南山，而河與淮行之；自嶓冢至于大別，是謂南條之北山，而漢行之；自岷山至於敷淺原，是謂南條之南山，而江漢行之。四山奠，而四水治，天下之羣山羣水，亦從而奠治。蓋高下分，而疏導有方也。

由是九州之水，行所無事，自濟而達河，自漢而達江，自江沿海而達淮，自淮沿海而達濟、而達河，在中條則行洛，在西北則行渭，在西南則逾沔以行河，下沔以行江，由是而域中之水，六通八達，而貢道交于冀都，域中之夷苗咸安作矣。域外之水，自弱水入於流沙，黑水入于南海，于是三苗叙于三危，西戎來自崑崙，西羌來自桓水，域外之戎狄，亦向化矣。吾見禹幅幁之大，而四海一家也，曰：「淮夷厥篚萊夷作牧」者，則周穆所征之徐夷，周宣所征之淮夷，春秋所拘之萊戎，舉在其中也。曰三苗者，三爲衆之謂，則春秋之百粵、百濮、百蠻，舉在其中也。即後世楚、蜀、滇、黔之生苗、猺、獠、黎、猓，南至交趾，亦當在其中也。曰嵎夷者，則盡秦漢帶方、玄菟以東，朝鮮、高句麗、新羅、百濟、東北靺鞨之地，爲青州之分野，而非止於登州也。曰崑崙、析支，渠搜者，則盡葱嶺之北、葱嶺之西，天山南北，河關左右諸戎，嚮禹之化，浮積石以入龍門，故析支猶著於後漢，（見《後漢書·西羌傳》，《書傳》未曾引及）渠搜猶見於後漢也。（見《水經注》，《書傳》引之）曰西傾因桓者，則民夷聚處，有若隴西之氐，隴蜀之羌，下及徼外邛筰冉駹僰爨哀牢夷之屬，乘桓水入潛江沔江，逾陸入渭，以致禹之貢也。

「島夷卉服」，載於揚州貢道之中，則近海諸島貢以時至者也。「島夷皮服」，載於八州貢賦之前，則遠海諸島，若《三國志》之倭，《隋書》之流求，《南史》之扶桑，貢不以時至者也。洪水既平，而禹域弘大而無外，故後人張之謂爲「太章步東極，豎亥步西極」，乃史臣體大禹不侈之心於域中之大化，而惟曰三苗，丕叙域外之大化，而惟曰西戎，即叙域中域外之大化，而惟曰嵎夷，既略西傾是來，固若布帛菽粟之在躬，而無希異之事者，然亦知其不足盡禹之大也，故於篇終曰：「東漸於海，西被於流沙，朔南暨。」洋洋乎禹功哉！

禹貢水道解第五

《禹貢》一書，可與相發明者，《水經注》、《河渠書》是也。《水經注》可參考其水道，《河渠書》可想像其溝澮。夫使禹之洪水不治，則民居不奠，而民食不足，民食不足，則貢道不通，四海洪荒，而後人無以成《水經》，後世何由以修河渠哉？《水經注》之水，衆多於《水經》，然皆檃括於《水經》之中也。《水經》之水，適多於《禹貢》，然皆檃括於《禹貢》之內。《水經注》之水，旁徵繁引，不可悉數矣。《水經》自四瀆外，若澮涑、文、原、洞、過、晉、湛七水，隨汾水以入河，則以河該之，《禹貢》之既修太原是也。清、沁、淇、蕩、洹與清漳六水，則衡漳該之矣。易、滱、聖、㶟、沽、濡六水及巨馬水、濕餘水、鮑邱水，或涉及恒、或涉及衛、同滹沱以入海，則衡衛既從是也。濡雖遠，而已近碣石也。穀、甘、滻、瀘之入洛，則伊、洛、瀍、澗該之矣。潁、洧、潩、澮、渠、汴、獲、睢、洙、沭及陰溝，則該之于淮泗也。巨洋與膠，則濰、淄其道矣。滍、濦、灈、瀙、潕之入汝潁，與決、沘、泄、肥、施之入淮者通也。湍、均、粉、白、至淯、漻、夏、岑，統於沔者十有一。蘄、若、淹、澧、至沅、資、贛、廬，入於江者十有四。漣水以下，入湘者八，是該於《禹貢》之江、漢也。渭、濟、汶、沂之所苞，可以此推也。《水經》有可以補《禹貢》者，則大小遼水、浿水、存水、溫水、漓、溱、洭、漸及葉榆、斤江二水是矣。遼水在遼東，浿水在朝鮮，存、溫、溱、洭之流乎粵東西，葉榆之流滇，斤江之出交趾，固禹步所不到。若灕水與湘同源，湘下洞庭，灕下嶺南，則灕水之源，亦禹之所疏矣。漸江爲浙江，固禹蹟導江所及矣，是可以參考《禹貢》也。

禹功在溝洫，决九川，距四海，濬畎澮，距川治水之本末，禹自道之矣。《禹貢》紀田賦，而溝洫之成功，可知與治水非二事也。覃懷底績，大陸既作，爰及原隰，底績至于豬野，冀豫雍之地利多矣。《河渠書》叙漢、渠、濟、汝、淮、泗、三江、五湖以及淄濟、成都之水，而大利尤在河北。故西門豹渠漳、鄭國渠涇、徐伯渠渭、莊熊羆渠漆，沮水利田利不可以億計，則禹時之九州可知也。乃今日直隸、山西、關隴、河南五省地，率禹域上壞，而動輒赤地千里，河渠之壞之爲害，可勝嘆哉。

西漢之引河、引淮、引江、引沔、引汶、引堵水、引鉅定，得溝洫遺意矣。故水道之詳，悉經流支流之分合，莫著於《水經》。衆水之出入古昔都會，攻戰行役之經由，莫著於《水經注》，大農轉漕之計，都水灌溉之方，莫著於《河渠書》，而奠山濬川之功，體國經野之謨，可以被四海、垂百代者，則莫尙於《禹貢》一經也。

水道解後擬議 附第六

輿地之有水，猶人身之血脈也，陸道其筋節者也。血脈不充，則筋節不舉，故論水道於陸道，尤爲當務之急也。五洲之水道，未有若中國之連犿溝通者也。美洲之密士失必河也，非洲之尼羅河也，長大等中國河，而猶未及長江之遠也。長江之東源雖自岷山，而西源通於大雪山，其流至海，萬有五千里矣。印度之恆河、歐洲之多惱河，與漢等耳。而皆未若中國南北條之多大水，處處便利於交通，此西人所由以鐵道濟水道之窮也。

中國自大禹釃二渠九河之後，水道益通，西漢於滎陽下引河為鴻溝，以通宋、鄭、陳、蔡、曹、衛，與濟、汝、淮、泗會于楚。西則通漢水、雲夢，東則通鴻溝、江淮。吳通江湖，齊通淄濟，蜀通二江於益州，而皆可行舟而溉浸。隋引穀洛達河，引河達汴，引汴入泗達淮，又達江，於是自西北至東南，無不通者。因衛水、沁水、合清、淇、漳、洹諸水，會白水達河，通于涿郡，自京口之江，通于餘杭，於是自西南，東南，至東北，無不通者。以洛、漢為中樞，而四方亦無不通者矣。

元開會通河，有明因之，至本朝大修南北運，而南北一葦可航矣。余嚮者作〈禹貢水道解〉，歷考十八省水道，稽諸《水經》及史、漢，東至於遼東，南至於閩、粵及越南，皆有水道可通，北之河套，南之金沙江，固大可通矣。雖極東北之混同江，亦由遼可通也。西南牂牁江，則由粵可通也。自漢口南至於兩粵滇黔，有灘水可達，自漢口北至於甘肅秦州，有漾水（即由東漢水沂西漢水）可達。自漢口過河南，北至於陝西商州，有襄河（余考《水經》即均水，合丹水入沔之流，迤北尚承淯湍二水。）可達。所間者，襄河距長安渭水，有二百餘里之陸耳。自沔入褒，褒水距渭水，隔斜間，有百餘里之陸耳。由東而西，由南而北，由中洛而河、淮、涇、渭，由東漢而吳、越、燕、齊，固無所間隔也。

今天下浮慕西洋風氣，而競言鐵路矣。財力不敷，而惟思借外債矣。而中國漢唐水道之故跡，宋、元、明、清，轉運之成渠，任其堙墊反壞，而不一顧，上者病於軍機漕務，下者病於農政商旅，是猶先世藏有朱提巨鏹於地下，而不知取，而艱窘困頓，猶行乞於四方，相丱山以謀大治也。

余因《禹貢》水道，上下二千年，竊維水道之濬，有利而無害，而利尤不外溢，全國交通，有身使臂、臂使指之勢。本天之時，因地之理，順民之欲，而無開山鑿隧之勞，雖水道時因旱潦而阻，亦猶之鐵路時因洪濫而崩耳。若財政有方，一舉而築鐵路，則南北一縱，東西一横，其枝路，聽之民間足矣。（鐵路之起，即比利時，因荷蘭絕其出海水道，乃於國中灌鐵路到海，是後各國效之。中國繁盛市鎮，均在水口，水淤則其地亦不榮，篇中水道，因多已見各解中，故不贅。此外，尚有松花江，爲東三省水道，亦入混同江，若襄河，則因前人所未道，故表之。近時教科書以爲漢水，此乃襄陽以下之襄河耳。）

水道解後瑣談附第七

天地滄桑之變，往往有利害相反，而適相因者，惟人事亦然。大禹之治水，爲四海計，爲百世以下計，而一身則胼胝皸瘃而不恤，至于今民蒙其利宜也。隋煬帝荒侈無度，殉一己之欲，驅數十萬生靈於溝壑之中，欲至涿郡，則開通濟渠，欲遊江都，則開永濟渠，凶于而家，害於而國，爲一身計，并不爲子孫計，乃自唐至宋，竟賴其水道以漕京師，元明清亦尚用之以漕北京，至於今人亦蒙其利，是可怪矣。非所謂利害相反，而適相因乎？

然自禹以後，濬水道而上下蒙利，得禹遺意者惟漢耳。漢不獨顧漕運，往往灌溉民田，在數千頃、數萬頃以上，商旅乘水而行。此外，若元明清之護運道也；祇知爲京師饋饟耳，與吾所欲濬水道，意懸殊矣。吾欲濬水道，非徒爲代鐵路計也，有數利焉：廬舍井田，民無昏墊之虞，一也。溝澮甽畝，民有灌輸之利，二也。商旅駢臻，懋遷有無，三也。裕國裕民，四也。貧民游民，資工得食，五也。

昔王安石言利，處處與作，騷擾民間，劉貢父戲之，謂洩梁山濼，可獲良田三萬頃，安石急問計，貢父曰：「可速開一如梁山濼之湖以蓄水，即得矣。」人傳以爲笑。乃不數十年，而黃河一徙，梁山濼遂爲反壤，使安石見之，不知當何如？使貢父知之，又何如？顧大壑之變大陸者，正不知凡幾耳。九河之道，在漢僅得其三，旋亦寘滅。滎波之澤，鄭康成時即已闕，碣石之地，酈善長即謂淪於海，灉沮會同，水之大可知。而《九域志》謂涸於曹濮之決河，矩野之澤，大陸之澤，孟諸菏澤，今亦不得其處。〈職方〉所載諸藪澤，今半在想像之間。《水經注》諸澤，今亦多成陸。鴻溝、陰溝、屯氏、鳴犢、篤馬諸大河，自昔旋通旋塞，是則人事之不齊，而非盡關天地之滄桑。

古人時時濬溝渠，西人日日渫港口，所當效法者也。

余第五解不引〈溝洫志〉者，以其全襲《河渠書》而補苴之也。余所解本衆說者半，出獨見者亦半，然古人之書，爲我所不見，而爲他人見者多矣。安知我之創見，而不爲他人之習見乎？若後來〈擬議〉一作，按時勢以立言，則古時所未有之事，而今人所驚怪之談矣。

水道解後區言附第八

松花江，古速末水也，北魏時粟末部在焉，故又謂粟末江。江挾邊內無數大小水以入鴨子江，故遼時統謂之混同江。江至伯都訥一曲，故又謂曲江。混同江者，大鴨子河也。（小河遼，仍名鴨子，不改。）挾邊外無數大小水，合黑水以入海，黑水又挾極北無數大小水以入混同江，故遼於此置混同軍。黑水者，黑龍江也，遼金皆賴混同江以資軍實，故混同江之名特著。今之松花江，實阨其要。國初置船廠以入黑龍江，而攻俄羅斯，故俄羅之南下，日本之西上，均爭此爲轉樞之區。六通八達，東北之水莫利於此也。

長白之東，有混同江，長白之南，有鴨綠江，其西有遼河，皆爲衆水所匯歸，上古時未爲害於中國，故爲禹蹟之所略。今則邊圉日棘，迥非昔比矣。西北之套河，循陰山而繞西蒙，西由湟中而通於青海、栗下、龍門，而出於渤海，形勢水利，爲塞外之最。故李元昊據西夏一隅，而抗有宋全力於三百年，其後套虜得之，猶抗有明全力於二百餘年，皆套河之便利有以資之也。

西南之水，莫利於兩粵，由湘、由贛、由黔、由滇，處處可通。故漢武之收南越也，一出豫章，下橫浦；一出桂陽，下湟水；一出零陵，下灕水；一出夜郎，下牂牁。牂牁江者，今盤江也。四水皆可會於番禺也。滇之盤江，合無數大小水以入粵，又合兩粵無數大小水以入海，《水經》所謂鬱江也。以過鬱林而名也。滇之黑水、金沙江爲大，自徼外入蜀，而旋繞數省，又有潞江焉，可下交趾也。有瀾滄江焉，可下緬甸也。是或爲禹功之所及，或爲禹功之所不及也。禹功之所及，漢水爲最利，江不能通於西北，而漢至西北，江不能通於中原，而漢至中原，今之襄河、漢水之一也。

有唐之中，安史據河南關洛，饟道不通，劉晏爲轉運使，運東南粟帛，別由襄陽至商州而入於關中，唐賴以存，蓋即今襄河之道，亦即《水經》丹水入均水。均水，入沔水之流也。國初提督殷化行，熟悉形勢，尚運此水之粟，救關中之飢，則漢水至中原之效也。武侯出祈山，亦賴漢水以轉輸，則又至於西北也。惜乎今人不治上流之襄河，自襄鄧以至龍駒寨有淤墊，不能浮舟者矣。（自襄陽均州過南陽內鄉，至商州古倉野丹水地，九百有餘里。）下流之襄河，自德安、安陸，以至荊州、漢陽，且泛濫累浸十數州縣矣。然則古昔濟時拯亟，經由之故跡，爲後世棄置不修，以至貽害於地方，而不獲一利者，又豈獨一襄河也哉？

寄鶴齋詩話卷一（選錄）

讀《左傳》，人知其爲史、爲古文；讀《葩經》，人知其爲經，鮮知其爲韻語也。《詩經》之忘爲韻語，蓋由於自幼熟讀，奉爲聖經賢傳之過，老師宿儒，不解作詩者，自然只圖鑽研義理，考據名物，其解作詩之俊彥，又僅顧追逐唐以下之名家，其於建安以上，至於西漢且不遑觀，何況三百篇。

三百篇之爲化工，昔人蓋多言之，此口頭禪耳，恐於葩經仍無所得，葩經雖如無縫天衣，然能析解之，究竟寸寸皆絕妙天然繭絲也。「昔我往矣，楊柳依依。今我來思，雨雪霏霏。」「燕燕于飛，差池其羽。之子于歸，遠送于野。」各妙句，王漁洋曾揭出矣，余則謂開卷第二篇「葛之覃兮，施于中谷，維葉萋萋。黃鳥于飛，集于灌木，其鳴喈喈。」此寫景之絕妙者也。「維葉莫莫，是刈是濩，爲絺爲綌，服之無斁。」此即景言情之絕妙者也。「言告師氏，言告言歸。薄污我私，薄澣我衣。曷澣曷否，歸寧父母。」此敘事言情之絕妙者也，是乃詩人代后妃敘述歸寧之作，而緜邈婉妙至此，後人作詩之法，咸備於此詩，後人轉韻之法，亦備於此詩。在當時作者不過稱口而出，不知其所以然，在後世解詩者讀之，則不知手之舞之足之蹈之矣。至如〈螽斯〉、〈麟趾〉，雖近質實，然頌美之辭如此，亦爲簡當，若漢世頌揚之樂府，其明暢者亦多鋪陳無味，逮後來拙手，故作可解不可解，以效古昔，更不足論矣。

賦、比、興爲三百篇成法，亦爲樂府古詩成法，學者當於此會心。

「桃之夭夭，灼灼其華；之子于歸，宜其室家。」後世閨房之詞，有能雅則似此否？

「摽有梅，其實七兮」、「死生契闊，與子成說」、「習習谷風，以陰以雨」，各篇亦後世閨怨、從軍詞、棄婦篇之祖。

「穀則異室，死則同穴」、「謂予不信，有如皦日」，後世盟誄之辭，有能過此否？

「角枕粲兮，錦衣爛兮；予美亡此，誰與獨旦。」此潘岳悼亡詩之所祖也，而微之悼亡又從潘詩脫出。

「有女懷春，吉士誘之。」「我心傷悲，迨及公子同歸」等語，後世衍之，即成《玉臺》、《春奩》數集。

〈鄭風〉如〈有女同車〉、〈出其東門〉、〈秉簡贈芍〉各篇，亦玉溪生〈無題〉詩之祖，若《疑雨集》以下之褻，又不得藉口也。〈小雅〉變雅，亦多爲杜公〈北征〉、〈出塞〉諸詩所祖。〈大雅〉、〈周〉、〈商〉、〈魯頌〉之大手筆，後世惟班孟堅之〈兩都〉、張平子之〈二京〉、司馬長卿之〈子虛〉、〈上林〉、揚子雲之〈甘泉〉、〈羽獵〉、〈長楊〉各賦，時能摹仿之，韓昌黎之〈平淮西碑〉及〈元和聖德詩〉，柳柳州之〈平淮夷雅〉及〈武岡銘〉，亦能酷肖，此外雖唐之燕、許，宋之歐、蘇，只能擬之短章銘詞，不能撫之於長篇矣。

歐、蘇之才力，過於潘、陸、燕、許，非不能摹撫雅頌，祇爲專心肆意散文馳騁，故不能復作烹鍊大章。

〈小雅〉之〈六月〉、〈采芑〉、〈車攻〉、〈吉日〉、〈楚茨〉、〈信南山〉、〈賓筵〉，〈大雅〉之〈皇矣〉、〈生民〉、〈篤公劉〉、〈崧高〉、〈韓奕〉、〈江漢〉、〈常武〉，變〈小雅〉之〈正月〉、〈十月〉、〈雨無正〉，〈大雅〉之〈板〉、〈蕩〉諸篇以及周、魯、商三頌，俱有泰山巖巖之氣象，而兼河水洋洋之自然，後世班、張、馬、揚、韓、柳所作賦頌，極終身之才學以規撫，祇能似其辭之巖巖處，不能得其氣之洋洋處也，蓋後學之雋，雖能得其辭，亦不能得其辭之自然，至於眞性情則無從而得，此所以爲經。

杜公之〈北征〉、〈出塞〉等詩，其情較近於變雅，若謫仙之〈古風〉六十首，其情多近〈國風〉。

王摩詰〈贈祖〉三詩：「蠨蛸挂虛牖，蟋蟀鳴前除。歲晏涼風至，君子復何如。」又云：「雖有近音信，千里阻河關。中復客汝穎，去年歸舊山。」全首十韻，氣息殊近〈豳風〉。

杜公詩，多得變風遺音，此外，惟陸公詩亦然，杜、陸二公所遭略同，不獨詩近古作者，即性情亦近古作者，至於陳仲璋之〈飲馬長城窟〉，王仲宣之〈七哀詩〉，亦均有變風遺音，然境遇與詞章近古人，而性情則不可與古人同日語，仲璋〈歸操〉，猶出於不得已，若仲宣之一心竭力，以諂操而取爵祿，則眞下流著矣。

蔡伯喈之〈飲馬長城窟行〉，命意多源於〈國風〉，中間於言情中，忽著「枯桑知天風，海水知天寒」二語，與陶公「孟夏草木長」一首，於敘述中忽著「微雨從東來，好風與之俱」二句，均是化工妙筆，是亦詩人奇特之筆，後來惟謝康樂之「池塘生春草」一接，亦同此妙，然通體不稱，殊不及陶作之渾然元氣，且亦不及蔡作之自然天籟也。

——以上各文皆錄自洪棄生著：《寄鶴齋古文集》（南投：臺灣省文獻委員會，一九九三年五月）。

胡南溟（一八六九—一九三三）

作者簡介

胡南溟，名殿鵬，字子程，號南溟，臺南府安平縣人（今臺南安平）。生於清同治八年（一八六九），卒於民國二十二年（一九三三）。

少補博士弟子員。臺灣割讓給日本後，隨父內渡，寓居廈門。數年後返臺，任《臺澎日報》記者，與連橫一同撰寫漢文稿，不久離去。光緒三十一年（一九〇五），連橫在福建創辦《福建日日新報》，邀南溟相助。數月後辭歸。此後，隱居里巷，文酒之外，不事生業。以至孤苦零丁，艱於衣食，鬱抑而卒。丘海子曾論其一生說：「人之生也固有幸不幸，其死也亦有幸不幸，觀夫連雅堂、林南強諸氏，則其生也不幸，而其死後則幸矣。至於南溟，生則數奇，死後詩文復不見傳於世，此非生有不幸，而死亦大不幸歟！」

林熊祥曾以連橫、胡南溟和林幼春為日據時期三大詩人。足見南溟詩之受推崇。南溟之代表詩作，當推〈長江曲〉、〈黃河曲〉、〈漢江曲〉、〈湘江曲〉、〈曲水曲〉等〈南溟琴曲〉之系列作品。各篇有長達三千數百餘言。他對這些作品曾自跋云：「思羈、思王之後，繼以〈長江〉、〈黃河〉廿四曲，是蓋以史遷、老杜之沈鬱悲壯，憑弔古人者憑弔今人，上下三千年風月，縱橫九萬里山河；不圖天壤間，尚有此大手筆事，留以位置我南溟也！天之啓人，固如是哉！」從這段跋語，可知南溟對自己作品之抱負和自信。

楊雲萍曾評論胡南溟說：「近代臺灣的文人學士，懷才不遇，坎坷以終者，頗不乏人，而胡殿鵬乃其最。」現在我們能為南溟作的工作，就是蒐集他的著作，編成完備的詩文集。

聖符內篇

一

通天下古今皆學也，通天地萬物皆理也，理不明則天下無眞道，學不傳則天下無眞儒。自幼而而學之，學之而冠，冠而壯，壯而強，強而艾，艾而耆，耆而老，老而耋，耋而耄，以至於期頤。日相習馬而不覺，不言學而天下古今皆實學也，不言理而天地萬物皆實理也。今夫江、漢、河、洛，理學之淵源也。華、泰、衡、嵩，理學之正大也。關石和鈞，理學之用中也。紅日白雲，理學之昌明也。中天皓月，理學之道心也。龍麟龜鶴，理學之精神也。梅竹松柏，理學之品節也。物籟天籟，理學之性靈也。飛湍湧泉，理學之天趣也。花雨彌天，理學之醞釀也。列星明漢，理學之高遠也。水天雪海，理學之融通也。揀沙鍊金，理學之精徽也。鸑鷟鳳凰，理學之文章也。長鯤大鵬，理學之變化也。雷電風濤，理學之浩氣也。或爲渾金璞玉，或爲霽月光風，或爲秋霜烈日，或爲闊海高天，其一片鳶魚化機之神，觸處洞然，何必讀書談道而始見之哉。且夫理之在天地萬物者，固學者之妙悟；理之在聖經傳者，乃學者之本源。

吾嘗上下千古，總貫群書，而爲學者進一解焉。太極之圖，天地之始，大造不言造，化工不言工，固理學之玄者。虞夏商周之書，帝道也，王道也，聖神之道也。〈國風〉、〈雅〉、〈頌〉，人道也，美刺之道也。皆與三禮相表裏。而治道基焉。高哉《儀禮》，古而奧者亦《儀禮》，獨曲臺爲之傳其義，禮樂之道也，蓋有睢麟之意焉，《春秋》獨無文，而傳其法者三：嚴君道臣道父道子道之大防，孝弟之經，堯舜之道也。若《論語》乃論道至言，善理學之所從出也。《大學》衍忠恕之傳，《中庸》述性道之原，《孟子》明性氣之辯，皆體道之言，而非後世之文也。至於詁經者《爾雅》，闡明夫天地萬物之精，天下古今之奧，藝學之文也，推而言之，蓋皆收脩齊平治誠正格致之功，而傳之萬世，所謂理學之門，大學之道也。十三經解我，我解十三經。經學之化，理學之神也。漢儒談經，宋儒論理，理學經學何嘗有異哉。通天地萬物之理，皆載道之器也，通天下古今之學，皆明道之儒也，儒術藝術雖不同，有分有合，有純有雜，而其至於道，則有先有後焉。自漢以經術飾吏治，以〈禹貢〉行水道，以《易》道通鬼神，以《春秋》治兵決獄，以三禮定郊祀大典，以《孝經》教忠教孝，以《爾雅》博物解義，中原文獻之傳，忠孝節義之中，實基於此。此理學之精華，國家之士氣也。有宋以來，謂夫中國所貴者六經，故明經術以資治化，大開五子傳道之門，而邵子亦與焉。一時游、揚、張、陸、呂、蔡、三羅群儒輩出，比隆西周，或脩孔孟之學而來，或脩程朱之學而來，究之河南、陝西、四川、國釁於漢，而有石經鑄人，隋始以州縣學祀孔子，明清而後，直隸國學，亦銘之，五百年，文教大興，蓋彬彬乎衣冠文物之朝焉。然而詩歌文賦，皆藝學之文，而非盛德之士也。由魏、晉、隋、唐下逮滿清，藝學興而聖學微，經直隸而盛京，而河南，而山西，而山東，而湖北，而湖南，而陝西，而甘肅，而江蘇，而安徽，而江西，而浙江，而四川，而雲南，而貴州，而廣東，而廣西，而福建，而臺灣，皆藝文之學。而非明道之儒也。獨漢儒、宋儒廟祀堂皇，爲史乘光，衡之山東聖地，關中帝州，何多讓焉。此東南理學之盛，甲於震旦諸州，自胡安定公始也，元清藝學之中，亦有趙復焉，有陸隴其焉，其中唯明儒尤多道誼文章兩足千古，自仲尼一變而傳經，兩漢一變而解經，北宋一變而通經，夫通經爲致用之具，實經濟之大源，得之堯、舜、禹、湯、文、武、周公、孔、曾、思、孟不傳之秘，聖人之意蓋欲後世行周道也。明室用《周禮》以正百官，用《儀禮》以正萬民，皆收忠孝節義之成效焉，故明之理學，次於漢，亦次於宋，所不可解者，太平之世。學者無所用心，百家爲註，千家爲傳，更有讀傳不讀經之失，別立門徑，迄今又七百餘年矣。著尊經之論者，謂經學莫如漢，習性理之書者，謂理學莫如宋，宋學漢學黨錮禍興，君子犯義，國之所存者幸也。今人之所謂理學，即宋元間之所謂道學，獨范文正公出入將相，談笑而麾之，夫文正亦一道學耳，其憤世如此。蓋當其時宋方南渡，高宗惡聞復辟，而臨安爲守文之地，兩廡特豚，固軒軒乎爲理學不祧俎豆也，南渡群儒亦有幸焉，東西廡坐無虛左，而先賢先儒與夫北宋諸公先後從祀於其次，亦盛矣哉。

——原載《台灣詩薈》第二十號（民國十四年八月十五日）頁五〇九—五一二。

二

有以六藝通者如七十子，有以三傳行者如《左》、《公》、《穀》，有以師孟尊孟者如萬章、公孫丑，有以傳經解《易》者如商瞿，有以箋經編禮者如毛、戴，有以傳經述作者如董子，有以傳經成學者如鄭康成，有以記禮誦書者如后蒼、高伏，有以經術爲經濟者如賈誼、陸贄，有以《春秋傳》行者如胡文定，有以經師作人師者如胡安定，有以作古文〈原道〉者如韓愈，有以忠愛二表傳者如諸葛，有以《中庸》立德繫國安危者如韓琦，有一誠服華夷者如司馬光，有以道任天下者如范仲淹，有以行義立身者如許衡，有大節不磨者如文文山、方正學、黃石齋，有始終一誠一敬一仁一良知行者，有若胡、陳，若程、周，若王、何，若張、薛，若吳、謝，若黃、李，若蔡沈，若劉、曹，若姚、金諸先正，其大略也。餘如明清之際，以遺老著書傳者，一黃梨洲耳。景而仰之，就而瞻之，明而辨之，是皆能以儒解，以經明道，以道立身，以道經邦者，爲先儒，進而以經傳道，以道傳賢，以賢覺世，翼贊聖道，傳於無窮者，爲先賢。先賢立德，先儒立功，立功可大，立德可久，皆有功於聖門也。而學則有至有不至焉，儒者立言，因文見道。賢者立言，有道有文，道者文之全體，文者道之衣冠，道藝之分，儒賢之判也，而祀典亦從而序次焉，於戲，理學後世之尊，繫於立言之正之大，有先代儒而後世賢之者，亦有先代賢而後世聖之者，是皆能以道歸經，以經歸孔，以孔歸周，以周歸堯、舜、禹、湯、文、武，三王以帝學，孔孟以聖學，兩漢以經學，唐以儒學，宋以道學，明清以理學。何謂理學，通天地人之道，萬一之學也。天有太極、地有太極、人有太極、萬物各有太極，易之道，聖之符也。古者通天地人始可爲三公，故先民有言曰：通天地人謂之儒。夫士而果志於此，何止儒其家哉。賢聖可也，帝王師相亦可也。而宋儒具內聖外王之學者，如濂溪、明道、伊川、橫渠、考亭，皆可揖讓於堯、舜、禹、湯、文、武之廷，伯仲皋、夔，爭光伊、召，山川鍾毓之靈，何獨萃於宋哉。夫六經、六緯，皆通天地人之學，而一貫之者，理學之宗也。天文之學，明於易，日月星辰度數，鬼神造化，變爻變易，天之道也，地文之學，載於地官，山川五行，飛潛動植，邦國輿圖，經緯廣輪，原隰高卑，陵谷泉石，道理遠近，地之道也。人文之學，詠於詩，明於禮，詩備六義，鳥獸草木，名物象數，國風雅頌，正變美刺，可歌可樂，禮敘五倫，孝友睦婣任卹，忠信禮義廉恥，制度儀則，撙節謹嚴，可家可國，人之道也。而萬物亦於是備焉。自周官行，合天學、地學、星學、五行學、六詩學、六行學、六藝學、六德學、五禮學、六樂學、射御學、書數學、六職學、百工學、萬物學、倫理學、陰陽學、貨殖學、兵法學、刑名學、財賦學、醫學、農學、相學、卜筮學、職貢學、萬國圖書學，學有庠，庠有官，官有師、師有教、教有術，此理學之用也、周道廢，百家出，士各以學著而爲書，列而爲子，而堯、舜、禹、湯、文、武、周公聖學之道，獨無傳焉，孔子編之，尊而爲經，群賢通之，成而爲藝。孔子亦不過纂周書，談周道，傳古教已，一部四子書，皆師友傳授之後先也，同此性天，聖賢豈有自異於人哉。聖人之道，大同之化，天下萬國之所宗也。世盡唐虞，人盡堯、舜，學盡聖人，人人各還其固有，固有之者，日仁、日義、日禮、日智、日信、《尚書》仲虺五常之性也，《關尹子》之所謂無我也，堯、舜之所謂仁政也，《中庸》之所謂率性，孟子之所謂四端也，古者大一統，自夏而商而周，自君而臣而民，皆有同倫之行焉，有道之世也，教澤之長也，何者爲漢何者爲宋，甚矣學人之誤也。天地之覆載，日月之代明，道並行而不相悖，大舜大德自東夷，文王至德自西夷，夷夏之變，理學之通，被髮文身之地，變而爲辟雍鐘鼓之風，此孔子所以有居九夷之歎也。聖人之化，聖學之崇，又何分古今天下哉，萬世之宗也，且夫孔子亦嘗學大舜、文王、周公者，大舜孝弟，孔子經之，文王繫象，孔子翼之，周公作謚，孔子春秋之，帝王傳聖，此古今大創局也，而周公、文王、大舜，又將何所繼述哉。伏羲、神農、黃帝、唐、堯往矣，大經大法，一皇極一太極而已。皇極者人中之極也，太極者天地之中也，人受天地之中，得天地之和而生，中者曰道，和者曰德。蓋道以中爲至，德以和爲本，唯聖人爲能得中和之氣，故建人中之極，立人中之皇，參天兩地而成化，登斯民於仁壽之天焉，是爲上古未有文字之世。

——原載《台灣詩薈》第二十一號（大正十四年九月十五日），頁五七七—五八〇。

三

六經未出，道在天地，六經既出，道在聖人。故凡立功、立德、立言於聖門者，皆得位廡下焉。嗚呼！世無大儒，上下數千年，道統之傳，理學之詔，孰肯出而肩此鉅任哉，宜乎東周之亂，人類之滅，楊墨莊告申韓商李儀秦佛道之伏而未出，而宗聖、復聖、述聖、亞聖，已相繼而生也。獨是孔子者，又四聖之所宗也。先孔子而生者，則有清任和三聖人，於戲！生孔子於群聖之間，而能集群之大成者天爲之也。彼夫天學地學洪範河圖洛書五行數學格致諸家之流，亦聖人之一技一藝耳。王者之道，六經之言，本道而爲政教，水火菽粟，天下萬民之所生活也。聖人之治，非徒汲汲然爲功名也，泄泄然爲文章也，爲天下萬世道統計也。恒通子曰：言之盛，道之衰也，夫以有用之言，而徒用心於無用之地，此陽明子所深戒者也，獨不解唐、宋諸公，遂以道德爲文章作用，抑理學絕學之交，世運升降之儒也。然率數百年而一遇其人焉，抑又難已，由是而文章道德，各有分數，而聖賢之道益孤矣，爲道德之文者，如〈儒林傳〉中之文也，爲文章之文者，如〈文苑〉中之文也，《史記》以孔子入世家，以七十二賢入列傳，皆通經尚德之士，降至兩漢，以儒者董仲舒、鄭康成亦入列傳，而〈儒林〉、〈文苑〉二傳，則所以位置道與藝者，元儒脩《宋史》以著述之儒入〈儒林傳〉，以道學之儒入〈道學傳〉。古來有〈道學傳〉，亦未有〈文苑傳〉，自班固以文章名，而《前、後漢書》遂於〈儒林傳〉外，別立〈文苑傳〉，又有〈獨行傳〉，〈逸民傳〉，凡高蹈之士，諸生韋布，一藝之能，皆爲之立傳。由是觀之，儒者之門，愈推而愈廣，賢者之門，日小而日闃，此東周所以多賢，漢宋明所以多儒。夫聖門脩齊平治之學，皆得之堯、舜、禹、湯、文、武之道，而傳之書，自四子書出於漢，學者窮而在下，窮理盡性，而理學一門，遂大開於南北宋之間，重儒術，不重藝術也，蓋儒者乃《周官》司徒之一職耳，儒者講學論學，故有理學之名，上世未有理學之名學也者，所以固夫五常之本也，人之道也，自孔子刪《書》贊《易》，成性存存者有之，宋儒周子茂叔好學，以性爲天理之奉原，故朱考亭解性爲理，而堯、舜、禹、皋、益稷獨無聞焉。要之性學淵源，本之〈易太極圖〉。〈太極圖〉創自伏羲，伏羲繼天立極，故言性者歸之天。言天者歸之太極，說〈太極圖〉者周子也，闡明〈太極圖〉者朱子也。濂溪獨傳千載不傳之秘，考亭上接聖賢所傳之道，皆所以發明太極之妙用，造化之極功也，此理學之胚胎也。易知簡能，萬世性天之學也，儒者積學成時，積日成月，積年成紀，積久成性，性學之成，理學之功，天之道也。孔子言性與天道，故子思述性道之教。陽明子曰：道不可以言求，即此理此學也。夫禹、湯、文、武，爲見知之聖者，（道之見於政與教也，孔、曾、思、孟，爲聞知之聖者，道之見於理與學也，周孔以後，皆學者也。）執《詩》、《書》、《易》、《禮》、《春秋》而學之解之，皆學者之得其道者，曰周敦頤，曰程灝、曰程頤、曰張載、曰朱熹，五子以下皆儒者也，非賢者也。賢者樂道，儒者學道。是第就經講經，就學講學，就理講理，而理一門，遂出自孔、曾、思、孟之傳，非自性理一書始發明也，夫以孔、曾、思、孟之學之傳，有曰《詩》教，曰《書》教、曰《易》教、曰《禮》教、曰《春秋》教，皆理學之濫觴也，有圖書、有傳疏、能明一經者爲儒，能明群經者爲大儒。

——原載《台灣詩薈》第二十二號（大正十四年十月十五日），頁六四七—六四九。

章太炎（一八六九—一九三六）

作者簡介

章炳麟，字枚叔。初名學乘，因仰慕顧炎武的為人，改名絳，別號太炎。浙江餘杭人。清同治七年十一月三十日（一八六九年一月十二日）生，民國二十五年（一九三六）六月十四日病逝於蘇州，享年六十八歲。

太炎少時從外祖父學習儒家經典。稍長，涉獵史傳，瀏覽諸子。清光緒十六年（一八九〇）赴杭州，入詁經精舍，師事經學家俞樾。先後向高學治、譚獻、黃以周、孫詒讓等知名學者請益。在詁經精舍前後八年，奠定了堅定的學術基礎。清光緒二十年（一八九四）中日甲午戰爭以後，滿清政府遭到空前危機。章氏毅然走出書齋，參加上海強學會，並於光緒二十三年（一八九七）進入《時務報》館擔任撰述。提出「修內政」、「興學會」、「以革政挽革命」等主張，支持康有為、梁啓超領導的變法維新運動。

光緒二十四年（一八九八）九月，戊戌政變發生，清政府下「鈎黨令」，太炎避地臺灣，於十二月四日（農曆十月二十一日）抵達臺北，《臺灣日日新報》於十二月七日發表〈社員添聘〉消息一條云：「此次本社添聘浙江文士章炳麟，號枚叔，經于昨日從上海買掉安抵臺北，現已入社整頓寓所矣。」次年六月十日（農曆五月三日），太炎又由基隆轉赴日本，住臺灣半年有餘。

太炎在臺論文計有四十一篇，詩文評、詩十六篇。刊在《臺灣日日新報》的論文為日本學者阿川修三教授所發現。之後，中日學者研究章太炎在臺事迹的有：㈠湯志鈞：〈章太炎在臺灣〉，《社會科學戰線》一九八二年四期，頁一四二—一五一。㈡《歷史論叢》編輯部：〈章太炎先生清末旅臺論文一束〉，《歷史論叢》第四輯（濟南：齊魯書社，一九八三年〉，頁一—六八。㈢阿川修三：〈《臺灣日日新報》所載章炳麟論文について〉，《漢文學會會報》第四十七號（平成元年六月），頁八三—九八。不過，各論文所錄章氏詩文皆有遺漏，必須重新檢覈。章氏這些論文，在所有章氏的著作中，所佔份量雖不是很多，但是研究章氏早期思想相當重要的資料。

正疆論

臺灣島之有生民也，孰開之乎？曰：開于顔思齊而已矣。其譯音之合與否不可知，而其爲日本商人則無疑也（原注：見吳振臣《閩遊偶記》）。既而荷蘭翦革以圍其地，得數十丈，久遂以鹿皮三萬張賃其全島，中更背約，以礮攻日本，顔思齊死，郭懷一代之謀恢復，復死，何彬代之，力不敵，而趨廈門，適延平鄭王自江南敗歸，彬導之入鹿耳門，逐荷蘭所置揆一王，而建東都，始招漳、泉之士，以戰以墾、以學以宦，以守其疆埸，以禦其胡寇。然則臺灣之爲都會者，開闢于日本，而建國于支那，延平故東甥爲明氏遺燼效死，而魯監國之敗，亦遣黃太沖等乞師長崎，其後餘姚朱氏，嘗從延平攻金陵，卒歸水戶，著《陽九述略》，陳逐胡之術甚備。方外逸民，如應元隆琦者，皆以東浙故官，蜚遁晦迹，稱賓萌于瀛海。由是觀之，中東之好，自明季以然。而臺灣一隅，其當爲日本、支那聯邦之地，而視滿州以枕戈之仇也，章章明矣！日本與支那通，蓋始隋唐，是時受業太學者，皆萃處樂群，無相猜防，而唐玄宗且嘗以君子國譽之。至于靺鞨流鬼，而北辮髮之虜，魚皮薙前、犬鹿代耕，雖齔齒之童，皆〔知〕其貪鄙殘忍，擯不與爲齒列，由是觀之，支那與滿州爲異種，而與日本爲同種也，又章章明矣！

逆豎李光地以程朱飾吻脣，而心無故國之哀，至于裂冠毀冕，外視禹域而奉胡貉為所天，思逞其狡謀，蕩覆鄭氏以燼永曆之遺民，替齊州之正朔，是時貝子賴塔等，猶裴回大義，莫爲戎首，許以不稱臣、不入貢、不薙髮、不易衣冠，以與日本、朝鮮並峙，而先地故齮齕之，爪牙之士、破鏡之獸姚啓聖、施琅之屬，復爲之規畫于外，中外一心，播扇類醜，道銅山、下八罩，擣牛心、摧虎井而承天，遂以不守。跡其行事，鄭氏之得臺灣也，與日本同，而滿州之盜臺灣也，與荷蘭同。夫鄭氏與日本，其當明季，既相驪如一國，則滿州之盜臺灣于鄭氏，不啻其盜臺灣于日本也。有制作之素王出，相度甌脫而平讞其國，訟于臺灣一島者，其于東方，則必隸之日本；其于支那，則必隸之鄭氏，鄭氏既亡矣，一姓不可以再興，而版籍莫之爲授受，其將擁是二千八百里之島、二百五十萬之戶口以卑之枕戈之仇乎，然則非屬之始闢之日本而誰屬也？

嗚呼！李光地之飾邪說、文姦言以梟亂天下，塗民耳目也甚矣。自下關之盟，臺灣東屬，斯猶晉疆杞田，與仲尼之返鄆讙龜陰于魯，于義未〔虧〕，于名則至正也。而臺民之附屬于日本者，惑于李氏，猶思滿州之德，不置夫隨俗雅化，而曰吾支那之民固也。今滿州則果支那乎？歸于日本誠不若歸于支那，而歸于滿州，則無寧歸于日本，滿州之與我仇，非特異種而已也，自一片石之戰，聲言爲明討賊，而終則先蹈福王，而後蹈自成，揚州之屠、江陰之屠、嘉定之屠、金華之屠、舟山之屠，吾支那之民，僵尸蔽野，流血揚沫，雖以闖獻之賊虐，而其殘酷不逮于是也。春秋之義，復仇者至于九世，是故吾支那之與滿州，不共戴天、不共履后土。然而愛新羅覺第十一之變法，失志見囚，吾華民猶爲之憤痛者，曰春秋有臨天下之言焉，有臨一國之言焉，臨天下則支那之壤固不與滿州共處，臨一國則愛新覺羅第十一者固滿州之令主，且其志亦爲齊州，而未嘗有私于北虜，是則亦元魏之孝文也。是故痛其幽禁而爲之感概不平，從其通俗，以光緒紀元，以愛新覺羅第十一稱共主，其例則與寧人太沖之箸書等。若夫爲薄海計，則滿州者固吾之世仇，而日本者猶吾之同種也，況臺故嘗隸屬箸于版圖者哉，臺之士民，不蓄黃書、不省十日記、不讀《鮚埼亭集》、不覽《日本乞師記》，以仇讎之滿州，而奉之爲故主，是猶赤子之劫略于盜跖，而爲之臧獲，臺隸遂誤仞之以爲主父，而忘其故家宗族也。

余年十六、七，則誦古文歷史，慕辛棄疾爲人，蓋已知滿州、支那之所以分，而日本、支那之所以合。是故雖樂文采，而未嘗一日應試于其校，今年已三十一矣，會遭黨錮，自竄臺北，其志以訪延平鄭氏之遺迹，亦未嘗隸籍爲日本土箸，非有私于瀛洲員嶠之民也。然而以支那與日本較，則吾親支那；以日本與滿州較，則吾寧親日本。

全臺之民，苟撫其衣冠、討其冊籍而思，夫故國之思怨，則其視滿州與日本必有辨也，其視延平鄭王與夫洪承疇、李光地者，亦必辨也，作〈正疆論〉。

——原載《臺灣日日新報》，第十一版，明治三十二年（一八九九）一月一日（署名：萄漢閣主）。

答梁卓如書

卓如國士：歲聿云莫，淪茗酟酪，手書兩緘，一夕沓至，（使）陽氣發乎眉宇，今日又（讀）呂氏少帝（設）計踐阼，（意）謂姚崇秘計，當發此日。東人杖義，多在社會，積精（自）剛，要不能速，然遲之又久，則支那士民銳氣頓挫，並爲臣僕，共此闇胥，斯亦可長慮者。開濬民智，以爲招攜懷遠之具，猶奔者之布遠勢，終當收效。然吾身能見與否，則不敢知。

君子立言，固不爲一瞚計，來教謂譯述政書（爲）第一義，如青田退著《郁離》，他日因自試，惠我禹域，幸甚幸（甚）。鄙意哲學家言，高語進步退化之義者，雖清眇闊疏，如談堅白，然能使圓顱方趾，知吾身之所以貴，蓋亦未始不急也。老聃曰：「草食之獸，不疾易藪；水生之蟲，不疾易水。」此言生此地、食此餌，故能成此形、具此性也。然則獸若易藪、蟲若易水，則鮫之化鹿，雉之爲蜃，有明徵矣。（自）脊骨之類，始有鱗族，屢易其壤、屢更其食，而後得爲生□，今乃幸爲文明之族，故孟荀言性，一舉其始，而一道其終。舉鴻荒之民，（以）比後世，其智愚馴野之相去，何翅倍蓰？譬諸草木，焉可撫也。使支那之民，一旦替爲臺隸，浸尋被逼，遁逃入山，食異而血氣改，衣異而形儀殊，文字不行，聞見無徵，未有不化爲生蕃者。船山《思問錄》之所爲懼也。嗟嗟！兗州桑土，今爲野繭，西人謂放家豚于草澤，則化爲豪豬，蠶豕盡然，人獨何能自保？耕稷之氓、占畢之士，方以爲幸避兵燹，則子孫胤冑，其形性可以長存，是以晏安鴆毒而（無）所懼，必以種類蕃變之旨覺之。或冀其慘懔悼慄，發憤爲天下雄爾。靜言思之，《鞞婆沙論》謂：或金翅鳥、或龍、或人皆具卵胎，溼化四生；而江總《白猿傳》謂歐陽訖妻爲猿所竊，因生率更（原注：見《文獻通考·經籍門》），皆不盡誣妄。然則異物化人，未有底止，人之轉化，亦無既極。孟荀之說，亦迭爲終始，如三統之互建矣。誃予手足，□嘆茲形之將然，滋足慼也。

抑儒者之說，多言無鬼神（原注：見太史公書，是秦漢古義固然，非自無鬼論始也。），異于釋迦、基督之言靈魂者。夫肢體一蹶，互（亙）萬世而不昭，則孰肯致死？民氣之懦，誠無足怪。然惟無鬼神，而胤嗣之念乃獨切于陀國形家之說，至欲以枯骨所藏，福利後裔，今知不致死以禦侮，則後世將返爲蠻獠猩狒，其足以倡勇敢也明矣。然則儒者之說，固不必道及無色界天、無間地獄，而後可作民氣也。

南海在東，想尚須羈留數月，〈泰風〉一章，重（爲）呈覽。〈祭六賢文〉，即八月聞耗時作，當時欲與□□□設奠黃浦，因作是篇，以待復笙柩至上海，徧訪船步及湖南會館，皆莫知所在，自餘諸君，並未知其何時歸葬，逾月遂至臺灣，斯舉不果。蓋既其文，未既其實也，亦重錄附上，即希警覽。近有新作，幸許惠示。復笙遺著，弟惟《寥天一閣文》一冊，其餘多未及見。友人中亦有篋藏者乎？羅網滿天，珍重是幸。炳麟頓首。十二月二十二日。

——原載《臺灣日日新報》，第五版，明治三十二年（一八九九）二月五日（署名：支那章炳麟）。

絕頌

諂（諂）諛之美名謂之頌，古者之有頌，其注威盛德，足以高世，故受之而無所忸，且非其臣子，固莫爲言者。然大、小《雅》至百篇，而《頌》特三十一章，亦吝惜其詞矣。自尊主抑臣之論作，而諂（諂）諛取容之士以頌自效，然法家之眞者，固未嘗以頌爲韙，韓非曰：鐘鼎之銘，皆華山之棊，番吾之迹也。雖李斯之頌秦皇帝，刻石于會稽諸山者，其言猶有分際。試取封禪典引以校李斯之文，則其夸誣、翔實，爲有閒矣。夫倡法家之說者莫過韓非，竊法家之說而以文其尊主抑臣之義者，莫過李斯，然絕之者至甚，而用之者其歸美僅如是，然後知後世之爲頌，垂頭悲鳴以覬旦夕之稟祿者，特人主迫之使必出于是也。且夫有顏異反脣之誅，則憚之者不得不作封禪以求活。柳宗元之貞符，自以不牽圖讖、不舉瑞應，賢于漢人遠甚，然其爲夸詞以求貸，罪則未有以異于彼。夫人主不能迫其臣以直言極諫，而迫之使垂頭悲鳴，以覬旦夕之稟祿，則頌者乃適以自彰其過，而非以自彰其美也。

至于今世，則雖有成、康之德，而《周頌》亦不得作。又非直漢唐以來夸詞之當絕也，何者？懷隨侯之珠、結錄之璧，而以自衒者，其取信必不逮于市人之稱譽。古者五洲未開，文教未被與，自冠帶之國而外，不過蠻夷，蠻夷之言，不足以爲法，故使蠻夷頌之，誠不若使其臣子頌之之爲得也。今者四鄰之國，皆文明矣，伐有可旌、德有可錄，必無不著之豪素以頌其美者。有鄰人之頌，而臣子復自頌之，是不足于市人之稱譽，而復以其美自衒，斯則適以取疑，而非以取信也。由是言之，頌之當絕，豈不信哉？

或曰卮酒之祝、上壽之詞，情也，能絕之乎？夫祝者驩歌祈福之言耳，與頌之名相類，而其實固殊。祈福之言得曰祝，不得曰頌；表德之言得曰頌，不得曰祝。祝可無絕，頌則一切當付有司燔之，使無餘燼而後已。嗚呼！彼頌君之言則已矣，今之飾小言美辭以干縣令，而覬其旦夕之廩祿者，又何其多也。

——原載《臺灣日日新報》，第三版，明治三十二年（一八九九）二月七日（署名：支那章炳麟）。

書原君篇後

黃太沖發民貴之義，紬官天下之旨，而曰天子之于輔相，猶縣令之于丞簿，非敻高無等，如天之不可以階級升也。輓近五洲諸大國，或立民主、或崇憲政，則一人之尊，日以騫損，而境內日治。太沖發之于二百年之前，而徵信于二百年之後，聖夫！抑予以為議論之于政法，猶藥之于疢疾也，趣效而已。雜獾枯梗，場圃以為至賤，而中其疾則以為上藥。自古妄人之議，常冑沒以施當時，卒其所言之中，亦與太沖等者，蓋未嘗絕也。予觀明武宗嘗自號「總督軍務威武大將軍」，兵部宣敕，雖御名不諱，傳之後世，以為談笑。又上求之，則漢靈帝嘗納許諒伍宕之說，謂太公《六韜》有天子將兵事，因購武平樂觀，躬擐甲介馬，稱「無上將軍」，此事稍不章。要之，二君皆淫酗昏虐之主，佻狎自喪替其球璽，固無不釀嘲于後世者。然輓近尚武之國，其君皆自稱「提督」，或受鄰國武臣官號、佩其章韍，懕然勿以爲怪。而戎事日修，則天子誠與庶官等夷矣。嗟乎！彼漢、明二主者，寧逆計至是哉？事之票忽而得之者，千世以後，輒與之相契合，于是知妄人之議未可非，而舉其事以釀嘲者，適咫尺之見也。

昔吾友夏曾佑嘗說：「《易》曰：『坤之上六，龍戰于野，其血玄黃。』則羅馬既亡，與七國五季之世是已。乾之上九曰：『亢龍有悔』，則中國、朝鮮之君是已。其用九曰：『見群龍無首』，則華盛頓民主之政是已。」夫龍戰，至亂也；無首，至盛也，而其聚散時或相似。且化益之書，稱刑天爭帝而不克，帝乃戮之爲無首之獸，以舞干戚，是固以寓言見旨者，然其與群龍亦相類也。無首而樂，推則曰群龍無首，而攘奪則曰刑天，彼其操行致功相反戾如此，而其不膠于一君，竊竊然以斗杓旋機視其上者，抑何其矩範之合也。《志》曰：「善人不善人之師，不善人善人之資。」顧不信歟？夫妄人之所以荼生民、覆宗稷者，其行迹乃多與官天下相似，豈特以天子爲軍吏也耶。

——原載《臺灣日日新報》，第三版，明治三十二年（一八九九）二月十日（署名：支那章炳麟）。

客帝論

自古以用異國之材爲客卿，而今始有客帝。客帝者何也？曰：如滿洲之主支那是也。夫整軍之將、司稅之吏，一切假客卿于歐、美，〔則〕以雞林靺鞨之賓旅，而爲客帝于中國〔也〕何損？知是而逐滿之論，殆可以息矣。抑夫客卿者，有用之者也；客帝者，孰爲之主而與之璽紱者乎？北辰太微，不司其勳；岱山梁父，不載其德，盜沃土于支那，而食其賦稅，既無主矣，而客于何有？曰：巳（已）矣，勿言之矣。雲門之均，勿可以入里耳矣。必若言之，吾則曰：支那之共主，自漢以來，二千餘年而未嘗易其姓也。

昔者《春秋》以元統天，而以春王爲文王。孰謂？則孔舒元以爲仲尼是巳（已）。支歐洲紀年以耶蘇，衛藏紀年以釋迦，而教皇與違（達）賴剌麻者，皆嘗爲其共主。支那之共主，非仲尼之世胄則誰乎？梅福之訟王章也，見新室盜漢之朕而塞之也。及王章不可訟，而上紹殷之議，其指歸則以聖庶奪嫡爲梟，是何忘漢之社稷，而爲此闊疏之計耶？

夫固曰：素王不絕，黑綵之德不弛，則支那之城，互（亙）千百世而有共主。若夫攝斧展掌圖籍者，新乎？漢乎？則猶鸛雀蚊虻之相過乎前而巳（已）矣。由福之說，苟言大同，必求可恃者而後君之，則君固在乎會，推而不得世及矣。若猶是世及也，冠冕（冕）未裂，水土未堙，則支那之共主，國必在乎曲阜（阜）之小邑，而二千年之以帝王自號者，特猶周之桓、文，日本之霸府也。苟如是，則主其賞罰而不得竊其名位。支那有主，則爲霸府于豐鎬、北平者，漢乎？滿乎？亦猶鸛雀蚊虻之相過乎前而已矣。苟攝之者不得其指，而自以鎭撫一國，若天之有釋提桓因，斯猶大夫之臚岱，其罪不赦，此漢魏之所以爲亢龍絕氣，而客帝之所以愈迫民以攘逐也。

難者曰：今之衍聖公，其爵則五等，其冊封則必于京室，今倒植其分，霸其封之者，而帝其受之者，其可乎？曰：巳（已）矣，勿言之矣，吾固曰雲門之均，勿可以入里耳矣。《繁露》有言：天子不臣二代之後，而同時稱王者三，是則杞、宋之在周室，其名則公，其實則王也。夫以勝國之餘孽，不立其圖法，不用其官守，而猶通三統而王之，況朝野皆奉其憲，以綱紀品庶者歟？名曰「衍聖公」，其實泰皇也。若夫錫命之典，自漢之封紹嘉以至於今，更十七姓、七十有餘主，而不能以意廢黜之。夫非一代之主所得廢黜者，則亦非一代之主所得冊封也。雖無冊封，於孔氏之位何損？其冊封者，驕王媚臣之自爲僭濫，亦猶乾隆之世，英吉利嘗一通聘，而遽書之以爲入貢之藩也。且昔者成周之末，王赧巳（已）虜，而東周特畿內之侯耳，其于七國之王，爵位固不相若，亦奉事貢獻惟謹，且聽其黜陟焉。宋氏之于金、元，亦嘗至乎稱臣稱姪矣。然而言神州之王統者，終不以彼而奪此。苟以是爲比，則衍聖當帝，而人主之當比于桓、文、霸府也，其可議哉？不然，使漢人之帝漢也，則〔幸〕猶有寄生之君矣，彼瀛國之既俘永曆，魯監國之既墜，而支那曠數百年而無君也如之何？其可也？

——原載《臺灣日日新報》，第六版，明治三十二年（一八九九）三月十二日

（署名：支那章炳麟）。

連橫（一八七八—一九三六）

作者簡介

連橫，字武公，號雅堂，又號劍花，別署慕秦。其名號雖多，最常用的是雅堂。祖籍福建省漳州府龍溪縣，清康熙年間連興位氏渡海來臺，定居臺灣省臺灣縣寧南坊馬兵營（今臺南地方法院所在地），傳到連橫，已是第七代。連橫生於清光緒四年（一八七八）正月十六日，卒於民國二十五年（一九三六）六月二十八日，享年五十九歲。

連橫十三歲時拜師就讀，他父親以為「身為臺灣人，不可不知臺灣事」，要他閱讀《臺灣府志》，從此奠定研究臺灣史的基礎。光緒二十三年（一八九七），赴上海聖約翰大學攻讀俄文，遵母命回臺，放棄學業。次年入《臺澎日報》主編漢文部。光緒三十一年（一九〇五），攜眷赴廈門，創辦《福建日日新聞》。次年（一九〇六），舉家遷回臺南，主持《臺南新報》漢文部。光緒三十四年（一九〇八），連氏定居臺中，加入《臺灣新聞》漢文部，且開始撰寫《臺灣通史》。另外，和林癡仙等人共同創辦櫟社，發表詩作。

民國三年（一九一四）春，連橫應清史館館長趙爾巽先生的邀請，入館共事。這期間，連氏大量閱讀了館中所珍藏的臺灣檔案，並蒐集撰寫《臺灣通史》的資料。是年冬，連氏回居臺南，又任職於《臺灣新報》，同時在該館發表了《大陸遊記》和《大陸詩草》。

民國七年（一九一八），《臺灣通史》編寫完成，九年（一九二〇）的十一月、十二月，以及隔年的四月，《臺灣通史》上，中、下三冊相繼問世。十年（一九二一）六月，《大陸詩草》出版。同時，連氏也輯錄明、清二代有關臺灣詩作資料，編成《臺灣詩乘》。民國十三年（一九二四）二月，連氏創辦了《臺灣詩薈》，並發表《臺灣漫錄》、《臺南古蹟志》等。民國十七年（一九二八）與黃春成先生合辦雅堂書局，專售中國書籍、文具。次年（一九二九）書局結束營業。連氏有鑑於日人對臺語的摧殘和禁用，遂潛心研究文字學和臺灣話，編成《臺灣語典》，以保存臺語文化。民國二十年（一九三一），連氏返回臺南，將歷來撰寫文章編為《劍花室文集》，又於《三六九小報》闢專欄發表〈臺灣語講座〉。二十一年（一九三二）又另闢〈雅言〉專欄。民國二十二年（一九三三），連氏完成《臺灣語典》。

民國二十四年（一九三五）春，連氏偕夫人遠遊關中、終南、渭水、而作〈關中紀遊詩〉二十七首。二十五年（一九三六）孟春，於上海罹患肝病，是年六月二十八日病逝，享年五十九歲。

連氏一生從事文化事業，戮力保存臺灣歷史文化，除《臺灣通史》、《臺灣語典》二書外，另有《雅堂文集》、《劍花室詩集》、《臺灣詩乘》、《雅言》、《雅堂先生餘集》、《雅堂先生集外集》、《臺灣詩薈雜文鈔》、《雅堂先生家書》等。民國八十一年三月臺灣省文獻委員會已編為《連雅堂先生全集》。

說八卦

《易》爲六經之一。自周以來，用爲卜筮之書，又爲哲理之籍。異說紛紜，遂多附會。顧此爲《易》之末流，而非《易》之本義也。《易》之所演者爲八卦。八卦之興，起於上古。〈繫辭〉曰：「古者庖犧氏之王天下也，仰則觀象於天，俯則觀法於地，觀鳥獸之文與地之宜，近取諸身，遠取諸物，於是始作八卦。以通神明之德，以類萬物之情」。八卦者：曰☰，曰☷，曰☳，曰☴，曰☵，曰☲，曰☶，曰☱。是爲中國最古之文字。當是時，人智初開，事物未繁，故以八卦表之；如曰☰之爲天，☷之爲地，☳之爲雷，☴之爲木，☵之爲水，☲之爲火，☶之爲山，☱之爲澤。此皆大自然之物，而與人類最關繫者，故以八卦表之。而爲一種之符號。神農氏出，人智漸開，事物漸繁，八卦之數不足應用，乃演爲六十四卦；如☰加☷之爲䷊，☷加☰之爲䷋。此則合體成文，而爲滋乳之字也。書契既興，人文日進，指事會意，略有發明，而社會之用八卦者猶多。文王乃以今文譯之；如☰曰乾，☷曰坤，☳曰震，☴曰巽，☵曰坎，☲曰離，☶曰艮，☱曰兌。又爲繫辭以明其義。此如漢儒說經以今文而寫古文也。孔子贊《易》，復爲作《傳》。是則中國最古之文字學。何以言之？孔子固自言之。〈繫辭〉曰：「易有聖人之道四焉：以言者尙其辭，以動者尙其變，以制器者尙其象，以卜筮者尙其占」。所謂以言者尙其辭。非文字學之功用乎？又曰：「夫易當名辨物，正言斷辭，則備矣。其稱名也小，其取類也大。其旨遠，其辭文，其言曲而中，其事肆而隱」。所謂當名辨物、正言斷辭，非說明文字學之範圍乎？然則八卦爲古代之文字，而《易》爲古代之文字學，彰彰明矣。試將孔子〈說卦〉讀之，自足以見其指事、會意、轉注、假借之精義。

〈乾〉爲天，爲圜，爲君，爲父，爲玉，爲金，爲寒，爲冰，爲大赤，爲良馬，爲老馬，爲瘠馬，爲駁馬，爲木果。

〈坤〉爲地，爲母，爲布，爲釜，爲吝嗇，爲均，爲子母牛，爲大輿，爲文，爲衆，爲柄；其於地也爲墨。

〈震〉爲雷，爲龍，爲玄黃，爲旉，爲大塗，爲長子，爲決躁，爲蒼筤竹，爲萑葦；其於馬也，爲善鳴，爲馵足，爲作足，爲的顙；其於稼也，爲反生；其究爲健，爲蕃鮮。

〈巽〉爲木，爲風，爲長女，爲繩直，爲工，爲白，爲長，爲高，爲進退，爲不果，爲臭；其於人也，爲寡髮，爲廣顙，爲多白眼，爲近利市三倍；其究爲躁卦。

〈坎〉爲水，爲溝瀆，爲隱伏，爲矯輮，爲弓輪；其於人也，爲加憂，爲心病，爲耳痛，爲血卦，爲赤；其於馬也，爲美脊，爲亟心，爲下首，爲薄蹄，爲曳；其於輿也，爲多眚，爲通，爲月，爲盜；其於木也，爲堅多心。

〈離〉爲火，爲日，爲電，爲中女，爲甲冑，爲戈兵；其於人也，爲大腹，爲乾卦，爲鱉，爲蟹，爲蠃，爲蚌，爲龜；其於木也，爲科上槁。

〈艮〉爲山，爲徑路，爲小石，爲門闕，爲果蓏，爲閽寺，爲指，爲狗，爲鼠，爲黔喙之屬；其於木也，爲堅多節。

〈兌〉爲澤，爲少女，爲巫，爲口舌，爲毀折，爲附決；其於地也，爲剛鹵，爲妾，爲羊。

說河圖

《易》曰：「河出圖，洛出書，聖人則之」。後儒不察，以爲帝王受命之符，而天特降之瑞。連橫曰：否，否。是蓋上世遺物而適以時出也。

人文之啓，肇於石器，遞爲銅器，又遞爲鐵器，進化之跡，可以類推。中國有史，斷自炎黃。炎黃以前，歷世悠遠。《管子》曰：「古之封泰山、禪梁父者七十有二家，而夷吾記其十二」。然則大庭、赫胥之世必有文字，特爲洪水所滅爾。夫洪水之禍非始堯時，女媧、共工之世皆有水害，特至堯而治爾。河圖、洛書者，必古帝王之典章，或爲治水之圖，或爲教民之書，刻之貞岷，以垂不朽，中經災難，沒入水中，久之乃出，非果有龍馬之瑞也。夫河、洛皆中州之水，而古帝建宅之都也，故出於此。是以周鼎現於汾陰，秦璧遺於華麓。一孔之士，附和其事以諂時主，而史官遂有符瑞之志。何其謬耶？

說墳羊

《史記・孔子世家》：「季桓子穿井，得土缶，中若羊。問仲尼，云『得狗』。仲尼曰：『以丘所聞，土之怪墳羊。』」嗟乎！孔子不語怪，而此誠怪矣！何以言之？此羊爲生物耶？爲死物耶？若生者，何以能在土缶之中，復在穿井之下？若死者，則當爲化石。然以羊之大，缶之小，生時何以能入？此誠不得其理矣。

以余思之，孔子固曰墳羊，則當爲墳中之土羊，而爲陶器以前之物也。太古之時，牧羊爲畜。羊之性馴，與人相處，故人愛之，範土爲羊，以爲玩好，或爲宗教儀物，死而殉葬，藏之土缶，如後代之用明器。孔子知之，故曰墳羊。而記者欲矜聖人之多職，遂以土之怪加之，又借木之怪，水之怪以爲附會，而本眞失矣。

我輩讀書稽古，當具特識，方不爲古人所欺。使此墳羊而發見於今日，以考古學、地質學、人類學、民俗學而研求之，必大有所得，復何至悟怪也哉！

《爾雅》歲陽月陽考

《爾雅》爲中國最古之辭典，相傳周公所作，或保民以教國子：其書具在，學者寶之。史稱大撓作甲子以紀歲時。大撓爲黃帝之臣。甲子之用，至今不替。而《爾雅》有歲陽、月陽之名。謂「太歲在甲曰閼逢，在乙曰旃蒙。」又曰「正月爲諏，二月爲如。」郭璞以來，無有詁者。竊以歲陽、月陽之名，當爲外來之語。成周之時，文化廣被，四裔交通，故設象鞮以譯其言。若以音調而論，則又當爲楚語。何也？歲陽、月陽之名，《詩》、《書》、《三傳》不載，而《離騷》用之，是必楚之方言也。楚爲南方大國，僻在荊蠻，聲名文物，不同華夏；故孟子有齊語、楚語之分。《離騷》爲楚國文學之代表，而多用方言；如荃之爲君、羌之爲爰、些之爲兮，則其異也。《左傳》載楚人謂虎曰於菟，乳曰穀。使非《左氏》之言，則鬬穀、於菟之名，至今亦不能解。且以言調而論，中土名辭多用一字，間有二字，未有用三字者。故此必爲外來之語，尤爲外來之楚語。以見周代交通之廣，而南北兩大民族之接觸，融和滋長，遂生璀璨陸離之文學，亦可喜也。茲將歲陽、月陽列後，以考其異。

歲陽

甲 閼逢 乙 旃蒙 丙 柔兆 丁 強圉 戊 著雍 己 屠維 庚 上章 辛 重光 壬 玄黓 癸 昭陽

歲名

寅 攝提格 卯 單閼 辰 執徐 巳 大荒落 午 敦牂 未 協洽 申 涒灘 酉 作噩 戌 閹茂 亥 大淵獻 子 困敦 丑 赤奮若

月陽

甲 畢 乙 橘 丙 脩 丁 圉 戊 厲 己 則 庚 窒 辛 塞 壬 終 癸 極

月名

正 陬 二 如 三 病 四 余 五 皐 六 且 七 相 八 壯 九 玄 十 陽 十一 辜 十二 涂

中國玉器時代考

人文之始，肇於石器，遞爲銅器，復遞爲鐵器；進化之跡，可以類推。余謂中華民族之進化，石器、銅器之間尙有玉器，可稱玉器時代。則中華民族之建宅諸夏，亦當在此時代。

夫中華民族原居西方，在崑崙之北。崑崙者，產玉之名山也。故《爾雅》曰：「西北之美者，有崑崙之璆琳琅玕」。是中華民族既居產玉之地，磨礱雕琢，以爲信瑞。東遷以來，猶沿其習，世守故物，珍爲宏寶。《易・繫傳》曰：「河出圖，洛出書，聖人則之」。河圖、洛書者，古之玉器，中遭洪水流入河洛，至是而出，非果有龍馬之瑞也。《書・堯典》曰：「輯五瑞」，註：「公侯伯子男所執以爲信瑞也」。《周禮・大宗伯》：「以玉作六瑞，以等邦國，王執鎭圭（註：長尺有二寸），公執桓圭（註：長九寸），侯執信圭，伯執躬圭（註：皆長七寸），子執穀璧，男執蒲璧（註：皆徑五寸）。」又曰：「以玉作六器，以禮天地四方；以蒼璧禮天，以黃琮禮地，以青圭禮東方，以赤璋禮南方，以白琥禮西方，以玄璜禮北方」。是古者朝覲、祭祀，厥用維玉。至周猶然。封泰山、禪梁父者七十有二代，瘞玉告功。至漢猶然。然則中國之用玉也久矣，而爲用亦宏。是故軍旅之器（玉斧、玉鉞之類）、喪葬之器（含玉、瑁玉之類）、觀察之器（璿璣、玉衡之類）、符璽之器（琬琰、苕莘之類）、飲宴之器（玉斝、玉杯之類）、服飾之器（環、玦之類），靡不用玉，貴爲國寶。至今猶然。故欲研究中國太古文明，當就玉器而考之。蓋自東遷之際，已非石器之人。而中國之有石器，必爲三苗、淮夷、萊夷之遺，而不可以例華族。

墨子棄姓說

墨子爲中國之聖人，而孟子獨以無父斥之，此固孟子之過言，不足以損墨子之人格，且足以顯墨子之精神。何以言之？墨子固言兼愛也。墨子之言曰：「聖人以治天下爲事者也，必知亂之所自起。起不相愛。子自愛不愛父，故虧父以自利。弟自愛不愛兄，故虧兄以自利。臣自愛不愛君，故虧君以自利。此所謂亂也。雖父之不慈子，兄之不慈弟，君之不慈臣，此亦天下之所謂亂也」（〈兼愛上〉）。墨子之所謂父子、兄弟、君臣之道，非儒者之道乎？爲儒者之道，而孟子斥之以無父，何也？曰：墨子固行兼愛也。行兼愛故棄姓。夫人之所以自私者，以其有己也。以其有祖宗子孫也。若棄姓，則視人之祖宗如己之祖宗，視人之子孫如己之子孫，是無私也，是天之公也。爲天下之公，而孟子斥之以無父，何也？曰：墨子棄姓。棄姓則與儒者之道異。成周之制，宗法大明，諸侯建國，大夫賜氏，男女辨姓，別親疏，明貴賤。姓氏之防，無相瀆也。而墨子棄之，此孟子之所以斥爲無父也。且墨子學於史角者也。史角爲周之太史，有名無姓，則周史之在故籍者，若史任（武王之史）、史佚（成王之史）、史籀（宣王之史）、史魚（衛之史）、史墨（晉之史），亦皆有名無姓。何以言之？史者，天下之公器，故先棄其私而後可辨是非，以爲當世法。墨子誦百國之春秋，通天人之際，明治亂之原，其行卓絕？其學精微，其道堅苦，悍然爲墨者之宗，且欲奪儒者之席，故孟子斥之。斥之而墨子兼愛之精義愈足以發揚於天下。

墨爲學派說

墨子既棄姓矣，何以謂墨？曰：墨爲學派之號，而非姓氏之稱也。何以言之？墨子固自言之。小取篇曰：墨者有以此而非之，無也故焉。又曰：墨者有以此而非之，無也故焉。此兩墨者，則學派之號，而非姓氏之稱也。顧非獨墨子言之，而孟子亦言之。孟子爲抨擊墨子之人，而曰墨者夷之，又曰墨者之治喪也（滕文公上）。所謂墨者，則學派之號，而非姓氏之稱也。

且非獨孟子言之，莊子、荀子、韓非子、《呂氏春秋》亦言之。是四者，皆戰國之通人以評論學術者也。莊子之言曰：使後也之墨者多以裘褐爲衣，以跂蹻爲服，日夜不休，以自苦爲極，曰不能如此，非禹之道也，不足謂墨。相里勤之弟子、五侯之徒，南方之墨者苦獲、己齒、鄧陵子之屬，俱誦墨經，而倍譎不同，相謂別墨（〈天下篇〉）。所謂後世之墨、南方之墨，所謂別墨，皆學派之號，而非姓氏之稱也。

《呂氏春秋》曰：孟勝爲墨者鉅子，善荊之陽城君，令守於國。荊王薨，群臣攻吳起於喪所，陽城君與焉，荊罪之。陽城君走，荊收其國。孟勝曰：受人之國而力不能禁，不能死，不可。弟子徐弱諫曰：死而有益陽城君，死之可也；無益也，而絕墨者於世，不可。孟勝曰：不然。吾於陽城君，非師則友也。非友則臣也。不死，自今以來，求嚴師必不於墨者矣，求賢友必不於墨者矣，求良臣必不於墨者矣；死之，所以行墨者之義而繼其業者也（〈上德篇〉）。又曰：腹䵍爲墨者鉅子，其子殺人。秦惠王曰：先生之年老矣，非有它子，寡人已令吏弗誅矣。腹䵍對曰：墨者之法，殺人者死，傷人者刑，此所以禁殺傷人也。王雖令吏弗誅，腹䵍不可不行墨子之道（〈去私篇〉）。所謂墨者鉅子，則爲一家宗師，而黨徒遍秦、楚，且欲以所守之義、所立之法行之天下，以昌其教，則是所謂墨者，學派之號，而非姓氏之稱也（此外如《韓非子》、《淮南子》、《史記·太史公自序》、《漢書·藝文志》尚多，不具引）。

然則墨子何以稱墨？《莊子·天下篇》曰：不侈於後世，不靡於萬物，不暉於數度，以繩墨自矯，而備世之急。古之道術有在於是者。墨翟、禽滑釐聞其風而說之。墨子之稱墨，則以繩墨自矯而備世之急者也。

七國之時，諸侯放恣，處士橫議，戰爭力役，民不聊生。而儒者章甫縫掖，從容中禮，空談仁義，無所裨益。墨子非之，故其稱道曰：昔者禹之湮洪水、決江河而通四夷九州也，名山三百，支川三千，小者無數，禹親自操槁耜而九雜天下之川，腓無胈，脛無毛，沐甚雨，櫛甚風，置萬國。禹，大聖也，而形勞天下也如此。使後世之墨者多以裘褐爲衣，以跂蹻爲服，日夜不休，以自苦爲極。曰，不能如此，非禹之道也，不足謂墨（〈天下篇〉）。夫墨子抱救世之志，涵仁赴義，屏斥禮文，裘褐爲衣，跂蹻爲服，日夜不休，勞苦爲極，則墨子衣服之用墨可知矣。《呂氏春秋·貴因篇》曰：墨子見荊王，錦衣吹笙，因也。夫墨尚儉，何以錦衣？墨子非樂，何以吹笙？蓋欲見荊王而說之以大道，故因於一時耳。是則墨子平日衣服之用墨可知矣。且墨子尊天明鬼，蔚爲教宗，比如異域佛教比丘之緇衣，景教修士之黑服，抱樸守眞，尅苦勵志；使人憂，使人悲，固以墨爲尚也。〈貴義篇〉曰：子墨子北之齊，遇日者。日者曰：帝以今日殺黑龍於北，而先生之色黑，不可以北。子墨子不聽，遂北至淄水，不遂而返焉。是則墨子之稱墨，不惟衣服之墨，而容貌亦墨焉。墨子，聖人也，救世爲急，僕僕風塵，將使後世之墨者必自苦，以腓無胈、脛無毛相進而已矣。是故莊周論之曰；墨子眞天下之好也，將求之不得也，雖枯槁不舍也，才士也夫！余之論墨，審其意志（繩墨自矯）考其衣服（裘褐爲衣）察其容貌（先生之色黑），則墨爲學派而非姓氏也彰彰明矣。然則墨子之棄姓爲實行兼憂故，實行兼愛則以捐天下之私利、求人類之幸福，宜其爲一世之宗，歷二千二百餘年而道將顯也。

——以上各文皆錄自連橫著：《雅堂文集》（南投：臺灣省文獻委員會，一九九二年三月）。

墨道救世說

兼愛〈兼愛篇〉曰：「聖人以治天下爲事者也，不可不察亂之所自起。起不相愛。雖子自愛，不愛父，故虧父以自利；臣自愛，不愛君，故虧君以自利；此所謂亂也。雖父之不慈子，兄之不慈弟，君之不慈臣，此亦天下之所謂亂也。父自愛也，不愛子，故虧子以自利；兄自愛也，不愛弟，故虧弟以自利；君自愛也，不愛臣，故虧臣以自利。是何也？皆起不相愛。雖至天下之爲盜賊者亦然，盜愛其室，不愛異室，故竊異室以利其室，賊愛其身，不愛人，故賊人以利其身。此何也？皆起不相愛。雖至大夫之相亂家，諸候之相攻國者，亦然。大夫各愛其家，不愛異家，故亂異家以利其家；

諸侯各愛其國，不愛異國，故攻異國以利其國。若使天下兼相愛，愛人若愛其身，猶有不孝者乎？視父兄與君若其身，惡施不孝？猶有不慈者乎？視子弟與臣若其身，惡施不慈？故不孝不慈亡有，猶有盜賊乎？視人之室若其室，誰竊？視人之身若其身，誰盜？故盜賊亡有。猶有大夫之相亂家，諸侯之攻國者乎？視人家若其家，誰亂？視人國若其國，誰攻？故大夫之相亂家，諸侯之相攻國者，亡有。若此，則天下治。故聖人以治天下爲事者，惡得不禁惡而勸愛？故天下兼相愛則治，交相惡則亂。」

戰國之時，道術分裂，異說朋興，各執一方，以干時主。而墨子獨抱敬天憫人之志，其大悲無畏之心，悍然以救世爲急，故其言曰：「國家昏亂，則語之尚賢尚同；國家貧，則語之節用節葬；國家熹湛湎，則語之非樂非命；國家淫僻無禮，則語之尊天事鬼；國家務奪侵凌，則語兼愛非攻。」故曰：「擇務而從事焉。」（〈魯問篇〉）墨子之書，今其存者五十三篇，而此十義，可爲墨學之精華，而全之綱要。試引其言，以爲左證。

一、尚賢（〈尚賢篇〉）曰：「今者王公大人爲政於國家者，皆皆欲國家之富，人民之衆，刑政之治。然而不得富而得貧，不得衆而得寡，不得治而得亂，則是本失其所欲，得其所惡。是其故何也？是在爲政於國家，不能以尚賢事能爲政也。是故國有賢良之士衆，則國家之治厚；賢良之士寡，則國家之治薄。故大人之務，將在衆賢而已。」又曰：「以德就列，以官服事，以勞殿賞。量功而分祿，故無常貴，而民無常賤。有能則舉之，無能則下之，舉公義，辟私怨，此若言之謂也。」墨子之所謂尙賢則賢人政治也。賢人政治，則欲破貴放政治也。成周之制，諸侯建國，大夫賜氏，世卿世祿，獨佔其權。故諸侯曰國，大夫曰家。國之政，貴放主之。是以齊之國高，魯之三恒，晉之六卿，迭執國命，雖有賢才亦不得用。故《管子》曰：「士之子恆爲士，農之子恆爲農，工商之子恆爲工商。」則階級制度之限之也。孔子以天縱之聖，抱興王之道，爲魯司寇，三月大治，而不容於季孫。周流列國，道莫能行。則貴放專政之害也。孔門弟子賢才輩出：軍旅如子路，理財如子有，政治如子賤；僅爲家臣，而不能同升諸公，則貴放專政之害也。孔子雖主張選賢舉能，而貴貴親親之義尙未盡除，猶有周公之意。墨子則欲除之，故其言曰：「古者聖王甚尊尙賢而任使能，不黨父兄，不偏貴，不嬖顏色。賢者舉而上之，富而貴之，以爲官長；不肖者抑而廢之，貧而賤之，以爲徒役。」（〈尚賢篇中〉）又曰：「今王公大人有一衣裳不能制也，必藉良工；有一牛羊不能殺也，必藉良宰；故若當之二物者，王公大人未知以尙賢使能爲政也。逮至其國家之亂，社稷之危，則不知尙賢使能以治之。」（〈尚賢篇中〉）墨子之主張賢人政治，可謂切矣！故曰：「官無常貴，而民無常賤。」（〈尚賢篇上〉）夫官無常貴，而民無常賤，則階級之制度破矣！階級之制度既破，則人人皆可勉學，人人皆可自奮，人人皆可爲治天下之才。故孟子曰：「待文王而復興者，凡民也；若夫豪傑之士，雖無文王猶興。」（〈盡心篇上〉）孟子之時，封建漸壞，七雄并立，競謀得士。朝爲布衣而暮取卿相者後先繼起，故孟子尤主張尚賢，且曰：「舜發於畎畝之中，傅說舉於版築之間，膠鬲於魚鹽之中，管夷吾舉於士，孫叔敖舉於海，百里奚舉於市。」（〈告子篇下〉）與墨子所引堯舉舜於服澤之陽，禹舉益於陰方之中，湯舉伊尹於庖廚之中，文王舉閎夭於置罔之中，（〈尚賢上〉）其事相同。則賢人政治之要也。唯老子抱無爲而治之宗旨，而曰：「不尚賢使民不爭。」夫天下之政治，而能不尚賢使民不爭，則我輩所謳歌禱頌之烏託邦也。烏乎尚矣！

二、尚同（〈尚同篇〉）曰：「古者民始生，未有刑政之時，蓋其語，人異義。是以一人則一義，十人則十義。其人茲衆，其所謂義者亦茲衆。是以人是其義，以非人之義，故交相非也。是故選天下之賢可者，立以爲天子，又選擇天下之賢可者，置立之以爲三公。天子三公既以立，以天下爲博大，遠國異土之民，是非利害之辯，不可一二而明知。故畫分萬國，立諸侯國君。以其力爲未足，又選擇其國之賢可者，置立之以爲正長。天子發政於天下百姓曰：聞善而不善，皆以告其上。上之所是必皆是之，所非必皆非之。上有過則規諫之，下有善則傍薦之。上同而不下比者，此上之所賞，而下之所譽也。意若聞善而不善，不以告其上；上之所弗能是，所非弗能非；上有過弗規諫，下有善弗傍薦，下比不能上同者，此上之所罰，而百姓所毀也。上以此爲賞罰，甚明察以審信。是故里長者，里之仁人也。里長發政於里之百姓曰：聞善而不善，必以告其鄉長。鄉長之所是皆是之，所非必皆非之。去若不善言，學鄉長之善言；去若不善行，學鄉長之善行；則鄉何說以亂哉？察鄉之所治者何也？鄉長唯能壹同鄉之義，是以鄉治也。鄉長者，鄉之仁人也。鄉長發政於鄉之百姓曰：聞善而不善，必以告國君。國君之所是必皆是之，所非必皆非之。去若不，善言學國君之善；言去若不善行，學國君之善行；則國何說以亂哉？察國之所以治者何也？國君唯能壹同國之義，是以國治也。國君者，國之仁人也。國君發政於國之百姓曰：聞善而不善，必以告天子。天子之所是皆是之，所非皆非之。去若不善言，學天子之善言；去若不善行，學天子之善行。則天下何說以亂哉？察天下之所以治者何也？天子唯能壹同天下之義，是以天下治也。天下之百姓皆上同於天子，而不上同於天，則天菑猶未去也。」

墨子之所謂尙同，則欲舉天下之國君鄉長里正百姓而悉尙同於天子也。故曰天子之所是皆是之，所非皆非之。（〈尙同上〉）若是則一道同風之治可見矣。然而所謂天子者，必如堯舜之聖哲，湯武之愛人，而後不流於專制。否則百姓曰是，而里正以爲非；百姓曰非，而里正以爲是。里正曰是，而鄉長以爲非；里正曰非，而鄉長以爲是；鄉長曰是，而國君以爲非；鄉長曰非，而國君以爲是。國君曰是，而天子以爲非；國君曰非，而天子以爲是。則善不善倒置矣。善不善倒置，則不可治天下，故稱天以治之。墨子之所謂天，與《詩》《書》所言相同。曰：「明明上天，照下土。」曰：「天右下民，作之君，作之師。」曰：「天秩有禮，天討有罪。」此爲有意識之天也。有意識之天，故能賞善而罰不善。何以言之？天志篇曰：「故天子者天下之窮貴也，天下之窮富也。故於富且貴者當天意而不可不順。順天意者，兼相愛，交相利，必得賞；反天意者，別相惡，交相賊，必得罰。然則是誰順天意而得賞？誰反天意而得罰者？曰：昔三代聖王，禹、湯、文、武，此順天意而得賞者；昔三代暴王，桀、紂、幽、厲，此反天意而得罰者也。然則禹湯文武其得賞何以也？曰：其事，上尊天，中事鬼神，下愛人。故天意曰：此之我所愛，兼而愛之；所利，兼而利之。愛人者此爲博焉，利人者此爲厚焉。故使貴爲天子，富有天下，業萬子孫，傳稱其善。方施天下，至今稱之，謂之聖王。然則桀紂幽厲得其罰何以也？曰：其事，上詬天，中誣鬼神，下賊人。故天意曰：此之我所愛，別而惡之；所利，交而賊之。惡人者此爲博焉，賊人者此爲厚焉。故使不得終其壽，不歿其世，至今毀之，謂之暴王。」然則墨子之所謂天，固能賞善而罰不善也。人人皆知天之能賞罰，則善者多而不善者少。善者多而不善者少，則人人可爲仁人矣。夫百姓而可爲仁人，則所選之天子，仁人也；所選之國君鄉長里正，亦仁人也。然則墨子之所謂尙賢則賢人政治，而尙同則民主政治也。

三、節用〈節用篇〉曰：「古者聖天制爲節用之法，曰：凡天下群百之輪車鞼匏陶冶梓匠，使各從事其所能，曰凡足以奉給民用則止。諸加費不加於民利者，聖王弗爲。古者聖王制爲飲食之法，曰：足以充虛繼氣，強股肱，耳目聰明，則止。諸加費不加於民利者，聖王弗爲。古者聖王制爲衣服之法，曰：冬服紺緅之衣輕且暖，夏服絺綌之衣輕且清，則止。諸加費不加於民利者，聖王弗爲。古者人之始生，未有宮室之時，聖人慮之，以爲堀穴。曰：冬可以避風寒。逮夏，下潤濕；上熏蒸，恐傷民之氣，於是作爲宮室而利。其旁可以圉風寒，上可以圉霜雪，其中蠲潔可以祭祀，宮墻足以爲男女之別，則止。諸加費不加民利者，聖王弗爲。」

非攻（〈非攻篇〉）曰：「今有一人，入人園圃，竊其桃李，衆聞則非之，上爲政者得則罰之，此何也？以虧人自利也。至攘人犬豕雞豚者，其不義又甚入人園圃竊桃李。是何故也？以虧人愈多，其不仁茲甚，罪益厚。至入人欄廄，取人牛馬者，其不義又甚攘人犬豕雞豚。此何故也？以虧人愈多。苟虧人愈多，其不仁茲甚，罪益厚。至殺不辜人也，取戈劍者，其不義又甚入人欄廄取人牛馬。此何故也？以其虧人愈多。苟虧人愈多，其不仁茲甚，罪益厚。當此天下之士君子皆知而非之，謂之不義。今至大爲攻國，則弗知非，從而譽之，謂之義。此可謂知義與不義之別乎？殺一人謂之不義，必有死罪矣；若以此說，往殺十人，必有十死罪矣；殺百人百重不義，必有百死罪矣。當此，天下之君子皆知而非之，謂之不義。今至大爲不義攻國，則弗知非，從而譽之，謂之義。情王引之云「情」通「誠」不知其不義也，故書其言以遺後世。若知其不義也，夫奚說書其不義以遺後世哉？今有人於此，少見黑曰黑，多見黑曰白，則必以此人爲不知黑白之辨矣。少嘗苦曰苦，多嘗苦曰甘，則必以此人爲不知甘苦之辨矣。今少爲非則知而非之，大爲非攻國則不知非，從而譽之，謂之義。此可謂知義與不義之辨乎？是以知天下之士，君子辨義與不義之亂也。」

——以上三篇錄自《雅堂先生餘集》（南投：臺灣省文獻委員會，一九九二年三月），頁一四五——一五〇。

質昭和新報：何謂統治根本？何謂思想善導？

《昭和新報》以本月十日發刊初號，此爲御用新聞，固無足言，唯其宣言中，有曰「循帝國統治臺灣之根本義」，又曰「思想善導」，此二者實有曖昧誤謬之點，不得質之該報，希明白復答焉。

□□□□□□□□□□□、□□□□□□□□、□□□□□□□□□□□、□□

□□、□□□□□□□□□□□□□□□□、□□□□□□□、則同化政策也、內地延長也，此三十年來之彰彰在人耳目者，不知此等之外，尚有何統治之根本義乎？

至於思想，則何人而能爲之善導？夫人之所以靈於萬物者，以其有思想也，飢而思食、寒而思衣、勞而思息：此動物之所同具也。然而人之所以爲人者，則非特飢而思食、寒而思衣、勞而思息、必更有高尚、遠大、優美之思想，而後足以全其人格。若以臺灣今日之思想而觀，則其所表現而要求者，平等也、自由也、幸福也，此等之外，尚有何種之思想，亦何庸爲之善導？

——原載《臺灣民報》第二百三十五號，民國十七年（昭和三年）十一月十八日。文中作□者係刊載時遭塗抹之字句。

思想惡導：聘金制限論

《昭和新報》創刊之際，慨然以思想善導爲己任，悲天憫人，衆所同歎。乃觀其初號，除祝辭、寫眞之外，竟無一言及於思想，余以爲猶有待也。

及第二號出，余急觀之，除祝辭、寫眞之外，復無一言及思想，唯第九頁有聘金制限論一篇。噫，誤矣！此論題可用之十五世紀以前，若以今日之臺灣而猶言及聘金，可謂思想惡導矣！

夫婚姻之制，由掠奪而購買，由購買而戀愛，此進化之程也。聘金爲購買之代名詞。人非牛馬，何用購買？故臺灣今日而有聘金，是臺灣之恥也。該報而果有思想善導之學識與精神，則當簡直而論曰：「聘金廢止」，或更進一步而大呼曰：「婚姻自由」！

——原載《臺灣民報》第二百三十六號，民國十七年（昭和三年）十一月二十五日。

思想與性之分別

《昭和新報》第三號論「思想善導」，而引孟、荀性善、性惡之說，噫！誤矣！性與思想判然不同，安得以性之善惡而論思想之善惡乎！

今以唯識學釋之：思想爲第七識，名曰末那！而性爲第八識，曰阿賴耶。夫眼、耳、鼻、舌、身、意，是爲六根；色、聲、香、味、觸、法，爲六塵。然而眼何以能見色？以眼識也；耳何以能聽聲？以耳識也；鼻何以能聞香？以鼻識也；舌何以能辨味？以鼻識也；身何以能感觸？以身識也；意何以能知法？以意識也。然而，眼之於色，何以能知其黑白？耳之於聲，何以能知其清濁？鼻之於香，何以能知其甘苦？身之於觸，何以能知其冷暖？意之於法，何以能知其臧否？以有末那之作用也。故無末那，則六識俱失思想也。無思想則不得謂之健全之人。

然而末那有善惡，阿賴耶無善惡，故思想與性不得混淆；且善惡之分，亦不得盡分也：甲以爲善，而乙以爲惡；古以爲惡，而今以爲善。夫誰得而斷之？故余以性與思想判然不同，必先明其界限，而後可論其是非！

——原載《新高日報》，民國十七年（昭和三年）十二月六日。

思想解放論

今之世界，一思想自由之世界也。形上、形下之學，莫不鈎深索遠，大放光明，以求人生眞理；而政治家、教育家、經世家乃輒有「思想善導」之言，噫，誤矣！既無善導之方法，遂無善導之效果，而思想乃俶擾紛紜，而莫知其所止！

夫思想猶水也，決諸東方則東流，決諸西方則西流。故善治水者，當順其性而導之，方無逆行之患；若乃阻遏之、堙塞之，俾之不通，則潛注默漲、衝防決隄，爲禍尤烈。故余以爲：「思想善導」不如解放之爲愈也。

何謂思想？以舊文學言之，謂之腹論；以心理學言之，謂之動機；以唯識學言之，謂之末那。夫人之所以爲人者，以其有思想也。飢而思食，寒而思衣，勞而思息；此庸人之思想也。不偏不黨，可是可非，唯阿附和，胸無定見：此愚人之思想也。崇拜金錢，服從權勢，呼之則來，叱之則去：此奴隸之思想也。不辨菽麥，不識薰蕕，罵之不覺，笑之不知：此低能白癡者之思想也。若夫健全之人，則有健全之思想，且超然於宗教道德法律之外，以求人生之眞理；然此必思想之解放，而後能達於至善之域也。

夫古今異勢，文質異宜。中國思想之解放，莫如戰國之時：孔、老既沒，諸子倔起，道術分裂，異說爭鳴，於是而有孟子之仁義、有墨子之兼愛、有楊朱之爲我、有莊周之齊物、有許行之並耕、有白圭之經濟、有商韓之法治，有孫吳之用兵、有蘇張之縱衡、有公輸之技巧，以至談天之衍、炙轂之奭、堅白之龍、滑稽之髡，莫不各樹一幟，各暢所言，以爲一時之光彩。洎秦滅六國，力行專制，焚書坑儒，以愚黔首，乃至誹謗者族，偶語者棄市，而思想幾熄矣。然秦之得天下也暴，其治民也殘，是故陳涉一呼，豪傑並起，斬木爲兵，揭竿爲旗，數月之間，而秦以亡。思想之通塞，其關繫固如是耶！

歐洲自文藝復興以來，宗教權力漸次墜地，思想解放因之日興，於是而有羅梭之民約、孟德斯鳩之三權、康德之哲理、瓦特之蒸氣、歌白尼之地動、亞丹斯密之原富、達爾文之物種、穆勒約翰之群學，莫不各樹一幟，各暢所言，以爲一時之光彩。降及近世，科學昌明，航空之機、潛水之艇、無線之電，製造之器、縮地之術、返老之方，可以侔神明而參造化。思想解放之效驗，其功固如是耶！然思想之表示又未能一時而定也：甲以爲是，而乙或以爲非；古以爲惡，而今或以爲善。何以言之？馬丁路德之改革宗教，而羅馬法王以爲叛逆；馬克斯之宣言共產，而資本家爲仇讎；林肯之釋放黑奴，而南洲以爲非憲；杜爾斯泰之實行慈愛，而俄帝以爲不臣：此則利害之不同，而思想因之而異耳。然而健全之人必有健全思想，且超然於宗教、道德、法律之外，而後能得人生之眞理，以促世界之平和，以造人類之幸福！

臺灣從前之思想，渾渾噩噩之思想耳，得過且過之思想耳！國家之治亂、民族之存亡、社會之盛衰、文化之興替，漠然無動於心；其動心者，求功名、博富貴，嬌妻美妾，生子育孫，以誇耀於鄰里鄉黨；其下者，襲祖父之餘蔭，爲紈袴之小兒，呼朋聚賭，挾妓尋歡，以享一時之快樂；以此之人而談思想，而談「思想善導」，寧不可笑！大戰以後，思潮驟進，歐風美雨相迫而來，於是而有韋爾遜之民族自決、有俄羅斯之勞農專政、有英吉利之同盟罷工、有德意志之民治，有愛爾蘭之獨立、有甘地之消極抵抗、有孫中山之三民主義，書報流傳，驚心動魄，孤島之士突見新奇，恍如暗室之中，驟來光線，眼花撩亂，喜極欲狂。當此之時，而有明達之君子，審問之、愼思之、明辨之、篤行之，以求人生之眞理，則臺灣思想必有一新，而乃干涉之、阻抑之、禁止之，使之有口而不得言、有目而不得視、有耳而不得聞，鬱之既久，發之必宏，其禍將有不忍言者。故余以爲今日而言「思想善導」，不如解放之爲愈也。

何謂解放？憲法上之集會自由、結社自由、言論自由、出版自由皆與之，政治上之平等、教育上之平等、經濟上之平等亦皆與之，棄其偏見，行乎大公，同心戮力，彼此混和，以貢獻臺灣之統治，其裨益豈淺少哉！

——原載《臺灣民報》第二百三十八號，民國十七年（昭和三年）十二月九日。

思想自由論

余前論思想解放，而歸結於集會、結社、言論、出版之自由，此自由者載在憲法，固國民應享之權利也。臺灣改隸日本三十餘年，臺灣之人爲日本之國民乎？若以爲然，則臺灣人應受憲法之保護，而享自由之權利，而今乃靳而不與，此何理耶？且日本之領有臺灣，非僅欲得其土地也，亦欲得其人民。今土地既多開發，振興殖產，××經濟，以貢獻本國之財政，而人民自由之權利，乃置之不理，抑又何耶？

夫日本之統治臺灣，非曰「同化政策」乎？非曰「內地延長」乎？「同化」者何？

「延長」者何？非欲以臺灣人與日本人平等乎？非欲以日本人所享之權利而臺灣人亦得同享乎？既得同享，則集會、結社、言論、出版之自由，當悉與之，而後謂之平等。前伊澤總督之言曰：「視於無形，聽於無聲。」夫視於無形、聽於無聲，非集會、結社、言論、出版之自由何以能達？故余以爲「思想善導」不如思想自由之爲愈也。

大戰以後，思潮驟進，歐風美雨相迫而來。當此之時，而猶閉關自守，孤陋寡聞，人乘汽車我騎駑馬，人駕快艇我用竹排，而欲與之競走，能不相距數千里哉！故余以爲今日之臺灣，當取開放，寬容大度，兼蓄並收，舉世上之思想而悉輸入，任之自由研究、自由批評、自由發表，以求人生眞理，則臺灣氣象當爲一新，非復舊時之茫昧矣。

然而今之政治家、教育家、經世家以爲外來之思想，多屬過激，禁之便；噫，誤矣！夫外來思想豈盡無益者乎？試以日本歷史觀之：佛教之來也，曾毀之矣；耶教之來也，曾除之矣；而今日佛、耶兩教之思想，其裨益國人者何如？遣唐以來，制度典章刻意模倣，孔孟之道黽勉以求，經籍流傳發揚光大，而今日儒教之思想，其裨益國人者又何如？降及近世，美艦要盟，英人肆暴，尊攘之論囂然並興，舉國洶洶莫知適從；明治大帝英名獨斷，下詔維新，求智識於世界，萬機決於公論。於是制憲法、開議會、勤內政、愼外交，造士興農，整軍經武，以成今日之富強，復豈非外來思想之裨益耶？

夫採彼之長、補我之短，智者之用時也；昏昏以生、沒沒以死，愚者之處世也。韓非有言：「今有搆木鑽燧於夏后氏之世者，必爲鯀、禹笑矣；有決瀆於殷、周之世者，必爲湯、武笑矣；然則今有美堯、舜、禹、湯、武之道於當今之世者，必爲新聖笑矣！」旨哉斯言！然則今有談「思意善導」者，必爲雅棠笑矣！

夫古今異勢，文質異宜；今之臺灣其不可以舊時腐敗之思想爲生活，亦已明矣，尤不可以舊時之宗教、道德、法律以阻人類之進化，復已切矣！《易》曰：「天行健，君子以自強不息。」夫自強不息者，人類之精神也，故不樂現狀之維持，而多將來之期望。何以言之？人類自游牧時代而進爲部落，而進爲國家，更進而爲理想之國家，潛移默化，勇往直前，以求最大多數幸最大幸福。此則思想自由之效也。然而臺灣今日之思想則如何？干涉之、阻抑之、禁止之，非所以應時勢之要求也，非所以求人生之眞理也；故必許其自由：其一、各種書報任其輸入，其一、各種講演任其開催，自由研求自由批評、自由發表；何者可行？何者可止？何者爲臧？何者爲否？則旁觀著必能別其善惡、判其是非，以定其從違，又何煩當局之過慮，爲之寢食不遑也哉！

——原載《臺灣民報》第二百三十九號，民國十七年（昭和三年）十二月十六日。

思想創造論

思想如自由矣，則當起而謀創造。夫創造思想非易事也，又非一朝一夕之所能濟也。考既往之歷史，察現在之情形，探民族之特性，立遠大之規模，以求最大多數之最大幸福，而後可以運用，而後可以進行。

夫人動物也，而有神靈之動物也，思想之大可以包六合，其遠也可以歷恆沙，故世尊曰：「人身難得。」何以言之？諸天耽樂，修羅多嗔，餓鬼悲哀，畜生暗昧，唯人能忍辱精進，以求正覺。故無人則無世界，無思想則無人類。

今試就東西歷史而觀之，古來聖哲之創造思想者多矣，而其大者有三。

其一孔子。東周之時，王室衰弱，諸侯力爭，大夫執政，士世祿，孔子見道之不行，聚徒講學，修明六經，以智仁勇爲教育之本，以大同之道爲政治之源，其言曰：「大道之行，天下爲公，選賢與能，講信脩睦，故人不獨親其親，不獨子其子，使老有所終，壯有所用，幼有所長。矜寡孤獨廢疾者皆有所養，男有分，女有歸；貨惡其棄於地也，不必藏於己；力惡其不出於身也，不必爲己。故謀閉而不興，盜竊亂賊而不作，故外戶而不閉，是謂『大同』。」〈禮記禮運〉至今二千四百餘年，雖經暴君之剽竊，腐儒之附會，而大同之道嚼然不泯，且將實行，以爲世界之光；何其偉耶！

其二釋迦。天竺社會素分四級，而婆羅門貴，又爲智識之宗，釋迦憫之，捨身出家，勤苦成道，大轉法輪，人天同度，以四諦爲解脫之方，以六度爲般若之本，而以無餘涅槃爲究竟。涅槃者，不可思議也；不可思議而後成不二法門。英儒赫斯黎論之曰：「恆河沙界，惟我獨尊。則不知造物之有宰，本性圓融，周偏（偏當作徧）法界，則不信人身之有魂。超度四流，大患永滅，則長生久視之蘄，不僅大愚，且爲罪業，禱頌無所用也，祭祀非所歆也；捨自性自度之外，無他術焉。雖今日源遠流雜，漸失清淨本來，然較而論之，尚爲地球中最大教會也。嗚呼，斯己（己當作已）奇矣！」（天演論）

其三耶蘇。猶太既亡，人民苦楚，而羅馬又壓制之，毀其聖殿，課其重稅。然羅馬能破其物質之現象，而不能阻其精神之結合。耶蘇降世，愬焉心傷，慨然以光復爲念，乃以人類罪惡末日審判，而懸一光輝優美之天國，以爲未來之期望；夙志未成，遽遭刑死。然耶蘇之天國非有選民也，凡入天國者，福不偏與，利不旁貸，無所規避，無所假借，唯富人不得入。何以言之？耶蘇出行，一人跪而問曰：「良師，我當行何事，始可承受永生？」耶蘇告曰：「汝其歸而盡售汝所有，以與窮人，則必獲祿於天。」其人憂形於色而去；蓋彼富有產業者也。耶蘇顧謂門徒曰：「富人之入天國，難於駱

駝之過針孔也。」（馬可福音）

是三聖哲者，皆思想界之大創造家，而又社會之大革命家也，無家界、無國界，乃至無種界，舉世上之人類而悉愛之，此具（具當作其）所以弘大無垠、久而彌昌也歟！

臺灣今日之思想非復舊時之思想也，然發生未久，勢衰力微，而爲社會所注視者僅有兩派：一爲民族運動，一爲階段鬥爭。前者或謂之右派，後者或謂左派。此後之運用如何？進行如何？余不具論。當此之時，或別有一派與之反對，或再出一派與之提攜，未可知也。唯欲創造思想，必須考既往之歷史，察現在之情形，探民族之特性，立遠大之規模，以求最大多數之最大幸福，而後可得群衆之信仰也！

——原載《臺灣民報》第二百四十號，民國十七年（昭和三年）十二月二十三日。

思想統一論

今試登大遯之山，放開眼界，見夫新店之溪、三峽之水、基隆之川，縈紆而來，至乎關渡，以入於海。當其源之發也，或大或小，或蓄或行，或爲洑流或爲急湍，滙而爲一，以成巨浸，其利甚溥。思想之統一也亦若是；苟不統一，則人執一言，家持一說，始而睥睨，繼而爭衡，終至衝突；運用、進行每多被阻礙，此自敗之道也，可不戒哉！

世界今日之思想多矣，其傳入臺灣者亦夥矣。何者爲臧？何者爲否？何者可行？何者可止？余不具論，但能適合吾人環境，而得自由平等之幸福者，必爲群衆所樂從；夫群衆樂從之思想，則統一之思想也。何以言之？吾試以中國三十年來之情形而言之。

遜清之季，政亂民窮，外患內憂，危亡日至，有識之士群呼救國：或倡保皇，或謀立憲，而孫中山、黃克強、章太炎之流獨主革命，以爲根本。中山又創造三民主義，號召黨徒，乘時而起，疊遭失敗，志不少衰。及武昌起義，政改共和，而舊染未除，民智尚遲，重以軍閥官僚之破壞、土豪劣紳之把持，而國幾不國矣！中山知革命之事非僅可恃國民黨也，當爲全民運動，於是設學會、刊書報、事講演，極力宣傳三民主義，而農、而工、而商、而兵莫不深明其理，前呼後應，億兆一心。洎乎北伐告成，障礙已棄，而三民主義遂爲新中國建設之大經；此則思想統一之效也。中山雖死，精神尚存，三民主義之運用、進行當有蓬蓬勃勃之氣象矣。

臺灣今日之思想尚未解放，尚未自由，何庸創造？更何庸統一？毋抑計之太早乎？然而非也。古來之謀大事、建大業、成大功者，莫不高瞻遠矚、審時度勢，以樹將來之方略，運用而進行之。孫中山之三民主義創造於三十年前，而今日始得實行，積漸之勢也。故古語曰：「汲綆可以鍥斡；簷溜可以穿石。」又曰：「泰山不讓土壤，故能成其高；河海不擇細流，故能成其大。」此則思想統一而運用、進行之效也。

臺灣今日之思想，將爲民族運動乎？將爲階級鬥爭乎？抑將聯合而並行乎？或更有完全遠大者出而爲群衆所率循乎？唯余所望者：凡欲統一思想，必先具一定之目標，立精微之計畫，抱堅毅之決心，循光明之大路，不爲利誘、不爲勢屈，不貪近效、不圖小功，超然於成敗利鈍之外；而爲群衆者亦須充其常識，養其實力，勤其職務，守其紀綱，合力同心，奔走疏附，以求最大多數之最大幸福；是則臺灣之幸也。耶和華曰：「汝所欲之物，吾悉畀汝，但汝當納其代價。」嗚呼！臺灣人乎，汝今日亦當納其代價矣。

——原載《臺灣民報》第二百四十一號，民國十八年（昭和四年）一月一日。

答小隱（思想果能統一乎）

小隱足下：頃於民報獲讀大著，欣慰無量。思想之不能統一，弟固知之，且明言之；而今乃曰「統一」者，則爲一時運用、進行之計，亦即足下所謂「聯合戰線」也。顧弟不曰「聯合戰線」者，蓋以今日臺灣之言論，非常壓迫，稍形激烈便遭禁止，故不得不用巽與之言，以免報紙之塗抹，諒亦讀者之所共諒也！

「臺灣今日之思想尚未解放，尚未自由，何庸創造？更何庸統一？」此弟之所言也。然而所謂「統一」者，則為將來作戰之策，非為永遠統一。束縛思想，誹謗者族，偶語者棄市，甚於祖龍之焚書坑儒也。

孫中山之三民主義，雖未足以統治將來之中國，而中山能為全民運動，以收今日南北統一之功，此則運用、進行之效也。我臺今日之思想尚未發達，勢衰力微，而已（己當做已）有左、右兩派，兩派之外又有各派，各派之中又相抨擊；此弟之所悲痛也。

鄙意我臺今日之人士，欲為臺灣謀解放，為臺人求幸福，非全運動不為功。夫社會猶人身也，細胞組織各有作用，然必全身運動而後得保其生，若一部停止，則為麻木，抑且死矣。臺灣今日之狀況，己（己當作已）如人身之有病，腦筋日鈍，血液日枯，乃復蔀其目、塞其耳、緘其口、縶其手足，俾之不能運動，其不死也殆矣。鄙意我臺今日之人士，當先戮力一心，勇往邁進，打破當前之難關，而後各抱其志，各行其道，以達最終之目的。則無論為個人主義、為社會主義、為國家主義、為世界主義，各樹一幟，各暢所言，以為一時之光彩；此弟之所期望也。弟年五十有一，閉戶讀書，久謝交際，而內顧本心，外觀時局，若有不能己（己當作已）於言者，故有「思想解放」等論，以為愚者千慮之得，我臺英偉之士如肯進而教之，幸甚！幸甚！（一月十四日）

——原載《臺灣民報》第二百四十四號，民國十八年（昭和四年）一月二十日。

與嘉義人士書論籌建孔廟

比閱報紙，始悉貴地籌建孔廟，募款十萬，將以發揚文教，甚善甚善！

夫孔子爲時中之聖，春秋三世，由據亂而升平，而太平；此世界進化之公理也。故其學說，始於小康，終於大同。自漢以來，推崇一尊，排斥百氏，束縛思想，大道晦冥，中國學術因之不進。此非孔子之咎，而所謂孔教者之罪也。

諸君子誠重孔子、愛孔子，不如以建廟之款組織學會，集全臺有志之士研究孔子之道，參以東西古今之學說，鈎深索遠，曲引旁通，舉其所得而發表之，以貢獻學界，其裨益豈等倫哉！

夫今日臺灣固有孔廟矣。臺南既已重修，臺北現又新築，貴地毗鄰臺南，自無庸別建一廟。即別建一廟，亦不過春秋釋奠而已。夫以十萬之款，大興土木，而僅爲春秋釋奠，非所以昌大孔子之道也。誠欲昌大孔子之道，必須闡明學說，盱衡時局，洞察人群，擇其善者而從之，其不善者而改之，而孔子時中之道，始足發揚於世上。諸君子以爲何如？

——原載《臺灣民報》第二百四十七號，民國十八年（昭和四年）二月十日。

張純甫（一八八八—一九四一）

作者簡介

張純甫，名津梁，字濤邨，又字純甫，號興漢，又號筑客、寄民、老鈍、耕香散人、竹林樵客等。新竹人。生於清光緒十四年（一八八八），卒於民國三十年（昭和十六年，一九四一），享年五十四歲。

純甫先人為新竹知名商人，曾祖父首芳、祖父輝耀和曾祖母陳順，受旌表為孝友、孝婦，有「三孝人家」之美稱。本生父錦埤，早逝。嗣父錦城，通經史百家，曾掌教明志書院。

光緒二十八年（明治三十五年，一九〇二）純甫家遭火災，自曾祖父以來所經營之商行付之一炬，從此家道中落。光緒三十三年（明治四十年，一九〇七）純甫赴臺北，擔任乾元藥行記帳工作。民國四年（大正四年，一九一五）與林湘沅、黃春潮、李鷺村、吳夢周等人，創立「研社」，倡導詩學運動。民國八年（大正八年，一九一九），「臺灣文社」成立，純甫受聘為評議員。民國十三年（大正十三年，一九二四）與「星社」、「瀛社」同人共同發行《臺灣詩報》，並擔任編輯，較連橫《臺灣詩薈》出刊更早。民國十八年（昭和四年，一九二九）中秋節前，純甫赴中國大陸收羅古書畫，經閩至南京、徐州、曲阜、泰山、黃河、天津、大連、北京等地。民國十九年（昭和五年，一九三〇）秋、指導「松江」成立「漢詩研究會」。民國二十年（昭和六年，一九三一）一月，批購原雅堂書局庫存之書，於臺北永樂町市場內，開一書店，店名「興漢」，並兼收買古書畫及古董。次年（昭和七年，一九三二）舊曆年前，舉家遷回新竹，除經營書局外，兼以教授漢文為業。民國二十二年（昭和八年，一九三三）遷入新購之自宅，並取名「堅白屋」，以昭志節。民國二十四年（昭和十年，一九三五），因學生之請成立「柏社」，戮力於漢詩之教學。並積極參與各地詩社活動，與臺南洪鐵濤一南一北相頡頏，被譽為最活躍之二大擊鉢建將。民國三十年（昭和十六年，一九四一）一月二十九日因腸癌病逝。

純甫於異族統治下始終宣揚漢學不輟，且於新舊文化遞嬗變革之際，尤能重視儒學，戮力宣揚孔教，故有「北臺大儒」之譽。純甫著作計有《數年詩簿》、《守墨樓吟稿》、《詠史雜詩》、《守墨樓課題詩稿》、《堅白屋課題詩稿》、《七星吟稿》、《守墨樓文稿》、《先人傳狀》、《是左十說》、《非墨十說》、《古今人物彙考》、《守墨樓聯稿》、《陶鄉燈謎》、《春燈謎》、《堅白屋乙亥秋燈廋詞》、《古陶漁邨四時閒話》、《陶鄉詩話》、《詩話小史》、《陶邨隨筆》、《守墨樓書畫錄》、《守墨樓藏書目錄》、《守墨樓書目——叢書部》、《守墨樓書目——卷密書室之部》、《臺海擊鉢吟詩鈔》、《臺灣俗語漫錄》、《唐人白描絕句選》等。黃美娥教授已編為《張純甫全集》（新竹：新竹市立文化中心，民國八十七年六月）。要研究張純甫，已有相當完備的資料。

禮爲經國之紀

聖人緣人情而制禮，立萬世之大經。本之以天道，準之以風俗，顧肯持一毫私見於其間耶？當創作之始，寧少百家諸子各是其說，以與我聖人爭一日之短長者乎？然而至於今泯泯焉，豈不以我聖人立法大公無私，盡善盡美，任百千萬世，雖婦人孺子，上智下愚，亦皆守其教而不敢離。至於受束縛而不苦，就刑罰而自甘，曾無人敢枝梧于其後。即其間或不無一二頑冥利欲之徒，因不得逞其欲，不能無忿忿而與爭，爭以及於亂者。然此多爲人群中之公敵，人之唾罵之，屏棄之，幾欲置之禽獸之中而不惜。嗚呼！亦孰知數千百歲後之今日，後生小子乃有敢欲廢禮滅倫而不顧者，何歟？

彼蓋謂聖人以無形之禮法來縛人自由，阻遏人平等，範圍人嗜欲戀愛，使家庭制度階級井然，儼如專制獨裁之政，故日以提倡新思想、新學說自鳴，以打破舊家庭、舊禮教。顧彼之所宗旨，不過歐美灌輸一部下乘新風氣，便自詡爲文明。殊不知最文明即最野蠻，最維新即最陳腐，極端激進勢不至流爲退步不已。不觀古昔洪荒初闢，衣服未生，男女相遇，漫然相合，退而生子，知有母不知有父，豈不與斯世過派所唱公妻主義，及吾土一二新進人物所唱同姓結婚，無以異乎？矧人智日開，迷信盡破，此時而僅恃一部之有形法律，即可以節制而防止之乎？吾恐漏網之徒，必曰俟法律之隙而肆行無忌矣。故欲維持道德以補法律，舍我東亞聖人所制作之無形禮教莫屬也。或曰禮法之拘束，恆拒絕人于軌律之外，甚不便於今日經國之大紀。吾則曰：「拒人必在千里之外，譬猶能侵略然後能保守，所謂制敵于機先。不然，兵臨城下纔欲備禦，亦已晚矣。」故欲立今日經國之大紀，其惟此大範圍之禮法耳！

孔子之說孝 附釋

月來見報上論孝、非孝之說，連篇累牘，目不暇給。然細案之，多數典而忘祖。蓋徒摭拾後世庸俗勸孝之言，匹夫匹婦行孝之道，欲吹毛求疵以非之，而於東亞二千餘年，所崇奉大聖人教孝之道，反不加研究。此何可哉？此何可哉！故不揣愚陋，略將《論語》、《孝經》中說孝之言，臚列於此，並鈔舊註，或附鄙見，以供采擇。至於是非曲宜，自有公道，是則在人，是則效之，非則反之，固毋庸斤斤爭曲直也。

◎子曰：「孝悌也者，其爲仁之本歟！」

孝悌行於家，而後仁愛及於物，所謂「親親而仁民」也。故又曰：「弟子入則孝，出則弟，謹而信，汎愛衆，而親仁。」即孟子所謂「老吾老以及人之老」意。此註采自拙著《四書互註》

◎父在觀其志，父沒觀其行，三年無改於父道，可謂孝矣。

「三年無改」亦謂在所當改而可以未改耳。愚謂其道必在可改而不必改之間，如孟莊子之難能者也。此句亦《互注》三年，即子生三年然後免於父母之懷。故以此爲標準，示民有終也。

◎孟懿子問孝，曰：「無違」。又曰：「生，事之以禮；死，葬之以禮，祭之以禮。」

禮即理之節文也，時三家僭禮，故夫子以是警之。禮者，爲其所得爲者而已矣。子又曰：「禮，與其奢也，寧儉；喪，與其易也，寧戚。」則夫子何嘗以繁文縟禮教人乎？

◎答孟武伯問孝，曰：「父母唯其疾之憂。」

人子體此，而以父母之心爲心，則凡所以守身者，自不容於不謹矣。

◎答子游曰：「今之孝者，是謂能養。至於犬馬皆能有養，不敬，何以別乎？」

此節之理甚明，今之所謂愛可包孝者，豈欲學犬馬乎？

◎答子夏曰：「色難。」

孝子之有深憂者，必有和氣；有和氣，必有愉色；有愉色，必有婉容。故事親之際，惟色爲難耳。

◎事父母，幾諫。見志不從，又敬不違，勞而不怨。

所謂與其得罪於鄉黨州里，寧熟諫父母至於勞而不怨也。

◎父母在，不遠遊。遊必有方。

遠遊則去親遠，而爲日久，不惟己之思親不置，亦恐親之念我不忘也。遊必有方者，欲親知己之所在而無憂也。此節，非孝者所引，截去「遊必有方」四字。

◎父父子子

爲父者，盡父之道；爲子者，盡子之道而已矣。聖人何嘗獨責爲子者之盡孝而已乎？

《互注》：《大學》「爲人父，止於慈；爲人子，止於孝。」當並引入。

◎曾子曰：「吾聞諸夫子曰：『人未有自致者也，必也親喪乎！』」蓋人之眞情所不能自已者，非父母責其報恩也。以上均出《論語》。《互注》：尚有《孟子》上「世亦有不葬其親者」一章可參看。

◎子曰：「先王有至德要道以順天下，民用和睦，上下無怨。」孝父母之道，非聖人強驅人行之也，乃順民意而成之者也。故又曰：「其教不肅而成，其政不嚴而治。」又曰：「敬其父則子悅，敬其兄則弟悅。」云云。此下均出《孝經》。

◎身體髮膚，受之父母，不敢毀傷，孝之始也；立身行道，揚名於後世，以顯父母，孝之終也。

身體不敢毀傷，然後能立身行道。行道，即行其所當行之道，如成仁取義等事也。若好勇鬥狠，孟浪輕身於前，而欲殺身成仁於後，已不可得矣，況欲揚名於後世哉？此節，非孝者所引，截去「立身行道」等四句。成仁取義、好勇鬥狠，乃拙著《四書引經注》文，尚有曾子「啓予手，啓予足」等當引。

◎愛親者，不惡於人；敬親者，不慢於人。

此即「己所不欲，勿施於人」意。此亦出《四書引經注》之文，而《引經注》尚有「愛人者，人恆愛之。」今人必曰：「己所欲，施於人。」此耶穌教中人之言而別立新名目曰：「人類愛」。此似墨子之兼愛。試問全球人類數十億萬，能一一愛之乎？或先愛甲後愛乙乎？己之所欲，豈盡人所同欲乎？此徒大言欺人耳。《四書》卻亦有「所欲與之，聚之，所惡勿施爾也。」乃在上之事。故必如愛敬盡於事親，自不敢惡慢於人，所謂「行遠自邇」者也。如此方可與說人類愛。《互注》及《引經注》尚有引《孟子》答夷之「施由親始」又「殺人之父，人亦殺其父。」

◎在上不驕，高而不危，制節謹度，滿而不溢。高而不危，所以長守貴也；滿而不溢，所以長守富。富貴不離其身，然後能保其社稷，而和其民人，蓋諸侯之孝也。

聖人何嘗專以禮法束縛在下者乎？不見此節，對於富貴有勢力之諸侯，大聲疾呼痛加制裁耶？如此行之，雖無自由文以遂其願，但能人人若此，而人人卻有自由之實。何也？蓋物欲無窮，人心難制，圖自由者，勢必至侵犯他人，則自由何由得哉？必如人人自治，各節制不出範圍，而後人可得其自由焉！故「自由」二字，非完全之理也，非人人可以行之者也。

◎是故非法不言，非道不行。口無擇言，身無擇行，言滿天下無口過，行滿天下無怨惡，然後能守其宗廟，蓋卿大夫之孝也。

非法非道，不言不行，行之既慣，雖無所擇，而亦無不合於道矣。人既無惡怨之者，則官民共和可知，安得有官尊民卑之弊哉？

◎資於事父以事母而愛同，資於事父以事君而敬同。故母取其愛，而君取其敬，兼之者父也。

古者，母主內而父主外，故在內自可以親愛生其禮節，而在外則不得不以禮節表其親愛耳。蓋處人群中，若無禮節成何體統耶？

◎明王之以孝治天下也，不敢遺小國之臣，而況於公、侯、伯、子、男乎？故得萬國之懽心，以事其先王；治國者，不敢侮於鰥寡，而況於士民乎？故得百姓之懽心，以事其先公；治家者，不敢失其臣妾，而況於妻子乎？故得人之懽心，以事其親。

此非平等之最平者乎？蓋人智愚賢不肖之差等，其間不可以道里計。若不分別爲上下，則世間無御車負載之人矣。故唱平等之說者，於字義能完全乎？必如此說，方有平等之實，而無不平等之弊矣。又治家一節，亦聖人未嘗賤女貴男之明證。

◎故當不義，則子不可以不爭其父。從父之令，焉得爲孝乎？

此節足證非孝者所引「父教子死，子不死不孝。」之言，非出聖人之言，乃流俗之言也。

◎事親者，居上不驕，爲下不亂，在醜不爭。居上而驕則亡，爲下而亂則刑，在醜而爭則兵，三者不除，雖日用三牲之養，猶爲不孝也。

醜，群也，此說孝之廣大者也。聖人之所謂「孝」，非狹義之孝，乃廣義之孝也。居上不驕，則人爵可保；爲下不亂，則天爵可致；在醜不爭，則共和可久。聖人何曾專指豐養其親爲孝也？

◎故不愛其親，而愛他人者，謂之悖德；不敬其親，而敬他人者，謂之悖禮。

此由親及疏，由近及遠，方是次序，方是性情之正。今人必以愛字足包含孝字，果如是，則何不以他人代其父母而亦呼爲父母乎？人情豈果無親疏耳？試問人之愛己子與愛他人之子若何？

◎要君者，無上；非聖人者，無法；非孝者，無親；此大亂之道也。

聖人作之君，作之師，敘人倫，等尊卑，然後人知相敬愛。不然尊卑亂、階級夷，此相殺之道也。故曰：「君君，臣臣，父父，子子。」唱非孝之人，清夜試自問良心，對於父母，對於祖上，安乎？不安乎？如以爲安，則剛愍之祠可毀，櫟社之集可焚，方見毅然無私，大義滅親，不然如欺世盜名何？

近崇文社徵文課題，有〈非孝可否論〉，夫孝之不可非，盡人知之，安有討論之價值？彼作非孝論之張本人，尚且自云：「只欲矯正一部」，則餘子可知。

所錄出於《孝經》、《論語》之文，使人知聖人之說孝如此，非爲世俗所傳之道也。雖然割股臥冰等事，乃出於一時愛親，急不暇擇之情，初不計有背身體毀傷之戒，故當略其過情而原其眞誠。且此又非爲父母者責望其如此，乃彼自爲之耳。但彼已將利害置於度外，一心惟親之是愛，以視世之專計較利害長短者，則大有天淵之判矣。何則？蓋今日世界所以如此其極亂者，皆利害之心過重，而道德觀念自輕耳。

今人不將孔子之說以說孝，而徒非難世俗行孝之事，且並將童時習誦之《論語》、《孝經》置諸腦後，間有所引皆截上截下以圖掩飾其謬，何其強詞奪理至於如此耶？況題是「非孝」，而自謂僅欲矯正一部，何其不知字義不知文法，至於如是耶？尚敢自命通人，而冀博一時之虛譽，寧不有掩耳盜鈴之羞乎？此不過誤認「桓溫若不流芳百世，亦當遺臭萬年」一語，謂爲可邀幸得名耳。嗚乎！誤矣！誤矣！

大病初瘥，何敢握管？因激於義理，不能無言。然荒疏之處，唯君子匡我焉！幼春先生，素叨愛末，本不應唐突，然當仁不讓，爲正義人道爭，亦士有爭友之義也。敢不盡一得之愚。

漢附識

非墨十說

自敘

大凡讀一書，研一學說，必原其立意，察其出言，探其內容，尋其歸結，然後可以窺底蘊、識究竟、辨利弊、明是非，而定其棄取也。不然，徒觀皮毛，只識面目，便驚其學說之神奇，羨其標榜之穎利，即斷其爲不謬於聖人，不背於大道者，鮮不誤於盲從也。蓋毫厘之失，千里之差，古今人著書立說者，其始莫不因社會之缺憾，咸擬補救於蔽偏。然矯枉太過，其說一出，而偏蔽愈甚，遂至流於曲學異端而不可收拾。悲夫！

墨子起周末文勝之後，哀世變而恤民艱，思有以矯之，而歸其罪於儒。於是始而辯，繼而非，終以抨擊。其書有〈非儒〉、〈非命〉、〈非樂〉、〈節葬〉等篇，皆攻孔子者。因其理想，騁其博辯，一時號召所及，其徒且半天下，世至以孔、墨並稱。何其盛耶！及孟軻氏出，即以其人之道，加之其人。不攻其流，而攻其本；不誅其說，而誅其心。斷然被以無父之罪，而其說始無以自立。荀卿、董無心、孔叢子又繼而非詰之，由是墨氏遂一蹶不振矣。夫以墨子之博學多方，擅理論，善守禦，縱橫兵名技巧諸家，無不為其統宗，且誘人以兼愛之利。故因文見道之韓昌黎，少年讀墨，尚有孔墨必相為用之言，又何怪今世附和者之多也？

有清中葉以來，海禁大開，耶穌教言與泰西幾何光重論理諸學說，洋溢中夏，多與墨氏暗合。世徒震其利民用，致富強，遂欲借助於墨子，謂中國二千餘年前，亦有此絕學焉。畢沅、孫星衍倡之於前，俞樾、孫詒讓和之於後，至今日而極熾，幾幾乎將取魯聖而代之矣。然其尚利任力之說，與西學同旨歸，人皆惡用。世風日薄，西洋晚近新學乘之。行見削足就履，而亂世相續也。蓋以出言一差，流弊自大，本意亦隨之而渙。則反響所屆，貽誤無窮，吾人奮而抵排，自不能因其為前賢而遂斂手也。

非利說

墨子之書，言利之書也。墨子之爲人，善計較利害之人也。彼所謂大利利人，皆歸自利者也。何則？以《墨子》之諸篇攷之，皆以利言之也。〈兼愛〉篇不云乎：「利人者，人必從而利之。」又曰：「交相利。」又曰：「愛人利人者，天必福之。」又曰：「必先從事乎愛利人之親，然後人報我以愛利我親也。」又曰：「此其有利，且易爲也。」又曰：「天下之士君子，特不識其利，辨其故也。」又曰：「今吾本原兼之所生，天下之大利者也。」云云。

夫以利誘人，墨子之苦心也。然而天下人，下焉者，皆不能從墨子之誘，而行其所謂利人之大利實利，而適以啓其貪自利現利之心。上焉者，皆不能諒墨子之苦心，而行其所謂交相利、兼相愛，而適以藉口遂其兼利、暴利之術也。何也？以利言也。以利言，則天下愛實利利人者寡，貪自利暴利者多；愛將來之利者寡，貪眼前之利者多。何以言之？蓋大利實利者，間接之利也，先利人而後自利者也。試問中人以下，能以此道語之乎？其不能從墨子之誘，以其不信間接利人之有大利實利也。即或信之，亦不能實行也。中人以上，可以此道語之乎？其不能諒墨子之苦心者，或恥言利也，或藉以遂其牟利也。一則口雖不言而其實蓋已自利其利矣，一則口雖言利人而其實蓋已自利已矣。然則利者，天下人愛之，而不可以言之也。

故孟子之說梁王曰：「王何必曰利。」謂宋牼曰：「先生之號則不可。」夫孟子豈不知天下人之愛利也，而必孳孳以仁義云者，何哉？勢不可也。蓋以利言，則上下交爭利。君臣、父子、兄弟懷利以相接，天下有許多大利實利，可供人予取予求乎？取求而偶不得，或未易即得，或終不可得？則雖善計較利害者，亦必轉而仍爭夫現利自利矣。誘之而不入，苦心而不諒，徒損心術，亦何益哉？人徒知孟子以無父非墨子，而不知孟子之不言利，正專爲墨子而發也。然而無如今日貪利者之多，爭欲行墨子之說也。嗚乎！天下善計較利害者，果堪與語夫愛利人之事乎哉？

附記：孔子曰：「仁者安仁，智者利仁。」墨子以「兼愛爲利」，智者非仁者也。於此可見孔、墨德之高低。

非非命說

儒家之言命，大體有知命、安命、立命三類。其言曰：「不知命，無以爲君子也。」、「五十而知天命。」、「道之將行也與，命也；道之將廢也與，命也。」、「莫非命也，順受其正。」、「君子居易以俟命。」、「賜不受命，而貨殖焉。」、「夭壽不貳，脩身以俟之，所以立命也。」孟子更有言性、命二類。其言曰「味、色、聲、臭、安佚也，性也，有命焉，君子不謂性也；仁、義、禮、智、聖人也，命也，有性焉，君子不謂命也。」即一爲能得、應盡之命，一爲不能得、不應盡之命。應盡之命，即天賦之性，所謂立之者也；不應盡之命，即人欲之性，所謂安之者也。而知命，即知此安命、立命者也。此說命之最完全而無罅漏者也。

墨子之言命，不爲分類，於〈天志〉篇，則極力是之；於〈非命〉篇，則極力非之。其所以自相矛盾者，蓋以命與力對峙。墨子不辨仁義禮智、富貴利達之在內在外者，統謂力之能致。故舉孟子二類，而並非之者也。其背道莫大乎是！彼于〈非命〉中有云：「強必富貴，不強必貧賤矣。」且更顯然教卿大夫外斂關市山林澤梁之利矣。是孟子所謂性也有命焉者，亦可謂之性而力致之乎？蓋純欲「以愛利人，人亦愛利之」一語，謂爲任力棄命之效，而不知天下古今一治一亂。治之時，天下有道，天賦之命常長，而人欲之性常消，故人多斂性以就命；亂之時，天下無道，人欲之性常長，而天賦之命常消，故人多棄命以任性。蓋人類之上智下愚，其程度之差別，不可以道里計，不可以等類數也。有人能斂性就命，亦有人欲棄命任性。故阻礙人類之愛利人者，即人類也；爲人類之公敵大敵者，亦即人類也。而世事恒見實際與理論之相反矣。夫以孔子之聖，墨子、孟子之賢，尙不能致力使其及身而富貴利達，使天下有治而無亂。則下此者，而謂可以力致之乎？力致之而不得，則怨望生，而亂亦生。且亂世之人，恒多任力尙利，故曰：墨子之非命，獎亂之道，即背道之大者也。

然則所謂命將奈何？亦宜分之爲三類：老子之任自然、莊子之任天、列子之任命，即儒家之安命，適于中人以下者，此其一。墨子合天志之非命，即儒家之立命，適于中人以上者，此其二。孟子之不謂性不謂命，即儒家之知命，無所往而不適其適者，此其三。孔子曰：「中人以上，可以語上也；中人以下，不可以語上也。」或安而行，或利而行，或勉強而行。仁者安仁，智者利仁。其程度不同，本不能齊一者也。墨子欲齊而一之，其可得乎？然則墨子者，若在孔門，其近於不受命而貨殖之賜乎？

非非樂說

孔子所恃爲治平之具者，禮樂是也。無禮樂，則雖舜、禹之聖，尙不能爲治，況下此者乎？蓋萬物最靈之人類，非禮不能節文其欲望，非樂又何足以宣其湮鬱哉？樂之發端，在有生之初。有形體，即有聲音，不獨人類然也。即動物，亦莫不具此特性。猿啼、虎嘯、鳥鳴、蟲吟，何一非天然之樂耶？古聖人見其可附禮以爲教，故金聲而玉振之，孔、孟始盡發其蘊耳。

墨子之非樂，本不足辯，但既有〈非樂〉三篇，今尚存其上篇，故不能無言耳。彼蓋孳孳致力於衣食生計之事，是以不爲費財曠職無利之樂，然樂何嘗費財廢職無利也？梁啓超氏云：「墨子但知物質上之利，而不知精神上之利。知樂足以廢時曠業，而不知能陶鑄德性，增長智慧，舒宣筋力，而所得足償所失而有餘。今者樂教之關係群治，其理大明，各國莫不以此爲教育之一要素。墨學之不能大行於後者，未始不坐是。」嗚乎！梁氏極端崇拜墨子者也，而尚爲此言，蓋以「非樂」不合現時各國所尚耳！不然，梁氏必不爾也。

吾意則猶異於是。墨子云：「今王公大人，惟毋爲樂虧奪民衣食之時，以拊樂如此其多也。」「今大鐘、琴瑟、鳴鼓、笙竽之聲，既已具矣，大人鏽然奏而獨聽之，將何樂得焉哉？」此與孟子〈獨樂樂〉章所云何異？吾故曰：「墨子若以〈節樂〉名篇，而不以〈非樂〉名，則庶幾乎！」

非非禮說

墨子本無非禮之說，但有〈節用〉、〈節葬〉之篇。「節用」與孔子「節用而愛人」及「禮，與其奢，寧儉。」微同。「節葬」亦與孔子責門人厚葬顏淵，責子路使門人爲臣，及「喪，與其易，寧戚。」微同。爲墨書之略合於道者也。然則余非非禮說，不幾贅疣乎？

《漢書·藝文志》「墨家題後」云：「及蔽者爲之，見儉之利，因以非禮。」可見墨子之說有流弊也。其故何在？在言利耳。言利則無往而不弊。尋常之人，但顧目前之利，利之所在，且不顧其身，況能顧禮耶？此非禮之弊，勢必然也。況墨子之節葬，又純以利言之也，因利而薄親恩也；非如孔子純以義言之也，因義而厚民德也。彼云「毋以厚葬久喪者爲政」，層層計利，而急於求富。彼雖制爲「棺三寸」、「衣衾三領」、「壟若參耕之畝」；若必計利，則棺亦不必三寸，衣衾亦不必三領，壟亦不必若參耕之畝矣。彼雖制「生者不必久哭」，是亦有哭泣也。若計利，則生者亦不必哭，而惟謀利是急矣！

孟子對夷之所言，上世葬親之始，爲人類良心所自發，非聖人強人爲之者。其說已明且盡。蓋人之衣食生計甚簡單，況又有饑寒爲之驅，亦誰能因久喪厚葬之故，而忘其衣食生計哉？孔子制三年喪，教人勿甘食、美衣、近音樂，此正節用之事也。然其言曰：「賜也，爾愛其羊，我愛其禮。」墨子孳孳爲利，我以比殖貨之子貢，非過言也。

子貢在當時已有多人謂賢于仲尼矣，焉得此時不有多數謂墨翟聖于仲尼乎？

壬申季春附言

非非儒說

儒者傳孔子之道，其說大行，已成爲社會尋常日用之事矣。人有智愚賢不肖之不齊，寧能保其千萬世全不背其道者乎？時至於背道，只須仍取孔子之言正之足矣。而何墨子亹亹千萬言不休，作〈非儒〉篇而後快哉？

今〈非儒〉二篇，雖亡其一，而其一全文俱在，足證墨子之言，信乎？不信乎？試約舉之。其云：「妻後子三年喪」及「親死，列屍、登屋，求人」等事，今或出《禮記》。夫《禮記》，乃漢儒拾七十子後門人之說，蓋傳聞之言，非孔子之言也。世不嘗讀《論語》乎？《論語》惟父母有三年喪，餘俱未有是說也。至謂孔子之事，捏造晏子對景公之言云：「孔某之荊，知白公之謀，而奉之以石乞。」攷白公之亂，在哀公十六年秋，孔子已卒十旬，即在景公卒後十二年。而晏子之卒，更在景公之先也。又云：「晏子沮封，孔某乃恚；樹鴟夷子皮於田常之門，且使子貢見田常，勸之伐吳。」夫《論語》明明稱晏子善交久敬矣，田恒弒君請討矣。又云：「孔某爲魯司寇。舍公家而奉季孫。」又曰：「孔某窮於陳蔡之間十日，子路爲享豚。孔某不問肉之所由來而食，且有苟生苟義」云云。此《論語》明明有斥季孫之言，不一言矣。有「君子固窮，小人窮其濫」之言矣，而墨子乃以之非孔子，其爲齊東野人之言無疑。此與淫婦人鬥口、尋疵，摘人無稽之隱事者何異？

然淫婦人鬥口。尙兩方互罵。而當時之儒家。曾無一人出而答詈，讓彼一人肆志讒毀，直又似市井惡無賴之尤者。而墨子若此，其人格尙足問乎？故其千萬言之非孔，不動孔子分毫，而其後孟子衹一言二語反之，墨教遂蹶不振。此報應之最速者也，亦墨子所謂不愛利人者，人亦不愛利之矣。今之祖墨非孟者，非打人而喚救者乎？

非非說

墨子之非攻，善矣！蓋以攻者，即非之極則也。墨子之非之者，非其非者也，故謂之善也。若彼無非，而此非之者，則非也，不善也。

然則墨子之非命、非樂、非儒，善乎？不善乎？命未可非也，樂未可非也，儒亦未可非也，而墨子皆非之，此大異乎非攻之旨者也。故欲非攻，則不可非命、非樂、非儒矣。今中國人動輒以「打倒」二字爲口號，豈師墨子者乎？

墨子之非命、非樂、非儒，所以他日有孟、荀之非墨，亦墨子非攻之旨也。不知才士之墨子，當日曾計及否耶？千古愛墨子者，不能不以此爲墨子自致，而爲墨子惜焉。然則墨子立說，秖自道其道，則善矣。

墨子非兼愛說

墨子兼愛之說，孟子所謂無父，今之人盛辯護之者也。而吾更以爲墨子不獨無父，直無君臣，無父子，無兄弟，無夫婦，無朋友人群也。聞者寧不咍愕，然余非故誣之者也。墨子所謂兼愛，純以利言也。前篇〈非利說〉所引而外，層見疊出，皆計較利害之事，而一以利爲歸，事雖或是而言則非，何也？蓋計較利害之人，事事必利是取而害是棄，則天下尙復有君臣、父子、兄弟、夫婦、朋友人群之足愛哉？直愛利耳！名爲教人兼愛，實教人自利也。

況「兼相愛交相利」、「視人身若其身」、「視人室若其室」、「視人家國若其家國之事」，天下最難行之事也。而謂計較利害之人，能行之耶？而謂以心計手段致力於富貴利達者，能知之耶？孟子曰：「愛人者，人恒愛之；敬人者，人恒敬之。」「恒」之一字，非必之之辭。愛人、敬人，吾之天職。人之愛之、敬之，人之人情。

我初無望報之心，人終有欲報之意，而無必之之辭。故其愛人敬人，出於自然，而非計較利害之事，故其說無弊。今曰「必之」，此使人望利者也。一失所望，必怨而不肯再爲矣。

《中庸》曰：「正己而不求於人，則無怨。」況愛利人，恒出在上者與有權力者之事，而不可責之衆人者也。孟子曰：「所欲，與之聚之者是也。」愛利人之事，未必人人能合其度，且甘受其愛利也。孔子曰：「己所不欲，勿施於人。」者是也。今也耶穌教義必曰：「己所欲，施於人。」此襲墨子之故智也。此言，孔子豈不能言，因其言之有弊而不言也。亂人群之秩序，啓人類之爭端，長狡者之藉口，非細事也。今之善辯者，能知此二語之利弊，則墨子之說可用與否，自不難迎刃而解矣。

墨子之兼愛，最好者，誘人於利；最壞者，亦即誘人於利也。此不可不知不辨者也。蓋天下有利必有害，利之與害，互爲消長。亦即古今一治一亂，皆互爲消長也，此又不可不知不辨者也。

墨子非非攻說

墨子以列國國家務奪侵陵，欲以攻之不利止其攻，以非攻之利誘其不攻，意誠善也。然無如列國務奪侵陵更甚，大國并小國，大家并小家，至戰國僅存強大之國七焉。此其利於務奪侵陵者歟？抑不利於務奪侵陵者歟？善計較利害者，從非攻之利耶？抑從攻之不利耶？

蓋以利言，則雖毫厘之差，人必取長而捨短。況墨子任力非命之說，又足以長其慾谿，而啓其鬥爭者乎！故墨子極力非攻，而攻且加烈。其徒宋牼又襲其故智，有以利說秦楚罷兵之志。而孟子有「先生之號則不可」之語也。七國相攻不已，一并於最強有力之秦。於是尚利任力之說，一一循墨子涂徑以實現，而儒墨皆不能挽救之矣。然而未幾，以強力致一統之秦，亦隨以亡。漢興，知墨學之不可用，於是儒道復興耳。

今之時，亦列國戰國務奪侵陵之時也。而議者又欲以墨子非攻之說救之，其可得乎？以仁義化其攻，有時攻且不止；以尚利任力之說誘其不攻，攻又何時能止哉？此又何異於授賊以刃而禁其殺人者也。今之任力以鬥爭者，皆善計較利害，明背墨子之非攻，而暗師墨子之尚利者也。

附記：今中國爭旅長之利者，必攻旅長；爭師長之利者，必攻師長；爭大帥、執政、總統之利者，必攻大帥、執政、總統。比比皆然，而馮玉祥為尤甚。實皆善計較利害，明背墨子之非攻，而暗師墨子之尚利者也。又最崇拜墨學，稱墨子為大聖人之梁啓超氏，今已作古人，蓋棺論定，世皆鄙其宗旨不定，最實行利己主義者也。此實可爲近證。

編案：此「附記」全文據《非墨十說》初稿補錄。

墨子非務本說

墨子謂國家昏亂，則語之尚賢、尚同；國家貧，則語之節用、節葬；國家喜音沉湎，則語之非樂、非命；國家淫辟無禮，則語之尊天、事鬼；國家務奪侵陵，則語之兼愛、非攻。世之善讀墨者皆稱之，即欲持儒墨之平者，亦莫不稱之矣。

然而循此方法手段以救時，何異時醫隨症發藥以療疾乎？時醫隨症發藥，有時亦可以去皮毛之疾；然以之治臟腑之症，不惟不能奏效，且轉足以增其病之劇；墨子救時之方法亦猶是也。故治臟腑之病者，非清源之藥不見效；救國家內亂之疾者，非務本之學不爲功。務本之學者何？孔子是也。自漢以來，至今垂二千年矣。其間家國如稍行孔子之道者必興盛，不行者必衰亡；而天下之治亂亦隨之。故治常多而亂常少，且國中一經外族之侵陵，其後必有一番版圖之展拓。歷史俱在，非可誣也。

今者積弱不振，尚未及百年，而遂欲棄數千年治平之道，而易以接近西學之墨子，以步人之後塵，何其傎耶！

非墨所以愛墨說

非墨所以愛墨，非媚世而或執兩端之言也。蓋墨子之說雖有弊，而比之楊朱，則其心尚足以對天下後世而不媿。

不見孟子之斥楊、墨也。楊朱一經孟子之斥，其書即歸無何有之鄉，其說僅存於列子之一篇；不如墨子之書留存至今，尚有多人焉欲為昭雪而使之流行也。此以知冥冥之天，別有眞宰，欲使為我之說者消，而為人之說者長耶？不然，何其偶然也。亦足以見人心具有天性，而性本善也。故墨子之書，若去其計較利害之言，及棄其〈非命〉、〈非樂〉、〈非儒〉諸篇，未始不可輔孔子之道，而為治平之助者也。

雖然，平治天下，趙中令以半部《論語》而已足。況人人誦習之四子書具在，自足以正末俗之失，又何必取二千餘年已廢棄之墨子書為哉？今之趨時媚世者，亦可以已矣。

附記：《非墨十說》發表將半，同學友羅君鶴泉，乃示我民國十七年新出版，北流陳柱尊氏所著《墨學十論》。其〈序〉文及〈定本墨子閒話補正自序〉，頗與余說暗合。彼為墨子之心，未嘗不孝其親；墨子之情，未嘗不愛其親。然而以墨子之學，求遂墨子之孝，則其勢必不可得；必將有不能孝，或舍其親而不顧者矣。又凡矯枉者必過於正，過正之甚，勢不至於折不止。諸子者，皆矯枉之過於正者也。矯之過正，則不免流於激而不知，其弊已伏於所矯所激之中矣。矯之激之之甚，則求諸己者未行，而責於人者已先爲天下禍矣。又所引柳詒徵〈讀墨微言〉，亦多有與余同意者，特此聲明。可見中國儒墨之爭，至今尚未解決。於近四五年來，每受鶴泉餉我新出版書，使余說有與人暗合處，知所聲明，差免摽竊之譏。

編案：附記中「彼爲墨子之心，……而責於人者已先爲天下禍矣。」「可見中國儒墨之爭，……差免摽竊之譏。」二段，據《非墨十說》初稿補錄。

附存　墨子非墨家之祖說

《漢書·藝文志》「墨六家」，首《尹佚》二篇。注曰：「周臣，在成康時。」則墨家出於「尹佚」明矣。而「佚」與「墨」音近，疑「墨」爲「佚」之轉聲，則墨子其傳佚之學乎？。

《呂氏春秋·當染篇》：「魯惠公使宰讓請郊廟之禮於天子，桓王使史角往。惠公止之，其後在魯，墨子學焉。」則墨子傳史角之學也。《莊子・列禦寇篇》：「鄭人緩爲儒，使其弟墨。」弟名翟，說見下篇〈墨子殺其兄說〉。梁啓超述孫詒讓，疑史角即尹佚之後。余更疑尹佚其成王時之史佚乎？

考以上所云，則墨子實師史角之後，而史角即尹佚之後。然《墨子》全書，曾無一語及史角、尹佚者，蓋已攘其師之學爲己有矣。

墨子殺其兄說

《莊子・列禦寇篇》：「鄭人緩也，呻吟裘氏之地。祇三年，而緩爲儒，河潤九里，澤及三族，使其弟墨。儒墨相與辯，其父助翟，十年而緩自殺。其父夢之曰：『使而子爲墨者予也，闔胡嘗視其良，既爲秋柏之實矣？』」注：「司馬曰：『緩，名也。』」陸氏《釋文》云：「裘氏，地名也。」又「呻吟，吟誦也。」注又曰：「翟，緩弟名也。」「使弟墨，謂使弟翟成墨也。」又「緩怨其父之助弟，故感激自殺，死而見夢，謂己既能自化爲儒，又化弟令墨。弟由己化而不能順己，己以良師而便怨死。精誠之至，故爲秘柏之實。」蓋「闔，語助也。胡，何也。良者，良人，謂緩也。」

案以上所云，則儒墨之相攻相辯，蓋自墨子父子兄弟始，且墨子竟以此殺其兄矣。連日各報載黃、顏、連諸氏，以儒墨相攻不止，與墨子兄弟相攻何異？故余艸此二說以解之，非好爲考據，或拾人牙慧而出風頭也。

儒墨相非果始於墨翟父子兄弟說——復連雅堂氏書

頃於《台日報》、《昭和報》承示墨子爲魯人，僕非不知。足下所引本書「自魯即齊」、「以迎子墨子於魯」、「自魯往」等句，此似出孫詒讓〈墨子傳略〉。然詒讓猶謂墨子「似當以魯人爲是」，不如足下確指其爲魯人也。況「自魯往」原文，乃「起於齊」，豈又齊人乎？細玩諸句語氣，出於本書自道，吾固疑其非魯人也。然則是魯非魯，莫衷一是。本書有止魯陽文君攻鄭，又墨子曾爲宋大夫，見於諸說，皆謂爲宋人。畢沅、武億謂爲魯陽人。魯陽楚邑，是爲楚人矣。今以《莊子・列禦寇篇》：「鄭人緩也，呻吟裘氏之地」攷之，蓋初爲鄭人，後移居於魯，或於宋。亦如足下臺南人，現移居臺北；僕新竹人，現亦居北也。裘氏，《釋文》云：「地名」。《水經注》有「裘氏亭」名。魯有「菟裘」，後有「菟裘氏」。見《通志・氏族略》又云「裘氏，邑名，因食采爲氏。」或云「本求氏改，望出渤海。」渤海近齊魯也。

又曰「宋有裘氏，爲避讎改爲仇氏。」亦見《廣韻》。據此則裘氏地名，或魯或宋也。

墨子之在魯，或以緩爲儒，必是學於魯，魯乃儒家發祥地。緩後於儒，以墨子生孔子後，或云後七十子，而莊子又後於墨子，時代亦合。墨子名翟，則本書每自言之。墨子與其兄辯儒墨，本書有〈非儒〉二篇。本書不足信，則史實又安在？墨既非姓，乃學派名，則足下所主張者。《莊子》注：「緩使其弟成墨」，成者，承先啓後之文也。然則棄姓之緩弟翟，其墨子無疑，此非僕故誣之也。

僕以西學東漸之今日，孔子之書已少人過問，安可復以墨子之說，推波助瀾。蓋墨子實尙利任力之說也，與西學同旨歸。倡之者，謂欲救中夏末俗之弊，而不知適足以生弊。兼愛雖美名，一經計較利害者爲之，則惟利是視。不但人群國家無可愛，雖父子、兄弟、夫婦亦何能愛者？黃純青氏之辯儒墨，本不足輕重，而足下乃吾臺文學界巨擘，亦而附和之。有說盛稱墨學之美，則其影響於人心，誠非淺鮮，故僕不能自已耳！

去日於《台日報》發表二說，其意謂儒墨之相辯，始於墨翟父子兄弟。翟且因此死其兄矣，豈容再步其後塵耶！既必欲僕盡言，近已草成〈非墨十說〉，行將質諸知我愛我諸君子焉。

《莊子・徐无鬼篇》：「莊子曰：『儒墨楊秉四，與夫子爲五，果孰是耶？』」成注云：「儒，姓鄭，名緩；墨，名翟；楊，名朱；秉者，公孫龍字；增惠施爲五。各相是非，用誰爲是？若天下皆堯，何爲五復相非乎？」案：成引墨名翟與鄭緩、楊朱並列，則墨子眞是鄭人緩之弟翟矣。

丙子再識

附錄　墨子非鄭人說——與張純甫氏書

連雅堂

前閱《臺日報》載大作〈墨子害死親兄說〉，係引《莊子・列禦寇篇》「鄭人緩也」一節，竊以爲誤矣。墨子爲魯人而非鄭人，固學者所公認。何以言之？〈公輸篇〉曰：「公輸般爲楚造雲梯之械成，將以攻宋。墨子聞之，自魯往。行十日十夜，而至於郢。」〈貴義篇〉曰：「墨子自魯即齊，遇故人。」〈魯問篇〉曰：「越王爲公尚過，束車五十乘，以迎子墨子於魯。」此其見於本書者，則墨子爲魯人也明矣。今足下乃以鄭人緩之弟翟，指爲兼愛非攻之聖者，是無異曾參殺人而移罪於孔門大孝之子輿氏，何其愼耶！

足下聰明人，善讀書，胡以忽忘史實，豈故意而言耶？若然，則襲孟子之口氣，斥以無父，又誣以無兄，而墨子不受也。竊以我輩知人論世，當用理論而不用感情。是故理之所在，雖父子亦當辯論，何況兄弟。柏拉圖曰：「吾愛吾師，吾尤愛眞理。」此誠學者之態度矣。

是左十說

是左十說序

孟子曰：「王者之跡熄而《詩》亡，《詩》亡而後《春秋》作。《春秋》，天子之事也，其事則齊桓、晉文，其文則史，孔子曰：『其義則丘竊取之矣，知我者其惟《春秋》乎！罪我者其惟《春秋》乎！』」又曰：「孔子作《春秋》而亂臣賊子懼。」又曰：「《春秋》無義戰。」以《春秋》之重要，首先發之者孟子也，而司馬遷《史記·自序》又其最後者也。乃王安石則云《春秋》者斷爛朝報，或又云似流水帳簿，豈不異哉？

今按之，《春秋》若無左氏之《傳》，則居然斷爛朝報、流水帳簿矣；若有《左氏傳》記其事實，則所謂「亂臣賊子懼」者，又豈誣也哉！夫亂臣賊子之所以敢于賊弒君父、僭竊國家者，豈不以其事隱微，可嫁禍他人，又可文飾其過，或文致其罪于君父；且有同惡相濟可以賄賂、史官可以威劫、赴告可以推諉，如魯桓討寪氏有死者，齊莊殺彭生，崔杼謂莊公淫其妻，許世子謂不親嘗藥，宋督以郜鼎賂魯，崔杼殺太史三人，趙盾有「我之懷矣，自貽伊戚」之言，其他赴告不實之事不可勝數。設非有左氏直書其事、《春秋》首誅其魁，則網漏于呑舟之魚，而巨魁禍首逍遙法外，天子不能討，方伯不能伐，其亂烏能已耶？

然夫子何以必僅僅作斷爛朝報式之《春秋》，何哉？豈前知後世必有《左氏傳》之行世，而先爲之提綱挈領乎？抑已見及左氏之史先成，而乃爲之作目錄以引人注意乎？歷古今二千餘年之博學通才，皆瞠目結舌，未有能道之者，乃今竟爲學疏力薄之某所竊見，亦幸矣哉！是蓋前之人爲古說所誤、《公》、《穀》解經之聚訟所迷耳。故自《公》、《穀》立學官，雖有好《左》之劉歆，亦只欲爲《左氏》爭立學官地位，而更造爲解經之言以附益之，竟似左氏後于孔子矣。

自是以來，學者均謂左氏依《經》作《傳》，其次亦但云《經》《傳》一時並作，從無一人言《傳》先于《經》者，即如顧氏《大事記》，舌鋒如劍、眼光如炬、議論精當、考據詳明者，尚不見及此，他何足道？豈非經學之大厄耶？夫《經》果先《傳》，則比諸子之空談更下一等，命之爲「斷爛」亦非過言，今一拈出《傳》先于《經》，以《傳》中有「君子曰」爲證，定自定十年至十五年以前爲邱明及其弟子所脩，以後爲孔門弟子所續，而前後解經則後人如劉歆等所竄入；如此，則一切解經之書皆可廢，而千古紛紛聚訟之獄自片言可折，且與後人考據一一皆合矣，豈不快歟？豈不懿歟？

時丙子冬月　張純甫初稿自序于三孝人家

附記：

◎左邱明之卒，必在魯定公十年以後、十五年以前。何以見之？蓋《左氏傳》凡記事之末多有「君子」之言，評其是非得失，自隱公元年起至定公十年止，以後則無此「君子」，惟定十五年有「子貢曰」，故云。

◎前者記事寬，文則浩蕩；後者記事狹，文則局促；前者多引《詩》《書》文，後者不曾引及《詩》《書》。定十二年有仲由隳三都事，以後記事，魯衛獨多，多與孔門弟子有關係，吳越事亦然。毛西河云：「西狩獲麟後，魯史簡書凡二十六條，而策書闕落者有十五條，又定、哀以後純記趙簡子之事，爲趙史。」

◎定十年之《傳》則孔子相魯公會齊侯于夾谷，其餘又多解經之文，孔子弟子續左學之傳當於是起焉。解經乃長篇文字，故非劉歆之徒所加，凡長篇記事之解經，皆孔門弟子筆也。

重序

余自壬申歲發見左邱之《傳》先于孔子《春秋經》以來，初止詠于詩，至翌年始筆之於書，成《是左十說》，至今又五、六年矣。此五、六年中東摭西拾，凡於群書見有與余說相發明者，輒記錄之于《十說》冊中，眉有批，旁有註，後有案語，一冊幾滿，亦可謂勞矣。然不知世之同余說者是否有其人，而余說有可成立之希望否，均不能預定，而在吾心之所安，則有非可以筆墨形容者焉，何也？

蓋孔子之《春秋》，王安石既謂爲「斷爛朝報」，後世又謂爲「流水帳簿」矣。以孟子所謂「爲亂臣賊子懼」、「功不在禹下」之書，而爲人輕巇如此，則亞洲所崇奉爲生民未有之萬世師表，不幾祧乎？生亞東一角之民，讀周後幾卷之書，實不願耳有此聞、目有此睹也！故不自揣，欲以千慮之愚爲一得之獻，野人之曝雖可嗤，而其誠則有足多者。苟有人採及其芹而鼎鼐烹之，未始不可爲朵頤之助焉。以《春秋經》爲後於左邱之史，章太炎《國故論衡．原經篇》有「孔子次《春秋》，以魯史記爲本，猶馮依左邱明，左邱明者，魯太史」之言，此乃偶及，而未曾演論；余則與之黯合，而欲爲其澈底。當《是左十說》之草成，尚未見及此，後見之，喜甚，乃亟列于眉批，庶不有掠美之誚乎！

夫解經自《公》、《穀》以還，世稱聚訟，而其蔽則在不知孔子何故作《春秋》耳。孔子作《春秋》時，豈及料後人必爲之作《傳》乎？設有後人作《傳》，而史料既散，史跡既湮，亦只如《公》、《穀》得諸傳聞，百不及一收乎！無《傳》以敘其事，而空有其《經》以褒貶之，則其所是非，人又烏能知者？不謂爲「斷爛朝報」，不可得矣！孔子蓋見左氏之魯史已成，其中有一二事爲舊史所誤書，而左氏仍之者，若不急爲訂正之，則左史一行世，而眞犯漏網，亂臣賊子反有以勸，故不憚爲此斷爛文章耳。後之人既見司馬《目錄》成于《通鑑》既成之後，不知引以爲例，偏又見朱子《綱目》一時並作，與《公》、《穀》之因《經》作《傳》事，乃皆言《左氏》後於《春秋》，或《經》、《傳》同作者，竟未計及有「朝報」之誚，而其遺禍之烈之至於如此也，噫！亦危哉！

戊寅夏四月　張純甫再序于堅白屋

附記：

◎歷來作史者之論斷是非，從來未有以「君子曰」自稱者，而《左氏傳》則每於篇末多有「君子」之言，蓋其門人所加，如《論語．鄉黨篇》：「君子不以紺緅飾」，注謂孔子者也。若司馬遷之自署「太史公」，雖是官名，亦乃述其父談之言，非自稱也。司馬遷之用「太史公曰」作論贊，純是摹仿《左傳》之「君子曰」，君子謂司馬談也，述父之言與述師之言同也。《史記．十二諸侯年表》明記左邱明是魯君子矣，論語亦有「魯無君子，斯焉取斯」云云。

是左十說總目

一、是左氏乃古文家言說
二、是左氏乃史學家言說
三、是左氏必爲《論語》之左邱明所作，且先於《春秋》，即作《國語》之左邱少年之作品說。
四、是左氏本無是非褒貶者，有之，乃後世如劉歆等竄入說
五、是左氏與《易》關係說
六、是左氏與《詩》關係說
七、是左氏與《尚書》關係說
八、是左氏與《禮》關係說
九、是左氏與《國語》諸子關係說
十、是左氏爲六經之總匯即史學之總匯說

附記：

◎余曩作《非墨十說》，今之《是左十說》欲與之相對也，合之可謂爲「是非雙十

說」矣。「無獨有偶」，古人已言之，新學說有「相對性原理」，余乃偶同之耳。

◎此冊雖云僅爲《左氏傳》而作，然研究所及，則《易》、《詩》、《書》、《禮》、《春秋》、《國語》諸書均有論說。末學譾陋，乃能如此，實非余始願所敢期，似蓋有天助焉。

◎先考苦學五十年，一生尊崇孔子，遭曲學毀聖，憤懣著述，未就而老，竟齎志以沒，不及見小子此冊之成，悲夫！

是左氏乃古文家言說

古今對經學之差異研究，莫如今古文。蓋以漢時隸體寫者爲今文，以漢前文字如篆籀體寫者爲古文❶。其對今古文之差異，不獨字體而已，字句有不同，篇章有不同，

❶ 龔定菴〈大誓答問〉第二十四云：伏生壁中書實古文也，歐陽夏侯之徒以今文讀之，傳諸博士，後世因曰伏生今文家之祖，此失其名也。孔壁固古文也，孔安國以今文讀之，則與博士何異？而曰孔安國古文家之祖，此又失其名也。今文、古文同出孔子之手，未讀之先皆古文矣，既讀之後皆今文矣，惟讀者人不同，故其說不同，源一流二，漸至源一流百。此如後世翻譯，一語言也，而兩譯之、三譯之，或至七譯之，譯主不同，則有一本至七本之異……譯語者不曾取所譯之本毀棄……亦如讀古文者不以今文讀後而毀棄古文也。故其字仍散見於群書及許氏《說文》之中，可求索也。

書中之意義有大不同，因之學說不同，宗派不同，故於古代制度人物批評各有不同，且對於爲經書主腦者之孔子，亦各具完全不同之觀念。此自西漢末年發生，至今二千餘年，二派之說一駁一解、一起一仆，不能有一定解決。及到最近，似乎今文派稍占優勢，然其最後正鵠，則尚未知誰屬焉。凡在研究經學者，莫不各衷一是，入者主之，出者奴之，門戶之見猛於鬩牆，經學之不幸，莫此爲甚。嗚呼！孔子編六經教人之時，何嘗計末學之至於是哉？

今據廖平氏《今古學考》所分經書之種類，如《詩》：魯、齊、韓爲今，毛爲古；《書》：伏生二十九篇爲今，《孔傳》四十五篇爲古；《禮》：《儀禮》、《大小戴》爲今，《周官》爲古；《春秋》：《公羊》、《穀梁》爲今，《左氏》爲古是也。其當漢時，有四次爭論：其第一次爲古文《尚書》、古逸《禮》、《左氏春秋》、《毛詩》；第二次爲《費氏易》、《左氏春秋》；第三次爲《春秋》左氏與公羊；第四次同。據此觀之，現存古今文之書雖有數經，而其爭點多在《左氏》、《公羊》兩種；餘如《尚書》，至清代學者所考，已決定原孔氏古文經已不存，所存者爲東晉僞書矣；《詩》則《毛詩》盛行，今文僅存《韓詩外傳》，非全璧矣；《禮》則《周官》因文字及出處不大足取信於人，已無人論及矣。故《左氏春秋》實古文之代表❷，而《公羊》乃今文之代表者也，此兩代表之優劣即今古文之優劣，亦即東國漢學與外學之優劣也。何以故？

東國現時一切之學術既盡爲歐洲外來之學所影響，而所持以爲抵抗之利器者，文字而已。東國之文字，以象形、指事、諧聲、會意、轉注、假借等六書之完全有條理、有系統，可包括一切聲形事意而無遺者，不似歐洲文字僅有聲音一種，不能盡事物之變而應付無窮也。然今文家如康有爲等之斥六書，謂爲劉歆以後所創而班固、許愼主之者，何也？蓋有意欲使東國學術立於全敗地位而已！不然，劉歆既能發明六書意義之深妙，則亦可爲倉頡、孔子矣，而何以殷虛骨甲、周秦金石之文何一不俱六書之一體乎？班固、許愼雖至愚，亦不至奉劉歆之言如奉倉頡、孔子也。今殷虛、周秦之文字器物，不獨吾東亞人信之，即歐美外人亦莫不信之，而自命爲經學家（者）反視之如寇讎，何也？豈非有意欲使東國學術立於全敗地位乎！吾曰：欲使東國亡學術則已，否則古文必不可非也；古文不可非，則《左氏春秋》其可非乎哉？

❷《史記》太史公〈自序〉：「年十歲則誦古文。」又〈吳世家〉云：「余讀《春秋》古文，乃知中國之虞與荊蠻句吳兄弟也。」此與《左》僖五年宮之奇曰：「大伯虞仲，大王之昭也」同，則「春秋古文」乃《左氏》也。

附記：

◎劉歆之徒之能知言古六書之意義，必是古實有此意義，因未經筆之於書，僅得諸口授心傳，亦未可知。決不可爲其古存下之書不經見，而遂謂爲劉歆創造也。

◎今人重考據，然上古之書百不存一，而取其一之所存者爲據，以盡抹殺一切，奚可哉！

◎如《尚書》二十九篇以外之古文經，雖是王肅等所僞爲，然當時必有流傳之古書爲肅等所曾見，然後拾摭而成耳。

◎讀古書祇宜取其理之曲直及其影響於會社之如何是從，斷不宜以書之僞即武斷爲一不足采。

◎今文家謂孔子改制，其始似欲推尊孔子，而其末流竟將孔子降與諸子等。蓋諸子皆欲以己意改社會制度者也，不知夫子以古爲本、以周爲準，一切學術歸之六藝，而六藝者，正周之法制也，即史學也，一周《易》，二周《詩》，三周《禮》，四魯之《春秋》，惟《書》兼及虞夏商耳。

◎古文經今存者皆完好，如《春秋左氏傳》、《毛詩》、《周官》，《禮》、《易》今古已混，《書》則古多十六篇，餘二十九篇與今文同。豈非古書寥寥、必以多爲貴乎？

◎今文經今存者，《公羊》、《穀梁》雖完好，然均徒託空言，無事實以緯之，即有之，如宣十五年《公羊傳》「宋人與楚人平舍而止」，何休注謂「受命築舍而止，示無去計」，而《左氏》有「去我三十里，唯命是聽，子反懼，與之盟，乃告王退三十里」之文，蓋僖二十八年城濮之戰「退三舍辟之」，杜注云「一舍即三十里之地也」，何以與《公羊》合？則何注誤矣，此何氏顯然欲與《左氏》異者，胡今文家必欲主之耶？

◎又今文《儀禮》多不全，《小戴》雖全，則多漢儒之說，亦不可信。《韓詩外傳》更非完璧矣。

◎古文字如六書之完密，則全世界各種文字無一可與比較，蓋象形、指事、會意、諧聲、轉注、假借，六書齊備，不論新發明一事一物，均有其字可以標出，且可識其意義，他文字不能也。又如發見地下古器物，如有文字者，一經學者推究，即能知何言何義，他文字亦不能也。此豈劉歆輩所能創製耶？今商、周、秦諸銅器俱在，及殷虛新發見龜甲文，何一非俱此六書系統乎？以文字依附方言，故有同一事、同一意而有數不同音之字。金文、龜甲文於六書雖只有象形一種，然象形，六書之主腦也❸。（請見次頁）

是左氏乃史學家言説

孔子之作春秋，所以存史學也。六經皆史，史學是歷閱，若謂爲六經皆孔子改制，則是孔子惟以空思想、空議論教人也。《論語》云：「述而不作，信而好古。」❹又曰：「蓋有不知而作之者，吾無是也。多聞，擇其善者而從之，多見而識之。」《春秋》之所以簡略如斷爛朝報者，所以明史書有此記事，即多聞擇善、多見而識之學，即所以重史學，重史學即所以存史學也。

蓋世有史而後有史學，斷無無史而有史學也。孔子以前必有左邱之史，而後有孔子之《春秋》也，古文學家云「六經皆史」是也。而今文家必謂爲孔子改制，何也？《記》云：「非天子不議禮、不制度、不考文。」孔子生當政教合權之時，身未作天

---

❸ 古初文字雖始於象形，而其音則原爲初民所曾言之音，而以文字依附之者也。其後人智漸開，象形之下繼以指事、會意，有聖人出，然後設爲六書以繫統之，即如假借、轉注，亦必先有人假轉，而後聖人采之耳。故龜甲吉金多象形，乃最古之文字，非與六書異也。

❹ 章太炎《國故論衡・原經篇》云：「孔子曰：『述而不作，信而好古』，明其亡變改，其次《春秋》，以魯史記爲本，猶馮依左丘明，左丘明者，魯太史，然則聖不空作，因當官之文，《春秋》、《孝經》名實固殊焉。」

子，何以能改制？且何以必改制？試問善惡之勸懲而無史之事實爲之鑑戒，可乎哉❺？古云：「左史記事，右史記言，事是《春秋》，言是《尚書》。」《左氏》記事兼記言者也，無其事而空有其是非，何以知是非之必是也？有其事之成敗，而其是非方足以勸懲善惡耳。故孔子之《春秋》即因前人之史而約略其綱領以記之，或前史有誤訛，因而訂正之耳。不然，使有綱而無目，則亦何知所書爲何事何人乎？無事與人，則亂臣賊子亦何所懼乎❻？亂臣賊子不懼，而孜孜於此斷爛朝報之作，孔子亦甚無謂矣！

廖平氏《今古學考》云：「今文學家所主張，乃『行夏之時、乘殷之輅、服周之冕』；古文學家所采，乃『吾從周』之說。」夫夏時、殷輅、周冕之於政事，正史氏所記、史學家所述，亦即孔子實事求是之態度也。今欲躋孔子爲政治家，爲哲學家、教育家，而不認孔子爲史學家，則何異舍燈光而就暗路乎？且制度之改革損益乃社會

---

❺ 託古改制必須整理舊史，如夏商前代之記事，然後加以禮贊，方能使人信從，若就現代周史擅易事實，則人何肯信而從之乎？如以春秋之列國不行周公所制之禮，亦只好仍用周制正之，足矣，《論語》不曾言孔子不作《春秋》之事？何況左氏之《傳》！然改制何等事，豈可不記哉？

❻ 同一齊侯，則亦寧知是僖公、襄公或桓公乎？同一晉侯，又寧知是獻公、惠公或文公之事乎？稱號同而人不同，善惡相混，治亂互見，豈有所鑒戒哉！《春秋》於晉懷公之立及死均不書，而文公之立亦不書，又於天王之崩亦不全書。

必然之趨勢，豈孔子所記哉？「夏之政忠，其敝也以野，故殷人承之以敬，而其敝也以鬼，故周人承之以文，而其敝也以僿；漢興，承敝易變，救僿以忠。三王之道若循環，終而復始。」允矣馬遷之言也！雖然，制度有損益，道理自依然，故孔子曰：「殷因夏，周因殷，所損益可知，則繼周百世亦可知。」豈非然哉？則孔子雖欲託古改制，亦難舍記事記言之史於不學。然則孔子果改制，亦純史學也，不有《左氏》記事之史，則何知東周以後會聘、殺伐之何若？不有《尙書》記言之史，則亦何知虞夏殷周典謨訓誥之何若哉？《易》雖名爲周，而殷契已開其先；《禮》雖名爲周，而夏瑚禹鼎已開其先；《詩》雖周之文字爲多，而《商頌》則記商事也。此「六經皆史」者也。吾故曰：左史記事，記事爲左氏，後世云《春秋》者，以孔子爲之而混耳。

附記：

◎《左氏春秋》是因「左史記事」得名，左邱明必是世掌左史得姓者也❼。

◎以後中國之史有三種：一紀事本末，即以《尙書》、《左傳》爲初祖，蓋《左傳》本不拘於年時月日，其繫於年月者，爲後人欲附於《春秋》而加之也；一編年史，

---

❼ 楚之「左史倚相」則其儔也。左史記事，右史記言，分明不紊，若《國語》，則左邱之越職也。

即《春秋》；一紀傳史，似《國語》、《國策》。然史遷之作《史記》，實兼有三者之長，以「本紀」有編年，又有「表」以分載世年月；八「書」似紀事本末，即後世之文物專史；而「紀傳」、「世家」則由邱明之內外《傳》分出。吾故曰：邱明之書，史遷所從出者也❽。

◎歷史之對於國家個人，均不許須臾離者，以其有因有果，前車可鑒，後事之師，吾人一切活動皆不能舍事實而別求眞理也。

◎章實齋謂「六經皆史」，確然不易，而《左氏》又爲諸經之總滙。蓋文物制度至周始大備，平王東遷，政權下移，魯秉禮之國，韓宣子觀易象春秋，謂爲周禮盡在魯，不虛也。《左氏》與《春秋》皆始隱公，以其爲平王末年故也。是時各國雖不如魯之近道，然禮樂亦尚未失，觀其會享賦詩，言必稱《詩》、《書》，動引禮法以驗善敗，問卜筮以決吉凶，且皆有史官，如晉之董狐，齊之太史、南史，莫不秉法，其事一一見于《左氏》，則《左氏》烏可不重哉！

---

❽《史記》本紀、世家、列傳之分，乃馬遷自以意創之者。「本紀」記主宰天下政權之紀年，故項羽、呂后均稱本紀；「世家」記有繼世之國家之家世，故孔子亦稱世家。後人見班固列項羽於列傳，不察遷史乃開創之人，反以仿造爲眞貨，而斥元祖爲謬，何也？

是左氏必爲論語之左邱明所作，且先於春秋，即作國語之左邱少年之作品說

《論語》云：「巧言令色足恭，左邱明恥之，丘亦恥之。匿怨而友其人，左邱明恥之，丘亦恥之。」司馬遷云：「左邱失明，厥有《國語》。」又曰：「魯君子左邱明作《左氏春秋》。」後世故謂《左傳》、《國語》二書爲《春秋》內外傳。然而疑左邱明、左邱爲二人者有之，謂「左邱」與「左」有單姓複姓之不同，疑作《左氏傳》爲孔子弟子，或又謂非孔子弟子，更疑爲秦博士之姓左者矣。蓋以《傳》之記事，記至孔子卒後又有續《經》之作，而《傳》中又多引孔子之言，且謂秦始有臘祭，《傳》有「虞不臘」之文❾，又其是非多謬於聖人，其所引「君子曰」之言皆淺陋故也❿。

---

❾ 襄十一年，秦庶長鮑、庶長武帥師伐晉以救鄭。然《史記·秦本紀》甯公卒，大庶長弗忌威壘三父廢太子，而立出子爲君。則在《左傳》所載前一百三十六年，秦已有庶長之爵矣。又左通補釋臘祭名：「仲尼與於蜡賓，事畢出遊於觀之上」，臘亦謂之蜡，周蜡於十二月，秦臘於孟冬，皆建亥之月也。晉侯以十二月滅虢，遂襲虞，宮之奇曰：「虞不臘矣」，則臘在蜡月可知矣。《史記》：「秦惠王初臘」，《正義》曰：「始效中國爲之」，亦明臘不自秦始。

❿ 殿本《考證》臣照按：「君子之稱或以德或以位，左氏所謂『君子曰』者，謂其時所謂君子其

以余所考，《國語》之文法氣度雖與《左傳》稍殊，其事跡言語亦時有出入，然而大體略同，詳略互應，味馬遷所云「失明有國語」者，即失明後乃有《國語》，必未失明前另有一書可知，而《國語》老年之作也，故其文典贍迂緩，如老成人之斷獄；若《左傳》，則才氣橫溢，時有浮夸之言，其爲少年之作無疑矣。古之史官傳聞異辭，左邱良史官也，就異辭而各記所聞耳。至其是非之謬不稱《論語》之爲人者，則因原書本無是非褒貶，有之，乃後人竄入，與續《經》《傳》至孔子卒後者同，其說當另舉於他篇。若《公》、《穀》有「孔子生」之文，而《左氏》反無，此眞可見公、穀乃孔門弟子，左邱實非其倫也。《漢書・藝文志》云：「左邱明，魯史也。」與馬遷所言「魯君子左丘明」者合，吾謂此二說最得其眞。蓋魯君子左丘明爲魯史，《傳》有「君子曰」可證，其記錄本據事直書，然其中或爲舊史之文，或列國赴告之文，史官本不能有所出入，只能整齊而潤色之而已，故孔子恐其傳之久遠有黑白混淆之遺禍，因爲歲時目錄，著其實而訂正之，即謂《春秋》。

續⑩人者皆如是云云也，非左氏意，以如是云云者乃可稱君子之論也。後儒每忘卻左氏之書以紀事，而以爲論事，往往訾謷之，亦惑矣。王貳于虢、王叛王孫蘇，皆眞書其事，而時事與義理並著，如孔子之不得不作《春秋》也。」沈欽韓謂此論最善讀《左傳》者也。

或謂《春秋》於年月日有十有幾年、十月幾月之「有」字，「有」字古即「又」字，而《左傳》均無此「又」字；及《春秋》於「於」字均用「于」字，而《左傳》多用「於」字，謂《左傳》後《春秋》而作。此說非也。《春秋》乃目錄冊，年月用「又」字乃文法簡略、行文勢緩者應如是也；《左傳》不用「又」字者，乃文法詳長、行文勢急者應如是也。且《左傳》多不記年月，其有記年月，皆解《經》之文，後人竄入者也⓫。其用「于」不用「於」者，考之經傳，信孔子之經皆用「于」矣，然而一檢《左傳》，則用「於」者多爲「於是」二字連續乃常用之，其他亦有用「于」用「於」，本不一定也⓬。夫龜甲文、金文之多用「又」字者，乃簡略文法之事，與《春秋》同者也；試問長篇文字行文勢急，而亦用「又」字，豈能適口讀乎？至於

⓫ 左氏紀年全是後人所竄入，惟紀月間有本文，然亦多有後人所增。

⓬ 周末文字均經秦漢人手譯作今文矣，或譯作「于」，或譯作「於」，豈能決定「于」先而「於」後乎？《荀子．勸學篇》「于越夷貊之子」之「于」字作「于」，楊注《呂氏春秋》「荊有次非得寶劍於于越」，亦作「于」，《淮南子》同作「于遂」，則「于」字豈必戰國以前多作「于」乎？即秦漢亦多作「于」，而《左氏》作「於越」，豈得謂爲戰國以下乃作「於」字耶？《公羊》隱元年：「昧者何？地期也」，《傳》：「于者於也，凡以事地地者加于例，以地定事者不加于例。」

「於是」二字本有感歎意，則用於謂與「烏」字形近者，亦應爾也⑬。吾謂《春秋》若先于《傳》，則果爲斷爛朝報矣，若謂《傳》先于《經》，則孔子作《春秋》而亂臣賊子懼者，蓋爲是也。況左氏所書多鬼神事，正上古神話時代所應有⑭，若孔子，則「敬鬼神而遠之」之語既唱于前，而門弟子又何能再作神話于後哉？

附記：

◎太史公〈十二諸侯年表序〉云：「自孔子論史記，次《春秋》，七十子之徒口受其傳，魯君子⑮左丘明懼弟子各有妄會其意，失其眞，故具論其語，成《左氏春

---

⑬〈大學記〉乃曾子門人所記，有「於戲前王不忘」之言，作感歎意之「嗚呼」字用，豈果孔子以後之人全不用「於」爲「烏」乎？縱云是引「詩曰」乃有此字，然既能引之，何不能用之耶？摹仿古人口吻何遂不能至是耶？

⑭《墨子．明鬼篇》有周之春秋、燕之春秋、宋之春秋、齊之春秋，並引其文，均記鬼神之事，可見《左氏》之多神話爲當時歷史常記之事者也。〈明鬼〉中尚有引秦穆公之事，卻不言春秋，豈秦戎狄無春秋乎？

⑮此「魯君子」三字須注意，史遷於春秋時之人均無此稱，而獨稱丘明爲君子，何也？蓋必其時實有此語，如《論語》「魯無君子者，斯焉取斯」，即《左氏傳》之「君子曰」、「君子謂」、「君子云」者是也。然左氏之「君子」至定十年以後則不復見，是邱明必於是間卒矣。

秋》。」愚竊以爲非是。蓋邱明既前作，而孔門弟子乃續修之，如班昭之續《漢書》、褚先生之補《史記》耳。

◎《史記·自序》及〈報任安書〉云「左丘失明厥有國語」，則《左氏傳》爲邱明未失明之作無疑。

◎沈氏云：「《嚴氏春秋》引〈觀周篇〉云：『孔子將脩春秋，與左丘明乘如周，觀書于周史，歸而脩《春秋》之經，丘明爲之《傳》，共爲表裏。』」事或有之，而《經》《傳》決非一時並作者，必《傳》先《經》後，其《傳》後者，孔門弟子續之也。

◎〈藝文志〉云：「左丘明，魯史也。」孔《疏》云：「是言丘明爲《傳》，以其姓左，故號爲《左氏傳》。」丘明定是魯史而又嫻於諸國之事者也⑯。

---

⑯ 班〈志〉又云：「丘明與孔子觀魯史記而作《春秋》，有所貶損，事形於《傳》，懼罹時難，故隱其書。」而於固《集》復有難左氏九條、三評等科。案，《左氏春秋》古所不明言爲左丘作者，蓋孔子《春秋》於魯君之見弑者四、見逐者一、見戕於外者一，均諱莫如深，不見其文，孔子之徒猶云魯之君臣未嘗相弑，見於《禮記·明堂位》文，而左丘則直書其事，不曾稍爲之諱，因此恐爲世所指目而遇禍，如齊之太史兄弟爲崔杼所殺，故隱其姓字，僅謂爲君子以避之，足見左丘非孔子之徒。

◎朱子曰：「不必解左氏爲邱明，或云左邱其姓也，《左傳》自是左氏人作。又如秦始有臘祭，而左氏謂虞不臘，是秦時文字分明。」啖氏助曰：「三《傳》之義本皆口傳，後之學者乃著竹帛，而以祖師之目題之。予觀《左氏傳》，晉則每一出師具列將佐，宋則每因廢興備舉六卿。」案：此說近理，朱子較遜。既是後學者竹帛，自不能不有所增減，若《傳》中之有「仲尼曰」及續《經》續《傳》，皆增也。至解《經》之文當更在後。晉爲盟主，舉將佐；宋爲殷後，舉六卿，皆宜也，決不能以此認爲晉宋人作。《傳》中以魯爲「我」，決爲魯人之作無疑。惟隱二年解《經》「紀子帛、莒子盟于密，魯故也」有誤，「魯」宜作「我」，此增者之矛盾耳。

◎衛聚賢氏謂其書乃左氏（地名）人吳起所傳子夏之作。以余案之，子夏在孔門文學科，夫子所稱「起余者商也，始可與言詩已矣」之人，而謂爲所續所增是非乃謬于聖人耶？是不然矣！若謂吳起所作，則不應知春秋時事如此熟悉，似仍以左邱明爲確。相距二千餘年後之人，而能于斷篇殘簡中推知古人隱微之事，我恐其愈遠矣。公羊、穀梁皆傳子夏之學，若《左氏》亦子夏所傳，不應無「孔子生」一條，與《公》《穀》異。至於續《經》有「孔子卒」，或傳子夏之學者所增乎？衛氏所主爲子夏之作者，謂《左傳》中「祖於魏氏如魏大名也」一節，即是子夏曾為魏文侯師之故。然「獲麟」之後記趙氏事獨多，全與趙簡子有關係，豈子夏又曾入趙耶？

◎漢初人既告我以作者為邱明，則亦認為邱明，何損？古人原不如我近代人之好名，必計較至水落石出而後已也。

◎左邱明必是與子產同時人，且為子產之友。不觀夫《傳》所記子產之言甚多、且言之最深切著明？非其友，何能知其蘊奧如此哉！吳季札亦當是邱明之友，季子聘魯觀樂，必與邱明有謀面，故左氏得詳述其言耳。

◎聞孔子前輩之友有四人，即子產、蘧伯玉、季子、邱明是也。子產、伯玉、邱明，《論語》均有其言事，而季子無之，然曾為季子題其墓碑曰「嗚呼吳延陵季子之墓」。而《左》襄二十八年季子歷聘上國，於齊說晏平仲，平仲亦孔子所稱為善交久敬者也；於鄭見子產，如舊相識；適衛說蘧瑗、公子荊等，荊亦孔子所稱善居室者也；適晉說叔向，而叔向又為左氏所常引者。此所謂人以類聚者也。邱明雖據魯史作書，必列國均有所說之友為之後援，方能成此詳實之巨著，蓋記事之文非可以鑿空者也。

◎《左氏》之有「君子曰」，自隱元年起至定十年止，自是以後無「君子」，必左氏之《傳》至此畢，後乃仲尼之徒所續者，故定十四年有「子貢曰」云云。左氏即丘明，先於孔子之人，當亦先孔子而卒耳。

◎西漢末今文學博士反對古文學家劉歆，曾主張《左氏》爲不傳《春秋》，見歆〈移讓太常博士書〉。東漢初今文學家范升反對古文學家韓歆、陳元，也曾以爲《左氏》不祖於孔子而出於邱明。唐趙匡始辨作《左傳》的左氏與《論語》上所說的左邱明是兩人，左邱明是孔子以前的賢人，如史佚、遲任等，見稱於當時。王安石曾撰《春秋解》一卷，證明左氏非邱明的十一事；王書已佚，陳振孫《書錄解題》以爲出於依託。葉夢得說《左傳》記事終於智伯，當是六國時人。鄭樵撰《六經奧論》，更設八驗，以爲左氏非丘明，而爲六國時楚人。《四庫全書提要》對於《左傳》雖仍定爲丘明作，但措辭亦頗含疑義。劉逢祿撰《左氏春秋考證》，康有爲撰《新學僞經考》，對《左傳》攻擊益力，且以爲係劉歆由《國語》竄改而成。近瑞典人珂羅倔倫⑰撰《論左傳之眞僞及其性質》一書，用《左傳》的特別文法組織和《魯語》比較，證明與《國語》相接近，非魯君子。章炳麟曾撰《春秋左傳讀敘錄》及《劉子政左氏說》二書，爲古文學張目，乃據《史記》〈十二諸侯年表序〉「魯君子左邱明成《左氏春秋》以駁劉逢祿，然劉氏亦正以

---

⑰編按，即Bernhard Karlgren高本漢。

《史記》之文以明左氏非傳《春秋》者。李慈銘謂，就令左氏爲六國時人，亦不得以後日官制追記前事。方孝岳謂，鄭樵以六國之事疑《春秋》，何不一反其思，以六國之事推其萌芽於春秋時耶？汪中《述學》有〈左氏春秋釋疑〉一篇。

是左氏本無是非褒貶者，有之，乃後世如劉歆等竄入說

《左氏》本是單行本，如《呂氏春秋》、《晏子春秋》、《虞氏春秋》等；與《國語》俱是一人所作。不過《左傳》乃綜合各國之事，而以時代爲次第；《國語》乃以國別分，而以國之事爲次第者也。《左傳》事多於言，《國語》言多於事。

其書非解《經》，本皆無是非褒貶，有之，乃劉歆等所竄入。蓋歆因欲置諸學宮，故須造有解《經》之言，方足與《公》、《穀》爭位置，乃起手於隱公元年增入《經》有者六條⓲，及於「鄭伯克段于鄢」文中增入十一句⓳，並增《經》無者七條⓴，以

⓲ 一：「元年春，王周正月，不書即位，攝也。」二：「邾子克也，未王命，故不書爵。曰儀父，貴之也。」三：「天王使宰……且子氏未薨，故名。」四：「及宋人盟于宿，始通也。」五：「祭伯來，非王命也。」六：「衆父卒，公不與小斂，故不書日。」

自炫其完備。此「克段」文中之句顯然與上下文不相聯續，無端闌入，不待有識者，類能知之。其餘所增，若略有注意於事實之人，亦多知其妄。即「惠公元妃孟子」一節，則屬由後節析出㉑，而「獲麟」後之《經》、《傳》則孔子之徒所增。又《左》文中多引孔子之言，或爲孔子於漢時已尊之爲至聖，欲藉此爲重也，此可於《公》《穀》有「孔子生」一節而《左氏》反無見之㉒。世言《左氏》是非頗謬於聖人者，從可知其評斷非出原本，其馬遷有「魯君子」之文，即因《左》學之徒於各篇末多用「君子曰」之故。

---

⑲「段不弟，故不言弟。如二君，故曰克。稱鄭伯，譏失教也，謂之鄭志。不言出奔，難之也。」

⑳一：「紀人伐夷，夷不告，故不書。」二：「有蜚，不爲災，亦不書。」三：「改葬惠公，公弗臨，故不書。」四：「衛侯來會葬，不見公，亦不書。」五：「豫及邾鄭盟于翼，不書，非公命也。」六：「新作南門，不書，亦非公命也。」七：「費伯帥師城郎，不書，非公命也。」

㉑「惠公元妃孟子，孟子卒，繼室以聲子……」計十一句。此一節必連於十一年「羽父請殺桓公將以求大宰」一節之上，文氣聯絡貫串。

㉒襄二十一年，《公羊》：「十有一月庚子，孔子生。」《穀梁》：「冬十月庚子，孔子生。」而《史記》乃是襄公二十二年孔子生，三家不同。朱子主從《史記》，蓋是年《經》有「冬十月庚辰朔日有食之」，則庚子當爲十月二十一日，不能在十一月，《公羊》之誤顯然易見，豈得與《左氏》比哉！夫《春秋》乃孔子所作，斷無自書「孔子生」之理，此必弟子輩所加，《左氏》無此較是。

若《左氏》書之先於《春秋》者，以有史事而後有史學，本不容倒置。蓋孔子豫知左丘之《左氏春秋》、《國語》後世必有大行之一日，於是爲作目錄，如異日司馬光《資治通鑑》之有《目錄》，朱子《綱目》之有《綱》焉。然《通鑑》與《綱目》之《目錄》與《綱》，對於本事無甚出入，而孔子之《春秋經》對于《左氏傳》則大相懸殊，有《經》有《傳》無者，有《傳》有《經》無者，其意蓋欲爲設一標準，使後世知所適從耳㉓。如昭十九年許世子止必是進毒弒君，而以不嘗藥自承，赴告於諸侯，諸侯之史必有爲其所蒙蔽，即以此記之者，左氏亦不察而仍之。此例實所難免，不見董狐已先發於趙盾㉔、南史氏已先發於崔杼㉕？恐其有是蔽也，此所謂春秋訂正一二事者也。

㉓《春秋經》之有特筆者，如王稱「天王」，左史無此稱；若楚吳僭稱王，《春秋》仍書之爲子，左氏則有時稱王、有時稱子耳。王自謙言爲「不穀」，《左氏傳》楚常稱之，而召陵之會，齊桓亦自稱爲不穀，崔東壁謂爲採自楚史。案：新興之楚民族其事本應多於他國，故記載之史亦多，左氏作記事之史，安得不多采之？豈必身久寓其地耶？

㉔宣二年秋九月乙丑，晉趙盾弒其君夷皋。

㉕襄二十五年夏五月乙亥，齊崔杼弒其君光。

附記：

◎宋胡氏必字字擬孔子之《春秋》之褒貶，恐亦不然。《春秋》不過因魯史事實有被人欺騙處，故據實書之，其字句之詳略亦祇就文勢之便利而成法耳。胡氏承《公》、《穀》之餘波增《左氏》者，則欲與《公》、《穀》爭立學官地位而然。其實《左氏》之無是非褒貶，自有其價值，人人俱有良知，見事實之記載如何，即能評斷其是非，初不必因褒貶而始覺也。故據事直書之史之最切要，亦夫子作《春秋》而亂臣賊子懼者，此也。

◎趙盾之弒君，顯然易見，亡不越境，反不討賊，不過責其事實，使不得推諉於他人而已。趙穿弒君之後，不但不討，且又得權，時盾爲正卿，而謂非盾之弒君，其誰信之？蓋主使之者每出於下人起手而坐享其成。齊襄若非受魯之迫請，焉肯自殺彭生乎？

◎許世子之弒父，自承爲不嘗藥，眞可欺當時、蒙後世，非吾夫子特筆指其弒君，則漏網矣。許止弒君，爲國人所不容而出奔，明白易見，決非以不嘗藥而誣之也，歐陽公曾辨之矣。若公子歸生之弒君，據《左氏》，實出公子宋之手，然誅罪於上位，則《春秋》所常見。蓋非有權力者默許而指使之，則在下位必不敢行此賊弒之事，因畏後有誅討之也。不然，凡手刃弒君均出下賤之徒，若捨主謀不討，則何以使亂臣賊子懼哉？

◎《左氏傳》必單行，今之附於《春秋》者，孔子弟子續增者取而合之也，或至漢人而後合之亦未可知。故「夏五」、「郭公」與《公》、《穀》同一闕文，不然，左氏之《經》若自古即附合，必有一不闕文者在，安得與《公》、《穀》同乎？獨無「孔子生」一條，可謂怪絕耳。

◎隱三年「君氏卒」，與《公》、《穀》之「君氏卒」異，孰得孰失尚未許武斷。以變例言，僖元年有「夫人氏之喪，至自齊」之文，與此略同耳。若《公》、《穀》謂尹氏爲周卿士，則不足駁矣，豈有人卒不書名而僅書氏，能知爲誰乎？豈一族之人盡死乎？《經》有「無駭卒」、「狹卒」，不書氏者，不書氏可也，不書名則不可也，孟子曰：「姓所同也，名所獨也。」

◎《國語》引「仲尼曰」之文，惟《魯語》有之，何以《左氏》有「仲尼曰」甚多，胥不限于魯國？此皆後人所加也。

◎《左氏》於昭三十一年邾黑肱《傳》論《春秋》之義，有云：「或求名而不得，或欲蓋而名彰……善人勸焉，淫人懼焉。」又成十四年僑如《傳》，有「《春秋》之稱微而顯」等，皆解《經》，有「君子曰」之文，均後人所加。

◎《公》《穀》辨論文義字義甚精微，亦不可廢，但不可過於深文周內，只可采爲《左氏》之助耳。劉知幾《史通・申左篇》：「《左氏》之義有三長，而二《傳》之義有五短。」又〈雜說上〉《左氏傳》第一條：「《左氏》之敘事也……殆將功侔造化，思涉鬼神，著述罕聞，古今卓絕。如二《傳》之敘事也……若必方於《左氏》也……亦有雲泥路阻、君臣禮隔者矣。」

◎顧氏《大事記》云：「看《春秋》眼光須極遠，近者十年、數十年，遠者通二百四十二年，有只一書以見義者，有屢書再書不一書以見義者，併當於不書處見之。」

◎崔東壁謂齊桓霸業勝於晉文，而《春秋》所記多於《左氏》，宜也。然《左氏》之少載，則因衣裳之會必陳陳相因，自無事件可記。若召陵則兵車之會，故記之。然武功則不及晉文，故記此而已，非輕視齊桓也。晉則自文公以後多兵車之會，事件甚多，記載亦隨之而多，亦非重待晉也。

◎東壁又論夏姬年齡之謬。則因《左氏》本非編年體之史，其記事或未至先述者，或已往追述者，本不能確知其何年何月耳。後人分析各篇，入於《春秋》編年中，何能吻合？

是左氏與易關係說

〔莊二十二年〕初，懿氏卜妻敬仲，其妻占之，曰：「吉。是謂『鳳皇于飛，和鳴鏘鏘。有嬀之後，將育于姜。五世其昌，並于正卿。八世之後，莫之與京。』」㉖

〔又〕陳厲公，蔡出也，故蔡人殺五父而立之，生敬仲。其少也，周內史有以《周易》見陳侯者，陳侯請筮之，遇〈觀〉之〈否〉，曰：「是謂『觀國之光，利用賓于王。』此其代陳有國乎？不在此，其在異國；非此其身，在其子孫。光，遠而自他有耀者也。坤，土也；巽，風也；乾，天也。風為天於土上，山也。有山之材，而照之以天光，於是乎居土上，故曰『觀國之光，利用賓于王。』庭實旅百，奉之以玉帛，天地之美具焉，故曰『利用賓于王』。猶有觀焉，故曰『其在後乎』。風行而著於土，故曰『其在異國乎』。若在異國，必姜姓也；姜，大嶽之後也。山嶽則配天，物莫能兩大，陳衰，此其昌乎！」㉗

㉖ 此繇辭也，沈德潛已采入《古詩源》矣。

㉗ 衛聚賢謂，此節乃著左氏書之人親見陳氏已代齊有國，故為此言，必左氏後於陳恒之人所著；

〈閔元年〉初，畢萬筮仕於晉，遇〈屯〉之〈比〉，辛廖占之，曰：「吉。〈屯〉固、〈比〉入，吉孰大焉？其必蕃昌。震爲土，車從馬，足居之，兄長之，母覆之，衆歸之，六體不易；合而能固，安而能殺，公侯之卦也。公侯之子孫，必復其始。」

〈同二年〉成季之將生也，桓公使卜楚丘之父卜之……又筮之，遇〈大有〉之〈乾〉，曰：「同復于父，敬如君所」。

〈同〉成風聞成季之繇，乃事之，而屬僖公焉。

〈僖四年〉初，晉獻公欲以驪姬爲夫人，卜之不吉，筮之吉，公曰：「從筮」，卜人曰：「筮短龜長，不如從長。且其繇曰：『專之渝，攘公之羭，一薰一蕕，十年尚猶有臭。』」

〈同十五年〉秦伯伐晉，卜徒父筮之，吉：「涉河，侯車敗。」詰之，對曰：「乃大吉也，三敗，必獲晉君。其卦遇〈蠱〉，曰：『千乘三去，三去之餘，獲其雄狐。』夫狐〈蠱〉，必其君也。〈蠱〉之貞，風也；其悔，山也㉘。歲云秋矣，我落

續㉗又謂王孫滿對楚子問鼎之文，必記者及觀周室之亡，故有卜世三十、卜年七百云云。夫人之精神通於神明，大《易》乃形而上學之書，安得以後世非神話時代之心理推測之？

㉘貞、悔，見《洪範》。

其實，而取其材，所以克也。實落、材亡，不敗，何待？」三敗及韓。

〔又〕卜右，慶鄭吉，弗使……戎馬還濘而止，公號慶鄭，慶鄭曰：「愎諫、違卜……」

〔又〕初，晉獻公筮嫁伯姬於秦，遇〈歸妹〉之〈睽〉，史蘇占之，曰：「不吉，其繇曰：『士刲羊，亦無衁也；女承筐，亦無貺也。西鄰責言，不可償也。〈歸妹〉之〈睽〉，猶無相也。』〈震〉之〈離〉，亦〈離〉之〈震〉，『爲雷爲火，爲贏敗姬。車脫其輹，火焚其旗，不利行師，敗于宗丘。〈歸妹〉〈睽〉孤，寇張之弧。姪其從姑，六年其逋，逃歸其國，而棄其家，明年其死於高梁之虛。』」及惠公在案，曰：「先君若從史蘇之占，吾不及此夫！」韓簡侍，曰：「龜，象也；筮，數也。物生而後象，象而後滋，滋而後有數。先君之敗德，及可數乎？史蘇是占，勿從何益？」㉙

〔僖二十五年〕晉侯勤王，使子犯筮之，遇〈大有〉之〈睽〉，曰：「吉，遇『公用享于天子』之卦……天爲澤以當日，天子降心以逆公，不亦可乎？〈大有〉去〈睽〉而復，亦其所也。」

㉙ 卜辭之言，其應如響。蓋當信神時代，心與天通，自然如是，非有奇怪也。若以今日民智大開之時律之，方始爲異耳。有時亦有前知之人，則至誠如神，實有如《中庸》所云「現忽著龜」者焉。韓簡則以人事爲斷。

（宣六年）鄭公子曼滿與王子伯廖語，欲爲卿。伯廖告人曰：「無德而貪，其在《周易》〈豐〉之〈離〉，弗過之矣。」

（宣十二年）晉楚戰於邲，知莊子曰：「《周易》有之，在〈師〉之〈臨〉，曰：『師出以律，否臧，凶。』執事順成爲臧，逆爲否。衆散爲弱，川壅爲澤。有律以如己也，故曰律。否臧，且律竭也。盈而以竭，夭且不整，所以凶也。不行之謂〈臨〉……」

（成十六年）晉楚戰于鄢陵，公筮之，史曰：「吉，其卦遇〈復〉，曰：『南國蹙，射其元王，中厥目。』國蹙、王傷，不敗何待？」

㉚《國語・魯語》：「正考父校商之名頌十二篇於周太師」，王國維謂「校」爲「獻」，而魏源有十三證，皮錫瑞有七證，均謂《商頌》乃宋詩，正考父所作者也。三家詩謂《商頌》爲正考父美宋襄公所做。司馬遷謂宋襄公時修仁行義，欲爲盟主，其大夫正考父美之，故道湯、契、高宗所以興，作《商頌》。《左》哀九年：「利以伐姜，不利子商。」又二十四年：「釁夏曰：『考、惠娶於商。』」杜注皆曰：「商，宋也。」又司馬子魚曰：「天之棄商也久矣。」《國語》：「吳夫差闕爲深溝於商魯之間。」韋注：「商，宋也。」《莊子》《韓非子》均有商大宰，與孔子、莊子同時，皆謂宋爲商之證。蓋魯人以定公名宋，故諱宋稱商也。三家詩謂《商頌》爲正考父美宋襄公所作。

〈襄九年〉穆姜薨於東宮，始往而筮之，遇〈艮〉之八，史曰：「是謂〈艮〉之〈隨〉……君必速出。」姜曰：「亡！是於《周易》曰：『〈隨〉，元亨利貞，無咎。』元，體之長也；亨，嘉之會也；利，義之和也；貞，事之幹也……有四德者，隨而無咎，我皆無之，豈隨也哉……必死於此，弗得出矣。」

〈同十年〉鄭侵衛，孫文子卜追之，獻兆於定姜，姜氏問繇，曰：「兆如山陵，有夫出征，而喪其雄。」姜氏曰：「征者喪雄，禦寇之利也。」

〈同二十五年〉齊崔杼娶棠姜，筮之，遇〈困〉之〈大過〉，示陳文子，文子曰：「夫從風，風隕妻，不可娶也。且其繇曰：『困于石，據于蒺蔾，入于其宮，不見其妻，凶。』困于石，往不濟也；據于蒺藜，所恃傷也；入于其宮，不見其妻，凶，無所歸也。」

〈同二十八年〉諸侯如楚，子太叔歸復命，告子展曰：「楚子將死矣……《周易》有之，在〈復〉之〈頤〉，曰：『迷復，凶。』其楚子之謂乎？欲復其願，而棄其本，復歸無所，是謂迷復。」

〈昭元年〉晉侯有疾，求醫于秦，秦伯使醫和視之，曰：「是謂近女室，疾如蠱。」趙孟曰：「何謂蠱？」對曰：「在《周易》，女惑男，風落山，謂之〈蠱〉。」

〈同二年〉晉侯使韓宣子來聘，觀書于太使氏，見《易》《象》與魯《春秋》，曰：「周禮盡在魯矣。」

（同五年）（四年冬）叔孫豹卒……（本年）穆子之生也，莊叔以《周易》筮之，遇〈明夷〉之〈謙〉，以示卜楚丘，楚丘曰：「是將行，而歸爲子祀。以讒人入，其名曰牛，卒以餒死。〈明夷〉，日也，日之數十，故有十時……〈明夷〉之〈謙〉，明而未融，其當旦乎，故曰『爲子祀』……〈離〉，火也；〈艮〉，山也。〈離〉爲火，火焚山，山敗。於人爲言，敗言爲讒……純〈離〉爲牛……故曰『其名曰牛』。謙不足，飛不翔，垂不峻，翼不廣。故曰『其爲子後乎』。吾子，亞卿也，抑少不終。」

（同七年）衛立靈公，衛襄公嬖人婤姶生孟縶，已又生子，名之曰元。孟縶之足不良，孔成子以《周易》筮之，曰：「元尚享衛國」，遇〈屯〉，又曰：「余尚立縶」，遇〈屯〉之〈比〉，以示史朝，朝曰：「元亨，又何疑焉？」成子曰：「非長之謂乎？」對曰：「康叔名之，可謂長矣。孟非人也，將不列于宗，不可謂長。且其繇曰：『利建侯』，嗣吉，何建？建非嗣也。二卦皆云，子其建之。」

（同十二年）南蒯畔季氏，南蒯枚筮之，遇〈坤〉之〈比〉，曰：「黃裳元吉」，以爲大吉也，示子服惠伯，曰：「即欲有事，何如？」惠伯曰：「忠信之事則可，不然，必敗……《易》不可以占險，將何事也？且可飾乎？中美能黃，上美爲元，下美則裳，參成可筮。猶有闕也，筮雖吉，未也。」

〈同二十九年〉秋，龍見于絳郊……蔡墨對魏獻子曰：「《周易》有之，在〈乾〉之〈姤〉，曰『潛龍勿用』，其〈同人〉曰『見龍在田』，其〈大有〉曰『飛龍在天』，其〈夬〉曰『亢龍有悔』，其〈坤〉曰『見群龍無首，吉』；〈坤〉之〈剝〉曰『龍戰于野』，若不朝夕見，誰能物之？」

〈同三十二年〉史墨對趙簡子曰：「在《易》卦，雷乘〈乾〉曰〈大壯〉，天之道也。」

〈哀九年〉宋公伐鄭，晉趙鞅卜救鄭……陽虎以《周易》筮之，遇〈泰〉之〈需〉，曰：「宋方吉，不可與也。微子啓，帝乙之元子也。宋、鄭，甥舅也。祉，祿也。若帝乙之元子歸妹而有吉祿，我安得吉焉？」乃止。

〈同十年〉趙鞅帥師伐齊，大夫請卜之，趙孟曰：「吾卜于此起兵，事不再令，卜不襲吉，行也。」

〈同十七年〉（楚）王卜之，武城尹吉……王與葉公枚卜子良，以爲令尹……他日，改卜子國，而使爲令尹。

〈同〉衛侯貞卜，其繇曰：「如魚竀尾，衡流而方羊。裔焉大國，滅之，將亡。闔門塞竇，乃自後踰。」

附記：

◎《易》以陽之一合陰之二，次第重之，其數三，即乾也。但當時人見地之大似可與天等，故坤配乾。又因當時女權不振而男權大張，即母權移於父權之後，故又主乾綱，而坤僅以順爲正。今則地僅一行星，與天體大異，天則無所不包，日月五星及地球均運行其中，豈《易》理乾坤之道所能比例？故《易》之道至今已成過去學理。若《尚書》之「在璇璣玉衡以齊七政」，則又能早見及此，何也？

◎孫奕《示兒編》云：「无亦作亡，自古只用此字，秦時始以『無』字作無有之字。」《說文》曰：「無，文甫切。今借爲有無字。」古之經書皆篆文，秦變爲隸，多改其字形，《詩》《書》《周禮》《春秋》《禮記》《論語》皆用「無」字，乃改變者，惟《周易》首尾盡用「无」字，蓋變隸時不曾改，《易》不在焚（書）之數，亦不得而改。

◎今人有云，諸經惟《易》只一見於《論語》，而《論語》之「加我數年五十以學易」之「易」字，或又疑是「亦」字，連下讀爲「亦可以無大過矣」，就此謂《易》之書非孔子以前之籍，孔子不曾見也。嗚乎！若此，則孔子至五十始學，何以爲孔子哉！《論語》：「不恆其德，或承之羞。子曰：『不占而已矣！』」

此非言《易》之證乎！

◎《易》之書與〈洪範〉相輔而行，爲中國哲學之源，亦爲中國文字之祖，豈可因其不多見于《論語》，遂謂非聖人所傳，可乎？《易》以八卦，〈洪範〉以五行；俗有教兒童詩句，云：「五行生父子，八卦定君臣」，深得其大略。蓋五行相生，父子之道也；八卦則多君臣之道耳，雖有父母長中少之男女，然爻象之九五，君位也，二，臣位也，各卦皆然者也。

◎蠱之貞風其悔山，與《書》〈洪範〉七稽疑曰貞、曰悔合，然尚有曰兩、曰霽、曰蒙、曰驛、曰克，五者未得其證，則僅用二於占而遺卜五矣。

◎左氏書多與汲冢《紀年》符，彭城劉惠卿云：「《紀年》序諸侯皆舉其謚，知是後世追修，非當時正史。別有《春秋》一卷，全錄《左氏傳》卜筮事，無一字異，故知此書按《春秋》經傳而爲之也。」

◎毛西河有《仲氏易》、《春秋毛氏傳》、《春秋簡書刊誤》、《春秋占筮書》等，多證明《易》與《左氏春秋》之關係。

◎杜預〈春秋經傳集解後序〉曰：「太康元年三月，吳寇始平，余自江還襄陽，解甲休兵，乃申杼舊意，脩成《春秋釋例》及《經傳集解》。始訖，會汲縣有發其界內舊冢者，大得古書，皆簡編科斗文字，發冢者不以爲意，往往散亂。科斗書久廢，推尋不能盡通。始者藏在秘府，余晚得見之，所記大凡七十五卷，多雜碎怪妄，不可訓知，《周易》及《紀年》最爲分了。《周易》上下篇與今正同，別有陰陽而無彖象、文言、繫辭，疑于時仲尼造之于魯，尙未播之于遠國也。其《紀年篇》起自夏殷周三代王事，無諸國別也，唯特記晉國，起自殤叔，次文侯、昭侯，以至曲沃莊伯；莊伯之十一年十一月，魯隱公之元年正月也。皆用夏正建寅之月爲歲首，編年相次。晉國滅，獨記魏事，下至魏哀王之二十年，蓋魏國之史記也。哀王二十三年乃卒，故特不稱諡，謂之「今王」，其著書大意大似《春秋》經，推此足見古者國史策書之常也。諸所記多與《左傳》符同，異于《公羊》《穀梁》，知此二書近世穿鑿，非《春秋》本意，審矣。又別有一卷，純集疏《左氏傳》卜筮事，上下次第及其文義皆與《左氏傳》同，名曰《師春》，師春似是抄集者人名也。」余謂《師春》或取「所師即《左氏春秋》」乎？

◎案：以孔子所作之「十翼」，魏史記尙不抄集，而特抄集《左氏傳》卜筮事，可見左氏之書先于孔子也。

◎近時河南殷墟發見龜甲之有文字者甚多，攷之均爲貞卜之事，大與卜筮有關，蓋《周易》之前提，商之卜易者也，相傳商《易》謂之《歸藏》者，豈人死後歸于其室《詩·國風》，而藏此卜易文字乎？今之龜甲發見，果出殷墟古商王墓中者居多，則名實皆不虛矣。《左氏傳》卜筮之驗，孔子有「十翼」之贊，豈誣也哉？

◎河出《圖》、洛出《書》，與龍馬負《圖》出于河、靈龜負《書》出于洛。洛書為〈洪範〉，箕子所陳，箕子殷人也，今之龜甲文字正殷人之文化，與昔人所傳說無一不合，何以今人尚有嗤《圖》《書》為妄言者，豈不自矛盾乎？

◎河出《圖》，及夏易名《連山》，現均未經發見，不知何物。劉向《列女傳》魯宣繆姜篇「繆姜之筮」與《左傳》同文，惟「遇艮之六」，六與八異；及「棄位而放」，放與姣異而已。《左氏》「遇〈艮〉之八」，諸注均謂為《連山》、《歸藏》之《易》，竹添氏云：「《周易》以變者占，二《易》以不變者占，其意如相反然。」

◎《連山》或謂為神農之《易》，故神農亦號烈山氏，亦為連山氏，其卦以艮為主。而《歸藏》或謂黃帝之《易》，故黃帝亦號歸藏氏，其卦以坤為主。鄙意伏羲之八卦，周人演之為《周易》；神農之《連山》，夏后氏演之；黃帝之《歸藏》，殷人演之者也。宋翔鳳詳《歸藏》首坤，坤辟亥，壬甲之所藏也。則六壬六甲之占皆本於《歸藏》，惜僅存乎術家耳。

是左氏與詩關係說

〔隱元年〕初，鄭武公娶于申，曰武姜……君子曰：「潁考叔純孝也，愛其母，施及莊公，詩曰：『孝子不匱，永錫爾類』，其是之謂乎！」(大雅既醉之五章)

〔同三年〕鄭武公、莊公爲平王卿士……《風》有〈采蘩〉、〈采蘋〉，《雅》有〈行葦〉、〈泂酌〉，昭忠信也。

〔同〕《商頌》三十日：「殷受命咸宜，百祿是荷」，其是之謂乎！

〔同〕冬，衛人所爲賦〈碩人〉也。

〔桓十二年〕詩曰：「君子屢盟，亂是用長」，無信也。(小雅)

〔莊六年〕詩曰：「本枝百世」。(大雅)

〔同二十二年〕詩云：「翹翹車乘，招我以弓，豈不欲往，畏我友朋。」(逸詩)

〔閔元年〕管敬仲言於齊侯曰：「……詩云：『豈不懷歸，畏此簡書。』」(小雅)

〔閔二年〕許穆夫人賦〈載馳〉。

〔又〕鄭人惡高克，使帥師次于河上，久而弗召，師潰而歸，高克奔陳，鄭人爲之賦〈清人〉。

〈僖五年〉初，晉侯使士蔿爲二公子築蒲與屈……詩云：「懷德惟寧，宗子惟城。」

〈同九年〉十一月，里克殺公子卓于朝，荀息死之，君子曰：「詩所謂『白珪之玷，尚可磨也；斯言之玷，不可爲也。』（大雅）荀息有焉。」

〈同〉公謂公孫支曰：「夷吾其定乎？」對曰：「臣聞之，唯則定國，詩曰：『不識不知，順帝之則。』（大雅皇矣）文王之謂也。又曰：『不僭不賊，鮮不爲則。』（大雅抑㉛）無好無惡，不忌不克之謂也。」

〈同十二年〉君子曰：「管氏之世祀也，宜哉，讓不忘其上，詩曰：『凱悌君子，神所勞矣。』」（大雅）

〈同十五年〉惠公在秦……韓簡侍，曰：「……詩云：『下民之孽，匪降自天，僔沓背憎，職競由人。』」（小雅）

〈同十九年〉宋人圍曹，子魚言於宋公曰：「……詩曰：『刑于寡妻，至于兄弟，

㉛〈抑〉之詩，衛詩也，不入於《風》而入於《雅》，足見《風》《雅》非以天子、諸侯分別也。周以天子降爲《王風》，與諸國同，亦如《國語》之有《周語》，降與諸國等耳，《春秋經》之書「王人」亦然。但周王之降與列國等，則自取之也，左史「周鄭交質」是其發端，若非左氏書之，後世將於何處取爲鑑戒乎？故史實最要。

以御于家邦。』」（大雅）

〔同二十年〕隨以漢東諸侯叛楚，君子曰：「……詩曰：『豈不夙夜，謂行多露。』」（召南）

〔同二十二年〕富辰曰：「請召大叔，詩曰：『協比其鄰，昏姻孔云。』」（小雅）

〔同〕邾人以須句故出師，公卑邾，不設備而禦之。臧文仲曰「……詩曰：『戰戰兢兢，如臨深淵，如履薄冰。』又曰：『敬之敬之，天惟顯思，命不易哉。』」（小雅、周頌）

〔同二十三年〕晉公子重耳適諸國，公（秦伯）享之，衰（趙衰）從，公子賦〈河水〉（逸詩）[32]，公賦〈六月〉，趙衰曰：「重耳拜賜！」公子降拜稽首，公降一級而辭焉，衰曰：「君稱所以佐天子者命重耳，重耳敢不拜？」

〔同二十四年〕召穆公思周德之不類，故糾合宗族于成周，而作詩曰：「常棣之華，鄂不韡韡，凡今之人，莫如兄弟。」其四章曰：「兄弟鬩于牆，外禦其侮。」（小雅）

〔又〕鄭子華之弟子臧出奔宋，好聚鷸冠，鄭伯使盜誘殺之，君子曰：「……詩

㉜《國語》注云：河當做沔。

曰：『彼己之子，不稱其服。』（曹風）

又曰：『自詒伊慼』（小雅）。」

（同二十八年）晉侯聽輿人之誦曰：「原田每每，舍其舊而新是謀。」

（又）君子謂文公「其能刑矣，三罪而民服，詩云：『惠此中國，以綏四方。』（大雅）不失賞刑之謂也。」

（同三十三年）臼季請用冀缺：「……詩曰：『采葑采菲，無以下體。』君取節焉，可也。」

（文元年）秦伯曰：「是孤之罪（謂殽之役），周芮良夫之詩曰：『大風有隧，貪人敗類，聽言則對，誦言如醉，匪用其良，覆俾我悖。』（大雅）是貪故也。」

（同二年）君子謂：「狼瞫於是乎君子，詩曰：『君子如怒，亂庶遄沮。』（小雅）又曰：『王赫斯怒，爰整其旅。』（大雅）怒不作亂，而以從師，可謂君子矣。」

（又）趙成子言於諸大夫曰：「……詩曰：『毋念爾祖，聿脩厥德。』（大雅）孟明念之矣，念德不怠，其可敵乎！」

（又）八月丁卯躋僖公，夏父弗忌爲宗伯，曰：「……是以《魯頌》曰：『春秋匪懈，享祀不忒，皇皇后帝，皇祖后稷。』又曰：『問我諸姑，遂及伯姊。』」（邶風）

（同三年）君子是以知秦穆之爲君也：「……詩曰：『于以采蘩，于沼于沚，于以用之？公侯之事。』（國風）秦穆有焉，『宿夜匪懈，以事一人。』（大雅）孟明有焉，『詒厥孫謀，以燕翼子。』（大雅）子桑有焉。」

〔同〕晉侯饗公，賦〈菁菁者莪〉……公賦〈嘉樂〉。

〔同四年〕君子是以知出姜之不允於魯也：「……詩曰：『畏天之威，于時保之。』（頌）敬主之謂也。」

〔又〕楚人滅江，秦伯爲之降服，出次……君子曰：「詩云：『惟彼二國，其政不獲；惟此四國，爰究爰度。』」（大雅）

〔又〕衛甯武子來聘，公與之宴，爲賦〈湛露〉及〈彤弓〉，不辭，又不答賦，使行人私焉，對曰：「臣以爲肄業及之也。昔諸侯朝正於王，王宴樂之，於是乎賦〈湛露〉，則天子當陽，諸侯用命也。諸侯敵王所愾，而獻其功，王於是乎賜之彤弓一、彤矢百、玈弓矢千，以覺報宴。今陪臣來繼舊好，君辱貺之，其敢干大禮以自取戾？」

〔同六年〕秦伯任好卒，以子車氏之三子爲殉，皆秦之良也，國人哀之，爲之賦〈黃鳥〉，君子曰：「秦穆之不爲盟主也，宜哉！死而棄民……詩曰：『人之云亡，邦國殄瘁。』」（大雅）

〔同七年〕先蔑之使也，荀林父止之……弗聽，爲賦〈板〉之三章，又弗聽，及亡，荀伯盡送其帑。

〔同十年〕子舟扶宋公之僕，曰：「當官而行，何彊之有？詩曰：『剛亦不吐，柔亦不茹。』（大雅）『毋縱詭隨，以謹罔極。』（大雅）」

〔同十三年〕鄭伯與公宴于棐，子家賦〈鴻雁〉，季文子曰：「寡君未免于此。」文子賦〈四月〉，子家賦〈載馳〉之四章，文子賦〈采薇〉之四章，鄭伯拜，公答拜。

〔同十五年〕齊侯侵我西鄙……季文子曰：「齊侯其不免乎……詩曰：『胡不相畏？不畏于天。』（小雅）……在《周頌》曰：『畏天之威，于時保之。』」

〔宣二年〕士會諫晉靈公：「……詩曰：『靡不有初，鮮克有終。』（大雅）……又曰：『袞職有闕，惟仲山甫補之。』（大雅）」

〔同〕宣子曰：「嗚呼！『我之懷矣，自詒伊慼。』（注：逸詩）」

〔同九年〕陳殺其大夫洩治，孔子曰：「詩云：『民之多辟，無自立辟。』（大雅）其洩治之謂乎！」[33]

〔同十一年〕晉郤成子求成于衆狄：「詩曰：『文王既勤止』（頌），文王猶勤，況寡德乎？」

---

[33] 黃氏仲炎以爲非孔子之言，其見卓矣，此解經之文，後人所增。

〈同十二年〉隨武子曰：「善……〈汋〉曰：『於鑠王師，遵養時晦。』耆昧也。〈武〉曰：『無競惟烈』，撫弱耆昧，以務烈所，可也。」

〈同〉孫叔曰：「進之……詩云：『元戎十乘，以先啓行。』」（小雅）

〈同〉楚子曰：「武王克商，作《頌》曰：『載戢干戈，載櫜弓矢，我求懿德，肆于時夏，允王保之。』（時邁）又作〈武〉，其卒章曰：『耆定爾功』，其三曰：『鋪時繹思，我徂惟求定』，其六曰：『綏萬邦，屢豐年。』」[34]

〈同〉鄭殺僕叔及子服，君子曰：「史佚所謂『毋怙亂』者，謂是類也，詩曰：『亂離瘼矣，爰其適歸。』」

〈同十五年〉羊舌職悅晉侯之賞，曰：「……故詩曰：『陳錫哉周』（大雅），能施也。」

〈同十六年〉羊舌職謂士會之將中軍：「詩曰：『戰戰兢兢，如臨深淵，如履薄冰。』善士在上……」

〈同十七年〉范武子將老，召文子，曰：「燮乎！吾聞之，喜怒以類者鮮，易者實多，詩曰：『君子如怒，亂庶遄沮，君子如祉，亂庶遄已。』」

---

[34] 前一首即〈肆夏〉，後三首即〈大武〉六篇之內。

（成二年）賓媚人對晉人：「……詩曰：『孝子不匱，永錫爾類』（大雅），又曰：『我疆我理，南東其畝』（小雅），又曰：『布政優優，百祿是遒』（頌）。」㉟

（同）申叔跪謂巫臣有〈桑中〉之喜。（注：〈桑中〉，〈衛風〉淫奔之詩。）

（同）楚令尹子重救齊，曰：「君弱，群臣不如先大夫，師衆而後可，詩曰：『濟濟多士，文王以寧。』」

（同）盟于蜀，君子曰：「蔡許之君一失其位，不得列於諸侯，況其下乎！詩曰：『不解于位，民之攸塈。』」

（同七年）吳伐郯，季文子引詩曰：「『不弔昊天，亂靡有定。』其此之謂乎！」（小雅）

（同八年）季文子餞韓穿，引詩曰：「女也不爽，士貳其行，士也罔極，二三其德。」（衛風）又曰：「猶之未遠，是用大簡。」（大雅）

（同）晉欒書侵蔡，遂侵楚、侵沈，從知、范、韓也，君子曰：「從善如流，宜哉！詩曰：『愷悌君子，遐不作人。』」（大雅）

㉟ 此以《詩》爲列國外交席上辯論之根據，竟能摧折對方之氣燄，足證三百篇在當時政治及社會上之威權，是以文學作品爲國際倫理學原理者也。

（同九年）夏，季文子如宋致女，復命，公享之，賦〈韓奕〉之五章，穆姜出于房，再拜，曰：「大夫勤辱，不忘先君，以及嗣君，施及未亡人，先君猶有望也，敢拜大夫之重勤。」又賦〈綠衣〉之卒章而入。

（同十一月）楚入莒渠，君子曰：「無備也夫！詩曰：『雖有絲麻，無棄菅蒯，雖有姬姜，無棄蕉萃，凡百君子，莫不代匱。』（逸詩）言備之不可以已也。」

（同十二年）晉郤至如楚聘，賓曰：「詩曰：『赳赳武夫，公侯干城。』又曰：『赳赳武夫，公侯腹心。』（周南）」

（同十四年）衛侯饗郤犨，犨傲，寧惠子曰：「苦成叔家其亡乎！……故詩曰：『兕觥其觩，旨酒思柔，彼交匪傲，萬福來求。』」

（同十六年）楚救鄭，申叔時對子反，引詩曰：「『立我烝民，莫匪爾極。』（頌）……此戰之所由克也。」

（襄二年）季文子以美檟葬齊姜，君子曰：「非禮也……詩曰：『其惟哲人，告之話言，順德之行。』（大雅）又曰：『爲酒爲醴，烝畀祖妣，以洽百禮，降福孔偕。』（周頌）」

（同三年）祁奚舉赤與午，君子謂奚能舉善，詩云：「惟其有之，是以似之。」（小雅）

（同四年）穆叔如晉，晉侯享之。金奏〈肆夏〉之三，不拜；工歌〈文王〉之三，又不拜；歌〈鹿鳴〉之三，三拜。使行人問之，對曰：「三夏，天子所以享元侯也，使臣弗敢與聞；〈文王〉，兩君相見之樂也，臣不敢及；〈鹿鳴〉，君所嘉寡君也，敢不拜嘉？〈四牡〉，君所以勞使臣也，敢不重拜？〈皇皇者華〉，君教使臣曰『必諮于周』，臣聞之，訪問于善爲咨，咨親爲詢，咨禮爲度，咨事爲諏，咨難爲謀。臣獲五善，敢不重拜？」

（同五年）楚殺其大夫公子壬夫，貪也。君子謂楚共王於是不刑，詩曰：「周道挺挺，我心扃扃，講事不令，集人來定。」（逸詩）

（同七年）晉韓獻子告老，公族穆子有廢疾，將立之，辭曰：「詩曰：『豈不夙夜，謂行多露。』（召南）又曰：『弗躬弗親，庶民弗信。』（小雅）……又曰：『靖共爾位，好是正直，神之聽之，介爾景福。』（小雅）」

（同）穆叔謂孫文子必亡：「詩曰：『退食自公，委蛇委蛇。』（召南）」

（同八年）楚伐鄭，子駟欲從楚，曰：「周詩有之，曰：『俟河之清，人壽幾何。兆云詢多，職競作羅。』（逸詩）謀之多族，民之多違，事滋無成……」又曰：「詩云：『謀夫孔多，是用不集，發言盈庭，誰敢執其咎？如匪行邁謀，是用不得于道。』（小雅）請從楚，騑也受其咎。」

（同）晉范宣子來聘，公享之，宣子賦〈摽有梅〉，季武子曰：「誰敢哉？今譬於草木，寡君在君，君之臭味也，歡以承命，何時之有？」武子賦〈角弓〉。賓將出，武子賦〈彤弓〉，宣子曰：「城濮之役，我先君文公獻功于衡雍，受彤弓于襄王，以爲子孫藏。匄也，先君守官之嗣也，敢不承命？」

（同十年）孟獻子曰：「詩所謂『有力如虎』者也。」

（同十一年）魏絳辭，晉侯賜樂，曰：「臣願君安其樂而思其終也，詩曰：『樂只君子，殿天子之邦。樂只君子，福祿攸同。便蕃左右，亦是帥從。』（小雅）又《書》曰：『君安思危』（逸書）。」

（同十三年）君子美范宣子之讓，謂：「周之興也，其詩曰：『儀刑文王，萬邦作孚。』言刑善也。及其衰也，其詩曰：『大夫不均，我從事獨賢。』言不讓也。」（小雅北山）

（同）吳侵楚，敗，君子以吳爲不弔，詩曰：「不弔昊天，亂靡有定。」

（同十四年）會于向，范宣子將執戎子駒支，戎子賦〈青蠅〉而退，宣子使即事於會。

（又）諸侯之大夫從晉侯伐秦……叔向見叔孫穆子，穆子賦〈匏有苦葉〉，叔向退而具舟。

〔又〕孫蒯入使，公飲之酒，使太師歌〈巧言〉之卒章，太師辭，師曹請爲之以怒孫子……蒯懼。

〔又〕君子謂：「子囊忠……忠，民之望也，詩曰：『行歸于周，萬民所望。』忠也。」

〔同十五年〕君子謂楚能官人，詩云：「嗟我懷人，寘彼周行。」（周南）

〔同十六年〕晉侯與諸侯宴于溫，使諸大夫舞，曰：「歌詩必類」，齊高厚之詩不類。荀偃怒，且曰：「諸侯有異志矣。」使諸大夫盟高厚，高厚逃歸。於是諸大夫盟曰：「同討不庭」。㊱

〔同〕穆叔如晉聘，且言齊故……見中行獻子，賦〈圻父〉，獻子曰：「偃知罪矣。」見范宣子，賦〈鴻鴈〉之卒章，宣子曰：「匄在此，敢使魯無鳩乎！」

〔同十九年〕季武子如晉拜師，晉侯享之，范宣子賦〈黍苗〉，季武子興，再拜稽首，曰：「小國之仰大國也，如百穀之仰膏雨焉，若常膏之，其天下輯睦，豈唯敝邑？」賦〈六月〉。

〔同年〕穆叔會柯，見叔向，賦〈載馳〉之四章，叔向曰：「肸敢不承命！」

㊱此以一歌竟動國際聯盟之干戈。

（同二十年）季武子如宋報聘，褚師段逆之以受享，賦〈棠棣〉之七章以卒，宋人重賄之。歸復命，公享之，賦〈魚麗〉之卒章，公賦〈南山有臺〉，武子去所，曰：「臣不堪也。」

（同二十一年）欒盈出奔楚，宣子囚伯華、叔向、籍偃，人謂叔向曰：「子離於罪，其爲不知乎？」叔向曰：「與其死亡，若何？詩曰：『優哉游哉，聊以卒歲』㊲，知也。」（小雅）後又曰：「詩曰：『有覺德行，四國順之。』（大雅）」又祁奚曰：「詩曰：『惠我無疆，子孫保之。』（周頌）書曰：『聖有謨勳，明徵定保。』（逸書）」

（同二十二年）鄭公子黑肱有疾，歸邑于公……君子曰：「善戒，詩曰：『愼爾侯度，用戒不虞。』（大雅）鄭子張其有焉。」

（同二十四年）范宣子爲政，諸侯之幣重，子產寓書告宣子：「……詩云：『樂只君子，邦家之基。』（小雅）有令德也夫！『上帝臨女，無貳爾心。』（大雅）有令名也夫！」

（同二十五年）衛獻公自夷儀使與甯喜言，甯喜許之，大叔文子聞之，曰：「烏乎！詩所謂『我躬不說，遑恤我後』者（小雅）……書曰：『愼始而敬終，終以不困。』

㊲ 今〈小雅〉無此全句，唯〈采菽〉詩云：「優哉游哉，亦是戾矣。」

（逸書）詩曰：『夙夜匪懈，以事一人。』（大雅蒸民）今甯子視君不如奕棋，其何以免乎！」

（同二十六年）齊侯、鄭伯爲衛侯故如晉，晉侯兼享之。晉侯賦〈嘉樂〉，國景子相齊侯，賦〈蓼蕭〉；子展相鄭伯，賦〈緇衣〉。叔向命晉侯拜二君，曰：「寡君敢拜齊君之安我先君之宗祧也，敢拜鄭君之不貳也。」……國子賦〈轡之柔矣〉（逸詩，見周書），子展賦〈將仲子兮〉，晉侯乃許歸衛侯。

（同）蔡歸生對楚令尹子木，言楚材晉用：「詩曰：『人之云亡，邦國殄瘁』，無善人之謂也，故《夏書》曰：『與其殺不辜，寧失不經。』（逸書）懼失善也，《商頌》有之曰：『不僭不濫，不敢怠皇，命于下國，封建厥福。』」

（同二十七年）齊慶封來聘，其車美……叔孫曰：「服美不稱，必以惡終，美車何爲？」叔孫與慶封食，不敬，爲賦〈相鼠〉，亦不知也。

（同）會于虢，鄭伯享趙孟于垂隴，子展、伯有、子西、子產、子大叔、二子石從，趙孟曰：「七子從君，以寵武也，請皆賦，以卒君貺，武亦以觀七子之志。」子展賦〈草蟲〉，趙孟曰：「善哉，民之主也！抑武也不足以當之。」伯有賦〈鶉之奔奔〉，趙孟曰：「床笫之言不踰閾，況在野乎？非使人之所得聞也。」子西賦〈黍苗〉之四章，趙孟曰：「寡君在，武何能焉！」子產賦〈隰桑〉，趙孟曰：「武請受其卒章。」子大叔賦〈野有蔓草〉，趙孟曰：「吾子之惠也。」印段賦〈蟋蟀〉，趙孟曰：「善哉，保家之主也！吾有望矣。」公孫段賦〈桑扈〉，趙孟曰：「『匪交匪敖』，福將焉往？若保是言也，欲辭福祿，得乎？」卒享，文子告叔向曰：「伯有將爲戮矣，詩以言志，志誣其上而公怨之，以爲賓榮，其能久乎？幸而後亡……其餘皆數世之王也；子展其後亡者也，在上不忘降；印氏其次也，樂而不荒。」

（同）楚薳罷如晉蒞盟，晉侯享之，將出，賦〈既醉〉，叔向曰：「薳氏之有後于楚國也，宜哉！承君命，不忘敏，子蕩將知政矣。」

（同）向戌弭兵，左師辭邑，君子曰：「『彼己之子，邦之司直』，樂喜之謂乎！『何以恤我，我其收之』（逸詩），向戌之謂乎！」

（同二十八年）盧蒲癸曰：「賦詩斷章，余取所求焉。」

（同）齊慶封來奔，叔孫穆子食慶封，慶封氾祭，穆子不說，使工爲之誦〈茅鴟〉（逸詩，刺不敬），亦不知。

（同二十九年）葬靈王，鄭上卿有事，子展使印段往，伯有曰：「弱，不可。」子展曰：「與其莫往，弱不猶愈乎？詩云：『王事靡盬，不遑啓處。』（小雅）」

（同）知悼子合諸侯之大夫以城杞……子大叔曰：「晉國不恤周宗之闕，而夏肄是屛……詩曰：『協比其鄰，婚姻孔云。』（小雅）」

〈同〉葬楚康王，公及陳侯、鄭伯、許男送葬……公還，及方城，季武子取卞……公欲無入，榮城伯賦〈式微〉，乃歸。

〈同〉吳公子札來聘……請觀於周樂，使工爲之歌〈周南〉、〈召南〉，曰：「美哉！始基之矣，猶未也，然勤而不怨矣。」爲之歌〈邶〉、〈鄘〉、〈衛〉㊳，曰：「美哉淵乎！憂而不困者也，吾聞衛康叔、武公之德如是，是其《衛風》乎！」爲之歌〈王〉（〈黍離〉也），曰：「美哉！思而不懼，其周之東乎！」爲之歌〈鄭〉㊴，曰：「美哉！其細已甚，民弗堪也，是其先亡乎！」爲之歌〈齊〉，曰：「美哉！泱泱乎大風也哉！表東海者，其大公乎？國未可量也。」爲之歌〈豳〉，曰：「美哉，蕩乎！樂而不淫，其周公之東乎？」爲之歌〈秦〉㊵，曰：「此之謂夏聲，夫能夏則

㊳ 毛奇齡《詩札》謂邶、鄘都是樂部名，雖列國代有興絕，其樂部班名若故也，後比遇詩全者浸假於本部過繁，仍得入之其國所兼之舊部作標識耳。

㊴ 《讀風偶識》「鄭風」條下云：吾嘗取《傳》所載季札之言證之十五國風，無不合者，然據毛鄭所注，則與季札之言無一不相刺謬，不知向來諸儒何以深信篤好其說，而不容人少持一異議也，可歎也夫！《鄭風》二十一篇，除〈緇衣〉〈羔裘〉外，餘皆卑鄙猥瑣之言耳，兩〈叔于田〉及〈女曰雞鳴〉，其言之津津者止弋獵一事，至〈遵路〉〈同車〉之屬，淫靡冶蕩尤不知人間有羞恥事矣，故季札云云，「細」也者，即卑鄙猥瑣之謂也。

㊵ 後仲尼刪定，故不同。

大，大之至也，其周之舊乎！」爲之歌〈魏〉，曰：「美哉，渢渢乎！大而婉，險而易行，以德輔此，則明主也。」爲之歌〈唐〉，曰：「思深哉！其有陶唐氏之遺民乎？不然，何其憂之遠也？非令德之後，誰能若是？」爲之歌〈陳〉，曰：「國無主，其能久乎？」自〈鄶〉以下無譏焉。爲之歌〈小雅〉，曰：「美哉！思而不貳，怨而不言，其周德之衰乎？猶有先王之遺民焉。」爲之歌〈大雅〉，曰：「廣哉，熙熙乎！曲而有直體，其文王之德乎？」爲之歌〈頌〉，曰：「至矣哉！直而不倨，曲而不屈，邇而不偪，遠而不攜，遷而不淫，復而不厭，哀而不愁，樂而不荒，用而不匱，廣而不宣，施而不費，取而不貪，處而不底，行而不流。五聲和，八風平，節有度，守有序，盛德之所同也。」

〔同〕鄭大夫盟于伯有氏，裨諶曰：「是盟也，其與幾何？詩曰：『君子屢盟，亂是用長。』」

〔同三十年〕爲宋災故，諸侯之大夫會，以謀歸宋財……既而無歸於宋，故不書其人。君子曰：「信其不可不愼乎……詩曰：『文王陟降，在帝左右』，信之謂也。又曰：『淑愼爾止，無載爾僞』，不信之謂也。」（逸詩）

〔同三十一年〕子產對士文伯讓壞館垣……叔向曰：「子產有辭，諸侯賴之……詩曰：『辭之輯矣，民之協矣；辭之繹矣，民之莫矣。』（大雅）」

〈同〉北宮文子入聘于鄭，事畢而出，言於衛侯曰：「鄭有禮，其數世之福也……詩云：『誰能執熱，逝不以濯。』」

〈同〉北宮文子見令尹圍之威儀，言於衛侯曰：「令尹似君矣……雖獲其志，不能終也，詩云：『靡不有初，鮮克有終。』……又云：『敬愼威儀，惟民之則。』……《衛詩》曰：『威儀棣棣，不可選也。』（邶風）……《周詩》曰：『朋友攸攝，攝以威儀。』（大雅）……《周書》數文王之德曰：『大國畏其力，小國懷其德。』（逸書，今〈大誓〉）……詩云：『不識不知，順帝之則。』（大雅）」

〈昭元年〉會于虢，趙文子答祁午曰：「能信不爲人下，吾未能也，詩曰：『不僭不賊，鮮不爲則』（大雅），信也。」……退會，子羽謂子皮曰：「……齊、衛、陳大夫其不免乎……〈大誓〉曰：『民之所欲，天必從之』（逸書）……令尹享趙孟，賦〈大明〉之首章，趙孟賦〈小宛〉之二章，事畢……叔向對趙孟曰：「不義而彊，其斃必速，詩曰：『赫赫宗周，褒姒滅之。』」

〈同〉趙孟、叔孫豹、曹大夫入于鄭，鄭伯兼享之，子皮戒趙孟，趙孟賦〈瓠葉〉，子皮遂戒穆叔，且告之，穆叔曰：「趙孟欲一獻，子其從之。」子皮曰：「敢乎？」穆叔曰：「夫人之所欲也，又何不敢！」……禮終乃宴，穆叔賦〈鵲巢〉，趙孟曰：「武不堪也。」又賦〈采蘩〉，曰：「小國爲蘩，大國省穡而用之，其何實非命？」

子皮賦〈野有死麇〉之卒章，趙孟賦〈常棣〉，且曰：「吾兄弟比以安，尨也可使無吠。」

（同）君子曰：「莒展之不立，棄人也夫，詩曰：『無競維人』（周頌），善矣。」

（同）楚子干奔晉，趙文子曰：「秦公子富。」叔向曰：「公子以國，不聞以富，詩曰：『不侮鰥寡，不畏強禦。』（大雅）」

（同二年）韓宣子來聘，公享之，季武子賦〈緜〉之卒章，韓子賦〈角弓〉，季武子拜曰：「敢拜子之彌縫敝邑，寡君有望矣。」武子賦〈節〉之卒章。既享，宴于季氏，有嘉樹焉，宣子譽之，武子曰：「宿敢不封殖此樹，以無忘〈角弓〉。」遂賦〈甘棠〉，宣子曰：「起不堪也……」遂如齊……自齊聘于衛，衛侯享之，北宮文子賦〈淇澳〉，宣子賦〈木瓜〉。

（同）叔弓聘于魯，叔向曰：「子叔子知禮哉！詩曰：『敬慎威儀，以近有德。』（大雅）」

（同三年）君子曰：「晏子一言出而齊侯省刑，詩曰：『君子如祉，亂庶遄已。』」（小雅）

（同）鄭伯如晉，公孫段相……君子曰：「伯石之汰也，一爲禮于晉，猶荷其祿，況以禮終始乎！詩曰：『人而無禮，胡不遄死。』其是之謂乎！」

（同）鄭伯如楚，子產相，楚子享之，賦〈吉日〉，既享，子產乃具田備，王以田江南之夢。

（同四年）申豐對季武子曰：「……〈七月〉之卒章，藏冰之道也。」

（同）子產作丘賦，國人謗之，子寬以告，子產曰：「何害！苟利社稷，死生以之，詩曰：『禮義不愆，何恤于人言。』（逸詩）」

（同六年）鄭人鑄刑書，叔向使詒子產書，曰：「……詩曰：『儀式刑文王之德，日靖四方。』（頌）又曰：『儀刑文王，萬邦作孚。』（大雅）」

（同）華亥欲代右師……左師曰：「女夫也必亡，詩曰：『宗子維城，毋俾城壞，毋獨斯畏。』（大雅）」

（同）韓宣子之適楚也，楚人弗逆，公子棄疾及晉竟，晉侯亦將弗逆，叔向曰：「楚辟我衷，若何效辟？詩曰：『爾之教矣，民胥效矣。』（小雅）……書曰：『聖作則。』（逸書）」

（同七年）衛襄公卒，晉大夫言于范獻子曰：「……詩曰：『鶺鴒在原，兄弟急難。』又曰：『死喪之威，兄弟孔懷。』（小雅）」

（同）芋尹無宇辭曰：「……故詩曰：『普天之下，莫非王土；率土之濱，莫非王臣。』」

（同）四月，晉侯問士文伯，伯對曰：「……魯將上卿。」公曰：「詩所謂『彼日而食，于何不臧』者，何也？」

（同）孟懿子與南宮敬叔師事仲尼，仲尼曰：「能補過者，君子也，詩曰：『君子是則是效』（小雅），孟僖子可則效已矣。」

（同）季武子卒，伯瑕對晉侯曰：「……詩曰：『或燕燕居息，或憔悴事國。』（小雅）」

（同八年）石言于晉魏榆，叔向曰：「子野之言君子哉！……詩曰：『哀哉不能言，匪舌是出，惟躬是瘁。哿矣能言，巧言如流，俾躬處休。』（小雅）」

（同九年）築郎囿，叔孫昭子曰：「詩曰：『經始勿亟，庶民子來。』」

（同十年）桓子召子山、子商、子周，反子城、子公、公孫捷，而皆益其祿，曰：「詩云：『陳錫載周』（大雅），能施也。」

（同）平子伐莒，取郠，獻俘，始用人于亳社。臧武仲在齊聞之，曰：「詩曰：『德音孔昭，視民不佻。』（大雅）」

（同）晉平公卒，游吉遂如晉……盡用其幣，歸，謂子羽曰：「……書曰：『欲敗度，縱敗禮。』（逸書）我之謂矣……」昭子至自晉，語諸大夫曰：「詩曰：『不自我先，不自我後。』（小雅）」

（同十二年）宋華定來聘，享之，爲賦〈蓼蕭〉，弗知，又不答賦，昭子曰：「必亡。」

（同）楚右尹子革對王言……左史倚相曰：「祭公謀父作〈祈招〉之詩（此詩逸）以止王心……臣問其詩而不知也。」王曰：「子能乎？」對曰：「能，其詩曰：『祈招之愔愔，式昭德音。思我王度，式如玉，式如金。形民之力，而無醉飽之心。』（逸詩）」

（同十三年）合諸侯于平丘，子產、子大叔相鄭伯以會，子產歸，未至，聞子皮卒，哭且曰：「吾已！……」仲尼謂子產「於是行也，足以爲國基矣，詩曰：『樂只君子，邦家之基。』（小雅）」

（同十六年）叔孫昭子曰：「諸侯之無伯，害哉！……詩曰：『宗周既滅，靡所止戾。正大夫離居，莫知我肄。』（小雅）」

（同）鄭六卿餞宣子於效，宣子曰：「二三君子請皆賦，起亦以知鄭志。」子齹賦〈野有蔓草〉，宣子曰：「孺子善哉！吾有望矣。」子產賦鄭之〈羔裘〉，宣子曰：「起不堪也。」子大叔賦〈褰裳〉，宣子曰：「起在此，敢勤子至於他人乎？」子大叔拜，宣子曰：「善哉，子之言是！不有是事，其能終乎？」子游賦〈風雨〉，子旗賦〈有女同車〉，子柳賦〈蘀兮〉，宣子曰：「二三君子以君命貺起，賦不出鄭志，皆昵燕好也……」宣子皆獻馬焉，而賦〈我將〉，子產拜，使五卿皆拜[41]。

（同十七年）小邾穆公來朝，公與之宴，季平子賦〈采叔〉，穆公賦〈菁菁者莪〉，昭子曰：「不有以國，其能久乎？」

（同二十年）晏子對齊侯謂梁丘據，曰：「詩曰：『亦有和羹，既戒既平，奏假無言，時靡有爭。』（頌）……又曰：『德音不瑕』（豳風）。」

（同）子產卒，仲尼曰：「詩曰：『民亦勞止，汔可小康，惠此中國，以綏四方』，施之以寬也；『毋縱詭隨，以謹無良，式遏寇虐，慘不畏明』，糾之以猛也；『柔遠能邇，以定我王』，平之以和也。又曰：『不競不絿，不剛不柔，布政優優，百祿是遒』，和之至也。」

（同二十一年）葬蔡平公，昭子歎曰：「蔡其亡乎！詩曰：『不解于位，民之攸塈。』（大雅）」

（同二十三年）楚囊瓦爲令尹，城郢，沈尹戌曰：「子常必亡郢……詩曰：『無念爾祖，聿修厥德。』（大雅）」

---

41 後人言六卿賦詩何以多引自〈國風〉淫奔之辭，謂須從《毛傳》，不可從朱子之言。然「引詩斷章」，《左氏》已每述當時之人之言矣。

〔同二十四年〕楚子爲舟師以略吳疆，沈尹戌曰：「此行也，楚必亡邑。」……又曰：「亡郢之始，於此在矣，詩曰：『誰生厲階？至今爲梗。』（大雅）」

〔同二十五年〕叔孫婼聘于宋……宋公享昭子，賦〈新宮〉（逸詩），昭子賦〈車轄〉。

〔又〕昭子如宋聘……樂祁告公曰：「魯君失民矣……詩曰：『人之云亡，心之憂矣。』（大雅）」

〔同二十六年〕齊有彗星，齊侯使禳之，晏子曰：「無益也……詩曰：『惟此文王，小心翼翼，昭事上帝，聿懷多福，厥德不回，以受方國。』（大雅）……又曰：『我無所監，夏后及商，用亂之故，民卒流亡。』（逸詩）」……齊侯與晏子坐于路寢……晏子曰：「……陳氏厚施焉，民歸之矣，詩曰：『雖無德與女，式歌且舞。』（小雅）」

〔同二十八年〕晉祁勝與鄔臧通室，祁盈將執之，叔游曰：「《鄭書》有之：『惡直醜正，實蕃有徒。』……詩曰：『民之多辟，無自立辟。』（大雅）」

〔同〕魏獻子爲政……成鱄對魏子曰：「夫舉無他，唯善所在，親疏一也，詩曰：『唯此文王，帝度其心。莫其德音，其德克明。克明克類，克長克君。王此大國，克順克比。比于文王，其德靡悔。既受帝祉，施于孫子。』（大雅）」……仲尼聞魏子之舉，曰：「詩曰：『永言配命，自求多福』（大雅），忠也。」

（同三十二年）史墨對趙簡子曰：「魯君世從其失，季氏世修其勤，民忘君矣……詩曰：『高岸爲谷，深谷爲陵。』（小雅）」

（定四年）鄖公辛之弟懷將弒楚王……辛曰：「君討臣，誰敢讎之？詩曰：『柔亦不茹，剛亦不吐，不侮矜寡，不畏彊禦。』（大雅）」

（同）申包胥立，依于庭牆而哭，日夜不絕聲，勺飲不入口，七日，秦哀公爲之賦〈無衣〉。

（同九年）鄭駟歂殺鄧析，而用其《竹刑》，君子謂子然「於是不忠，苟有可以加於國家者，棄其邪可也。〈靜女〉之三章，取彤管焉；〈竿旄〉『何以告之』，取其忠也。故用其道，不棄其人，詩云：『蔽芾甘棠，勿剪勿伐，召伯所茇。』（召南）」

（同十年）晉人遂殺涉佗，成何奔燕，君子曰：「此之謂棄禮，必不鈞，詩曰：『人而無禮，胡不遄死。』」

（哀二年）趙鞅禦齊人于戚……卜戰，龜焦，樂丁曰：「詩曰：『爰始爰謀，爰契我龜。』（大雅）㊷

㊷契龜之事於此見之，今龜甲發見於殷墟者，多有契痕。

（同五年）鄭人殺駟，秦子思曰：「詩曰：『不解于位，民之攸塈。』（大雅）……《商頌》曰：『不僭不濫，不敢怠皇，命以多福。』」

（同二十六年）子贛對衛出公使者曰：「賜不識所由入也，詩曰：『無競惟人，四方其順之。』」（周頌，此乃獲麟之後。）

附記：

◎《左氏》與《詩》關係所以如此其重且多者，亦猶孔子之與《詩》關係也。今由《論語》錄其言以與《左氏》一較之，以見《左氏》之爲當時實錄焉：

〈學而〉：子貢曰：「詩云：『如切如磋，如琢如磨。』（衛風淇澳）

子曰：「賜也，始可與言詩已矣！告諸往而知來者。」

〈爲政〉：「詩三百，一言以蔽之，曰：『思無邪』。」

〈八佾〉：三家者以雍徹，子曰：「相維辟公，天子穆穆。」

又：「〈關雎〉樂而不淫，哀而不傷。」

又：子夏問曰：「巧笑倩兮，美目盼兮，素以爲絢兮……」，子曰：「起予者商也，始可與言詩已矣。」

〈述而〉：子所雅言，詩書執禮。

〈泰伯〉：曾子曰：「詩云：『戰戰兢兢，如臨深淵，如履薄冰。』（小旻）」

又：子曰：「興於詩。」

又：「〈關雎〉之亂，洋洋乎盈耳哉！」

〈子罕〉：「吾自衛反魯，然後樂正，〈雅〉〈頌〉各得其所。」

又：「不忮不求，何用不臧？」（衛風雄雉）

又：「唐棣之華，偏其反而，豈不爾思，室是遠而。」（逸詩）

〈先進〉：南容三復白圭。（大雅抑）

〈子路〉：「誦詩三百，授之以政，不達，使於四方，不能專對，雖多，亦奚以爲？」

〈季氏〉：「學詩乎？不學詩無以言。」

〈陽貨〉：「小子何莫學夫詩？詩可以興、觀、群、怨，邇之事父，遠之事君，多識於草木鳥獸之名。」

又：謂伯魚曰：「女爲〈周南〉、〈召南〉矣乎？人而不爲〈周南〉、〈召南〉，其猶正牆面而立也與！」

（凡此）可爲春秋時代《詩》之爲用廣大證也。不但此也，周秦間諸子之著書，誰能捨《詩》而不引者？胥如《左氏傳》，上至公卿，外至夷狄，人人胸中莫不熟《詩》，知《詩》大矣廣矣，無以加矣！蓋詩教之化民，本天地自然之聲，入於耳而印於心，出於心而宣於口，雖勞人思婦亦能諷詠，原不必周公大聖始能作〈東山〉之什，而成〈七月〉之篇也，詩人專有云乎哉！

◎魯之所以無〈風〉而有〈頌〉者，因周公有大功，周王特許用天子之樂，就是雅舞，故《詩》魯亦有頌。頌與誦同，顧頡剛謂歌與誦原是互文，襄十四年：「公使歌之，遂誦之。」《說文》：「頌，貌也。從頁公聲，籀文作額。」《詩譜》：「頌之言容。」《釋名》：「頌，容也，三〈頌〉各音皆有舞容也。」

◎馮登府引〈樂記〉鄭注言商是宋詩，故〈魯頌〉先於〈商頌〉。皮錫瑞又以為證以「三統」之義，證以《樂緯》曰「先魯、後殷、新周、故宋」，此《詩》三〈頌〉有「通三統」之義，與《春秋》「存三統」大義相通。

◎「風」是民間鄉土之樂歌，風是聲調，〈大雅・崧高〉：「吉甫作誦，其詩孔碩，其風肆好。」又成九年，鍾儀「操南音」，范文子謂之「樂操土風」。

◎宋程大昌〈詩論〉曰：〈南〉、〈雅〉、〈頌〉為樂詩，諸〈國〉為徒詩。春秋戰國以來，諸侯、卿、大夫、士賦《詩》道志者，凡《詩》雜取無擇，至考其入樂，則自〈邶〉至〈豳〉無一詩在數。享之用〈鹿鳴〉，鄉飲酒之笙〈由庚〉、〈鵲巢〉，時之奏〈騶虞〉、〈采蘋〉，諸如此類，未有出〈南〉、〈雅〉之外者。

◎〈鄭風〉毛《傳》多刺忽之詩，朱子及崔東壁均反對之，謂忽雖非令德之君，而辭齊婚一事尚有丈夫氣，無依賴大國之心，而詩人何反刺之，謂為失援耶？蓋左氏於辭婚事寫得甚詳，且忽又引《詩》云「自求多福」，而君子亦許其善自為謀矣。世言《毛傳》古文學，更與《左氏》相左，殊屬可異。至於忽之帥師救齊，齊侯又請妻之，乃在忽婚陳之後，以國君一娶九女後不再娶之例證之，則左氏之自相矛盾也。

◎詩〈頌．武〉一章七句，〈大武〉一成之歌；〈酌〉一章八句，〈大武〉再成之樂歌；〈賚〉一章六句，〈大武〉三成之樂歌；〈般〉一章七句，〈大武〉四成之樂歌；〈桓〉一章九句，〈大武〉六成之樂歌。五成之歌今無之矣。

◎〈樂記〉曰：「夫〈武〉，始而北出，再成而滅商，三成而南，四成而南國是疆，五成而分周公左、召公右，六成復綴以崇，天子夾振之，而駟伐，盛威於中國。

◎宣十二年，楚子曰：「武王克商，作〈頌〉曰……又作〈武〉，其卒章曰……其三曰……其六日……」所引均與今《詩》合。

◎鄭樵《六經奧論》云《毛詩》比三家好，好者既出，不好者自不能存在矣。其書所釋〈鴟鴞〉與〈金縢〉合，〈北山〉、〈烝民〉與《孟子》合，〈昊天有成命〉與《國語》合，〈碩人〉、〈清人〉、〈皇矣〉、〈黃鳥〉與《左氏》合，而序

〈由庚篇〉與《儀禮》合。當毛公之時，《左氏傳》未出，《孟子》、《國語》、《儀禮》未甚行，而毛氏先與之合，不謂之源流子夏，可乎？

◎朱謙之〈論詩樂〉云：賦《詩》見《左傳》者五十四篇：

〈小雅〉：〈沔水〉、〈六月〉、〈菁菁者莪〉、〈湛露〉、〈彤弓〉、〈鴻雁〉、〈四月〉、〈采薇〉、〈角弓〉、〈青蠅〉、〈圻父〉、〈黍苗〉、〈棠棣〉、〈轡之柔矣〉、〈蓼蕭〉、〈隰桑〉、〈桑扈〉、〈小宛〉、〈匏葉〉、〈節〉、〈吉日〉、〈采菽〉、〈車舝〉。

〈大雅〉：〈嘉樂〉、〈韓奕〉、〈既醉〉。

〈周頌〉：〈我將〉。

〈墉風〉：〈載馳〉、〈鶉之奔奔〉、〈相鼠〉。

〈邶風〉：〈綠衣〉、〈匏有苦葉〉。

〈召南〉：〈摽有梅〉、〈鵲巢〉、〈野有死麇〉、〈草蟲〉、〈甘棠〉。

〈鄭風〉：〈緇衣〉、〈將仲子〉、〈野有蔓草〉、〈羔裘〉、〈褰裳〉、〈風雨〉、〈有女同車〉、〈蘀兮〉。

〈唐風〉：〈蟋蟀〉。

〈衛風〉：〈淇澳〉、〈木瓜〉。

◎《汲冢周書·太子晉》第六十四：王子曰：「汝不爲夫時，詩曰：『馬之剛矣，轡之柔矣，馬亦不剛，轡亦不柔，志氣麃麃，取予不疑，以是御之。』」

◎《國語·周語》七云：王將鑄無射，問律於伶州鳩，對曰：「昔武王伐殷……故以七同其數，而以律和其聲，於是乎有七律。王以二月癸亥夜陳，未畢而雨。以夷則之上宮畢……以黃鍾之下宮，布戎於牧之野……以太蔟之下宮，布令於商……以無射之上宮，布憲施舍於百姓……」

◎劉向《列女傳》每篇末皆引詩，其中偶指明作詩之人者，錄如左：

衛姑定姜篇：公子之婦無子，公子死，畢三年之喪，定姜歸，其婦自送之至於野，賦詩曰：「燕燕于飛，差池其羽，之子于歸，遠送于野。瞻望不及，泣涕如雨。」又曰：「先君之思，以畜寡人。」㊸

齊女傅母篇：傅母作詩諭莊姜曰：「碩人其頎，衣錦絅衣，齊侯之子，衛侯之妻，東宮之妹，邢侯之姨，譚公維私。」（此與《毛詩》異，《左》亦異。）

又以〈芣苡〉爲蔡人妻作。〈汝墳〉爲周南大夫作，〈行露〉爲申人女作，〈邶·柏舟〉爲衛宣夫人作，〈式微〉爲黎莊公夫人及其子傅母作，〈大車〉爲息夫

㊸《禮記·坊記》注云：此衛定姜夫人之詩也。

人作44。

又《新序》以〈二子乘舟〉爲伋之傅母作，〈黍離〉爲壽閔其兄作。（案：以上）視《毛詩・序》之空衍者尤鑿鑿不誣，蓋楚元王受詩於浮丘伯，向乃其孫，世傳《魯詩》，故也。

◎《孟子》說〈北山〉之詩云「勞于王事而不得養父母」，即〈小序〉說也。又以〈凱風〉、〈小弁〉爲親過大小有怨不怨之文，及引「戎狄是膺，荊舒是懲」句，則謂爲周公方且膺之，何耶？又與歷來之說相反。

◎歐陽修謂司馬遷孔子刪詩之說，鄭學之徒以爲謬。今書傳所載逸詩何可數也，以《詩譜》推之，有更十君而取一篇者，有二十餘君而取一篇者。孔子刪詩非止全篇刪去，或篇刪其章45，章刪其句46，句刪其字47。周子醇因而申之說，孔子刪詩有刪全篇48，刪兩句49，刪一句50。而朱彝尊則謂孔子不刪詩，考《國語》

44 《列女傳》列息君夫人於「貞順」，而云夫人與息君同死，與《左傳》大異。

45 如〈棠棣〉之「唐棣之華，偏其反而，豈不爾思，室是遠而」。

46 如〈君子偕老〉之「衣錦尚絅，文之著也」。

47 如〈節南山〉「誰能秉國成」之「能」字。

48 如〈驪駒〉之類。

《左傳》二書之逸詩，如《國語》引詩凡三十一條，惟衛彪傒引武王〈飫歌〉，及公子重耳賦〈河水〉二條是逸詩，而〈河水〉韋昭注以爲「河」當作「沔」，即「沔彼流水」，取朝宗於海之義。《左傳》引詩共二百十七條，其間有邱明自引，及述孔子之言者，四十有八，而逸詩不過三條㊶；列國公卿引詩者百有一條，而逸詩不過五條㊷；列國宴享歌詩贈答者七十條，而逸詩不過五條而已㊸。◎定十年以後左史引《詩》甚少，至獲麟只二條，獲麟後只一條，則子貢所引。似此，豈非善引《詩》之左丘明至此已不有其人矣？我謂左丘明之卒至後亦必不過哀之六年，蓋引《詩》至五年而止故也，然總以定十年無「君子」較當。

㊾如「月離于畢，俾滂沱矣。月離于箕，風揚沙矣」之類。

㊿如「素以爲絢兮」之類。

㊶一：成九年「雖有絲麻」六句。二：襄五年「周道挺挺」四句。三：同三十年「淑愼爾止」二句。但末條《詩古微》〈夫子正樂論〉疑爲逸《詩》異文。

㊷一：莊二年「翹翹車乘」四句。二：襄八年「俟河之清」四句。三：昭四年「禮義不愆」二句。四：同十二年祈招之詩。五：同二十六年「我無所監」四句。

㊸一〈茅鳩〉，二〈桑林〉，三〈轡之柔矣〉，四〈河水〉，五〈新宮〉。〈河水〉與《國語》同，〈新宮〉與〈大射禮〉同，或謂即〈斯干〉。

是左氏與尚書關係說

〈隱六年〉〈商書〉曰：「惡之易也，如火之燎于原，不可鄉邇，其猶可撲滅？」54
〈莊八年〉〈夏書〉曰：「皋陶邁種德55，德乃降56。」
〈莊十四年〉〈商書〉所謂……（同隱六年）
〈僖五年〉晉侯復假道於虞以伐虢，宮之奇練曰：「……故《周書》曰：『皇天無親，惟德是輔。』（逸書）又曰：『黍稷非馨，明德惟馨。』又曰：『民不易物，惟德繄物。』」
〈同十三年〉引〈康誥〉曰：「父不慈，子不孝，兄不友，弟不恭，不相及也。」57
〈同二十一年〉成風曰：「蠻夷猾夏，周禍也。」（而《書·堯典》亦有「蠻夷猾夏，寇賊姦宄」之文，現在〈舜典〉。）

54 〈盤庚〉無首句，孫星衍曰：「疑僞孔刪之」。
55 逸書，現〈虞書·大禹謨〉文。
56 此句莊公之語，僞孔誤以爲經文。
57 編案：此條爲原稿夾注所補，但《左傳》僖公十三年下無此。

〈同二十三年〉晉懷公殺狐突，卜偃曰：「〈周書〉有之，『乃大明服』，已則不明，而殺人以逞，不亦難乎！」

〈同二十四年〉鄭殺子臧，君子曰：「……〈夏書〉曰：『地平天成』，稱也。」（杜注：逸書。）

〈同二十七年〉晉侯作三軍，謀元帥，趙衰曰：「郤縠可，臣亟聞其言矣，說禮樂而敦《詩》《書》……〈夏書〉曰：『賦納以言，明試以功，車服以庸』，君其試之。」

〈文五年〉晉陽處父聘衛，反，過甯，甯嬴從之。及溫而還，其妻問之，嬴曰：「以剛，〈商書〉曰：『沉漸剛克，高明柔克。』夫子壹之，其不沒乎！」（杜注：此在〈洪範〉，今謂之〈周書〉[58]。）

〈同七年〉晉郤缺謂趙宣子曰：「日衛不睦，故取其地，今已睦矣，可以歸之……〈夏書〉曰：『戒之用休，董之用威，勸之以〈九歌〉，勿使壞。』[59]。……盍使睦者歌吾子乎？」

---

[58] 〈洪範〉首句：「惟十有三祀」。商曰祀，周曰年。此曰「祀」者，因箕子之辭也，然則左氏稱爲〈商書〉，較今之《尚書》稱爲〈周書〉者更洽。

[59] 注：〈夏書〉，逸書也。〈夏書〉文止此，下乃郤缺釋《書》之辭也，有「水火金木土穀」四句。

〔宣六年〕赤狄伐晉，晉侯欲伐之，中行桓子曰：「使疾其民，以盈其貫，將可殪也，〈周書〉曰：『殪戎殷』60，此類之謂也。」

〔同十二年〕隨武子曰：「〈仲虺〉有言曰：『取亂侮亡』。」

〔同十五年〕晉侯賞中行桓子，羊舌職說是賞也曰：「〈周書〉所謂『庸庸祗祗』者，謂此物也夫！」

〔成二年〕申公巫臣諫納夏姬，曰：「君召諸侯，以討罪也，今納夏姬，貪其色也，貪色爲淫，淫爲大罰。〈周書〉曰：『明德愼罰』，文王所以造周也。若興諸侯以取大罰，非愼之也，君其圖之。」

〔同〕楚師及宋……晉辟楚，君子曰：「衆之不可以已也……〈大誓〉所謂商兆民離、周十人同者，衆也。」

〔同六年〕晉欒書救趙，或謂之曰：「欲戰者衆矣，〈商書〉曰：『三人占，從二人。』衆故也。」

〔同八年〕韓厥言於晉侯曰：「……〈周書〉曰：『不敢侮鰥寡』，所以明德也。」

60 「殪戎殷」即《中庸》之「一戎衣」，今〈武成〉亦作「一戎衣」。孟子云：「盡信書不如無書，我于〈武成〉取二三策而已，仁人無敵，何其血之流杵也？」

乃立武而反其田焉。

〈同十六年〉晉敗楚鄢陵，范文子曰：「君其戒之，〈周書〉曰：『惟命不于常』，有德之謂。」

〈同〉晉郤至獻楚捷于周……單子語諸大夫曰：「溫季其亡乎！位於七人之下，而求掩其上，怨之所聚，亂之本也……〈夏書〉曰：『怨豈在明？不見是圖。』」（杜注：逸書也。〈晉語〉引：「一人三失，怨豈在明？不見是圖。」）

〈襄三年〉祁奚舉赤、午，君子謂其「於是能舉善……〈商書〉曰：『無偏無黨，王道蕩蕩。』（洪範）」

〈同四年〉魏絳引〈夏訓〉。

〈同五年〉楚殺其大夫公子壬夫，貪也。君子謂：「楚共王於是不刑……〈夏書〉曰：『成允成功』。」（逸書）

〈同十一年〉引《書》曰「居安思危」。（杜注：逸書。）

〈同十三年〉晉侯蒐於綿上……君子曰：「讓，禮之主也。范宣子讓，其下皆讓，欒黶爲汰，弗敢違也……《書》曰：『一人有慶，兆民賴之，其寧惟永。』其是之謂乎！」

〈同十四年〉師曠對晉侯：「……故〈夏書〉曰：『遒人以木鐸徇於路，官師相規，工執藝事以諫。』（注：逸書）正月孟春，於是乎有之，諫失常也。」

（同）中行獻子曰：「〈仲虺〉有言曰：『亡者侮之，亂者取之。』」

（同二十一年）邾庶其以漆、閭丘來奔……臧武仲曰：「……在上位者洒濯其心，壹以待人，軌度其信，可明徵也，而後可以治人……〈夏書〉曰：『念茲在茲，釋茲在茲，名言茲在茲，允出茲在茲，惟帝念功』，將謂由己壹也。」（杜注：〈夏書〉，逸書也。林注：今〈大禹謨〉。）

（又）祁奚曰：「《書》曰：『聖有謨勳，明徵定保。』」（注：逸書，今〈胤征〉。）

（同二十三年）慶氏以陳叛……君子謂慶氏不義，「不可肆也，故《書》曰：『惟命不于常』。」（《禮記·大學》亦有此句，乃〈康誥〉文。）

（同）臧紇奔邾，仲尼曰：「有臧武仲之知，而不容於魯國，抑有由也。作不順而施不恕也，〈夏書〉曰：『念茲在茲』，順事、恕施也。」

（同二十六年）蔡聲子復楚伍舉，聲子曰：「善為國者，賞不僭而刑不濫……若不幸而過，寧僭無濫……〈夏書〉曰：『與其殺不辜，寧失不經。』」（杜注：逸書也）

（同三十年）鄭伯有奔許，大夫聚謀，子皮曰：「〈仲虺之志〉曰：『亂者取之，亡者侮之。』」61推亡固存，國之利也。」

（同三十一年）公作楚宮，穆叔曰：「〈大誓〉云：『民之所欲，天必從之。』

（逸書）62君欲楚也夫，故作其宮，若不復適楚，必死是宮也。」

（同）衛北宮文子論楚令尹：「〈周書〉數文王之德曰：『大國畏其力，小國懷其德。』（逸書）言畏而愛之也。」

（昭十年）引《書》曰：「欲敗度，縱敗禮。」（杜注：逸書也。）

（同十四年）叔向斷獄，叔魚受賂，蔽罪邢侯，邢侯怒，殺叔魚與雍子於朝。宣子問其罪於叔向，叔向曰：「三人同罪，施生戮死可也……〈夏書〉曰：『昏、墨、賊、殺』（杜注：逸書），皋陶之刑也，請從之。」

（同十七年）引〈夏書〉曰：「辰不集于房，瞽奏鼓，嗇天馳，庶人走。」（杜注：逸書也。）

（同二十年）引〈康誥〉曰：「父子兄弟，罪不相及。」

（同二十四年）萇弘對劉子曰：「同德度義，〈大誓〉曰：『紂有億兆夷人，亦

---

61 亦參宣十二年及襄十四年，《荀子・堯問篇》吳起引作〈中蘬之誥〉，《呂氏春秋・驕恣篇》亦有。

62 杜預曰：「今《尚書・泰誓》亦無此文，故諸儒疑之。」又曰：「逸《書》，昭元年引同。」又注：「《周語》引同，《鄭語》引同，韋昭曰：『今《周書・大誓》無此言，其散亡乎？』」

有離德；余有亂臣十人，同心同德。』」（今〈大誓〉無此文）

〔定四年〕周公舉之……見諸王而命之以蔡，其命書云：「王曰：『胡！無若爾考之違王命也！』」（杜注：胡，蔡仲名。）

〔哀六年〕楚子軫卒，孔子曰：「昭王知大道矣，其不失國也，宜哉！〈夏書〉曰：『惟彼陶唐，帥彼天常，有此冀方。今失其行，亂其紀綱，乃滅而亡。』（逸書）又曰：『允出茲在茲』（逸書），由己率常，可矣。」

〔同十一年〕吳將伐齊，子胥諫吳王曰：「越在我，心腹之疾也……不如早從事焉……使醫除疾而曰『必遺類焉』者，未之有也，〈盤庚〉之誥曰：『其有顛越不共，則劓殄無遺育，無俾易種于茲邑。』」

〔同十八年〕君子曰：「惠王知志，〈夏書〉曰：『官占唯能蔽志，昆命于元龜。』」（杜：逸書。林：〈大禹謨〉。）

附記：

◎按：左氏引《書》每稱〈夏書〉、〈商書〉、〈周書〉，而不及〈虞書〉，何故？蓋以虞本無《書》，其〈堯典〉以下所載夏前事，亦夏史官所為者也，不觀〈堯典〉、〈舜典〉起筆即稱「曰若稽古帝堯」、「稽古帝舜」者乎！今人紛紛排斥二《典》，實屬盲人觀場，彼對於起句尚不曾讀，不知所讀何在？

◎現《孔傳》之《書》，〈虞書〉有五篇，即〈堯典〉、〈舜典〉、〈大禹謨〉、〈皋陶〉、〈益稷〉三謨是也，然《左氏傳》所引都稱〈夏書〉，何也？

◎《書》有今古文之別，今文皆眞，古文有眞有僞。今文，伏生所傳二十九篇；古文孔安國得自孔壁，多十六篇者已逸，現存多廿五篇之書，乃東晉梅賾所上，疑是王肅、皇甫謐僞造，自朱子、王柏、吳澄、梅鷟、顧炎武、閻若璩、惠棟、王鳴盛辨論後，事已大明，故以《左傳》所引二十九篇外者，杜注均謂爲逸《書》，可證。然王肅、皇甫謐之時古書多存，肅必有所本焉。

◎孫星衍〈古文尚書馬鄭注序〉云：馬氏稱爲逸，無師說。漢晉諸儒咸見其全書，或稱爲逸書者，非亡逸之謂，謂逸在伏生二十九篇之外也，唐人疑爲不見古文，惑矣。

◎孫星衍〈尚書逸文序〉云：全《書》燬於秦，逸《書》亡於晉。經傳諸子所引《尚書》，自秦已前則百篇之文，自漢已來則逸十六篇之文也。婁敬在秦漢之間曾見百篇之《書》，故稱云「武王伐紂，不期而會孟津之上八百諸侯，皆曰紂可伐矣。」其文在〈太誓〉。是時〈太誓〉未出於屋壁，敬自秦時見之。

◎《書》之有〈序〉，本屬一篇，孔《傳》移之各篇之首，序文往往與《書》不協，初未嘗指爲何人作也。《書》有百篇，除書〈序〉及杜林西州漆書外，惟《史記》多有其篇名，中以〈殷紀〉巫咸治王家有成作〈咸〉，又作〈太戊〉，〈太戊〉不見於〈序〉；〈序〉之〈汝鳩〉〈汝方〉，《史記》作〈汝鳩〉〈汝房〉；〈仲虺之誥〉作〈中鼺之誥〉；〈呂刑〉作〈甫刑〉，與《孝經》同。〈盤庚〉喻遷都，《史》則謂小辛百姓思盤庚作，與《左氏》作〈盤庚之誥〉者亦異。至《左》「〈夏訓〉有之曰有窮后羿」云云一大段，襄四年之〈夏訓〉，定四年之〈伯禽〉、〈唐誥〉二篇，均不在〈序〉百篇中。且《墨子・尚同》之〈相年〉，〈兼愛〉、〈明鬼〉之〈禹誓〉、〈湯說〉，〈非樂〉之〈武觀〉、〈官刑〉，〈序〉亦無此篇名；況所引今〈甘誓〉以爲〈禹誓〉，再引〈禹誓〉又不在〈甘誓〉中；引今〈湯誓〉以爲〈禹誓〉，再引〈禹誓〉又不在〈甘誓〉中；引今〈湯誓〉以爲〈湯說〉，別引〈湯誓〉復不在今〈湯誓〉內。又《禮・緇衣》有〈尹吉〉、〈太甲〉，《尚書大傳》有〈大戰〉、〈揜誥〉、〈多政〉，《漢書・律歷志》有〈豐刑〉等，皆不見。則《書》之篇目不只百數明矣。

◎《論語・堯曰》篇「予小子履」一段，何晏《集解》載孔安國注云：「履，殷湯名，此伐桀告天之文，《墨子》引〈湯誓〉其辭若此。」今考〈兼愛下〉篇引此段凡十三句，爲〈湯說〉，不云〈湯誓〉，然《國語》內史過引〈湯誓〉曰：

「余一人有罪，無以萬夫；萬夫有罪，在余一人。」業已稱爲〈湯誓〉矣，惟《墨子》所引，於「告于后帝」下增多「今天大旱，即當朕身履，未知得罪于上下」三句，似改伐桀爲禱旱；又〈尙賢中〉篇引〈湯誓〉曰：「聿求元聖，與之戮力同心，以治天下。」其語亦不見於今《書》，何也？且〈堯曰〉篇之「咨爾舜」一段，爲堯禪舜之辭，今〈堯典〉亦無之。又，陳衍《尙書舉要》引王鳴盛之言而案之云：「孔謂此伐桀告天之文，告、誥古同音，其爲〈湯誥〉，非〈誓〉也。《墨子》乃合誓、誥、桑林禱辭，故統稱湯說。」

◎《國語》引《書》，其逸《書》者，如〈楚語〉白公曰：「武丁於是作書曰：『以余正四方，余恐德之不類，茲故不言。』又曰：『若金，用女作礪。若津水，用女作舟。若天旱，用女作霖雨。啓乃心，沃朕心。若藥不瞑眩，厥疾不瘳。若跣不視地，厥足用傷。』」（注：賈、唐曰：「《書．說命》也。」昭曰：「非也，其時未得傳說。」）」

◎昭元年：「趙孟曰：『虞有三苗，夏有觀扈。』」杜注：「觀國，今頓丘衛縣。」《國語》：「土亹曰：『啓有五觀』」，韋注：「五觀，啓子太康昆弟也。」《水經注》曰：「淇水又北，逕頓丘縣故城西，古文《尙書》以爲觀城矣，蓋太康弟五君之號爲五觀者也。」據《竹書》，五觀即武觀[63]。《周書．嘗麥解》曰：「其在啓之五子」，〈古今人表〉：「啓子昆弟五人，號五觀。」

◎〈嘗麥解〉曰：「其在啓之五子，忘伯禹之命，假國無正，用胥興作亂，遂凶厥國。皇天哀禹，賜以彭壽，思正夏略。」此豈非夏乃禹之國號，而啓又禹之嗣君之證乎？今人顧頡剛、錢玄同等偏說禹與夏無關係，何也？似此，則《周書》非古籍，而彼輩於他處偏欲採爲證者之不足憑矣！

◎廖平云：「《書．禹貢》、《詩．車政》有會同，《論語》、《周禮》亦有之，而《春秋》有會無同，《左傳》亦無同。」謂《傳》緣《經》立說，《經》所無者《傳》不能有之證。夫《傳》乃記實事之書，如當時有此實事，《傳》豈得不書之而從《經》以無之耶？不知《經》實從《傳》，《傳》既無此事，則《經》亦安得獨有之乎？《詩》、《書》、《論語》之文乃連帶之言，非實二者並行，必古有此二制，而當春秋之時僅行其一耳；《論語》有「禹、稷躬稼，而有天下」，按之《書》，乃稷躬稼，禹則連帶言之也。

63《竹書紀年》：「帝啓十一年，放王季子武觀于西河。十五年，武觀以西河叛。彭伯壽帥師征西河，武觀來歸。」彭，夏諸侯。

是左氏與禮關係說

（隱元年）贈死不及尸，弔生不及哀，豫凶事，非禮也。

（同六年）冬，公爲之請糴于宋、衛、齊、鄭，禮也。

（同七年）春……謂之禮經。

（同八年）四月，鍼子曰：「是不爲夫婦，誣其祖矣，非禮也，何以能育？」

（同）秋，以釋東門之役，禮也。

（同）八月丙戌，鄭伯以齊人朝王，禮也。

（同十年）六月，不貪其土，以勞王爵，正之禮也。

（同十一年）禮之經也。

按，《左氏》之所謂「禮」與「禮經」尚不止此，如「鄭伯伐許」篇末云：「禮，經國家、定社稷、利後嗣者也」，以外每有言禮之文。此多爲解《春秋經》而作，正後人所謂劉歆等之作僞者也。蓋《左氏》本自爲書，非解《經》之《傳》，且爲先於孔子之作，豈有是哉！

其所謂禮，即如：

（成二年）鞍之戰。

（成三年）齊侯朝於晉，韓厥之對齊侯。
（僖二十七年）晉蒐於被廬，作三軍，謀元帥，又大蒐以示之禮。
（僖二十八年）城濮之戰，晉文之於楚。
（僖三十三年）秦人過周北門，左右免冑而下，又晉子墨衰絰。
（又）狄之戰，先軫死師。
（宣十二年）邲之戰，晉楚將佐多以軍禮相見。
（成三年）晉之對楚子，稱其父爲外臣首，而稱名。
（襄九年）魯襄行冠禮於衛，假鐘磬。
（隱八年）鄭忽逆陳婦嬀，先配而後祖。
（桓十八年）魯桓與夫人如齊，女家男室相瀆。
（桓六年）魯桓命子同生之名。
（僖九年）齊桓之拜賜胙。
（宣十五年）解揚之致君命於宋。
（襄二十五年）晏子枕公尸於股。
（襄三十一年）子產相鄭伯如晉之言。
（昭十八年）火災之處置，宋衛皆如是，陳不救災，許不弔災等（襄九年宋災亦然）。

敘事有原委曲折者，使後人讀之如睹，當時禮儀之節文如聞。

古人制禮必本人情，非可憑一己之私以爲厚薄也。春秋雖亂世，周公之教尚存，任侵伐相尋、詐僞相尚，國異風、家異習，而天下共通之禮節不能因造次顚沛而或忘，不似戰國以還，一以利害爲計較者也。

顧氏《大事表》所列五禮，則均爲釋《春秋》而作，其所錄左氏言，非眞左氏筆也，空談無實證，遜於長篇記事中所及之禮萬萬，故特舉之，以爲世之欲知春秋時代禮式者鑒焉。

附記：

◎章太炎主編《國華雜誌》，民十三出版第二期第一冊有陳漢章之〈周禮行於春秋證〉一篇，云：自孫處瞽說，謂《周禮》書成實未嘗行，如唐之顯慶元禮，儒者莫不信之，顧氏《大事表》更疑非周公之書。不知鄭注〈明堂位〉曰：「嶡，周禮謂之距」，「距」見《儀禮．少牢饋食禮》，是凡《儀禮》之行於春秋時者皆得謂爲《周禮》，然不引《周禮》本文證之，人不信也。考之魯而得十有六證焉，考之諸國而得四十四證焉。

◎案：其六十證中，多取《左氏傳》，餘但《經》文及《穀梁》數者而已，魯之外，周有六，衛有三，鄭有四，晉十有六，而異姓庶姓合之亦十有七，且云其他若《國語》、《論語》、《晏子春秋》諸書可引證者尚多，又春秋時有變古不用周禮者，無不謹書其始，引《禮·檀弓》、〈曾子問〉、〈郊特牲〉、〈玉藻〉、〈雜記〉及《左傳》者，凡二十證云。然世既以《周禮》與《左傳》俱是古文經，疑爲劉歆等所竄造矣，則此證豈不亦受其疑乎？總之，《禮》之篇文有損益，而禮之綱領指趣則百世可知，如肆筵設席之便於拜跪，則以稽首授玉爲禮，行陣道途之難於趨蹌，則以奉槍執手爲禮，一時代有一時代之風俗習慣，古今不相誣也。試玩《左氏傳》中所敘各種舉動，詎無合於封建時代所宜有乎？

◎廖平、康有爲等今文學家主張孔子改制之說，若然，則孔子之理想既不能行之於當時，又安望其能行之於後世乎？彼以《小戴禮》之〈王制〉爲孔子理想之制，而以《周禮》爲當時從周實行之制，吾等稽考史事，當從實制乎？抑理想乎？此不待智者類能別之。雖周之末流有文弊之嫌、積弱之憾，然傳世三十餘，歷年七八百，亦可以足矣！況天下無不弊之法，亦無不弊之國家，豈得藉口周制之不善哉！

◎廖平謂孔子所改之制爲殷制者，更謬。孔子作《春秋》乃周時，而反用殷制，則《春秋》無一實事矣，以無一實事之書而能使亂臣賊子懼者，吾不信也，而今文學家偏信其說,何耶?

◎又《周禮》無禘祫,《左》、《國》無祫。《周禮》朝、覲、宗、遇分四時,《左》、《國》有朝,無覲、宗、遇。然《經》隱四年、八年皆有遇;《傳》有,非左之舊文。

是左氏與國語諸子關係說

瑞典人支那學者珂羅倔倫氏[64]著《左傳眞僞考》,所考定《左氏》文法與《國語》同,在周秦漢初文均與不同,即三、四世紀如《莊》、《荀》、《呂》、《韓》、《國策》是也,然又與《淮南》同,而與《論語》之魯人不同。據此說,則《左氏》似非與孔子同時,而且在其後矣。余曰不然。《國語》記春秋以前事者,獨〈周語〉穆王將征犬戎起至幽王二年西周三川皆震,凡十篇,及〈鄭語〉一篇而已,餘均入春秋以後事,其中與《內傳》重複者幾及十之

[64] 編案,即Bernhard Karlgren高本漢。

七八，而與之異者亦十之二三，此豈如氏所云內外《傳》乃割裂而分之者歟(65)？若謂其文法同，則何以《內傳》多記事、《外傳》多記言，《內傳》之文麗以則、《外傳》之文典而腴者，又不盡同耶？吾故謂《內傳》左氏少壯之文，而《外傳》則老年之文，司馬氏「左邱失明厥有《國語》」，非虛言也。

〈晉語〉九，凡百二十七篇，誠可謂多矣，然春秋自晉文以來世爲盟主，幾與東周相終始，非有此多文，安能盡其言？且如《內傳》晉每一出師，具列將佐，又其所記鄭、楚事亦多，皆與晉有關係者也。不見《孟子》書中梁惠王曰：「晉國天下莫強焉」，周霄曰：「晉國亦仕國也」，豈不以晉爲春秋時代歷史之主腦乎？至於宋之備舉六卿，魯之常談三家，一則前王之後，一則宗周之長，況以魯人爲魯史，焉得不據魯史而著書者哉？其所以不與記《論語》之魯人同者，蓋《論語》爲七十子後門人所記，而左氏乃長於孔子之人，時代不同故也(66)。至與《莊》、《荀》、《韓》、《呂》、

(65)《國語．晉語》於記公子重耳事，多與《左氏》重複，然雖重複，而詳略亦各行，非割裂者明甚。

(66)《國語》獨〈齊語〉只有七篇，且均爲記桓公之事，而〈魯語〉自季桓子穿井以下多有仲尼之言，爲異耳。

《國策》之不同者，亦然。

《淮南》漢人書也，而謂其與《左氏》同，則所同者均世所常述之史事，可引證諸條而已，今試舉例以證之，則珂氏之說不攻而自破矣。《淮南》所引多老莊之言，左氏豈有是乎？所用多僻字，左氏有是乎？所采多不經之怪典，左氏有是乎？夫《淮南》雜采傳記百家之言，其偶及《左氏》者，文句多有出入，且爲說亦與《左氏》異，《左氏》多直證、正證，《淮南》則專用反證，此老莊之故智也。《淮南》之引《國策》也，連篇累牘，若引《左氏》，則不過三數語，且時有《左氏》所無，蓋史事本與空談者枘鑿也。即如《左氏》續經、續傳，本非邱明之筆，乃孔門弟子所爲，其記白公勝事，亦不如《淮南》之妄。《淮南》載白公問於孔子及孔子之答，均與孔子之卒同年（孔子卒於四月，白公之亂在七月以後），時孔子不曾到楚，安得有此耶？總而言之，《淮南》者老莊之學，自信其道者也；若孔子之徒之學，敬鬼神而遠之者也；左氏之學迷信於福善禍淫之說，樸直民風尚存之時之言者也。故左氏先於孔子之徒，孔子先於《淮南》所引之老莊，歷序顯然，不容紊也。先儒云《淮南》爲西漢人采古之總集，《呂覽》爲戰國末人采古之總集，信非誣矣。夫《淮南》之專好爲反比證者，徒使後世迷於去取，無所適從，豈若《左氏》以直證、正證較直捷痛快，有太古之風，且可使人易於適從者之爲愈乎！《左氏》所載福善禍淫之事無一不報，此實史學家天職所在，不可磨滅者也，是豈託古改制、空言無補之諸子所得同日語哉！

附記：

◎劉歆果將《國語》析裂爲《左氏傳》，則何不連《傳》有《經》無之文一概留存於《國語》，使《左氏》全爲解《經》之書乎？既有《傳》有《經》無之文割在《左氏》書中，何以留存之《國語》所記多與《左氏》出入或詳細(67)互異者乎？此眞使人百思不得其解者也。總之，《左氏》中之解《經》確多有劉歆增入之跡，然亦必當時有與《公》《穀》異解之書留存，爲劉歆所采，成爲《左氏》之解《經》，非一切憑空杜撰者。觀其記載當時典禮，或有勝於《公》《穀》處，豈鄒氏、夾氏之流亞耶？如隱五年初獻六羽，《左氏》曰：「天子用八，諸侯六，大夫四，士二。」而《公》《穀》均加入「諸公六，諸侯四」之文，若果如此，則伯子男復何所用？而大夫士更無著矣！此《公》《穀》不知當時禮制之證也。

◎廖平謂孔子「吾從周」乃少壯之語，「夏時、殷輅、周冕」是晚年定論；魯爲今學，爲孔子同鄉宗晚年說爲宗派者也；燕趙爲古學，燕趙弟子未修《春秋》以前，

(67) 編案，「細」疑爲「略」之誤。

辭而先反，聞「從周」之言，未經面領已後改制等說，疑魯弟子僞爲其言，故篤守前說爲宗派者也。

似此，則《左氏傳》信爲守前說之領袖矣，豈非孔子少壯時之人，先《春秋》而作之書乎？

◎《左氏》有獲麟後記衛事獨多及多吳越事者，因孔門弟子有關故也。

◎《左氏傳》多以魯爲「我」，決是魯人，非燕趙人。惟隱元年有「魯故也」三字，乃後人所加解《經》之文，非左氏原文也。傳左學之弟子每於記事之篇末、節末揑造先師之言，以評斷其是非得失者，即《傳》中之「君子曰」或「君子謂」之文，自隱公元年起至定公十年止，不可勝數。至十年以後則不復再見，必是其先師已於其間逝世故也。後十四年忽有子貢之言，豈左邱明卒於此三、四年中乎？蓋孔子之徒見左氏之徒已絕筆於定十年之後，乃爲續至哀之二十七年，且爲增仲尼之言於左氏篇中，自僖公二十八年起至於孔子之卒止，與續《經》同；而又作孔子弟子如子貢等之言行入之，以成爲孔氏一家之學者也。續《經》則獲麟後起，略不同。

◎《史記》謂邱明爲魯君子，故《左氏傳》中多有「君子曰」之文，必是傳左學之弟子所加，亦如《公羊傳》之有子公羊子[68]、《穀梁傳》之有穀梁子也[69]。況魯君子之稱又出於孔子之言乎？《論語》云：「君子哉若人，魯無君子者，斯焉取斯。」蓋以子賤之所以成其德，賴有魯之君子耳。玩「斯焉取斯」之文句，豈史官之史書耶？

◎案，孔子卒於哀公十六年，上溯至定公十年，已二十有一年矣，則魯「君子」之不見於《左傳》正得此數，以《論語》所稱「左邱明恥之，某亦恥之」之前輩亦先卒二十年者比之，無不合。而僖公二十八年起《左傳》所引仲尼之言乃解《經》者，非長篇敘事之文，故不用「君子曰」，可見「君子」之稱是傳左學之弟子所記，與「仲尼曰」是孔門弟子所加異也。

◎《國語》有〈周語〉而無〈宋語〉，《左氏》則宋每一興廢備舉六卿，此記事之史所應爾也，若謂割裂《國語》以爲之，則非也，《國語》記言之史，安得有是？

◎孟子常談《春秋》而不及《左氏》，豈《春秋》本附《左氏》記事中乎？所云晉

---

68 桓六年「子同生」條引。《公羊》又有子沈子曰、子司馬子曰、子女子曰、子北宮子曰，又有高子曰、魯子曰，皆傳授之經師，不盡出於公羊子。

69 隱六年「初獻六羽」條引。

《乘》、楚《檮杌》、魯《春秋》，原是一樣之書[70]；「其事則齊桓晉文，其文則史」者，檢之孔子之《春秋》總不見，不知其事其史在何處？維有「其義則丘竊取之矣」一句，《春秋經》之是非褒貶略似之耳。

◎或曰晉《乘》即《竹書紀年》之類，楚《檮杌》即楚書，《禮記·大學》有「《楚書》曰：『楚國無以爲寶，惟善以爲寶』」，此似與《楚語》王孫圉對趙簡子語頗類。

◎朱子《儀禮經傳通解》多引《左氏傳》及《國語》之言與事以證各禮，又《儀禮集傳集注》與黃勉齋所續喪祭二禮亦然，但其中采及諸子、《列女傳》者尚多。

◎崔東壁《洙泗考信餘錄》「左子」條下云：戰國之文恣橫，而《左傳》文平易簡直，頗近《論語》及《戴記》之〈曲禮〉、〈檀弓〉諸篇，絕不類戰國時文，何況於秦！襄、昭之際文詞繁蕪遠過文、宣以前，而定、哀間反略，率多有事無詞，哀公之末，事亦不備。

◎崔云：朱子以《左氏》爲史學，《公》、《穀》爲經學。余按，《左傳》雖多不

[70] 毛西河云：定哀之間列國史冊，則但得晉楚二史以爲《傳》本，一如孟子所云晉之《乘》、楚之《檮杌》、魯之《春秋》者。

合於經，然二百餘年之事備載簡冊，細心求之，聖人之意自可窺測，《左傳》之遠勝二家正不在義理，而在事實也。夫經史者，自漢以後分別而言之耳；三代以上，所謂經者即當日之史也，《尚書》史也，《春秋》史也，經與史恐未可分也。

◎崔又云：《國語》事少而詞多，《左傳》一言可畢者，《國語》累章而未足也，故名之曰《國語》，語也者，別於記事而言者也，黑白迥殊，雲泥遠隔，而世以為一人所作，亦已異矣。

◎又云：《史記．自序》云「左邱失明厥有國語」，由是世儒皆謂《國語》與《春秋傳》為一人所撰，東漢之儒遂題之曰《春秋外傳》。余按，《左傳》之文年月井井，事多實錄，而《國語》荒唐誣妄，自相矛盾者甚多，《左傳》記事簡潔，措詞亦多體要，而《國語》文詞支蔓，冗弱無骨，斷不出一人之手。

是左氏為六經之總匯，即史學之總匯說

司馬遷〈五帝本紀〉贊云：「余嘗西至崆峒，北過涿鹿，東漸於海，南浮於江淮矣。至，長老皆各往往稱黃帝堯舜之處，風教固殊焉，總之不離古文者近是。予觀《春秋》、《國語》，其發明《五帝德》、《帝繫姓》，章矣，顧第弗深考，其所表

見皆不虛。書缺有間矣，其軼乃時時見於他說」云云71，其所推重古文如此備至，則古文爲當時之信史可知。至所觀《春秋》、《國語》有發明《五帝德》、《帝繫姓》之事，按之孔子所作《春秋》，乃提綱挈領如流水帳簿或斷爛朝報，安得有記載《五帝德》及《帝繫姓》者哉！有之，必左氏之《春秋》無疑。夫彼以《春秋》與《國語》並提，則後世尙猶執《左氏》本爲《國語》析出之書者，豈不謬耶？

蓋六經皆史，而史之所以爲經，以其非空言也，非空言，則事有顚委、有是非、有美惡、有報復、有朕兆、有結局，皆可一一按其終始，考其本末，以驗其得失，而爲後代之鑒戒焉，不然，徒託空言，無補實用，則雖汗牛充棟，亦奚以爲？恨不再起秦王政而壹切摧焚之也！《左氏》所記，有關係天下之事，有一國之事，亦有只一家一身之事，其可爲後世證驗則一。《孟子》曰：「人有恆言，皆曰『天下國家』。天下之本在國，國之本在家，家之本在身。《記》曰：『修身，齊家，治國，平天下』，孔子曰：『天下有道，則禮樂征伐自天子出；天下無道，則禮樂征伐自諸侯出。』自諸侯出，蓋十世希不失矣；自大夫出，五世希不失矣；陪臣執國命，三世希不失矣。」

---

71 後人動輒指《史記》所有言及《左氏》之事均爲劉歆竄入者，若此贊，試問有一字一句可是劉歆所能竄入者乎？

無一不可爲《左氏》所記之證㉒。

且《左氏》之於《易》卦、之於《詩》《書》、之於禮法，又有如上說之關係，則其爲六經之總匯，非他書可比也。而六經之於史，《易》則本爲史官所掌書，即右史之記言；《詩》乃輶軒所采，祝史所誦；《禮》則一朝制度所存，杜史所司；《春秋》又左史之記事者也。《左氏》既爲六經之總匯，亦即史學之總匯，故東漢西漢今古文之爭均以《左氏》爲樞紐耳。

或曰「古文家言均託於周公，此劉歆欲以周公篡孔子之學統者也，若如古文說，則孔子僅一保存史料之人，何足爲萬世之師表而爲生民所未有者乎」云云。此未識史料之價值者也！夫民族之興廢不常，而精神則存諸歷史；一時之敗亡雖不免，而萬世之起立猶可期。不有史料，則木本水源之念早消滅於不知不覺之中，一蹶而不能復振矣，故保存歷史即所以保存種族者也。若孔子之保存史料，其價值尚不只此。不觀其史化爲經，經皆是史！六藝之書一經其手，無不化腐朽爲神奇，存大道於天壤，將使

㉒ 首先發表孔子之《春秋》爲要書，可以懼亂臣賊子者，孟子也。而孟子實欲自著書以排楊墨，故藉孔子《春秋》爲之始，不然，孔子既云「述而不作」，則欲傳孔子道之孟子何所藉口？故必須極推崇《春秋》耳。

五洲萬國必有一日共伸吾孔子眞理於歐美大陸而無窮也。不然，亦必有大亞洲學說統一之實現焉。

蓋《詩》者，離人思婦之風謠，而祭祝之歌誦者也，一轉而爲多識鳥獸草木矣，再轉而爲專對之使而達政矣，三轉而爲告往知來、不立面牆之人矣。《書》者，君臣之空談，而誓誥之具文者也，一轉而爲孝友，施於有政矣，再轉而爲古之人皆然矣，三轉而爲帝王授受心傳矣。《易》者，卜筮之末技，而朽骨枯草之乞靈者也，一轉而爲學之無大過矣，再轉而爲不占之承羞矣，三轉而爲見乎蓍龜，善不善必先知矣。《禮》者，應酬之小節，而揖讓之虛文者也，一轉而爲小大由之矣，再轉而爲夏殷足徵矣，三轉而爲百世之可知矣。《春秋》者，不明不白、無首無尾之流水帳簿、斷爛朝報也，一轉而爲知我罪我者矣，再轉而爲亂臣賊子懼者矣，三轉而爲功不在禹下者矣。此保存史料之極則者也。子曰：「述而不作，信而好古，竊比於我老彭。」老彭者，周柱下史也（或作守藏史）：彭者，商（或云堯時）之史官也，宜其竊比之也。又云：「甚矣，吾不復夢見周公。」周公，啓群經之史料者也，宜其思夢見之也。嗚呼！史之重要如此，何必再以教育家、哲學家、政治家加之，而始足爲生民未有之萬世師表哉！

附記：

◎夫《春秋》於隱公之卒，不敢顯然書爲桓公所弒，又不能從前史委爲寫氏所爲，故以「自薨不於寢所」爲文，設非有左氏直傳其事，不幾於使亂臣賊子不懼乎？蓋當孔子之時，季氏三家當權，則皆桓公後也，彼豈肯以祖上弒君之事任孔子書明之耶？而《公》《穀》偏有爲本國諱、爲君上諱之言，致開後世修史者之用曲筆（內大惡諱、爲尊者諱）。但左氏之敢於明記羽父弒君之事者，必是傳左學之弟子歸燕趙者聞先師之言後，乃著於竹帛耳。

◎燕趙弟子之說，廖平謂爲孔門，余則謂爲左學較合。若顧頡剛等所謂《左氏傳》是六國以後人作，且非魯人，及衛聚賢謂是在魏之子夏門弟子衛人吳起等所傳，余則謂子夏必與左邱明有關係，蓋左邱失明，子夏亦失明，何其若是暗合耶？一笑。

——以上各文皆錄自黃美娥編：《張純甫全集》（新竹：新竹市立文化中心，一九九八年六月），第四冊，〈文集〉。

筑客四十五前詩自敘

余今日忽發見二千年來諸儒所未解決之疑案，急以韻語成五截數首。而余四十五年來學詩之功用始略告一段落，亦足以見作詩之非難而讀書之難也。《春秋左氏傳》，童子時背誦之書也。而至今愈讀而愈不得其解，蓋不解其夫子何故必作《春秋》也？夫子之《春秋》，王介甫至謂爲「斷爛朝報」矣。解經自《公》、《穀》以來，世稱聚訟，而究其聚訟之源則何在？在不知夫子何故作《春秋》也。夫子作《春秋》時，知後世必知其所書之事乎？不知其所書之事，而徒以是非褒貶示人，則何人能知其何所是非褒貶乎？故夫子必因先有人傳其事于世，而後就其事而是非褒貶之也。不然，無其傳而先有其經，則何異于斷爛朝報哉！蓋傳者，傳古人之事之言者；經者，傳之目錄，而其事之綱者也。後司馬文正作《通鑑》成，而別爲目錄一書也，世因《紫陽綱目》一時並作，是以誤爲經先傳或經傳並作耳。其言曰：「夫子作《春秋》，左氏恐後人不解其所謂是非褒貶，故作傳以實之。」或又謂：「左氏非孔子同時之邱明，乃秦博士。」至近日，衛聚賢甚且謂：「作《左氏傳》者，乃曾子、子夏之弟子吳起。」嗚乎！果如此，則夫子作《春秋》時，豈及料後人必爲之作傳乎？夫子之作《春秋》，游、夏之徒已不能贊一辭，則後人之傳，非可必也；不可必，則春秋果爲斷爛朝報矣！何是非之足爲褒貶耶？

世不嘗讀《論語》乎？子曰：「巧言，令色，足恭，左邱明恥之，丘亦恥之。匿怨而友其人，左邱明恥之，丘亦恥之。」味斯言也！左邱明之前於夫子，非可一、二歲計，則左氏之傳則于夫子之《春秋》，亦非一、二歲計矣。夫子以左氏之傳必行世，而其中必無一、二爲舊史所誤書，如許世子必自置毒而巧承爲不嘗藥之類，故不憚爲作《春秋》以實之，其他或訂正或補亡。至其傳有經無著，乃非關緊要，此夫子《春秋》之意也。

惟今所存左氏書則多解經之言，何也？此夫子以後人如劉歆輩所竄入者，前人考之詳矣。其間傳中所有孔子言，抑如門弟子所增之獲麟後續至孔子卒者也。若史遷所謂：「左邱失明，厥有《國語》。」亦正以《春秋傳》乃左邱少年之作，而《國語》爲老年所成驗之。其文辭則更穎鈍，判若兩人，此則非余一己之私言矣。

余自五歲讀書，二十始學詩，至今作詩垂二十五年。自笑所學無成，而不甘棄以前無知之作，故因偶獲經傳先後之解，雖不知其是否有當？然愚者之一得，頗知讀書得間之難，乃錄爲余四十五歲前詩之自序焉！

壬申夏麻小春上浣　　純甫張漢并書

附記：其謂《春秋》經傳同時並作者，亦非。蓋果如此，必如《紫陽綱目》綱領與條目合符。今觀《春秋》或經有傳無，或傳有經無，且褒貶常不合，後人皆謂：「左氏是非頗謬于聖人」，況無經名，因後世謂夫子所作而尊之故云。

太史公十二諸侯年表序云：「是以孔子明王道，干七十餘君莫能用。故西觀周室，論史記舊聞。興於魯，而次《春秋》，……。七十子之徒，口受其傳指，……。魯君子左丘明懼弟子人人異端，各安其意，失其眞，且論其語，成《左氏春秋》。」

又《史記》自序及〈報任安書〉云：「左丘失明，厥有國語。」云云。

沈氏云：「《嚴氏春秋》引〈觀周篇〉云：『孔子將脩《春秋》，與左丘明乘，如周觀書於周史，歸而脩《春秋》之經，丘明爲之傳，共爲表裏。』」《藝文志》云：「左丘明，魯史也。」孔〈疏〉云：「是言丘明爲傳，以其姓左，故號爲《左氏傳》也。」

朱子曰：「不必解左氏爲邱明，或云左邱其姓也。《左傳》自是左姓人作，又如秦始有臘祭，而左氏謂虞不臘矣！是秦時文字分明。」

啖氏助曰：「三傳之義，本皆口傳，後之學者乃著竹帛，而以祖師之目題之。予觀左氏，傳晉則每一出師具列將，佐宋則每因興廢備舉六卿。」

按：若謂秦人、晉人、宋人所作，然傳中則以魯爲我矣！

致羅鶴泉書(一)

來翰讀悉，以弟留心學問，他日成就自有可觀。所云白話文爲平民通用文字，易於暢所欲言。然觀此次之信，用舊式文，亦何嘗不暢所欲言？且比之前用標點式更明白痛快。況言語一途，即全中國論之，欲達到統一，尚費時日。蓋各省方言不一，口音各殊，而白話文僅其一部分而已（舊式文即古之白話）。況此種文，學雖容易，而欲寫得簡賅則又甚難，一篇文字非冗長至數紙不止。本欲節省工夫，反以此延宕寫看時間，費觀者目力，僕竊以爲不必也。舊式文久已通行，深者自深，淺者自淺，亦何曾不平民式哉？（因人之賢愚程度至不齊，本不能畫一也。）

至如《古史辨》，僕於近日移居無聊走看一過，覺其所言間雖一、二偶有情理，然存心已屬一偏。蓋古人讀書疑義相與析，非如今人先抱疑心而後讀書也。未讀書而先懷疑，則何處不可生疑？且又何處足信？所謂盡信書，不可；而盡疑書，亦不可也。孔子曰：「信而好古」則眞可應用爲讀書法矣。今日所謂以科學方法治國學者非全不不是（編案：原稿疑多一「不」字），但古之典籍至今存者有幾？而欲以區區證佐決疑信，吾竊恐其仍歸武斷耳。夫人讀書欲明理耳，明乎此，則書之眞僞皆足供我驅使。王肅輩雖善造僞書，但其時古籍尙多存者，彼必有觀及秘本而采入以濟其僞，然吾正可因是驗古人之心跡。譬如讀《尙書》，非不知〈典謨〉文從字順不類太古，然文字雖非古而口吻則甚古，何則？讀〈堯典〉、〈舜典〉，則堯之德過於舜；讀〈大禹臯陶謨〉、〈甘誓〉，則知禹之德至啓而漸薄；讀〈湯誓〉、〈湯誥〉、〈泰誓〉，則知革命之事至武王而德亦漸薄。思至此，雖不好古，不可得矣。降而至《國語》、《左傳》、《戰國策》亦然，書至《國策》，則心術不可問矣。劉歆、王肅輩縱能造作文字，必不能造成口吻，則世運升降，人情厚薄，於此仍復斑斑可見。劉掞黎氏謂「頡剛之辨古史有影響於人心」，實非細故。而胡適之反斥其無關，吾不知彼輩誠何居心？必欲破壞古思想而後快也。吾非謂古說全無弊害也，以其弊小而利多，非謂今說全無利益也，以其害多而利小。蓋唯心、唯物二論，在歐西已屬時起時仆，況中國數千年來爲唯心論者所支配，而一朝欲以唯物之說代之，其不至于削足適履者幾希。夫科學徒能驗諸有形，若無形之處，又豈科學之力所能窮其萬一哉！天道、人道消息響應之理，考諸過去，驗諸現代，知諸未來，自然之天與神之權力常不能因人工物力之發達而即得擬議而形容之。何問征服？此則憑天與神時代之快樂，與夫憑理與智時代之苦痛，可想而知。讀史者能于此等處致意，自不爲邪說惑矣。古今來讀書人甚多，非其讓胡、錢、顧等氏出一頭地，蓋不忍作此利己誤人事耳。

金君所擬諸題，知此君現正熟讀《史記》，甚可欽佩。然《史記》所錄各書正現代人所斥爲無稽之談者也，其實《世本》等書亦未能盡信，《尙書》等篇目則多與〈大序〉相同，至所敘〈泰誓〉事如「白魚躍舟，流火王屋」等，比東晉僞書更多神話，豈以其多神話信其爲古說乎？金君之〈司馬遷所見書考〉及〈漢初之尙書〉二篇，題目甚佳，且易爲力，此君之才之巧，取名當世不難矣。若欲作此二文，即如僕之荒陋亦略有門徑可尋，然無早見及此，爲捷足者所先登，眞可畏哉！足下現欲研究何題，請略指明，以便互相斟酌也。春寒漸烈，冀珍重客身，爲吾黨光。

二月二日即正月初四日

致羅鶴泉書(二)

鶴泉仁弟文几：

所謂衛聚賢氏〈大小雅考〉以雅爲夏，引《荀子》〈儒效〉、〈榮辱〉二篇「君子安雅」、「居夏而夏」爲證，此均出王引之之說（俞樾《墨子》〈天志下〉亦引王此說）。王于〈榮辱〉篇「安雅」云「雅」讀爲夏，夏謂中國也，故與楚、越對文；〈儒效〉

篇「居楚而楚，居越而越，居夏而夏」是其證。古者，「夏」、「雅」二字互通，故《左傳》齊大夫子雅，《韓子》〈內儲說右〉篇作子夏云云。

而僕亦以《詩》有「以雅以南」句「雅」與「南」對，則衛氏謂夏為北方民族，亦非無意。而《左傳》有「金奏肆夏」，及《周禮》有「九夏」，且季札觀樂為之歌《秦》曰：「此之謂夏聲」，秦本周地，亦尚可用。然季札於《大、小雅》，則直謂之「雅」，而不謂之「夏」，為尚有疑問焉。

大凡此大問題，流傳數千年，非可以一、二證據，而便可證實之。僕此番讀《詩》，但感覺昌黎〈北山詩〉之用或字，乃直仿〈南山〉。至於《頌》之有魯、商，則知編詩之果為孔子徒也而已。

吾弟之律詩，惟有「傷心」二字可易「擔簦」較妙。僕今年詩不多作，有之，則均為應酬之下駟也。仁弟欲于中秋來竹甚佳，然廖藏芝君曾約，來舊曆八月四日、五日有祭日及禮拜之間，欲共作獅頭山之遊。弟如逢及廖君，即為問之，或其期同來更妙。即詢

文祺

純甫　泐

舊曆七月十七日

答黃春潮書 論消極積極

春潮兄足下：

前日討論之事，竟辱翰墨先施，所以開茅塞者甚，至謝謝，但所論列多與鄙見相左，不得不略商榷焉。蓋兄以主張積極駁弟之主消極，引《易》〈乾卦〉反覆辯難，似乎兄之理長而弟之理短。然細繹卦詞，覺弟所持論，兄已自承爲得當矣。何也？夫亢龍之有悔，非原於積極進行而不知止乎？然而知止，難事也。以勇往直前之行，何能知可止之地？人生有限，慾望無窮，進而行之，能十步而止，百步而止乎？抑千步、萬步而後止乎？其不至於有悔者，幾希！

若〈大象〉之「天行健，君子以自強不息」，初何嘗示人以直進也，自爲一般急進之徒所誤用，竟認行爲進。試問進行不息欲至何處而止，豈不行至山窮水盡處乎？且進行何能不息乎？天下豈有有進無退之道乎？豈有謂行爲進之理乎？蓋行健不息者，就吾人固有之地位而行所當行者也。素富貴行乎富貴，素貧賤行乎貧賤，以至夷狄患難，亦以行吾素而已。苟謂行爲進，豈必貧賤患難而行乎富貴夷狄之道哉？吾之所謂得寸進寸者，即本此意。而以進爲行素也，非以進爲進也；得而後進者也，非進而後得也，而不虞爲兄曲解耳。

且〈乾〉之「自強不息」，玩「自」字之意，亦即行素，其不息者亦行素乃得不息耳。即「天行健」之「健」字，亦非有進意，但循環耳。循環故能不息，不然其不至於進銳退速者乎？來信中所論違衆、從衆，明大勢、識時務等語，此趨時媚世計較利害者之所爲，非所望於吾黨，而亦非吾兄所宜出諸口吻者也，故不俱辯。謹覆。

再答黃春潮書

前函既覆，答書復來，意中事耳。蓋兄平時主持進取甚力，非一、二言所能轉移，非討論至山窮水盡無可發揮，亦不能舍己從人故也。然吾黨既以建言貢獻時世爲職志，安能不以所知條分而縷析，雖費心力亦所不顧，又豈得以戔戔能事而自足也哉？夫戔戔之事尙不知足，而謂人生人慾能知足乎？則凡事非至「亢龍有悔」，終不能自止也。蓋不知足，以積極進行，腳力雖疲而山水更好，自不能舍止，必至氣窮力盡無奈何然後已耳。此非山水有窮盡，乃人自窮盡也。兄既知天力之大，非人力可企及，又安可以有限之腳力趁無窮之好山水？人亦只宜順其自然，守其固有，而悠然自得，方不至於亢龍之有悔矣。

至於宋襄之失敗，正坐循慾貪利進取所致，非仁義之罪也。孟子曰：「以大事小，樂天保天下；以小事大，畏天保其國。」宋襄以小國求霸，樂天乎？畏天乎？非進取乎？孟子又曰：「惻隱之心，仁也。」宋襄用鄫子於次睢之社，仁乎？不仁乎？非積極乎？兄讀書誤解，不僅於《易》，於蘇詩矣。夫學問之道，所以恢復人之本性也，一而已也，無時勢也。孔子謂顏淵曰：「克己復禮爲仁」，吾見其進也，則顏子之進乃進於克己復禮也，循環也，非退亦非進也。孟子曰：「學問之道無他，求其放心而已。」心不可放亦即行不可進也。朱子曰：「以去去外誘之思，而充其本然之善。」去外誘、充本善，亦即行乎循環也，有似乎退也。王陽明曰：「去人慾，存天理，致良知。」所存致乃原有之性，所去即未來之慾，亦即循環，似退而非進矣。凡此皆弟所謂退至現有地位而行吾素者也。

孔子之時，春秋也；孟子，戰國也；朱子，宋也；陽明，明也，有時勢乎？蓋人類本知進而不知退，其踵趾然也，其行動然也，其身面所向然也，本不待勉勵者也。故君子必與其退也，諄諄然命其退尚不能退，況可慫恿其進乎？且今之時非競爭激烈有進無退時乎？自命爲明大勢、識時務者，正宜唱消極退守之說以救之，安可推波助瀾滔人群於苦海哉？蓋世人方徘徊崖岸，若徒獎借其一意進行，尚復有回頭之岸勒馬之崖乎？承兄勉以學問積極精進，敢用不敏辭？但弟之所謂積極精進者，乃在消極退守之學問，與兄殊異耳。

正月二十一日

答夢周書

來書謂僕與春潮兄討論之積極、消極問題，二者各衷其是，而欲下詢敝說之是否能成立？即謂敝說消極之「退」字乃積極之「進」字之相形辭。其辭甚辯，其論甚巧，其意欲使敝說根本破壞，名爲不置可否，實乃大敵，比之春潮枝葉之論，更爲害道。

然而眞理所在，非可以巧辯爭也。夫「進」、「退」二字，乃兩極端之辭，而「積極」、「消極」即後人演繹之代名詞也，惟其進無止境而退有止境，故僕所謂退即退至現有地位也，所謂消極亦即消至現有地位耳。是於現有地位，行之以健而自強不息，以自盡行素之工夫，簡言之，即循環二字而已。

蓋以進者，退之朕也。孟子所謂：「其進銳者，其退速也。」此進字，乃極端一偏者也，其說不能成立者也。反是老弟所謂相形辭之「退」字，即古人所謂復初反本者，亦即循環之理無極端，乃中庸之道足以成立也。若然者，非豈世所謂因相形而適見其拙者乎？一笑。并候

刻安

純甫上

正月廿一日　庚午年

再答夢周書

前書專覆，本意吾黨中人何必反覆紬繹始能瞭解，故略陳大概而已。今觀足下答書，其識見乃與衆人不殊，則吾言非徹首徹尾不能回足下之惑矣！

夫止境者，數之盡處也。數之始，起於一，一而十，十而百，百而千而萬而億兆而恆河沙數，至於無終有盡處乎。若反而求其始之一，乃有盡處。是一者，止境也；恆河沙數者，非止境也。自一至恆河沙數者，進也；自恆河沙數而至一者，退也。非進無止境，退有止境乎？進退二字，外觀雖似兩極端，若按實則進是極端，退是中庸耳。蓋主張之能成立與否，視其用於大衆適與不適而已。適則成立，不適則不成立，不必問且爲原體辭或相形辭也。僕不曾一言，豈非因相形而見其拙者乎？況進退各有其行，實均非原有辭、相形辭之比也。則足下安得執此二辭而自鳴得意哉？故僕之所謂害道者，即此是也。足下良心本卻未昧，因爲字義所拘，遂至於不可收拾。嗚乎！

危矣哉！

足下謂孔孟之道，聖賢所行，未始不由於進，即指行素爲進，安得不誤？夫所謂進者，進其行素也，非行素者進也。何則？行素者，現地位之行，亦即退步之行，如復初也，反本也，克己也。古今賢聖君子，千言萬語無非此三者，試問此「復」、「反」、「克」三字，果進乎？抑進於退乎？（孔子謂顏淵曰：「吾見其進也」，又曰：「克己復禮爲仁」，謂其進於克己復禮之仁也。謂宰予曰：「朽木不可雕也」，又曰：「予之不仁也」，謂其不能進於仁，即不能進於克己復禮也。）是故，非退何謂克？非退何謂復？何謂反？其所謂進不進者，非行此退字乎？蓋進者，衆人之情也，喜怒哀樂之已發者也，非本性也，非喜怒哀樂之未發者也。情已發必不能知止，必不能中和，譬如人之踵趾面身，本生向前，人人鼓勇前行直進不能自止，勢不至於與對方之來人衝突鬥爭不能止也。時無今古，地無東西，非人人鼓勇直前，進越現有地位而起衝突鬥爭乎？不有退至二字，將何用立此所謂主義也乎？退之主義非中庸而何？足下不知進即行素，行素即克己復禮、反本之退字，而誤認行素爲進，故不虞其害道耳。

足下試清夜細思鄙說，如良心尚未昧者，請南轅北轍助吾之進於退也。如猶別有說，則無妨再接再厲，樸當罄吾筆墨所能及者，以與足下周旋焉。

復覺齋書

頃讀積極、消極之說，推宇宙始終，定人世進退，以科學新識爲理論，前提誠可謂極洋洋大觀矣。然欲以此調和僕與春潮、夢周所討論，則似乎右彼而左此，是使僕有不能已於言者。

夫私欲，前誘衣食、後驅人群之積極進取，恆超過應盡程度，故必須時時退至現有地位也。現有地位者，名物假定之限度也，即有止境處者也。譬如人生，每日行動室外，暮則必歸宿室中。譬如未生以前，空無所有，一旦呱呱落地，至於幼而長，長而壯，壯而老，老而死，亦歸於空無所有耳。蓋人生不能禁其不行動室外，則亦如人世不能無幼、長、壯、老也。然而室外地方無限，室內則有限；幼、長、壯、老，年壽有不同，歸於空無所有則同也。是因數字，一字有限度；十、百、千、萬、億等字，無限度故也。

有限度乃能知止，是以聖賢千言萬語，只是教人退守、安貧、固窮、克己、復初、反本之道，無一言教人進行、欲富、望達、勝人、趨終、逐末之道，於此可見積極進行超過應盡程度之事，爲人人不能免者。則消極退守現有地位之事，爲人人不可少矣。主張退字宗旨者，非人生應盡之務，而何？科學理論諒亦不外於是。

復香林書

來書責以實行消極有未逮，故爲諸子所困，信矣。然僕之爲此言也，實欲藉當座右之銘，非敢以之教人也。孔子雖每云「先行其言而後從之，其言之不怍則爲之也難」，而僕則以爲言正可爲我實行之助。蓋因其有責找、難我者，而我反得以自警惕戒愼勉而趨於善耳。

夫消極難事也，退守難言也，我欲消而入愈積，我欲退而入欲進，豈將如足下所言，不能免飢寒之迫我乎？有飢寒之迫我，我乃須消極退守，無飢寒之迫我者，我方不必消極退守也。何也？孔子不曰：「君子固窮，小人窮斯濫矣。」飢寒之迫我者，窮也；消極退守者，固窮也；而不消極退守者，窮斯濫也。試問當消極退守乎？不當消極退守乎？然而固窮之難，人盡知之，而孔子不知乎？而孔子言之，亦必不有道矣。蓋免飢寒之方甚簡易，人自不知耳。欲免飢，一簞食、一瓢飲足矣；欲免寒，一敝縕袍足矣。難乎？不難乎？然而顏子之不改其樂，子路之不恥，人又以爲難矣。

嗚乎！呼爾，蹴爾，身死且不受。有一簞食，一瓢飲，一縕袍，而謂不能不改樂，不能不恥者，未之有也。足下謂有能免飢寒之方，非此也乎？至於實行未逮，僕正時時有求足下與諸君之責我、難我焉！

附記：因有飢寒之迫，故人人有進取之急，何待獎勵？惟其進取之超越應盡程度，是以必須勸其退守也。

周定山（一八九八—一九七六）

作者簡介

周定山，本名火樹，字克亞，號一吼，又號公望、姨魂、化民、悔名生。鹿港人。生於清光緒二十四年（明治三十一年，一八九八），卒於民國六十四年（一九七五），享年七十八歲。

周氏來臺祖先，世代務農，至祖父榮奎時，始改習商，後因勞累過度，壯年遽逝。定山之父田智受族人欺凌，隻身前往鹿港染郊「合順行」擔任學徒。生活相當困窘。清光緒三十四年（明治四十一年，一九〇八），定山入公學校就讀，課後則至私塾，學習漢文。民國元年（大正元年，一九一二）因家貧父病，輟學入木工廠改學工藝。在工廠受盡東家凌凌，纏綿病榻數載後，定山棄工從商，入陶器商為夥計，夜間則至書房就讀。民國八年（大正八年，一九一九年）陶器商關閉，定山往臺北謀生，入布莊為學徒。民國十三年（大正十三年，一九二四）定山因學殖深厚，得到花壇李家欣賞，受聘為教讀。從此棄商就儒。次年（大正十四年，一九二五）首次前往大陸，擔任漳州中瀛協會兼《漳州日報》編輯，五三慘案後始回臺。民國二十三年（昭和九年，一九三四）擔任《臺×中新報》編輯，次年（昭和十年，一九三五）任《東亞新報》漢文編輯。民國二十六年（昭和十二年，一九三七）五月，應召赴上海從軍，入軍特務部總務課第一班。七月因父親病重回臺。後應霧峰林紀堂之聘；擔任家庭教師。民國三十一年（昭和十七年，一九四二）與友人在彰化觀音亭開設中藥藥材行「榮泰行」。後藥材行被炸，始結束業務。盟軍猛烈轟炸臺灣的戰爭晚期，定山前往中部深山地區親戚家避難，戰爭結束始回鹿港。

戰後，定山擔任虎尾廳民政課課長，後離開民政課，前往臺灣省商業聯合會任職。民國三十六年（一九四七）在臺中省立圖書館擔任編目工作，同時加入霧峰「櫟社」。民國四十年（一九五一）前往臺北擔任臺北民政廳地方自治編目委員會委員。次年（一九五二）因失眠症，返鄉養病。民國四十五年（一九五六）到高雄「臺中同鄉會」任職。次年（一九五七）鹿港成立「半閒吟社」，由定山擔任社長，會員多為其弟子。後在鹿港「泉郊會館」講授漢文。晚年在自家住宅教書，學生約有三十人。民國六十四年（一九七五）逝世。

定山的作品，有舊詩、隨筆、小說等。所著多未出版。施懿琳教授已編為《周定山作品選集》（彰化：彰化縣立文化中心，民國八十五年七月）。重要之作品皆已收入。

「儒」是什麼？

一、開場白

處這氛圍氣裡的環境，桎梏了幾千年不具的思想，要來研究這所謂神聖不可侵犯的偶像。不消說，那是很困難呢！一來材料已經覺得多佈滿了擬古託制，篡竊塗竄的愚人網了，使你無從窺探；二來尤其是所謂鄒魯遺風的臺灣，竟不免貧弱枯燥之感呵！因這，人是可以用惝怳和景慕的情愫而把「美」這樣東西聖化的，也得使妬羨和厭惡的直覺而把「善」這樣楷模惡化的，且能將因襲和虛僞的自尊心而把「眞」這樣形式腐化的。所以，一般估量對象的陋劣和卓拔的價値，大都由概念造成的紀錄，作他自慢的批評準則，社會上就沒處可找是非的肯定，只好在圓軸式的腦根和環境，仰其愛惡的鼻息罷了！故衆惡叢集的商紂，免待孟亞聖的浩嘆「不如斯之甚也！」管蔡早就義旗聲張了，萬善同歸——否，「萬世師表」——孔老爺，不用吳又陵先生來打孔家店，桓魋，陽貨已經代少正卯疾惡如仇了。現在，人們死心塌地的痛哭流涕，狂呼著人心反古，渴望茹毛飲血的生活，席地而坐的社會，謳歌唐虞的無爲而治。然而，

「堯幽囚，舜野死」了！禪讓似乎成了陋儒的誣人惑衆吧？

現時那說著儒字。就連想到一個神通廣大的孔子，法術無邊的教主呢？因爲三教同流，儒是開宗第一的。儒教是否宗教？已經笑破古今的肚皮了！這不過六朝那班狹量學者，杜撰出來抗制外教罷了！但，儒家形成漢民族的「國渣」中心思想，這是不可磨滅的事跡呢！

假如一個民族的建立，都有他自己的中心思想，那去研究中國的思想史？那麼，你就可以知道儒家在過去中國的思想界，佔有怎樣的重要地位。從戰國直到現在，幾於每一時代，他——儒家的思想都異常的活躍，大抵可說中國民族的中心思想，是始終受著儒家的支配呢？不觀夫臺灣乎！雖然薰染或種的文化，已閱三十餘星霜，還是中人欲嘔，猖獗異常！

論中國的思想，在先秦可算特別活躍的。從孔子到韓非，頗能開拓新地盤，向各方的發展。傑出的思想家也幾乎會使我們驚異的！但，一至東漢，因受了君主的唱導。儒家思想就成了頂天立地勢力。間於魏晉等朝，以至清末。差不多中國民族，都在儒家思想掌握中的，其間雖有許多思想的起落，如魏晉的老莊思想。也曾沒命的想毀滅他的枷鎖，很熱烈地肉搏他的堅壘，進迫他的殿堂，都敵他不過！後來就消聲匿跡的反受他同化了！蓋儒家的吃人武器，就是禮教——教化不是宗教劣貨——像：

王子平，……諸人皆任放爲達。或有裸體者？樂廣笑曰：「名教中自有樂地，何爲乃爾也！」（《世說新語・德行第一》）

阮籍就很無畏的宣言道：

禮豈爲我輩設也。（同書〈任誕第二三〉）

六朝隋唐的佛學，都曾經起來和儒家很勇敢的競爭！但，終於敵不過他的潛勢力。這原因，固然是爲歷代的君主，要藉他的繁文縟禮，尊君抑民的思想，以來愚弄民衆，使牠自己的地位可以鞏固的。同時儒家思想的自身，當然也有他存立的理由和事實。所以，不失爲中國民族「國渣」的中心思想。

所謂儒家思想，據一般的解釋就是孔門的思想。然而，爲什麼要把孔門稱爲儒家思想呢？在研究的提先，似乎，應當對這問題加以相當的考察。否則，連這個名詞的含義也弄不清楚！不過有些人對這問題都不很注意的！還有以爲「儒」者，就是讀書而有德行的君子的稱謂的？但，恐怕都屬錯誤的？儒字的含義是否如他們所想像的那樣簡單，那就大有討論的必要了。現在這方面來加以詳細的探討罷！然而，我們這樣膚淺的學識，寡陋的見聞，當然難免掛漏的！

據我們的臆見，要明白儒字的含義！應該分作四部來解釋的。

(1)就古籍中，考察儒是什麼時代才發生的？

(2)就文字學的立場，探索儒字的本義。

(3)就古籍中，尋求「師儒」之說，是不是儒字的來源？

(4)依據古籍，看孔門之學，稱爲儒家。是由他們自己的標識，還是由反對派用來譏侮他們的名詞？

(5)儒家的特徵在那裡？

這樣，也許可以稍明儒字眞實的含義了，但是我們這篇東西，幾乎都是盜譯狩野直喜氏和張壽林氏的學說。其中也就我們自己的臆見所及，加以補充的說明和例證，重行組織過的。不敢掠美，這是應該聲明一下的！

二、儒是什麼時代才發生的？

先前學者的解釋所謂儒家之道，都是堯、舜、禹、湯、文、武、周公之道。那孔子不過憲章祖述，而發揚光大之。他自己曾就經說過是「述而不作」的。在我們的意識中，儒字當然是很古遠的了！但實際並不是這樣，在地下還未有新發見以前，把文字學的立場說，儒字最早的發生，也不過是周代罷！因近年來在古昔殷都所發見的龜甲文字，據羅振玉氏的《殷墟書契考釋》等書的所錄。雖則數量很多，就是連古代的官名等，也大略全備。然而，其中並沒有「儒」字的，且據諸家集錄的三代鐘鼎彝器所鐫的文字，也沒有「儒」字的，這固然不能斷定周代以前沒有的，但至少可以說儒字在那時候還不多見的。那麼，儒字是什麼時代才成立的？據我的臆見，當戰國時代，墨子雖以儒做爲敵國。但，那時儒家卻沒有鮮明旗鼓的，不過是一種對待的名詞而已！有之當推孟軻、荀卿爲首。因爲在他倆始標明旗幟，出來招搖吶喊！這自然只限我個人很寡陋的搜羅範圍內的！讀者那有無論什麼材料，我很誠懇地盼望不可吝惜分甘的！

三、探索儒字的本義

先前，解釋儒字的本義。據我所知，也許是《韓詩外傳》爲最早的，他說：

> 儒者，儒也。儒之爲言無也，不易之術也。千舉萬變，其道不窮，六經是也。

其次就是應劭《風俗通義》，他說：

> 儒者區也。言其區別古今。居則觀聖哲之詞，動則行典籍之道，稽先生之制，

立當時之事，是通儒也。

他們都把儒字解作無，解作區。這是用所謂疊韻法來解釋。雖不失爲漢儒喜歡使用的一個好方法？然而，難免牽強附會？殊非確解。鄭玄在他《三禮目錄》中，有這樣的解釋說：

儒之言優也。柔也。能安人，能服人。

但是，同時又下這個解釋說：

儒，濡也。以先王之道能濡其身。

梁時有個皇侃，在他《論語義疏》中，也依附鄭氏的第二說：

儒者濡也。夫習學久則濡潤身中。故謂久習者爲濡也。

這種說法，似乎和解作無，解作區一樣的牽強，無論什麼都可習久而濡潤其身的？那麼，「殺人如草不聞聲」的軍閥，和吞雲吐霧的阿片黨，都可編入爲儒的隊伍呢！因爲這都是習學久則濡潤其身的呵！實在未得充分表示儒字的含義。但，鄭氏第一說解作優柔，卻比以前諸說覺得較爲近是也，適切些。所以，許愼《說文》儒字條下說：

儒，柔也。術士之稱。從人需聲。

儒字本來是可和偄通的。故《說文》偄字條下說：

「偄，弱也。」

所以，魯峻〈孟郁郭仲奇碑〉，儒字用偄。

在許多解說中，爲什麼解作優柔，最爲妥切呢？這要就文字學的立場，來試解其含義罷！也要對於儒字形體的構成要件，加以一番的考察。據《說文》說儒字「從人，需聲。」這在或一方面卻有些錯的。因中國的形聲字，不單是他的形體有意義，就是聲也有的！因爲形聲字什九皆兼會意。譬如「戔」是小的意思。以聲函義。所以，絲縷的小者叫綫。竹簡的小者叫箋。木簡的小者叫牋。貨幣的小者叫錢。車的小者叫棧。……凡是「戔」聲的字，大都含有小的意思。因這不應該說「戔聲」而當說「從戔，戔亦聲。」較爲妥順。因這，我以爲儒字也應當說：「從人，從需，需亦聲。」且有時字聲表示的意義，比字形所表示的意義更爲重要的，不妨從這方面尋求其本義罷！在《易經》上已有需卦了。他六十四個重卦，無論成於何人之手，但，解釋需卦的說：

☰☵—乾上坎下—需，有孚。光亨貞吉，利涉大川。彖曰：「需，須也。險在前也。剛健而不陷，其義不困窮矣。」

那麼，這個需卦就是危險當前，不能勉強進行的。要徐待機會。「需，須也。」就是等待的意思。爲什麼「需」要當「待」講呢？《說文》雨部需字條下說：

需，𩑋也。遇雨不進止𩑋也。從雨而。

上雨下而，相結合來構成一個會意的需字。「而」字的意義，據《穀梁傳》的解釋說有緩的意味，所以遇雨就稍緩不進，遂生出等待的意義了。更因不急迫進行，又引伸出優柔舒緩的意義。《左傳》亦說：

需，事之賊也。

這也是遲疑的意思。

略舉幾個例如下：

嚅，躊躇不決，說得很遲緩的意味。

懦，畏怯不前，優柔寡斷的意味。

濡，浸潤舒緩的意味。

嬬，柔弱緩慢的意味。

孺，幼小柔弱的意味。

臑，「臑之言濡也，濡者柔也。」（段玉裁說）

從以上諸字的解釋看來，可見凡是需聲的需。都含有優柔舒緩的意味？所以，我們不得不承認把同爲需聲字的儒字的本義，解作優柔是最爲確切的了！

我們就形聲字的假設，用需字的含義確定了儒字的意義。現在，再由古籍中找幾條把儒字解作柔的例，來證實這話是對的！據《荀子・修身篇》「偷儒轉脫」的楊倞注說：

皆謂懦弱，怠惰，畏勞苦之人。

這是把儒字解作懦弱了。又據《禮記・玉藻》注「儒者所畏」的〈釋文〉說：

懦，怯懦也。又作儒。人于反、弱也。

是懦儒兩字，古時本可通用的！而且因爲儒字的本義有含緩的意味。所以古籍中往往把儒緩兩個連用的。《北史·王憲傳》記述他兒子嶷的事說：

孝文初，爲南部尚書，在任十四年。時南州多事，訟者塡門，嶷性儒緩不斷，終日昏睡！

又同書，〈劉芳傳〉說：

出除青州刺史，爲政儒緩不能禁止姦盜。

《唐書·鄒畋傳》記述賊將王瑶攻畋：

瑶內輕畋儒柔，縱步騎，鼓而前。

楊奠文的說：

其與終身，拘拘儒儒于百里之內者，不亦異乎？

這些都是以舒緩、柔儒、迂拘……的意義解釋儒字的。王充〈非韓篇〉說：

故韓子之非儒也。謂之不耕而食，比之於一蠹。論之有益與無益也，比之於鹿焉。

蕭綱——簡文帝——〈寄湘東王書〉，詆其當時儒家的吟咏生活說：

若夫六典三禮，施之則有地。吉凶嘉賓，用之則有所。未聞吟咏性情，反擬〈內則〉之篇。操筆守志，更慕〈酒誥〉之作。遲遲春日，翻學歸藏。湛湛江水，遂同大傳。

就很可窺其底蘊了。蓋當時所謂「儒」者，實是一種鄙野的名詞呢！

這也可證明把儒字的本義，定爲優柔是不錯的了？既然是一種舒緩優柔迂拘的意義，與其說是一種阿好的美名，不如謂是一種嘲笑的稱謂罷！

四、尋求「師儒」之說，是不是儒字的來源？

我們既知道了儒字的本義。其次要尋求「師儒」之說，是否後來儒字的含義的來源？現在說到儒字，就會想著一個德行學藝可爲人師的教育者吧！這點《禮記》和《漢書》都有同樣的解釋。那麼，師儒之說可信嗎？事實並不如此。在古時，司長教育的人，只有師、保。也可稱作師氏、保氏。在金石文字中，已有這樣的稱謂了。或把師保連用，或作師氏、太師、太保等。蓋古代官師是不分的。政教本爲合一。周代也仍其舊的！

茲將周代的教育官如師氏太師等名，散見於周代古器銘中者，表列在後：

令鼎銘……………………師氏
毛公鼎銘…………………師氏
散氏銅盤銘………………師氏
師遽敦蓋銘………………師氏
寅簋銘……………………師氏
太師鼎銘…………………太師
師望壺銘…………………太師
師望敦銘…………………太師
高克尊銘…………………太師
伯克尊銘…………………太師
伯太師簋銘………………太師
郳太師戈銘………………太師

在周代的教育制度，可分爲四級的。就是成均、東序、瞽宗、上庠這四處。其中都屬樂官掌管的，像大師樂籥師等。只有上庠爲典書者詔示讀書的人而已。

較古的《易》、《詩》、《書》三書中，雖沒有儒字，然而，卻有師保二字散見於其中的。《書經・顧命篇》說：

> 召太保奭、芮伯、畢公、衛侯、毛公、師氏、虎臣、百尹、御事。

《詩經・十月之交》章說：

> 楀維師氏。

又同書〈葛覃〉章說：

> 言告師氏，言告言歸。

此外，有把師保二字對舉的。如《書經・君奭》的〈序〉說：

> 召公爲保，周公爲師。相成王爲左右！

《禮記・文王世子篇》說：

入則有保，出則有師。

由這些記載看起來。知道都是師保司掌教育而有德行的人。在金石文字中和較古書籍中，都沒有把儒字作那樣的解釋，有則就只有《周禮》的說法了！所以，其後儒悉依附他來說師儒的，《周禮・天官冢宰》條，舉冢宰「以九兩繫邦國之民」說：

三曰師，以賢得民。四曰儒，以道得民。

那鄭玄卻這樣注法：

師，諸侯師氏。有德行以教民者。儒，諸侯保氏。有六藝以教民者。

又同書〈地官・大司徒〉中。有「四曰聯師儒」的話。鄭玄卻注說：

師儒，鄉里教以道藝者。

他們都把儒字解作司掌教育的人的。然而，《周禮》這書的時代。往昔的學者。很起了懷疑！章炳麟〈孔子制禮駁議篇〉雖說的天花亂墜，現時還在聚訟紛紜，莫衷一是，這和本題無關，姑且置之不論罷！但是至少我們可以承認他——《周禮》——

是纂集戰國秦漢間的儒家思想而成的。因此，師儒聯說的確是晚出的旁證了！據《論語・雍也篇》說：

子謂子夏曰：汝爲君子儒，無爲小人儒。

假使在周代諸侯的保氏。已經稱爲儒。孔子不容不知的？細味這句的意義，絕沒有司掌教育的含味。儒既然可爲君子，亦可成小人。自有其他的意思的？據《左傳》襄公四年冬十月條下說：

……國人誦之曰：「……我君小子，朱儒是使。朱儒朱儒，使我敗於邾。」

又在《國語・晉語四》敘述文公欲以陽處父爲其子傅，以問胥臣，胥臣回答說：

侏儒不可使援？

所謂朱儒、侏儒，就是軀幹弱小的小醜罷了！頗有含一種譏嘲的意味的，這可知在孔子以前，都沒有用了儒字代保氏的情形。

五、稱爲儒家，是由他們自己的標識，還是由反對派用來譏侮他們的名詞呢？

從上面的敘述和論證。就可明白古時並無稱儒是司掌教育的官了。而在戰國以前，差不多都是把儒字用爲一種嘲笑的意味？那麼，現在把儒字解作有德行而精於六藝的名詞，將孔門稱爲儒家。是由儒家自己的標識呢？還是由反對派用來譏嘲孔門呢？這問題要再下一番小工夫的解釋罷！

班固的〈藝文志〉，依據劉向的《別錄》和其子劉歆的《七略》。著錄諸家的撰述對於儒家以下的諸子。都加以批評的，他說儒家：

> 儒家者流，蓋出於司徒之官。順陰陽，明教化者也。游文於六經之中，留意於仁義之際，祖述堯舜，憲章文武，宗師仲尼，以重其言，於道最爲高。孔子曰：「如有所譽，其有所試。」唐虞之隆，殷周之盛。仲尼之業，已試之效者也。然惑者既失精微，而辟者又隨時抑揚。違離道本，苟以譁衆取寵。

這是一方面稱譽儒家：「於道最爲高，」而一方面又批評他：「譁衆取寵，」其態度究完全和對於道、墨、名、法，諸家一樣的。

然而，劉向父子和班固自身卻是儒者。爲什麼持這樣的態度呢？大抵他也是認孔子和諸子同是一樣的。和戰國的諸學派立在同等地位。所以他就取了平等待遇的態度呢！關於儒家不出司徒之官這一點，胡適之先生的〈諸子不出王官論〉，已經很詳細的辨證了，免再添了蛇足罷！

要解決儒字是否反對派的譏嘲的問題？應先知道最早使用儒字和我們現在所解釋的相近是在什麼時候才發見的？據《左傳》哀公二十一年，也就是孔子卒後五年。有一條記載說：

> 秋八月，公及齊侯、邾子盟于顧。齊人責稽首。因歌之曰：「魯人之皋，數年不覺。使我高蹈。唯其儒書，以爲二國憂！」

杜預的《注》說：

> 二國，邾齊也。言魯據周禮，不肯答稽首。令齊邾遠至。

但是據同書十七年，述魯不答稽首說：

> 公會齊侯盟于蒙，孟武伯相。齊侯稽首，公拜。齊人怒。武伯曰：「非天子，

寡君無所稽首。」

這裡應該注意的是「儒書」這個名詞，是出自齊人之口。而看這個歌謠的意思，頗含有一種嘲侮的口氣。我們已有說過了，彷彿是從墨子以後，才有所謂儒家這個名詞。因爲那時墨家已看穿孔門的學派，實在過於迂拘柔弱的了！所以《墨子・公孟篇》說：

儒之道足以喪天下者四政焉！儒以天爲不明，以鬼爲不神，天鬼不說。此足以喪天下。（但這種神道設教的愚民政策，不料後之陋儒卻多的像廁蛆呵！奈何！）又厚葬久喪，重爲棺槨，多爲衣裳，送死若徙，三年哭泣，扶後起（不自殞滅本來是望死的？），杖後行，耳無聞，目無見，此足以喪天下。又弦歌鼓舞，習爲樂聲，此足以喪天下。又以命爲有貧富壽夭，治亂安危有極矣。不可損益也；爲上者行之，必不聽治矣。爲下者行之，必不從事矣。此足以喪天下。

在這段裡面，駁擊孔門的主張，而總稱之曰「儒之道」，不過是他也和孔子一樣的託古改制。所以用揶揄的口吻排斥反對派的學說，是他所謂「儒之道」，只是指孔門的主張而已！這很明白的了。

齊人和墨子把儒字稱孔門，都屬學說對立的反擊。現在再看孔門自己的學派罷！

但，現時所流傳的孔門選述，可以信用的卻很少的，比較可靠的荀孟以前的《大學》、《中庸》這兩部書，都沒有儒字，且也絕無以儒字標識自己學派的情形！因為當時孔子的門弟子，稱呼孔子的學派只叫做「吾道」或「夫子之道」和「子之道」而已！並無說及儒道的？直到孔門的後學鄒人孟軻。才用來標識孔門的學說，他是力排異己的強辯者。所以說：

逃墨必歸於楊，逃楊必歸於儒。歸斯受之而已矣！

依這的文法看起來，似乎是強湊的叫應，偶然襲用反對派所給與的總名，揶揄異己者的反應呢！蓋他還說：

楊墨之道不息，孔子之道不著！

又很明白說：

吾為此懼，閑先聖之道，距揚墨，放淫辭，邪說者不得作。

又說：

堯舜既沒，聖人之道衰！

這就可知孟子也和孔門弟子的一樣，都以「孔子之道」，和「先聖之道」，或「聖人之道」標明其學呢！可見他並沒有以儒字爲自己學派的總稱。

到了荀卿，就完全用儒字標識其學派了，不但這樣的，且至荀卿以後，就把儒字認爲有德行而通六藝的專名。因爲荀子以下的儒家，都把儒字的意義逐漸擴大了範圍呢！他曾說：

大儒之效，武王崩，成王幼。周公屏成王，而及武王，以屬天下。……固有俗儒者，有雅儒者。公修而才，可謂小儒矣。（〈儒效篇〉）

又說：

上不能好其人，不下能隆禮，安特將學雜志，順《詩》《書》而已耳？則末世窮年，不免爲陋儒而已！……不隆禮，雖察辯，散儒也。（〈勸學篇〉）

又說：

《易》曰：「括囊，無咎無譽。」腐儒之謂也。

到了後漢的王充，也把儒字的分類說：

> 故夫能說一經者爲儒生，博覽古今者爲通人，采掇傳書以上書奏記者爲文人，能精思著文連結篇章者爲鴻儒。……故夫鴻儒。所謂超而又超者也。（《論衡·超奇篇》）

又說：

> 方今天下太平矣，頌詩樂聲可以作。未傳者不知也。故曰拘儒。（《論衡·須頌篇》）

荀子把所謂儒者，就其價值，區別爲大儒、小儒、俗儒、雅儒、陋儒、散儒、腐儒等。而明白稱孔子爲大儒。王充就再添上鴻儒、拘儒了！這點應該值得注意的！他不但以儒字爲其學派的總稱，且把堯、舜、禹、湯、文、武、周公都稱爲儒？於是，使含有譏嘲意味的儒字，一變而爲美稱了！可見所謂儒的這個概念，是成於反對派的譏嘲。在孔子的那時候，不是孔門自己的標識？並非有以儒字來標明自己的學派。孔子死後反對派的人，才用含有嘲笑意味的儒字做了孔門思想的總稱。其後逐漸習慣了，於是孟子偶然襲用其字以解嘲的。到荀子始完全拿儒字來標識其學的。並擴大他的範圍的含義！於是，儒字的現在心目中的有德行而精於六藝的人之解釋，遂告成立了！

六、儒家的特徵在那裡呢？

儒字的含義和來源，大抵可以明瞭了！最後，對反對派為什麼要用含有譏嘲意味的儒字，加之孔門？他有什麼特徵沒有？否則怎樣值得當時那樣嘲笑口吻呢？這一點略為說明罷！

孔門的學者所以博得儒的稱號者，差不多是由於他們的衣服、態度、學說，在在都能夠使人以一種舒緩迂拘的感覺的原故。

第一，孔子的時候。是否有一種特製的衣服？雖現在已經不可考了！然而，他們一定有種寬大的衣服。《禮記·儒行篇》，哀公問孔子曰：

> 夫子之服，其儒服歟？

這當然是指孔子那種寬袍大袖的衣服。不觀夫：

……左右手，衣前後，襜如也！（《上論·鄉黨》）

所以才能：

趨進翼如也！（同上）

因爲他的服飾，似乎都有特別的考究，連暗青和赤色的布類也不可用製頸領的！——君子不以紺緅飾——其實，這要像他「緇衣羔裘，素衣麑裘，黃衣狐裘。」的「狐貉之厚以居」的豪奢生活，才有那麼「申申如也！」的態度。看他：

必有寢衣，長一身有半！（同上）

就很夠明白的了！可知當上了臥床的時候，自然會「足，蹜蹜如有循」了！不免疾病時才拖了長紳來絆腳飾儀的。

哀公所問的儒服，當即指這種寬大的衣裳呢？一個人穿著寬袍大袖的衣服，是頗能表現一種舒緩的意味！在當時一定會引起了一般人的注意！

第二，孔子的態度，都是十分崇奉先王之道！一舉一動必要合于禮的！他們終日穿著肥大的衣服。揖讓周旋，絃歌詩樂。而且都是趨向於德化的。而反對兵旅，在當時正盛行征伐爲國強大的打算。自然更覺得他們的態度柔弱舒緩的了！所以，那時的達者，看他空雷無雨的愚弄民衆，就有些自負高潔的出來抨擊他。因爲他只要「民可使由之，不可使知之」，幾乎把小百姓都視做牛馬還不如的？巴望實現他「無爲而治」的夢想！豈但長沮桀溺的不理睬他——耰而不輟——在《下論》自己就這樣說：

子路從而後。遇丈人。以杖荷篠。子路問曰：「子見夫子乎！」丈人曰：「四體不動，五穀不分，孰爲夫子？」植其杖而芸。

《左傳》定公十年紀夾谷之會說：

公會齊候于祝其，實夾谷。孔丘相。犂彌言於齊侯曰：「孔丘知禮而無勇！若使萊人以兵劫魯侯，必得志焉！」

可見當時孔子已被人懷疑四體不動柔弱無勇的人物了！

第三，孔門的學說。他們都很命的主張「化民成俗」，要使人民能養成合理的習慣。然而，這種學說卻也不見他得以實行的，只是鋪張揚厲的汨惑視聽而已！韓非自己也是個儒者。反而直斥說：

……亂國之俗，其學者則稱先王之道，以籍仁義。……此五者，邦之蠹也！

（〈五蠹篇〉）

所以，孔子自己也說：

如有王者出，必世而後仁！（《論語》）

又說：

善人爲邦百年，亦可以勝殘去殺矣？（同上）

一般人也說：「王道無近功，」可見儒家的學說在當時，尙沒有自信可以實行的！因這子路就毫沒遲疑地起了懷疑的問：「衛君待子而爲政！子將奚先？」孔子回答說：「必也正名乎？」但，子路卻很盛氣的揶揄說：「有是哉？子之迂也！奚其正？」而《史記》敘述孟子不得志於諸侯說：

道既通，游事齊宣王。宣王不能用！適梁，惠王不果所言！則見以爲迂遠而闊于事情！

迂遠舒緩在當時，已成了一般人對孔門學說的定評了！

由以上的敘述看起來，孔門的衣服、態度、學說，無一不使人覺得有種柔弱舒緩的感覺？因此，一般人遂用含有嘲笑的意味的儒字，爲其學說的總稱。這是很當然而毫無爲奇的。

七、結論

我記得幼年，所謂幼年是二十餘年前。拿本《四書》在鄉塾背誦的時候，有個老學者，大名都模糊了！不過他穿的淺藍長衣，和自製的船式白襪。鞋子的厚底塗遍了桐油，嫩白的左腕套隻葱心綠的玉環，平生未曾離身的長煙袋。這些卻還綿密地盤在我們的意識中。——這時適來訪問先生！他們倆談些什麼？我們也不知道，實在亦無從曉得！這群所謂學生就把書唸的天花亂墜！那先生和友人談話的當中，還要特別的高聲！這是館規本來如此的。我方讀的起勁，他就破例降格下問說：

「你一定早夜有禮拜孔子公的，才會這麼善讀？」

那先生也點首哼哼，表示不錯的意思。一班天眞爛漫的小朋友們，個個都露出妬羨和驚訝的眼光！直射過來。滿室的視線都集中在我這個爛衣的身上！那時使我內心起了一種無上的愉快和疑懼？因爲我的確未對那所謂孔子公禮拜過的。只是入學那一天，立在神案前受先生滾鷄蛋就有的。後來是朔望和佳節，拿點香燭交先生收藏在他屋後裡面自己去處分，賣掉還有使用過，現時還不大明瞭。從來也沒有和所謂「孔子公」見過面的。這個名字卻時常聽著老輩和少輩在恭維的！純潔的兒童心理，突地受了這麼的創傷！不由地生起了疑問？我就開始抗辯說：

「什麼孔子公？」

「《四書》白文！」

「是的！什麼人的書？」

「我的父親買給我讀的！」

「哈哈……」冷笑。

「實在的！一副二角一的。」

「不是這樣？我是問你書屬什麼人做的。」含了滑稽的口吻。

「郁文堂刻的！」

很沉寂的室中，忽然起了一陣很強烈的聲浪！使我由兩頰一直發燒到耳朵去！呆然低首很沒意思注視地下的紙屑！這是敬惜字紙的表示的，因爲寫著「上大人」！在這被了嘲諷的四圍，意識昏庸的當中？偷偷斜睨那班小朋友的臉上，似乎都有表演過笑的動作呢？

「你實在白直呵！我和你說，這書就是孔子公和他賢人的弟子做的。孔子公是萬世聖人。所以，無論那一國的皇帝，都要誠心崇拜方行的！你既然讀他的書，就要照他所說的道理奉行，的確包汝成器的。」

我受過所謂「聖人之徒」的洗禮，大約就是這次爲第一遭罷？從此以後，凡看見老儒在賭博，富儒在吃阿片，寒儒在攢營利權，大儒在替人的寫祝弔文，腐儒在嘲罵道德淪亡，陋儒在推敲自壽的詩詞，少儒（這是我杜撰的，對大儒而言。）在獵艷打麻雀，雅儒在「群居終日，言不及義」，惡儒（失禮的很！對雅儒而言。）在恃強蠻橫，俗儒在自作聰明……，都覺得這的確就是奉行聖道的呢！捧過「孔子公」牌位的先生儒者們，自然孔步亦步了！因爲經書都能如流背誦的！親眼見過了！他說話都用書句纏夾而組織的呵！所以一定比我們還要爛熟，我想！

後來不知怎的？在中國見過曾經「落草爲寇」的關外王。——張作霖——他在還未「成器」之前，據聞一命是在外國指揮刀下拾得的？聽說，他的小姨太就有「三打」以上的，還要每夜受了獵官者進御一個女學生。到他自封大元帥的勢炎薰天的時候，就下命特製一種方邊藍地的寬衣博。帶「翼如也」的古衣冠。居然也祭起孔子來了！

自稱不讓岳武穆的吳秀才大師，一夜把河南的鐵道工人千餘名，儘行殺掉！受日本人傾倒的駢四麗六大家的饒漢祥，就頌揚他是儒將襟度！上海××路一間專賣殺人毒藥的堂上，也置一座繞龍金字的「大成至聖文宣王」的牌位。據說是世代簪纓的。所以，樓井上面還監著「奕世儒門」的御匾。爲葉德輝、張之洞兩大儒斥做異類的康聖人南海，也率了一班官荒的遺民，上國會去胡鬧。目的是在請願憲法制定孔教爲國教的！不料這拚命呼號著虛君共和制的主角，會暗使復辟首魁張勳的屠殺人類！做了口誅的元凶。曾經備受我們貴臺灣倒屣歡迎過的辜鴻銘什麼博士！帶了西太后敕賜的豚尾——辮子——到我們故鄉來大開講演會。他開口就說：「孔教的最高倫理，乃在：居敬而行簡，以臨其民，不亦可乎？居簡而行簡，無乃太簡乎？這幾句就夠了！現時泰西都在次第推行？我親歷其境的！」前後發言不上幾分鐘？更加了他「闇闇如也」，就運那寬衣闊袖的悠悠下壇了！他的大著《春秋大義》，我在報紙曾拜讀過的。但，這麼簡而又簡，倒也實在使人們大失所望了！簡直也就是這樣，才得合他博士的身分呵！然而，現在任什麼化了幾十萬的冤錢，去高築堂哉皇哉的「山節藻棁」的孔廟。不過救濟幾塊泥塑木雕的偶像，免再受了風雨剝蝕；和幾個狂歌當哭著「吾道其亡乎！」的所謂儒者，違心派的詩人去高頌昇平罷了！和孔道有什麼焉哉乎耶？

無論在什麼地方，遇著所謂自稱高等民族！——姑且如此說——都覺得有一種迂緩柔弱的表徵。這不但關於國運，就是人種也繫於存亡的關鍵呵！你看中國準備衛國扞城的丘八爺，訓練實戰都那麼吃力？其步驟和神氣，就可定了脈案了！不敢掩美，確也有例外的！但卻不能概括全部的。——不管他新式聖人產生的那麼多？這邦那邦已經和聖人的神牌，都縮在「夷狄之有君」的鐵蹄下蹂躪的「踧踖如也」了！那時你雖再放了「民免而無恥」的空銃，也不能使盡跪磕名角的「聖人之徒」會「有恥且格」呵！任憑你用什麼「無友不如已者」要去拒絕「疾之已甚」的外寇，即刻就強你實行「亂邦不居」罷！孫傳芳在江蘇把農民頸血膏了大刀的血跡淋漓，他就在南京召集一班鴻儒舉行「投壺」的古禮了！所以，「聖人不死，大盜不止」，眞是肺腑的痛心話呵！

——原載《南音》第一卷第四—六號（一九三二年二—四月）。

刺激文學的研究

——讀書窳沫之一——

一

一國的政治革新和社會的進化，文學的感化力量，是非常宏大的。尤其是刺激文學比較的能夠發生莫大的影響和成功。因爲文學自身本是情感的表現，對於讀者常具深刻的魔力。所以，許多的傑作都很能容易換了不少的眼淚和同情心。至那用血和淚結成的刺激文學吸引力，更是洪水烈火般的來得有勁有神，非常親切，非常感奮，非常動容！被刺激的人們，一受了他的鼓動，精神振作起來，所發生的反響眞是非同小可呵！然而，還有許多人很是不滿這種的文學！他的極端排除的口號是因爲這種文學之中的理論和事實屬一時的，缺乏了永久性的，而且坦於一方的，非描寫全局的。明白點說，就是不能超國境呢！其實我人那稍加一些思索，就曉得他們的理論了！別的且勿論，單把歷史上的事實來證明，就可明瞭了。例如——希臘所以能夠興獨立之師，而離開「突厥」的纏絆。近來更且能自求振作，成爲近東的強國，豈不是受了英國詩人斐倫的影響嗎？他——斐倫因爲眼見著希臘受了奴隸的逆待，苦況萬狀，遂鼓起慷慨不平之心。除破家助餉外，還致力於文字上的宣傳、鼓動。他所著的〈哀希臘歌〉，眞是利劍刺心般的鼓激了希臘人不少的愛國心。希臘能夠形成近代的強國的典型者，豈不是斐倫的恩賜嗎？當法戰敗普的時候——一八七〇——法人遂於城下簽約賠款五千兆佛郎。並且割阿色司和愈愈兩省給普國。兩省的人民被迫屈服，自然免不了一番很強烈的悲哀，那時更有一個法國文章的巨子都德，就著了一篇不朽名作叫〈最後一課〉。他託阿色司省有一個小學生的語氣，寫割地的慘況，以激揚法人的愛國心。凡讀過這篇憤勵的文章，大都會覺得要墜淚的。這篇文章深刻地鑲在兩省裡的小學生腦海中，使他們永遠地忘不掉可愛的×國。所以普政府雖用了不少籠絡和壓迫的手段來收服他們的人心，也是勞而無功的呵！一到了後四十八年——一九一八、一一、一一。——歐戰首約訂成後，這兩省歸還法國了。那人民仍舊很踴躍地唱讚美之歌，以表揚×國之勝利。呀！你看這兩省受普國政府統治已有四十八年之久，什麼風俗習慣早已改變了！什麼文字語言也都同化了！他會這樣熱烈的維持法國，豈不是都德的影響嗎？至少也可說是都德與有功的。像印度詩人太戈爾的印度國歌，這個唯心論的思想家，是非不管他！不過如果有了一場天災地變，把他所有激動心靈的抒情歌謠，一切都毀滅了！但是，住在印度的人們仍然會記起這個大詩人的。因爲他的國歌使印度人的口裡，永遠不能忘記他！他的國歌是具有印度生活不朽的印象！印度的名稱存在一天，他們既有一天的響應。歐洲的史詩和抒情詩，是不常有限深刻於群衆的心中的。印度就不然了！他們的詩歌大概多以口來相傳的。所以，太戈爾的愛國歌，幾乎沒有一處不在唱著。清晨的時候，朝陽映著他的金色光采，便有許多人在路上高唱著這些詩歌，喚醒人來，加入於對神和祖國的祈禱——這就是所謂印度人呢——午潮滿漲的時候，在綠蔭的榕樹底下的遊戲的牧童，對著枝上的鳥聲高唱著。景色浴在落日的當中，農夫肩著鋤頭高唱的。在國會的會議中也都高唱著。在王子宮中唱著。乞丐的口中唱著。結婚時和祈禱唱著。……有幾個英國的印度總督，想摧殘彭加爾的××運動精神，採用了俄國的密法及審判制度。然而，這些歌愈加澎湃奔騰！因爲他已發了青年的靈感，使他們甘爲受苦，而犧牲而微笑走上斷頭臺。有一個當他受刑戮時，他口中還唱著太戈爾的愛國歌而盡節。當一九一六年的時候，英軍把愛爾蘭的新芬黨——獨立黨——的首領數人於耶蘇降誕時斬首。中有三人最爲世界文壇所慟惜的：一即皮亞士，一爲麥克頓那，又其一則柏倫克德。這三個人因爲是愛爾蘭文壇的盟主，素善爲悲憤激勵叶律之詩，感動青年的心靈呢！而今愛爾蘭已斬絕英國的羈絆！豈不是受了這三個人文學刺激的恩賜麼？其中柏倫克德的〈火焰〉詩。眞是悲壯激越，不朽的傑作。皮亞士的〈絕命詞〉也慷慨激昂，有雖死猶生的態度。

歐洲確然有很多的刺激文學的作品，可以給人們很深刻地嵌入靈魂的深處的！像〈柏林之圍〉、〈二漁夫〉、〈悲天行〉、《戰爭與和平》、〈三死〉、《目兵伊凡諾夫日記》、〈回日〉、〈贖罪之日〉……都是非常悲昂痛切的，含有宏大的結構，周密的描寫，儘都蘊蓄著憂鬱而雄邁，並且帶些深刻眞實的心理描寫嗎？這就可證刺激文學是多麼偉大的了！

論到東洋來老實也有不少的傑作，可做作時代的代表呢！只可惜都是少有注意到的！這是頂大的缺憾啊！我很不憚受人譏爲淺薄的。憑我的臆見所及，舉點實例罷！自然不是斷代的，斷年的，或分別性質的，不過把一些很動人的作品來做個參考。總是掛漏之譏，我也知道的！所以還求同志共來下一番的工夫，研究一下罷！

二

當二千年前的中間，起了長期的戰亂，鬧得國中的小百姓，死亡喪失，顚沛流離，弄得痛苦不堪！政治那樣腐敗！社會那樣紛亂！貧富那樣不均！民生那樣慘苦！這就是春秋戰國的時代。有了這種時勢，自然生出各種思想的反應，幾百年的中間，就產生了一部巨大藝術的結晶——《詩經》——把當時的政治社會，皆從犀利深刻的詩裡表現出來！如：

肅肅鴇羽，集于苞栩。王事靡盬，不能蓺稷黍。父母何怙？悠悠蒼天，曷其有所！（〈唐風．鴇羽〉）

陟彼屺兮，瞻望母兮！母曰：嗟！予季行役，夙夜無寐！上愼旃哉，猶來無棄！（〈魏風．陟岵〉）

昔我往矣，楊柳依依。今我來思，雨雪霏霏。行道遲遲，載渴載飢。我心傷悲，莫知我哀！（〈小雅．采薇〉）

何草不黃，何日不行，何人不將，經營四方。何草不玄，何人不矜，哀我征夫，獨爲匪民。（〈小雅．何草不黃〉）

中谷有蓷，暵其濕矣！有女仳離，啜其泣矣。啜其泣矣，何嗟及矣！（〈王風．中谷有蓷〉）

有兎爰爰，雉離于羅。我生之初，尚無爲。我生之後，逢此百罹。尚寐無吪！（〈王風．兎爰〉）

苕之華，其葉青青。知我爲此，不如無生！——牂羊墳首，三星在罶。人可以食，鮮可以飽！（〈小雅．苕之華〉）

讀了這些詩，可以想見那時候的小百姓所受的苦痛，是多麼水深火烈的慘酷了！到了這時候，諸侯也可以稱王了，大夫有時還比諸侯有權勢了！（像魯之三家，晉之六卿，到了後來，三家分晉，田氏代齊，更不用說了）所以，亡國的諸侯卿大夫有時連奴隸也比不上了。〈國風〉上說：

式微式微，胡不歸？微君之躬，胡爲乎泥中！（〈邶風·式微〉）

瑣兮尾兮，流離之子。叔兮伯兮，褎如充耳！（〈邶風·旄丘〉）

彼黍離離，彼稷之苗。行邁靡靡，中心搖搖。知我者，謂我心憂。不知我者，謂我何求！悠悠蒼天，此何人哉！（〈王風·黍離〉）

這些詩的描寫內容，對於中國四千餘年的歷史階段，發生了一種很重大的關鍵！蓋政治軌道上突然形成界線，進入轉換期。社會上也捲起一種劇變，他雖表露亡國君臣的慘痛，實是銷滅封建制度殘留的產物，於是添了一種生計上的階級。所以，那時候的社會，漸漸成了一個貧富不均的現狀。富貴的太富貴了，貧苦的太貧苦了！人心自然就產生恐慌、嫉恨、反動的影響。〈國風〉上所寫貧苦人家的情形，不止一處，內中寫那貧貴太不均的，那就不少了。如：

小東大東，抒柚其空。糾糾葛屨，可以履霜。佻佻公子，行彼周行。既往既來，使我心疚！（〈小雅·大東〉）

糾糾葛屨，可以履霜。摻摻女手，可以縫裳。要之襋之，好人服之。好人提提，宛然左辟，佩其象揥，維是褊心，是以爲刺！（〈魏風·葛屨〉）

這兩篇竟然像英國虎德的〈縫衣曲〉的節本。寫的是那時代的資本家，僱用女工，把那「慘慘女手」的血汗工夫，來做他們發財的捷徑。葛屨本是夏天穿的，而今這些窮的人，到了下霜飛雪的時候，無可奈何也還穿著。怪不得那些慈悲而慷慨的詩人忍不禁要疾聲痛罵了！所以如：

彼有旨酒，又有嘉殽。洽比其鄰，婚姻孔云。念我獨兮，憂心慇慇！仳仳彼有屋，蔌蔌方有穀，民今之無祿。夭夭是椓。哿矣富人，哀此惸獨！（〈小雅·正月〉）

這豈不是很沉痛的排擊貧富不均的？還有替窮百姓很抱不平，抱了熱烈的反抗，更動人的是：

坎坎伐檀兮，置之河之干兮，河水清且漣猗。——不稼不穡，胡取禾三百廛兮！

不狩不獵，胡瞻爾庭有懸貆兮！彼君子兮，不素餐兮！（〈魏風·伐檀〉）

這種堂皇冠冕的宣告富貴階級的罪狀，和現代深惡痛絕的攻擊資本家，不該安享別人辛苦得來的一片聲浪，有什麼遜色呢？但是，那時黑暗的王朝政治，只讀了〈小雅〉〈節南山〉、〈十月之交〉〈雨無正〉這幾篇就可以想見了！寫得最明瞭的，莫如：

人有土田，女反有之。人有民人，女覆奪之。此宜無罪，女反收之。彼宜有罪，女覆說之！（〈大雅·瞻卬〉）——（女讀如汝，說讀如悅）

這已經是很冷酷的譏評了！選其最痛快的，莫如：

碩鼠碩鼠，無食我黍。三歲貫女，莫我肯顧！逝將去汝，適彼樂土。樂土樂土，爰得我所！（〈碩鼠〉）

匪鶉匪鳶，翰飛戾天。匪鱣匪鮪，潛逃于淵。（〈小雅·正月〉）

讀了這兩首，無論什麼也會覺得那虐政的不可逃了！更可憐的，還不及：

魚在于沼，亦匪克樂。潛雖伏矣，亦孔之炤。憂心慘慘，念國之爲虐！（〈正月〉）

這時描寫的太深刻呵！你看就是使人都變做魚，也沒有什麼樂趣。任你潛伏的像魚那樣深奧，都不能逃避虐政的摧殘！眞是上天下地一切塞絕，無處可以埋憂了！這是，何等的悲憤，何等的慘酷呵！《詩經》所以能成爲歷史的價値，就是他會把握他社會的背景。人心的隱痛，從靈魂的深處，儘量的表現出來。赤裸裸地活現在眼前，使你自己去借鏡、領悟、警飭，就是他能把時代心理的寫照。

——原載《南音》第一卷第十一號（一九三二年九月廿七日）。

林履信（一八九九—一九五四）

作者簡介

林履信，字希莊，是板橋林家林爾嘉的第五子。清光緒二十五年（明治三十二年，一八九九）二月十日生於鼓浪嶼菽莊別業。卒於民國四十三年（一九五四），享年五十五歲。

民國元年（大正元年，一九一二）四月，履信進入東京學習院就讀，經過中等科五年，高等科三年，畢業後考入東京帝國大學文學部，專攻社會學，師事建部遯吾。民國十二年（大正十二年，一九二三）三月自東京帝大畢業，隨即返回臺灣，在板橋林家的家族事業訓眉建業株式會社擔任取締役（董事）。當時之社長為履信的三哥林鼎禮。民國十三年（大正十三年，一九二四）履信自行創辦嘉禾拓殖株式會社，以殖林造林、土地開墾、肥料買賣、農業金融、農產物其他販賣付代事業為成立的宗旨，履信自任社長，四哥崇智為取締役。此外，履信也擔任文化社團「如水社」的委員，推動社會文化服務。

民國十八年（昭和四年，一九二九）一月三日《臺灣民報》改組為《臺灣新民報》社股份公司，假臺中大東信託會社成立，設有取締役五人，分別為林獻堂、林履信、林資彬、羅萬俥、林呈祿。共推林獻堂為社長，羅萬俥為專務，並聘前任民報社長林幼春為專務。自從林履信入報社任董事之後，曾大幅更動人事，引起部屬杯葛，工作推展困難。同年四月七日，履信離臺赴廈門，擔任廈門《全閩新日報》副社長兼主筆。該報為日本政府在廈門的機關報。民國十九年（昭和五年，一九三〇）五月履信將父親所著《菽莊叢刊八種》編輯出版。民國二三年（昭和九年，一九三四）親自校對《菽莊叢書》中的《古金文字通釋》、《閩中金石略》兩書。臺灣光復後，履信回到臺灣，民國四十三年（一九五四）六月一日逝世。

履信學識淵博，中西學術間有涉獵，不僅中文舊學好，社會學也有所專精，是臺灣第一位社會學家，也是中國人中研究英國劇作家蕭伯納的專家。他的著作有《洪範の體系的社會經綸思想》、《希莊學術論叢》、《蕭伯納略傳》、《蕭伯納的研究》、《臺灣產業界之發達》等。部分著作，臺灣各公私立圖書館皆未見收藏。《洪範的體系的社會經綸思想》為中央研究院歷史語言研究所陳鴻森教授致贈影本；《希莊學術論叢》委託廈門大學哲學系高令印教授在該校圖書館印得。謹致謝忱。

釋學術

·林履信（一九八一——一九五四）·

臺灣僻處東海隅，我先民敦業以農，是耕是穫，霑體塗足，雖歲時伏臘，迄可小休，亦僅誦田家之詩，成織婦之詞，若夫稟經以製式，酌雅以富言，初未遑也，晚季以來，始稍有齒及風騷者。然典籍無存，老成凋謝，縱欲肆心廣意以自克，其道末由，劍花連君，慨焉以鼓吹自任，而有詩薈之刻，綴錦積玉，日殊月異，蓋嘉惠士子，實匪淺尠，昨者以學術一門委作短論，余惟聘妍抽秘。既盡作者諸君之能事矣，淺陋不文，奚必贅醜，僅勉就學術兩字，以社會學學理詮解之，連君或不斥其塞責乎。㈠學術之意義；㈡學術之發達；㈢學術之功用；㈣學術之盛衰；㈤學術之機關。

學術者，乃人類智能活動之所產也，顓蒙既闢，世道漸開，而制治之萌蘗，已略見于狉榛時代，及人類由自然社會而進于人意社會，成群聚生，接觸頻數，智能活動，因之愈見啓發，迨交通繁盛，文字肇創，開物成務，幾有一日千里之勢，夫如是，人類智能之活動，自太初草昧時代，次第開展，以至今日，其間所有造詣之總束，成系之結果，是之謂學術。

吾人盍觀變于陰陽乎，夫日月星辰之運行。四時之消長，皆極爲徐漸而有序，人類之智能活動及進化，其徐緩而漸進，亦猶是，其發達也，則存於內外兩面，何謂內的發達，一言蔽之，即臻于批評之域耳，蓋人類思想之開展，須經三階段，由獨斷而懷疑，由懷疑而批評，故可稱爲眞正學術者，必須具有批評之精神，何謂外的發達，日學術體系之開展，惟外的發達與內的發達，互相因緣，有不可離之關係，故外的發達，隨內的發達而俱進，譬如學術之初，混沌一團，後隨人智之發明考究，分化爲若干科學之體系，及近世則加以速度，而日新月異焉，其體系之開展，斯謂之外的發達也。

學術之所以發達也，必因其功用可以濟世而利物，夫學術既爲人類社會所產者，而人類社會有個人及社會兩面之觀，故茲欲究學術之功用，亦可由兩面而觀之。

人生於世，所以異於禽獸，爲萬物之靈長者，在於具有學術，質言之，則學術爲人類應享之特權也，獨此學術能使人思想豐富，而愈致於精當，且可增進人類精神之快樂，兼制遏人類淪陷於衝動的之歡娛，及肉體的之愉快也。

又人類爲社會的動物，以故離群索居，性所不喜，而尙友求侶之念極切，宇宙雖廣，然可爲吾人終生師友者，惟學術而已。

且人之生也有涯，而求生之念也無盡，古來求長生之術，無時或絕，然終不可得者，非天之不仁而故靳之，實人類之自誤耳。夫人之肉體，既爲物質，則生存之長短，惟有時間之問題耳，歷時自消，乃定理者，至於精神，則依吾人用心工夫如何，可使不朽者，爲法極易也，其法伊何，曰用心於學術一途耳。

以上所言，乃由個人的方面，以觀學術之功用，所謂個人者，即社會之成分，而社會之所以存在者，乃依人類世代之繼續，故學術之功用，對於個人，即無異乎對於社會，茲再由社會的方面觀之，則學術之功用極大，當益彰明較著矣。

吾人生於社會，故其鄿望社會愈臻完美之念，至深且切，誠果抱此目的而求必達者，則惟有從事于昌明學術而已，何也？社會存立之要素基礎，心物兩面，故欲期社會發達者，必須求物質的文明，及精神的文明，並駕齊驅，方可收其完美之結果，盖物質的文明之發達，所以俾人類生活之安樂，而精神的文明之發達，則所以進人類生活於高尚也。重言之，則欲求社會完美之道，亦僅有昌明學術一途耳。

夫自有人文以後，學術發達之事實，炳乎史蹟，有不可諱者焉，惟世有浮沈道有隆汙，故學術亦難免隨之昇降，而有盛衰之觀，然其所緣由，極爲紛雜，茲試分析之如下：

夫智情意三者，爲人心之全體，而智獨居多，亦爲事實，當智能活動昌盛之時，情意活動雖強大，亦不見妨碍，若因情意過熾，智能活動似轉爲之隱蔽，則屢有之，夫如是，不惟情意活動熾盛之所致，實亦因智能活動不足之咎也。由是觀之，智能活動之昌盛與否，確爲學術盛衰之緣由，而此爲其內的積極的方面者也。

內的緣由之消極的方面，在迷信程度如何，換言之，即依崇拜的宗教浮沈而推移，蓋學術昌明，足使人心脫離宗教之羈絆，而破除迷信，凡事惟以全理爲準，若夫教會國家行使威力，以壓抑學術之進步，則已成爲外的緣由之一端矣。

次觀外的緣由，此亦可分爲消極的積極的兩項，消極的緣由，一爲經濟的餘裕，蓋生活安定如何，關於吾人一生極爲重大，足以左右吾人一切活動，如經濟上有餘裕，生活安定時，方有餘力可從事於學術，《管子》所謂倉廩實而知禮義，衣食足而知榮辱者，即道此一端也。

消極的緣由之二，爲社會之和平與否，凡事窮極則智生，試徵諸戰爭之時，每見智術驟加進步，如春秋戰或時代，諸子學說輩出，精神的文明之進境，可謂宏矣，歐州大戰之中，機器發明，層出不窮，物質的文明之發達，亦可謂偉矣，然細察之，此實多在戰爭間，稍爲安定之際所產出，故一旦社會復歸平和，學術之興，無不勃然而起，周漢唐興隆之際及第十七世紀歐州國民的統整之後，其學術頓盛之勢，可爲適例，尤以歐州社會，承第十七世紀國民的統整後，降及第十九世紀，學術愈見隆盛，而物質的文明之進步，則蒸蒸日上矣。

外的積極的緣由，一爲國際生活，二爲獎勵政策，夫國際之間，交涉愈見接觸，智識因之以交換，而日見啓發，且學理爲一，國際生活正可以促學術歸於統一，而學術可致國際生活於圓滿，至於奬勵政策，不論其由於團體，由於個人，其影響於學術之重大固不待言矣。

夫欲奬勵學術，固不可不藉資機關，而學術機關可分爲三：即學術生成機關，如學校、研究所、博物館、講演會等是也；學術陳列及發表機關，如學士院學會刊行書等是也；學術奬勵機關，或以名譽，或以物質，前者如授與學位爵位，或名譽教授稱號等，後者爲給助物資，而兩者固有團體個人之分也。

由是觀之，學術不惟爲人類智能所產，更可供人類智能活動之機關，人智藉學術機關以發達，故凡誠意實心，爲社會謀幸福，以求社會日新而進化不已者，惟有昌明學術之一途耳。

——原載《臺灣詩薈》第二號（大正十三年三月），頁一〇五—一一〇。

中華學術思想之精義

序　文（林小眉）

治中國五千年之學術者，何其多蔽邪。夫諸子興於戰國，藝文盛於兩京，循是以降，語言兼行，燦語必錄，家有製，人有集，積山丘，汗牛馬。好古者，童而習之，白紛如也。治中國五千年之學術者，何其多蔽邪。然則治之者，其道奈何？曰一以貫之而已。蔡仲郎作〈郭有道碑文〉云：「匪惟摭華，乃尋厥根，宮牆重仞，允得其門。」之言也，殆持鑿破心而內劑焉。曰一以貫之且奈何？曰首先明《易》而已。《易》者文之祖，而衆說之乳也。夫它經言一理則止一理，言一事則止一事，而《易》獨言象，象者懸一以會萬者也。又一一者，象之所由始也。一以會萬，故得象而忘言；萬以會一，故得意而忘象。自庖犧氏作八卦，神農重之爲六十四卦，黃帝、堯、舜引而伸之，分爲二易，至夏人因炎帝曰《連山》，殷人因黃帝曰《歸藏》。文王廣之，著九六之爻，謂之《周易》；孔子繼之，爲〈彖〉、〈象〉、〈繫辭〉、〈文言〉、〈序卦〉之屬。其爲書也，明于天之道，而致于民之用。固窮理盡性，開物成務，歷世相傳之道統也。治之者，玄樞既啓，道□在握，則舉五千年之學術，將豁然貫通於一旦，若《抱朴子》所謂「春日之泮薄冰，秋風之掃枯葉」焉。夫如是，何蔽之有？試觀治學術者之蔽，厥有幾端：務博也蔽於汎，取約也蔽於侈，右文也蔽於辭，獨斷也蔽於囿。凡類是者，未可數以指，斯皆不綜其極，而求其支也，今古之公蔽也，是雖請命於天，延年累百，聲竹帛而畢讀之，猶之乎女史誦詩、內豎傳令也，其所得能幾何？夫中國學術之要，在核諸眞理，施於實踐，所謂學、問、思、辨、行，五者一氣直下者也，而《易》之義盡之矣！《尙書》之〈洪範〉、《詩》、《禮》、《春秋》，無一不表著其旨趣也。世運既汙，其末漸岐，百家蠭出，持論遂尨，然中流砥柱、屹立不頗者，尙有儒宗。治學術者，溯始追源，舍《易》一經，又惡乎窮之。固徵歐規之文獻者，必先治希臘之學。蓋西學之興，其肇端雖由於埃及亞敘利亞，然集教學之大成，實惟希臘之後。彼西方之學者，必先考希臘教學之精義，亦猶東方之學者，必先探《易》理之奧傳也。且今西人之治中國學術者，猶知綱振條晰，劃然不紊，奈何不蔽乎彼，而反蔽乎我邪？盛年強力而志於學者，不可不察也。希莊弟既撮中國學術之要指，述爲文而授余點定之，因書愚意如是，以廣其說，且爲之引云。

日者晤井村先生及潤菴先生，輒囑爲學術方面論文，俾與吾臺學子互相切磋，余諾之，而未果也。秋間，因赴神户省視家君，隨侍之餘，草成此篇。歸臺之後，置諸行篋，未遑整理。頃適辜鴻銘先生來遊，此地人士仰先生學問文章聲喧歐亞，備極歡迎。余不揣淺陋，因鈔此稿，就正井村先生及潤菴先生，並聊以表歡迎辜先生之意，而徵敬仰之誠焉。至於漢學精微豈空疏如下走者，所得窺其萬一，況客中簡率，書籍不備，構思攷證，均難從容，故此篇撮其大旨，稍爲分析而已。忽略錯謬之處，在所不免，惟望閱者垂教而匡正之，幸甚幸甚！

十一月二十五日誌于臺北。

文學士　林履信

太古之世，渾渾噩噩。人生其間，穴居野處。飲血茹毛，飢起倦息。熙熙無爲，不異禽獸。殆世代遞嬗，人數滋殖，社會生活進化，由漁獵而牧畜而農耕而商工，此爲一切社會進化之程序，尤以發生於黃河流域之中華民族社會爲然也。

盤古氏、天皇氏、地皇氏、人皇氏，可稱神話時代，姑且勿論。循蜚紀次民氏，民以穴居，因提紀辰放氏，人尚卉服蔽體，辰放氏乃教民揉木茹皮，以禦風霜。綯鬟□首，以避靈雨。東戶氏時，則禽獸成群，竹木遍地。几遽氏之在天下也，天下之人惟知有母，不知有父，此即原始社會雜婚（Promiscuity）時代之現象。故當是時也，所謂原始生活，不外鶉居鷇吹之狀態，生無定居，人死則蔽之以薹，曝風雨於野，及有巢氏起，始教民離穴居而巢居，然猶茹毛飲血，未脫生食之俗。迨燧人氏起，民始知火食，於是人類生活乃大異於禽獸。要之有巢氏、燧人氏教民衣食住方法，其教導皆屬自然民族社會事項，至伏羲氏出而中華學術思想史之第一頁，由是發端焉。伏羲氏發書數之端，制嫁娶之禮，教民佃漁以立養生之本，中華社會由逐水草之俗，變而爲牧畜之風者，實自伏羲氏之代也。繼而起者，爲神農氏，教民農耕，由是中華社會入農耕時代矣。伏羲氏又審草木之性，察人物之質，注重民族保護之要契，於是衛生醫藥之術大明，民數因之繁增；且獎勵民族之團結，乃開交易，而需要供給達，故中華社會之狀態，日見改良；棲息交通之區域，亦漸擴大，與外族接觸機會既繁，又經濟機關愈臻發達，而促成社會體制之發達，竟形成較完備之社會組織，此蓋堯舜時代之眞相也。夫如是，中華思想，厥初已具備有形的產業主義，及無形的精神主義。此兩種之要素，其性質本極健實，既不似希臘思想第一期，專向於自然之觀察，又不似印度思想第一期之爲厭世遺俗。蓋中華太古思想，以國民生活爲對象，而注意於倫理說、政治論、經濟政策。凡爲思想之先覺者必同時爲國民的社會的生活之先覺者，故君主多居君師之位。荀子曰：「君者善群也」，意希臘大哲伯拉圖（Plato）理想中，共和國君長之性質，亦不過如此而已。然則中華古代社會，君長之所施設，概爲文化事項，政教運營乃君長之職，政以養民，教以化民。其所以養者二，曰「厚生」也、「利用」也；其所以化者一，曰「正德」也，三事理，而社會治、文運興矣。大凡學思術想乃民族心理之反影，而民族心理之構成，環境最有與力。故中華民族心理之尊重現實，實乃中華社會之環境爲之也。

關於環境與文明之關係，莫克兒之《文明史》（Buckle:History of Civilization）及典奴之《英吉利文學史》（Teine:Histoire de la Littirature anglaise）論之頗詳。環境中最大影響於社會文明者，又莫若河川，蓋河川誠可稱爲文明之發源。試觀世界四大文明之基地，無一不在河川流域。「美索波達米亞」（Mesopotamia）文明之於歐夫拉底斯（Euphrates）及底格里斯（Tigris）兩河流域，埃及文明之於尼羅（Nile）河流域，皆明徵也，而中華文明蓋亦產生於黃河流域。按黃河之源，來自鄂靈湖，其長也，二千八百餘哩，居世界大川之第七位，流域面積約四十萬平方哩。秋冬之時，氣候乾燥，其水半涸半澂，滲爲砂磧，風起則黃塵蔽天，千里常昏，而一朝汎濫，則浩浩滔天，舉無數生靈財產，一掃而空。然其所稱黃土（Loess）即輕□土壤，由河之上流運下，故一面，「沖積層」平原，頗稱肥沃。若是乎，滔滔濁流，莽莽曠野，中華民族生於其間，感於天然之美者既少，欲享天然之惠，非費盡人力不可獲期。蓋氾濫前之防備，氾濫後之修復，均須團結衆力，費盡勞役，然後可收其效。中華民族因之養成勤勞之習，常於人道範圍內，運躬行實踐之功，此中華學術界，所以解脫世棄俗之風，對於現實界，常發見人間行爲之標準者也。

蓋人智之開展，駸駸乎不稍停息，太古政治倫理之思想，單以法制的教導，其化育之效果甚微，此爲自伏羲氏以來至高陽氏，千餘年間，歷代先覺者所實驗者。即化育第一面有形的，生活需要之贍足，日見增殖，惟化育第二面，倫理教育之方針，爲時勢所迫，已不得不稍加釐正，此即堯舜之事業，而中華民族思想開展之第二期也。故後世言聖人，必首推堯、舜；論治世，則先舉唐虞。子思曰孔子祖述堯、舜，孟子言性善，言必稱堯舜。韓非曰孔、墨俱道堯、舜。由是觀之，堯、舜時代中華民族思想確已經大發達。及至禹時，學術思想上，體系的敘述見焉，〈洪範〉是也。夫〈洪範〉者，夏禹所傳大法，而殷箕子以告周武王者也。箕子乃先希臘哲學鼻祖他列士（Thales，西曆紀元前約六百年之人）約六百年前之思想家，而傳有體系的學術思想，可見中華文明早進於歐西久矣。此體系的學術思想之組織，物理方面，雖未盡善美，然哲學的道德的方面，可謂已到達高等程度，爲社會運營之用，備且足矣，因其類有九，謂之九疇。故按此不唯可知當時先覺者事業之對象如何，而中華學術思想之本質，於是亦可窺其梗概焉。

一、五行：⑴水、⑵火、⑶木、⑷金、⑸土。

二、五事：⑴貌、⑵言、⑶視、⑷聽、⑸思。

三、八政：⑴食、⑵貨、⑶祀、⑷司空、⑸司徒、⑹司寇、⑺賓、⑻師。

四、五紀：⑴歲、⑵月、⑶日、⑷星辰、⑸曆數。

五、皇極。

六、三德：⑴正直、⑵剛克、⑶柔克。

七、稽疑：⑴卜筮、⑵雨、⑶霽、⑷蒙、⑸驛、⑹克、⑺貞、⑻悔。

八、庶徵：⑴雨、⑵暘、⑶燠、⑷寒、⑸風、⑹時。

九、五福六極：⑴壽、⑵富、⑶康寧、⑷攸好德、⑸考終命；⑴凶短折、⑵疾、⑶憂、⑷貧、⑸惡、⑹弱、九時失熄。

五行至五紀，所以安行皇紀也；三德至五福六極，所以輔成皇極也。皇極位列五，爲全體系之綱維。範疇雖九，總括極於皇極，而爲全體系之樞軸。

㈠所謂五行者，物質的要素爲人類社會生活資料之源，不可一日或缺。大禹以金、木、水、火、土、穀爲六府，府即聚之義，《左傳》記「天生五材」，民並用之，廢一不可。」五材不外乎五行，故五行實所以利用厚生者也。後世以五行爲氣，推衍五行之說，轉爲災祥讖緯之學，其流弊成爲迷信的，貽禍不淺。此種思想，決非中華民族所固有。然則凡爲君長者，對民衆社會生活上，最重要之物質的要素，五行實不可不首先注意焉。

㈡所謂五事者，乃修己正人之用。夫人類之所以優異於其他動物者，在於意識之發達耳。意識即意志心識之謂，貌、言、視、聽、思皆爲意識之作用，心理學之本，倫理學之要項也。故吾人在社會生活、接物應事之際，須敬重五事，即所以正德。如五行之物質條件既備，利用厚生之資且足，加之以正德，則社會統制之功偉矣。

㈢所謂八政者，政治之要務，治國之典範也。夫君長能利用天地間之五行物質，以厚生人民，又敬行五事，以正德化民，則欲施之於社會上，將孰先之？八政即所以論其施行之先後者也。以食爲先。夫食者民之所急，貨者民所資，此兩者乃社會生活上，經濟運營首所必務也。個人成立之有形的要素既成，於是化個人成爲社會之一分子者。爲教化運營之用，祭祀其一事也，所以使人知報本，以資社會統制之功。次爲政治運營，即所以使如是分子組成，以成社會者也。孟子曰「諸侯之寶三，土地、人民、政事」，土地實爲社會存立之物的要素，民之所居，而有司空以掌之，民所以得安其居，遂成其社會上之責務，倫理者社會統制之標準。所以成民之性，乃教化運營之要項，而使司徒教之。上述諸法，所以治社會常態之道，至於理社會變態之政，如有不從政教，妨害社會安寧秩序，破壞社會組織者，則有司寇以刑罰禁治之。夫如是，食、貨、祀、司空、司徒、司寇之所職，乃關於國內之事而已。關於國際間之關係，則有賓、師兩法。管子曰：「國之存也，鄰國有焉；國之亡也，鄰國有焉。」亞里斯德（Asistoteles）亦謂：「政治不同，而國相鄰，實爲政治叛亂之原因。」自來各社會間，互相影響極大，故諸侯爲交和親睦而來者，禮以待之；鄰國侵略，危及己之社會之統一及鞏固者，則師以衛之。蓋兵非古聖人之所好，故居八之末，而此八政即以人道治天道者也。

㈣所謂五紀者，反於八政以天道治人道，即究星曆推移之法也。蓋氣象之變遷，關於民生農事尤大，故唐虞之時，羲和所掌及禹之世，時令大備，後世稱夏時爲得正，無不尊之。夫以一歲分爲四季及十二月之法，凡處於溫帶之社會無一不則焉。

㈤所謂皇極者，乃說君長統制社會之本義。建皇極，所以資天地之中正。立人之中，而皇極不云數者，有非以數可明示者也。本以五行，敬以五事，厚以八政，協以五紀，即皇極之所以立也。凡爲國家社會所用心，一在執大中至正之道，〈舜典〉一節已明示之矣。堯曰：「咨爾舜，天之曆數在爾躬，允執其中，四海困窮，天祿永終。」按其文義，可演繹如下意：

（甲）先覺者之責務，在于保全人民之社會的生活。

（乙）明認恒常理法之遍滿光明的支配之存在。

（丙）確信如是支配之顯現，以所謂曆數爲其用。

（丁）認得處事應物之第一義，在於執中。

故皇極爲大中至正之道，而人所由以取正也。即使人無淫朋比德，公明正大，以遵聖王之道義者也。所謂道義者，聖人質諸物理，本諸人性，因一時代之所是，定全社會民衆之所由，以爲標準。如是君王既兼君師之責，則必須立社會統制之中正標準。一事一物之接，一言一動之發，無不極其義理之當然而無一毫過不及之差，於是極建矣。極者福之本，福者極之效，極之所建，福之所集，即社會一般之幸福也。皇極既建，然後又以三德，明以稽疑，驗以庶徵，勸懲以福與極（非皇極之極，乃禍之意），則皇極輔成且安行焉。

㈥所謂三德者，一曰正直，二曰剛克，三曰柔克，此德不特爲修己所要，又爲治人之道。蓋以輔成皇極，使之得安行者也，故在社會統制上極爲重要。夫民平康，則治之以正直者常治也。因平康正直，無所事矯拂，無爲而治是也。民彊硬弗順者，則治之以剛。民和柔委順者，則治之以柔者，順治也。夫剛克柔克者，威福予奪，抑揚進退之用，故民沈深潛退，不及中者，或民高亢明爽，過乎中者，乃習俗之偏，氣稟之過者，對於前者勵之以剛，後者抑之以柔，此逆治也。夫如是正直之用一，而剛柔之用四，是五者聖人順應環境，以施於社會。陽以舒之，陰以斂之，執其兩端，而用其中於民，所以納民俗於皇極，使社會民衆德協於中正者也。

(七)所謂稽疑者，依天道以輔人道，故設卜筮以決疑事也。古代社會民衆篤信鬼神，以爲鬼神豫知能告吉凶於人。聖人因民衆之所信，以利用之，設神道以定志，是卜筮之所由興。觀上古時代設官，便有巫、史二職，各掌其學。事鬼神曰巫，巫之道由顯而之隱，推究乎吉凶禍福之理。又以事涉迷信，常反阻害於社會進化，故立時人作卜筮，三人占則從二人之言，有大疑則謀及乃心，謀及卿士，謀及庶人，然後參之卜筮，以決之，可知其不專委之於卜筮也，故無異於願從多數之民意，極爲「德模克拉的」，其藉以卜筮，不過爲一種形式的假託而已。

(八)所謂庶徵者，以人道顯天道，言天人感應之驗。君長有善行則休徵應之，有惡行則咎徵應之。蓋古代中華民族因所處環境之關係，而畏天敬天之心理，極爲堅固，且科學思想幼稚，不知雨、暘、燠、寒、風之因何而至，以爲皆由人事之所招，而君長者乃受命於天，故謂之天子。天子之行爲，尤關於災祥，聖人亦不強辯其惑，蓋因民族心理之所信，以寓勸懲之意。彼後世災祥陰陽五行之說，固非本來之意者也。

(九)所謂五福六極者，謂天人間道德的行爲之關係。福爲人之所好，而極爲人之所惡，故凡爲善者，天應之以福；爲惡者，天應之以極。極即禍也，率由洪範者爲善必福，違背洪範者爲惡必極，故以此爲九疇之終也。

由是觀之，〈洪範〉之九疇，乃當時中華民族思想之範疇（體）系。以社會的事項爲對象，含有政治經濟教化之事項，即由其社會經營著眼。循天地之運行，及萬象之事理，以治人生。故社會人民生活上，所有關係事項，悉網羅而不遺，其道既不可一端以盡之，於是約之爲九類。分之則九，合之則一，而成一體系。試觀箕子告武王之言，謂〈洪範〉、〈九疇〉乃禹之所分，而敘彝倫者，可知二代之學術教法，莫尚乎〈洪範〉，又莫備乎〈洪範〉。夫惟二代去古未遠，其俗尚忠質，故所學即所行，所行即所學，學與行不離，而學、問、思、辨、行五程，一氣直下，此爲中華學術思想之精義也。

次觀《易經》。夫希臘大哲黑拉居來圖斯之注意乎萬物流轉、宇宙變動，而樹立存在論、生成論、實相論、緣起論，乃西曆紀元前五百年之事。而伏羲氏之作《易》也，實在西曆紀元前三千年。文王、周公演之，孔子成之，爲中華民族思想之淵源，其理深奧於〈洪範〉，故爲中華學術之根底。古之學者稱曰：「通天下之情者，莫知於聖人；盡聖人之心者，莫深於易象」。《易經》在中華學術界所占地位，於是益明矣。「《易．繫辭傳》云：《易》有聖人之道四焉：以言者尚其辭，以動者尚其變，以利器者尚其象，以卜筮者尚其占。」茲欲知《易》之學理，可由《易》象辭，三基本觀念，分析而觀之。

㈠所謂易者，即變易之易。觀諸天運，日往則月來，寒往則暑來，水流而不息，物生而無窮，未嘗或已，可知天地之化，往者過，來者續，無一息之或停。夫如是，萬象生生。其原因也，蓋由於天地間之兩原動力，即陰陽是也。惟森羅萬象，千變萬化，然萬物流形之裏，自有整然不可動之大理法存焉，即所謂變易之中，自有不易，而不易之所以為不易者，皆一陰一陽之所遞行，故曰：「一陽一陰之謂道」，又曰：「萬象恒常」，而此大理法之流形方式。《易．繫辭傳》則曰：「易有太極，是生兩儀，兩儀生四象，四象生八卦」，即太極為無形，無差別平等之狀。兩儀即陰陽也（陰以「⚋」符號表之，陽以「⚊」示之），詳言之，天地之始原為無形，無差別平等，漸生差別，繼而成形，由八卦變為十六卦，而三十二，而六十四，由極簡易而變為極繁雜，此即進化之公式，故若悉其簡易之遠因，則未來複雜之後果，不難推而知之。彰往而察來，推古而知今，不惟十世，雖百世亦可知也，此即科學的方法之功用。曰前段推後段，由前因推後果，其大致莫不瞭然。能悟斯道，小而持身，大而治世，善始可以善後，立法可以守法，其應用之功，當非淺鮮。《易》之利用為占筮，其主因即在於此。

㈡次觀象。《繫辭傳》曰：「易也者，象也。」此說一切變遷進化，皆由此象之作用。夫象者即模範之意也，質言之，象也。故變易之理，先有一種法象，然業有仿效此法象，而成之物類，《繫辭傳》曰：「以制器者尚其象」，又曰：「天垂象聖人則之」。大凡人類歷史上種種文物制度之起源，悉由於象，皆起於仿效種種法象，惟此法象又可分爲天然界之「現象」及物象所引起之心理學上之「意象」，即觀念也。是以伏羲氏之王天下也，仰則觀象於天，俯則觀法於地，觀鳥獸之文，與地之宜，近諸取身，遠諸取物，於是始作八卦，以通神明之德，以類萬物之情。即先有天然之種種「現象」，先覺者觀察體驗之，引起種種「意象」，而表諸卦。故每符號之表示一種現象，或表示一種意象。例如爲火爲水，此物象也，又乃未濟失敗之意，是既濟有功之意，此意像也。故不但一切器物制度起源於象，如一般人生、道德、禮儀，亦皆從之而發生。所謂形而上者，謂之道；形而下者，謂之器；化而載之，謂之變；推而行之，謂之通；舉而措之天下之民，謂之事業。由此觀之，可知象即模範之意也。

㈢復次觀辭。夫人類之文明史，即上述「法象」，實現爲制度文物之歷史。若象雖可表示各種「意象」，然「意象」變動作用之時，有種種吉凶悔吝之趨向，而可以表之者，謂之辭。辭也者，可使人動作，有儀法標準，使人明知利害，不敢爲非，故曰：「繫辭焉，以斷其吉凶」，又曰：「吉凶者存乎辭，而吉凶悔吝者生乎動者也」。詳說之，吉凶者，失得之象也，吝者憂慮之象也，又曰：「吉凶者言乎其失也，悔吝者言乎其小疵也」。要之，辭以表示各種意象，如動而得者爲吉，動而失者爲凶，動而小疵者爲悔吝，故動作時之種種趨向，可以使人趨吉避凶，趨善去惡。又曰：「天地之大德曰生，聖人之大寶曰位」，何以守位曰人，何以聚人曰財，理財正辭、禁民為非曰義。由是觀之，辭之積極方面，可以「鼓天下之動」；消極方面，可以「禁民為非」。《繫辭》曰：「是故卦有大小，辭有險易。辭也者，各揭其所『之』。」所謂「之」者，指趨向也，此又為後世易之流為卜筮之用之一因。

總上觀之，《易》之哲學，純正方面，可分為二：

（甲）現象論（甲）萬象變易。

（乙）變易自有一定秩序，即所謂萬物恒常。

（丙）各個現象，即各個變易。依始中終三相之運移而成立。

（甲）本體論（甲）萬有為一。

（乙）萬有由一起，同時為一而二，是以有萬有。

夫《周易》古於比多果拉斯Pythagoras（584-506B.C.）哲學，而且更為深奧，實數理哲學之根源也。故吾人當釋宇宙本體論，不得藉《易》之一元論（《易》之一元論屬於具體的一元論。詳細可參照《臺灣詩薈》第一期第九號拙稿〈一元論〉），而由此一元論的宇宙觀，以說世界萬象生起壞滅，更進而及於吾人，日常生活諸相之判斷。至於現象論之到達，則與實踐倫理問題，以理論的根據。故其實踐方面，即基此事理之道德政治倫理之教說，換言之，廣義社會學也。

茲更細觀其實踐方面，即求社會動學之原理於《周易》之所說焉。夫《周易》之觀國家社會也，大之宇宙全般，小之可應用於家族個人，故易理所包含理法可約之如下：

㈠天下、國家、家族、個人，即宇宙備有生生之德乾之德是也，在人乾乾自疆之道是也。〈乾〉之〈卦辭〉曰：「乾，元、亨、利、貞。」其〈彖辭〉曰：「大哉乾元！萬物資始，乃統天，雲行雨施，品物流形，大明終始，六位時成，時乘六龍以御天，乾道變化，各正性命，保合太和，乃利貞，首出庶物，萬國咸寧。」其〈象辭〉曰：「天行健，君子以自疆不息。」由是觀之，乾之德實易理之最根本的且最宏大者也。

㈡宇宙事物有消長之理，盈滿缺損之意。夫勢乃放任自然之徑，行時初生中，中生終，詳言之，物之初生也，即所以使之長成而盛昌，其達中盛也，即所以使之過滿變滅。〈剝〉之上六，〈復〉之初九，〈未濟〉、〈既濟〉，皆最表明此原理者也。故吾人處一身，或經營國家社會，首以不單放任於自然之之勢，而能調攝之爲要，後世陸王所主張理，即此也。

㈢凡如是，事物之運行，理勢之要義，皆爲宇宙不易之道，不紊之理，〈繫辭〉所謂「天尊地卑，乾坤定矣；卑高以陳，貴賤位矣；動靜有常，剛柔斷矣」，即言此也。

夫如是，生成開展之中華學術思想，其觀察宇宙也，以事實爲事實，而止於認識，故視宇宙，爲日月星辰之森然，山川草木之羅布，凡對人生社會生活，直接無關要者，鮮進究其何以然？其觀社會，乃現有社會，即國家之社會，自古不曰人而曰民，其明證也。至於人類社會之起原，則未曾見有何種之說明，如《詩》云：「天生烝民，有物有則，民之秉彝，好是懿德」，是亦不言人即構成社會之分子之生成。又《尙書．泰誓上》曰：「惟天地萬物父母，惟人萬物之靈，亶聰明作元后，元后作民父母，若夫天地由何而成，則非所欲聞也。」由是觀之，中華學術思想之本質，實在於事實觀察，及社會觀察，比之第十九世紀歐西學界上，哲學及社會學二大流派，則中華學術思想較近於社會學也。要之，《易》者所以說宇宙萬物生生進化之大理法，教吾人知活用之於人間社會，以其備收社會進化之功。《繫辭》曰：「乾以易知，坤以簡能，易則易知，簡則易從。易知則有親，易從則有功，有親則可久，有功則可大。可久則賢人之德，可大則賢人之業，易簡而天下之理得矣，天下之理得，而位乎其中矣。」夫所謂中，乃天地之中，即大中至正之道，得此則可以與天地參焉。蓋大中至正之道，實中華民族，經營社會生活，最大理想，故〈洪範〉皇極所說，其終局目的亦不外乎此。誠然，易一面爲中華民族之一元論的宇宙觀，又一面爲倫理觀政治觀，其說生生之道，雖未能如近世之進化論所說，然其社會動學，自有一派之組織，得之者昌，失之者亡，不問其爲個人或社會也。誠然，中華學問不外社會學，其社會動學方面，上已述之。次觀其社會靜學方面，有社會的關係五種爲其根本原理。蓋中華學問乃以人與人之協同生活體，即以所謂社會爲對象，而查定其構成之所本，君臣關係其一也，父子關係其二也，夫婦關係其三也，長幼關係其四也，朋友關係其五也，此五種關係，乃人人聚合體之社會構成要素，舍此五種，則人之所以對人之關係不復有也。是故社會道德原理，亦不外五類：君臣義、父子親、夫婦別、長幼序、朋友信，是謂五常，而君臣、父子、夫婦之關係，尤爲社會關係之本源，故特稱之爲三綱。夫以五常爲要且足而構成之社會，即國家社會，個人及家族均運營於其中，國家社會則運營於天地之裡。隆替興亡在所不免，關於述此種隆替興亡之原理，即中華學問之社會動學，《易》尤其著者也，如《春秋》亦爲社會動學之一。就各個國家、各個個人之各個行動云爲而稽其得失，明其所以興亡隆替之理寓聖人之教，所以能深切著明者，蓋能以五常之道之得失，就事實而裁判者也。

夫中華學術思想，乃隨其特殊環境，及經累世遺傳而釀成，其到達之要旨，在於學問不存於政事之外，言說不在於行實之外。理想之實現，如法制組織，則不外彬彬然，盡文質之美之周禮。周代之文明，周代之國運，即中華學問自身之實現，中華學術文明所以稱爲極盛於周者，職是故耳。所謂文明之開展，即思想之開展，尤於以社會的知行合一原理爲標準之中華學術思想之歷程爲然。故承周代中華正徑思想極發達之後，所開展之學派，實不勝任發達其全豹，僅得紹述其一端。凡此種現象，乃當思想分裂發展之際，常見者也。周代文明學術，彬彬之美，郁郁之文，既如是之盛矣。然及其浸衰，社會統制中心一旦崩壞，官師放廢，禮失其守，政不下宣，犬戎外力侵入，而地勢之分化的影響，遂愈表現其明瞭之分化於政治組織之上。春秋戰國時代，中華社會之實狀是例也，顧中華學術思想發達之事實，可謂炳乎史蹟有不可諱者焉。惟世有浮沈，道有隆污，故學術思想，亦難免隨之昇降，而有變遷，蓋學術思想乃時代精神之反影，而環境釀成之也。春秋三百年間，中華社會統制中心既經動搖，周室之東遷，即爲避戎狄，外社會之活力，壓迫中華社會不已焉。內則諸侯力政相對以兵，陽假仁義，陰懷吞噬，壇坫之場藉爲干戈之地，尊王之義，飾爲非分之求。社會不安，人心日壞，道德瀕墜，於是臣弑其君，子弑其父，此春秋時代之社會狀態，具日予聖，誰知烏之雌雄？子思嘗以告衛侯矣，此實足代表春秋時代之社會心理也。春秋時代之後，百五十年間，爲戰國之世。夫春秋衰世也，戰國亂世也；春秋之世，猶尊禮重信，至戰國，絕不言禮與信矣；春秋之世，猶重王室，社會統制中心猶存，及戰國，則不復言尊王矣；春秋之世，猶重宗始氏族，至戰國，不復言閥矣。國無常君，士無定臣；

得士者富，失士者貧。或爲合從，或尚連橫。弱肉彊食，劣敗優存。爭地以戰，殺人盈野；爭城以戰，殺人盈城，此戰國時代之社會狀態。甯爲雞頭，無爲牛後，蘇秦嘗以說六國矣，此實足發揮戰國時代之社會心理也。

社會頹廢混亂既如彼，人心黑暗不安又如此，當是時也，實中華會社（社會）組織變動最劇時代。封建制度破壞，貴族階級消滅，經濟狀況日見變遷。人口增殖，交通繁數，人智接觸交換之機既多，加之境內之外族，次第同化，民族之外延益擴大，內容益複雜，故學術思想分化發展而愈複雜。況列國並立競爭，需求人才極切，於是思想言語之自由大開，學說紛紛起焉。又當社會劇變之際，生活不定，人心不安，故趨於研求眞理，爲社會一般之傾向，各隨其性而立人生觀，此百家所以興而持說各有異者也。孔子唱仁義禮樂之道，老子說虛無自然之理，墨子唱兼愛功利之說，楊子唱利己快樂主義，管、申、商、韓有刑名法術之言，或有如雞冠子之折衷派，又有如鄧析子、尹文子之名家，公孫龍、惠施之詭辯，如鬼谷子之善遊說，尸子、呂子之雜家。其餘兵家、陰陽家、農家，甲論乙駁，辯士鬥辯，智士鬥智，各尊其說，而邪他說，誠可稱中華學術思想史上，最陸離之現象也。然當時社會現狀均懷一種不安不滿之念，社會問題實爲各家研究之焦點，況當外族侵入，有意窺伺中原，於是中華民族社會之思潮，不期而一，以社會維持之觀念爲中心，故各家對社會問題解決之法雖殊，而心理則一，不悖中華民族本來之思想也。

儒家之躬行實踐，以明教化；法家之信賞必罰，以輔禮制；名家之循名責實，以正名位；縱橫家之修辭立言，以睦鄰國；雜家之辯論得失，以議事政；農家自食其力，以重民本；墨家之學重力行、任勞苦，獨任天下之難，枯槁其身而不惜。以上諸家莫不以實踐爲宗，而不遁於虛也。次觀兵家之學，其類有四：曰權謀、曰形勢、曰陰陽、曰技巧。如權謀、形勢、技巧三者，切於實用，惟陰陽之說明推刑德，隨斗擊，因五勝，假鬼神，以爲助。又陰陽家之學，談陰陽消息，五德終始，而作怪迂之變，然推天變以合人事，占觀時候以定律曆之數，使民得以安居樂業。蓋陰陽家者流，出於羲和之官，此數家是亦非不重實踐者也。復次觀道家，高談玄妙，言近虛無，然其學本歷紀古今成敗存亡之道，所以知秉要執本，清虛以自守，卑弱以自持，此亦治平之術，可以推之天下國家，故漢之治績，亦道家之賜，是則雖虛而亦實也。蓋老子之所爲清淨無爲者，非枯坐拱手之謂，乃以靜制動，以柔制剛，以牝制牡，先自勝而後能勝天下，故其言曰：「以身治身，以家國天下治家國天下」，又曰：「我無爲而民自化，我無爲而民自富」，又曰：「知清淨以爲天下正」，是老子之言，未嘗舍天下家國，而獨喜其路，未嘗損民而利己。其所謂清淨無爲者，正其所以安民治國平天下之術，其無爲即所以大有爲也。總上觀之，自周衰，天子失官，疇人分散，私門之業著道術，遂見乖離，而諸子之言，紛然淆亂，然其對各種社會問題之態度方法，雖有積極消極之差異，至於精神則悉在于社會之改良，此即中華學術思想精義之發現也。班氏〈藝文志〉論諸子曰：「其言雖殊辟，猶水火相滅，亦相生也。仁之與義，敬之與和，相友而皆相成也。《易》曰：『天下同歸而殊塗，一致而百慮』，今異家各推所長，窮知究慮，以明其指，雖有蔽短，合其要歸，亦六經之支與流裔云。」按此，則不惟漢以上之諸子百家之說爲然，即推之後代，學術雖更分化發展，然根究其極，何莫非同歸於一也。一言以蔽之，中華學術思想之精義，即學、問、思、辨、行五程一氣直下耳。

——原載《臺灣日日新報》，大正十三年（一九二四）十一月二七、二八、二九日；十二月三、四、六、八、九、十、十二、十三、十四、十六、十七日。

中華民族之敬天思想

中華民族敬天之思想，其來已久，因其委而溯其源，當首先推求初民對天然界之心理狀態。

一般原始民族心理上之特質，爲易於「驚畏」，長於「想像」，短於「理智」。故原始民族之觀察宇宙也，對凡與己身相隔遠離之物體，或於己身不能明瞭之事象，因其心理上特質之作用，「理智」每爲「感情」所蒙蔽，多不事深究物象之根源，遽視爲不可思議而信爲有神秘性者爲常。間假有進而欲考究其根源者，亦輒因民族的經驗淺鮮與智識陋劣，不能有所作爲；故「比擬」之法，爲其所慣用，而擬爲解釋事象原因之道。夫宇宙間各種實體，最易爲人感知其「存在性」，且視爲具有靈性者，莫若人類本身之「個體」；故原始民族凡對與己相隔遠離之物體，或於己所不能知之事象，如欲解釋之，每以「己身」爲比擬之標準，而賦與像想之性質，以說明之；至於事物之「自然的原因」，或「本質的原因」，則殆忽視焉。如將「生物」與「無生物」混視爲同類，對屬於無生物之天然界諸現象，特賦與以意識意志，而視爲若有生命之實在，此爲一般原始民族對宇宙現象之態度及其解釋之方法也。

當天氣清朗，鳥語花笑之晨，人心和樂之氣，充塞天地；其或皓月當空，江河不波之夜；星光燦然，明滅不息，萬籟寂靜之時；原始未開之人，對此光景，焉得不發生神秘之感，而逞其幻想之力，思所以解釋之。忽焉黑雲油然蔽空，雷聲轟轟，沛然大雨；繼而電光閃耀，宇宙騷然之際；原始未開之人，對此光景，復焉得不生驚畏之心，感自然力之偉大，而頓生恐怖之念者哉？細察處此種天然的環境變化中之智能未開民族之心理，由「驚畏」而「恐怖」而「隱沒理性」，乃爲其心理的變化之常徑。同時且又以己身爲規準，用比擬之方法，而逞其想像之力，對宇宙現象，以期有所解釋焉。故遂將天地萬物均視爲有生命，而「人格化」之；且深信其各具有不可思議之威靈，冥冥裏有左右人間運命及賞罰之力。如古代希臘民族之信太陽神「阿坡羅」Apollo；印度之風神「吠達」Vutn；巴比崙之太陽神「沙馬士」Shamash，埃及之太陽神「拉」Ro（Ra）是例也。而天地萬物間，「天」實居萬物之上，故凡有種種自然現象之急激變化，其因悉婦諸天；無怪乎古代各民族間，對天地自然界之現象，均仰爲不可測與具有神秘性，而對「天」特爲尊敬焉。如古代希臘之天神「嶕斯」Zous（即Jupiter），印度之「德雅烏斯」Dyaus-Pita，巴比崙之「阿努」Anu，及中華民族之「上帝」等，均是例也中華民族繁殖於黃河流域之間，其社會生活，民族思想之形成及變遷，受黃河之影響，至爲深鉅。蓋黃河流域之地，富有「黃土」Loess，頗稱肥沃。惟黃河氾濫爲常，若是乎，滔滔濁流，莽莽曠野，一再不止；欲享受其天然之恩惠者，非盡人力，斷不可獲期。故氾濫前之防備，氾濫後之修復，均須團結多數之衆力，費盡勞役，然後可收其效。古代中華之民族，因生活上受此種特殊的天然環境之影響，故其民族心理上，遂養成一種對天畏敬之思想，且較諸他民族爲深刻。如歐西學者中，或稱中華民族自古已有一神教者，其意蓋爲指拜天思想濃厚而言。

惟中華民族對天之觀念，決非絕對的者，其與普通一神教，不但異其趣，即與歐西民族之信仰，亦有不同，實有其特性存焉。

中華民族於「天」以外，對日月星辰山川草木等自然物，亦尊信之。但「天」之爲物，至大至高，故特尊之，而稱爲「帝」或「上帝」，所以表明其最高性者也。如〈洪範篇〉：「在昔鯀堙洪水，汨陳五行，帝乃震怒，不畀洪範九疇，彝倫收斁。」〈湯誓篇〉：「夏氏有罪，予畏上帝，不敢不正。」其所稱「帝」「上帝」與「天」均爲同義也。

然則何謂「天」？《朱子語類》卷一曰：「經傳中『天』字，要自看待分曉也，有說蒼蒼者也，有說主宰者者也，有單訓理時。」然此外尚有以「天」爲人生萬物之本原者焉。茲將「天」之意義，分類如下：

㈠說蒼蒼者，即「形體的天」也。

穹蒼蒼天也，春爲蒼天，夏爲旻天，秋爲昊天，冬爲上天四時。（《爾雅·釋文》）

湯湯洪水方割，蕩蕩懷山襄陵，浩浩滔天。（〈堯典〉）

迨天之未陰雨，徹彼桑土，綢繆牖戶。（〈豳風·鴟鴞篇〉）

鶴鳴于九皋，聲聞於天。（〈小雅·鶴鳴篇〉）

其他見於詩書中，周公所言之「天」，多指「形體的天」也。

㈡說本原者，即「本原的天」也。

天生烝民。（《毛詩·大雅·烝民》）

惟天陰隲下民。（〈洪範〉）

萬物本乎天，人本乎祖。（《禮記·郊特牲篇》）

㈢說主宰者，即「主宰的天」也。

天叙有典，勅我五典五惇哉。天佚有禮，自我五禮五庸哉。天命有德，五股五章哉。天討有罪，五刑五用哉。（〈臯陶謨〉）

惟天監下命，民典厥義。（〈高宗肜日〉）

天命降監，下民有嚴。（〈殷武〉）

聞於上帝，帝，休。天乃大命文王，殪戎殷。（〈康誥〉）

皇矣！上帝。臨下有赫，監觀四方，求民之莫。（〈詩·皇矣〉）

有周不顯，帝命不時。文王陟降，在帝左右。（〈文王〉）

其香始升，上帝居歆。胡臭亶時，后稷肇祀。（〈生民〉）

帝省其山，柞棫斯拔，松柏斯兑，帝作邦作對。——帝謂文王無然畔援，無然一歆羡之。（〈皇矣〉）

《詩》《書》兩經中，此類文字頗多。（註一參觀梁啓超《先秦政治思想史》，頁三九）

蓋此所謂「天」純為有意識的人格神，有全權有全力，臨察下土者也。所謂「神意的權威說」，即出於此。

(四)**訓理者，即「理法的天」也。**

天生烝民，有物有則，民之秉彝，好是懿德。（《毛詩·大雅·烝民》）

天命不易，天難諶。（〈君奭〉及〈大誥〉）

天惟與我民彝，大泯亂。（〈康誥〉）

于弟弗念天顯，乃弗克恭厥兄。（〈康誥〉）

此云認「天」有自然法則，以爲人事之規範，道德之基本也。

當太古中華民族思想素樸之時，其對天之觀念，同爲「具象的」「直接的」者；以爲：「天」有「感覺」，有「情緒」，有「意志」，與人無殊，常直接監察，或指揮人類之行動。此思想爲中華民族所特有，其與印度民族希臘民族之原始的觀念殊異之點，亦在乎此。及唐虞之世，民族的思想大見開展發達，其視「天」也，已由人格之神靈，逐漸醕化，而爲抽象之觀念。所謂「維天之命，於穆不已」（《詩·維天之命》）。所謂「上天之載，無聲無臭」（〈文王〉）。所謂「穆穆在上，明明在下，灼于四方」（《書·呂刑》）諸如此類，其所謂「天」者，已漸由「宗教的」意義，變爲「哲學的」「社會學的」意義，即揭其溥博自然之大理法，爲人類行爲所當率循之標準。民族心理中，均以爲此理法實天之所命也。〈烝民〉之詩曰：

天生烝民，有物有則，民之秉彝，好是懿德。

孔子曰：巍巍乎！惟天爲大，惟堯則之；蕩蕩乎民無能名焉。

蓋宇宙一切現象，皆各有其當然之理法，而人類秉之以爲常。故人類社會唯一之義務，在「順帝之則」（〈皇矣〉）耳。

然則所謂「帝之則」如何能顯示於人類社會上耶？其在《書經．洪範》曰：

我聞在昔，鯀湮洪水，汩陳五行，帝乃震怒，不畀洪範九疇，彝倫攸斁；鯀則殛死，禹乃代興，天乃錫禹洪範九疇，彝倫攸敘。

觀此當知在中華民族心理上，「人格神」與「自然法」一致之觀念，已早確立矣。〈周誥〉述王子晉之言曰：

伯禹釐改制量，象物天地，比類百則，儀之于民，而度之於羣生，克厭帝心，皇天嘉之，胙以天下。

此正可視爲解釋「洪範」語意，「比類百則儀之于民」，即帝則之假手於人以實現也。此觀念最圓滿表示者，莫如《尚書．臯陶謨》所說：

天工人其代之，天敍有典，勅我五典五惇哉。　天秩有禮，五服五章哉。　天討有罪，五刑五用哉。政事懋哉！懋哉！

上述「則」也，「範」也，「敘」也，「秩」也，皆爲表示自然法則之總相。因「則」而有「彝」，因「範」而有「疇」，因「敘」而有「典」，因「秩」而有「禮」，則自然法則之演爲條理，爲最有秩序，得其中庸之徵也。此總相即後此儒家道家之所謂「道」，其條理，則後此儒家之所謂「禮」，法家之所謂「法」也。而其淵源，則認爲出於「天」，前此謂一有「感覺」，有「情緒」，有「意志」之「天」，直接指揮人事者；既而此感覺情緒意志化成爲人類生活之理法，名之曰「天道」。（梁啓超著《先秦政治思想史》前篇第二章）

試觀《左傳》亦未嘗不言「天道」，而必足以「人力」參天之義，如云：「國之存亡天也」。又謂：「善人爲天地之紀」（《左傳》成公十五年）。「民神之主也，是以聖王先成民而後致力於神」（《左傳》桓公六年季梁告隋侯之言）。徵諸數例，皆可見中華民族之對天思想，恆以人力可等於天地，而不必爲天地所宰制，是即中華民族思想，不蔽於神天宗教之故。換言之：中華民族不如他民族之尊天者，常崇之於萬有之外，而常將天道納之於社會人事之中，此即中華民族舉術思想之特色。老子所謂「道法自然」，孔子所謂「天垂象，聖人則之」墨子所謂「立天志以爲儀式」皆屬此意。

如上所述，中華社會民族以黃河爲命脈，而黃河之氾濫無恆，生活上受天然之壓迫靡少，雖有黃土之特殊肥壤，苟欲享之又非努力勞役不可獲得，以是自無餘暇可以馳心廣遠，游志幽微。

故古代中華民族之心理的生活，乃專就尋常日用之問題，悉心研究；是以思想獨倚於實際，對於現實界只求發見人間行爲之標準而已。復因其地勢平原彌望，規模宏遠；其溫度雨量已概俱不過分，張弛往復，若有韻然。故其民族之信天也，以爲有「則」，有「範」，有「敘」，有「秩」最得乎「中庸」。基於此等特別素因，凡古代中華民族所經營想像，皆在人間國家社會之要務。其尊天也，目的不在「天國」，而在「社會」，受用不在「未來」，而在「現在」。是故，「人倫」亦稱「天倫」，「人道」亦稱「天道」；而「秩序」，「中和」，「中庸」，實爲其根本原理，此思想即發爲學術，蓋最帶有社會學的色彩者也。

——錄自《希莊學術論叢》第一輯（廈門：廣福公司出版部，一九三二年十二月），頁一三四——一四七。

洪範之社會學的研究

近擬編《中華學術思想史》，惟上下五千年，時久事繁，未易着筆，茲先就〈洪範〉一篇，以社會學原理略爲析論，異日脩改稍爲詳備，當發表於《菽莊叢刊》，以就正海內外之研究中華學術者，重陽前一日，誌於神戶旅次。

中華民族以所處環境之關係，其社會思想，厥初已備有形的產業主義，及無形的精神主義，兩種之要素，本來性質，極爲健實，不如希臘思想第一期，專向於自然觀察，又不如印度思想第一期，而爲厭世違俗，夫中華思想，原以國民生活爲對象，而注意於政治論倫理說經濟政策者也，是故太古之時，凡爲思想之先覺者，亦必爲國民的社會的生活之教導者，《荀子》曰：「君者善群也，故君主多居君師之位。」希臘大哲伯拉圖（Platon）理想中共和國君長之性質，亦不過如是。蓋在古代中華社會，君長之所施設，概爲文化事項，故其政教運營，乃君長之職，政以養民，故以化民，而所以養者二：曰厚生也，利用也。其所以化者一：曰正德也，三事理而社會治，文運興矣。〈洪範〉一篇，實爲此大理想之體系的敘述，中華最古典籍之一也。

夫〈洪範〉者夏禹所傳大法，而殷箕子以告周武王者也。箕子之時，先於希臘哲學鼻祖他列士（Thales，西歷紀元前約六〇〇年之人）約六百年前之思想家，而傳有如是體系的社會思想，是中華之文明，早進於歐西久矣。唯此體系的思想之組織，物理方面雖未盡善美，然哲學的道德的方面，則已達到高等程度，爲社會運營之用，備且足矣。其類有九，謂之九疇。觀此不惟可知當時社會先覺者事業之對象如何，而中華學術思想之眞義，亦可窺其梗概矣。

㈠五行
(1)水 (2)火 (3)木 (4)金 (5)土

㈡五事
(1)貌 (2)言 (3)視 (4)聽 (5)思

㈢八政
(1)食 (2)貨 (3)祀 (4)司空 (5)司徒 (6)司寇 (7)賓 (8)師

㈣五祀
(1)歲 (2)月 (3)日 (4)星辰 (5)曆數

㈤皇極

㈥三德

⑴正直　⑵剛克　⑶柔克

㈦稽疑

⑴卜筮　⑵雨　⑶霽　⑷蒙　⑸驛　⑹克　⑺貞　⑻悔

㈧庶徵

⑴雨　⑵暘　⑶燠　⑷寒　⑸風　⑹時

㈨五福六極

⑴壽　⑵富　⑶康寧　⑷攸好德　⑸考終命

⑴凶短折　⑵疾　⑶憂　⑷貧　⑸惡　⑹弱

五行至五紀，所以安行皇極也，三德至五福六極，所以輔成皇極也，皇極位列五，以爲全體系之綱維，範疇（Categorie）雖有九，總括極於皇極，而爲全體系之樞軸。

㈠所謂五行者，即物質的要素，爲人類社會生活資料之源，不可一時或缺者，大禹以金、木、水、火、土、穀爲六府，府即聚之之義，所以利用厚生也。如《左傳》稱：「天生五材，民並用之，廢一不可。」夫五材不外乎五行，若以五行爲氣，推演其說，轉爲災祥讖緯之學，其流弊成爲迷信，貽禍不淺，然此種思想，決非中華民族所固有，蓋指凡爲君長者，對此物質的要素之五行，誠不可不首先注意焉。

㈡所謂五事者，修己正人之用，夫人類之所以優異於其動物者，以在意識之發達耳，意識即意志心識之謂，夫貌言視聽思，爲身心耳目口之作用，此爲後世心理學之本，而理學之要，故吾人在社會生活，接物應事之際，須敬重五事，即所以正德，苟五行之物質的條件既備，利用厚生之資且足，加之以正德，則社會統制之功偉矣。

㈢所謂八政者，政治之要務，而治國之典範也，夫君長能利用天地間之五行物質，以厚生人民，又以敬重五事而正德，然則欲施之於社會上，將孰先之，八政者即所以論其施行之先後者也。觀其以食爲先，食者民之所急，貨者民之所資，此兩者乃社會生活上，經濟運營首所必務。次爲教化運營，即所以化個人，成爲社會之一分子。祭祀其一事也，祭祀所以報本，以資社會統制之功。如是，個人成立之有形的素地既成，又且發達得爲社會之分子，而其使如是分子組成，以成社會者，則爲政治運作，《孟子》曰：「諸侯之寶三，土地、人民、政事。」蓋土地實爲社會存立之物的要素，民之所居，司空掌之，民所以得安其居，遂成其社會上之責務，倫理者社會統制之標準，所以成民之性，司徒教之，以上諸法，所以治社會常態之政，王於理社會變態之政，凡有不從政教，以妨害社會安寧秩序，破壞社會組織者，則有司寇以刑罰禁治之。然此乃關於國內之事，若其關於國際之間，則有賓師兩法。《管子》曰：「國之存也，鄰國有焉；國之亡也，鄰國有焉。」亞里斯德（Aristoteles）亦謂政治不同而國相鄰，實爲政治叛亂之原因。誠以各社會間，互相形響極大，故諸侯爲交和親睦而來者，禮以待之，鄰國侵略，危及社會之統一鞏固者。則師以衛之，蓋兵非聖人之所好，故居八之末，而此八政，即以人道治天道者也。

㈣所謂五祀者，反於八政，則以天道治人道，即究星曆推移之法也，夫以氣象之變遷，關於民生農事甚大，故唐虞之時，羲和所掌，及禹之世，時令大備，後世稱夏時爲得正，無不遵焉，夫以一歲分爲四季及十二月之法，凡處於溫帶之社會，無一不以是爲準焉。

㈤所謂皇極者，乃言人主治世之本義，建皇極則所以資天地之中正，立人之中，而皇極不云數者，有非以數可明示者也，本以五行，敬以五事，厚以八政，協以五紀，即皇極之所以立，凡爲國家社會所用心，一在執大中至正之道，〈舜典〉一節已明示之：「堯曰：咨爾舜，天之曆數在爾躬，允執其中，四海困窮，天祿永終。」按其文義，可演繹如下意：

(1)先覺者之責務，在於保全人民之社會的生活。

(2)明認恒常理法之遍滿，光明的支配之存在。

(3)確信如是支配之顯現，以所謂曆數爲其用。

(4)認得處事應物之第一義，在於執中。

故皇極爲大中至正之道，而人所由以取正，即使人無淫朋比德，公明正大，以遵聖王之道義者也。所謂道義者，聖人質諸物理，本諸人性，因一時代之所是，定全社會民衆之所由，以爲標準，凡爲君主，既兼君師之責，則必須立社會統制之中正標準。一事一物之接，一言一動之發，無不極其義理之當然，而無一毫過不及之差，於是而極建矣。極者福之本，福者極之效，極之所建，福之所集，即社會一切之幸福也，皇極既建矣，然後又以三德，明以稽疑，驗以庶徵，勸懲以福與極（非皇極之極，乃禍之意），則皇極輔成且安行焉。

㈥所謂三德者，一曰正直，二曰剛克，三曰柔克，此三德不但爲修己所要，又爲治人之道，所以輔成皇極，使之得安行者也，故社會統制上極爲重要，夫民平康，則治之以正直者，常治也。因平康正直，無事矯拂，無爲而治是也，民強梗弗順，則治之以剛，民和柔委順，則治之以柔，順治也，蓋剛克柔克者，威福予奪，抑揚進退之用，故民沉深潛退，不及中者，或民高亢明爽，逾乎中者，乃習俗之偏，氣稟之過也，對於前者勵之以剛，後者抑之以柔，逆治也，夫如是正直之用一，而剛柔之用四，是五者聖人撫世酬物，因時制宜，三德並用，陽以舒之，陰以斂之，執其兩端，用其中於民，所以納民俗於皇極，使民德協中正者也。

㈦所謂稽疑者，依天道治人道，故設卜筮以決疑事也。龜曰卜，蓍曰筮。龜者至公無私，故紹天之明，上世人民篤信鬼神，以爲鬼神豫知未來，能告吉凶於人，聖人因民之所信，以利用之，設神道，以定民志，此卜筮之所以由興，觀於上古設官，惟有巫史二職，各掌其學。中華學術即由是而出，事鬼神曰巫，巫之道由顯而之隱，推究吉凶禍福之理，然過於迷信，則反阻害於社會進化，故立時人作卜筮，占則從二人之言，有大疑則謀及乃心，謀及卿士，謀及庶人，然後參之卜以決之，可知其不專委之於卜筮也，故無異於順從多數民意，採取衆議，極爲德謨克拉的（Democratique）蓋藉以卜筮不過爲一種形式的假託而已。

㈧所謂庶徵者，以人道顯天道，而言天人感應之驗，故人主有善行，休徵應之，有惡行，咎徵應之，蓋中華民族因所處環境之關係，畏天敬天之心理既固，且科學思想幼稚，不知雨、暘、燠、寒、風之因何而至，以爲人事之所招。而人主者爲受命於天之天子，故天子之行爲，尤關災祥，聖人亦不強辯其惑，乃因民族心理之所信，以寓勸懲之意，後世災祥之說，陰陽五行之言，固非本來之意也。

㈨所謂五福六極者，謂天人間，道德的行爲之關係，福爲人之所好，而極爲人之所惡，故凡爲善者，天應之以福，爲惡者，天應之以極。極者禍也。故其率由洪範者爲善必福，違背洪範者爲惡必極，以此爲九疇之終也。

由是觀之，九疇即當時中華民族思想之範疇系，以社會的事項爲對象，含有政治經濟倫理之事項。質言之，則由其社會經營著眼，循天地之運行，及萬象之事理，以而約之爲九類。分之則九，合之則一。成一體系（Systeme），試讀箕子告武王之言，謂〈洪範〉九疇，乃禹之所別，以敘彝倫者，可知二代之學術教法，莫尚乎〈洪範〉，又莫備乎〈洪範〉，惟二代去古未遠，其俗尚忠質，所學則所行，所行則所學，學與行不歧。學問思辨行五者，一氣直下。此爲中華學術思想之眞義也。

——原載《臺灣詩薈》第十號（大正十三年十一月），頁六四七—六五四。

洪範體系中之社會經世思想

林慶彰譯

最古系統的書籍

民族思想之結晶即學術。而學術思想在社會的價值猶人之有精神，可以從政治，法律，風俗，制度及歷史上的種種現象看出具表現的一方面。今要探究古代中華社會民族思想結晶的學術及社會的經世思想的性質，吾人當然要求之古代史官所掌管的文籍不可。首先，不觀察中華社會最可信最古的簡牘，無法尋討中華民族思想的本質。而所稱的古書中，河圖、洛書及其他，號稱與黃帝有關的典籍，周官所載，相傳外史所掌管的書，乃至三墳、五典、八索，九丘及所稱的諸子百家，所稱的《世本》、

所掌管的書，乃至三墳、五典、八索，九丘及所稱的諸子百家，所稱的《世本》、《竹書紀年》所載等，這些書大概都是後人所作，或是所涉荒唐無稽之事不少。更何況大部分都有殘缺，吾人不能完全相信，唯根據那些，唐虞以前已有文獻也不難推測。在各種古書中，當今學界確定最古的簡牘，且有系統的，又最可相信的僅有《易經》和〈洪範〉。

《易》始於伏羲氏。伏羲氏仰觀天文，俯察地理，遠取自萬物，近取之身的觀察事物之方法，累積大的實理經驗之後，始創作八卦，到文王、周公重爲六十四卦，還作卦辭、爻辭。後來，孔子更加作〈彖〉、〈象〉，而《易》之經也全部完成。〈繫辭〉以下的六翼，非孔子所作已成定論。而至於〈洪範〉相傳來自於洛書。但根據當今學界的判斷，幾乎是從禹至箕子逐漸演變而成。這兩篇可說是中華民族思想結晶的代表性文獻，而看這兩書表現的思想淵源，已胚胎於以前的時代，是無庸置疑的。

三代人文的開展

堯、舜、禹都比黃帝更早，誰能洞察當時的社會心理及民族思想。當要施行政治時，必以民心作爲治道的本源，以是實行民本主義實爲後世論治道者所贊賞不已。

孔子稱讚這三人說：

巍巍乎，舜禹之有天下也，而不與焉。

又說：

大哉堯之爲君也，巍巍乎唯天爲大，唯堯則之。蕩蕩乎無能名焉，巍巍乎具有成功也，煥乎其有文章。

黃帝以雄偉特絕之資略定天下，加之創立有益社會民生者甚多。治其國、平天下，開物成務，貢獻中華民族思想的進步及學術思想，萬代也不泯滅。故天天人人受其德澤，受其教化，幾乎是無法類比的深原。這種偉大的業績逐漸累積，接著是堯、舜之世，大加發揚，文教特興，天文氣象之學也愈加清楚。其中，天算之術從伏羲時代開始，到神農氏時代，從開日中市場的例子來看，當時已有日中前、日中後的思想，且因農耕的關係，正節氣成爲必要，又作曆日。《竹書紀年》曾說「神農立曆日」。楊泉《物理論》說：

疇昔神農始治農功，正節氣，審寒溫，以爲早晚之期，故立曆日。

惟當時民智經驗尙未深，所以所謂曆日恐怕不過是略知寒暑而已，僅告知何時應耕作，何時應收穫，至黃帝時，作指南車，定東西南北之方位，雖作甲子，此僅是記日之位，在正曆方面並不完整。顓頊時，重黎司天文地理，開始以孟春爲元，立春、夏、秋、冬四季之別。堯的時代尙去古未遠，一般民衆依然不知寒暑早晚的理由和耕獲緩急之務。因此，堯首先命羲和治曆象，授人時，羲仲宅嵎夷，羲叔宅南交，和仲宅昧谷，和叔宅朔方。這樣在四方荒裔之地設測候所，以擴大考驗，觀察天空日月星辰的變動。接著正仲春、仲夏、仲冬，讓民衆知道寒暑的推移，又測算一年之日期爲三百六十六日，以閏月定四時，以此形成一歲。這即盛行於東洋諸國的大陰曆的淵源。舜繼堯之後，成爲中華社會的統制者。在這之前，舜剛攝位，首先第一件事是察璿璣玉衡，特別注意天文氣象，以齊七政，而後行朝覲巡狩之禮。這樣，在古代社會審天之時，察地之宜，實是把治民擺在第一。

其次，觀察當時的政治制度，二代所建立的官有百個內設百揆，后稷、司徒、司空、士共、工虞、秩宗，典樂、訥言九官分職而治，中央政府的官制，在外設十二州，州設州牧一人總其權，上設四岳爲諸侯之長。諸侯的爵位分五等，諸侯的親疏依五服分。方岳之下，遠近諸侯各從其屬來朝。這即是在當時有籠馭及震聾並用政策的地方官制。這樣，內外秩序整然，國家組織也依此燦然大備，政治之綱，教化之紀，全是非舉不可的成績。這種極爲圓滑的社會統制，在《尙書》典謨中有其證據。《尙書》舉堯之德說：「欽明文思，允恭克讓」。舉其功德說：「克明俊德，以親九族，九族親睦，平章百姓，百姓昭明，協和萬邦，黎明於變時雍。」其精神蓋基於修身、齊家、治國、平天下的旨趣。孔子也說：「大哉堯之爲居也，巍巍乎其有成功，煥乎其有文章。」《尙書》又舉舜之德說：「父頑母嚚象傲，克諧以孝。」舉其功曰：「五典克從，百揆時敘，明四目達四聰四罪，而天下咸服。」孔子也說：「無爲治者，其舜也與」。其修己治人，弘德化，功績之大，後世君無法企及。堯、舜間援受帝位時，相警戒的話僅「允執其中」。其對國家社會的用心可從其執大中至正之道得知。這即是後文所述之所謂建皇極，以達社會統制的大理想。而契敷五教，典伯夷之禮，典夔之樂，是基於後世所謂的學校，即現今所見到的社會教育。後世的學者說聖人之道必由禮樂，蓋當時所謂禮樂的作用，大抵使民就善去惡，依據這點，養民性之中和、達社會統制之功。概括來說，即正德。學問所著重的有兩個方面，即修己治人，契敷五教即明人倫，修己明道。伯夷和夔典禮樂，即正風俗，明治人之道。實則，中華社會歷代教學畢竟不出這兩點。

且人智的開展因駸駸乎不停息。太古的政治倫理思想；以單純地法制教導，對社會民衆之化育所收之效果甚爲微弱。所以，從伏羲氏到高陽氏，長年累月，歷代的先覺者作了實驗。即化育第一方面是有形生活需要的光是是日日增加起來，化育第二方面是倫理教育之方針受時勢所迫。非大大加以修正不可。對這方面的努力建設，即堯、舜的事業，劃出中華民族思想開展的第二期的也是這一時代，固堯、舜是完成重要社會民族的事項的俊傑，後世之人言聖人必先推堯舜，論治世的話第一先舉唐虞時代不是沒有堅強的理由。子思說：「孔子祖述堯舜」。孟子說人性是善，其言必稱堯、舜。韓非子說：「孔墨俱道堯舜」。從這些來觀察，中華社會的文化在伏羲、神農，黃帝時已播下種子，至堯舜時代，大大地發芽，民族思想確實經過大發達，因此學術思想也達到更加開展。何況，當時已發明筆和漆，用這把文字寫在竹簡上，思想的傳播力大大地擴張，促進民衆知能交換和訓練的事也增大不少。

洪範體系中之社會經世思想

由民族的努力所累積的文化功業，到了禹的時代，愈加開展，作爲具學術思想上體系敍述而反映出來的是〈洪範〉。梁啓超《先秦政治思想史》第三十七頁說：「《尙書．洪範》鄭康成注云：洪範，大典也。以今語釋之，即宇宙大法則之意。古籍中有系統哲理譯此篇爲最古之一，〈洪範〉是也。」實則，〈洪範〉是夏禹所傳的大法，殷箕子以之告訴周武王的大典。箕子是位大思想家，比起希臘哲學的鼻祖泰勒斯（Thales）（西曆紀元前六百年左右的人）約早生六百年，當時代從傳播此一體系的學術思想來看的話，不難推測中華文明比歐西文明更早進步。

（註）《尚書》的出現是距今三千七八百年以前的事，是夏代史官所記載。看當今世界稱爲古書的，摩西的《舊約全書》出現於距今三千五百年前。婆羅門的四韋陀論也是如此。在希臘荷馬的詩歌，距今約二千八九百年前，蒙宋的埃及史約出現於二千三百年前，但誰也都比不上《尚書》，若舉距今二千五百年以上的古書的話，中華僅存現在流傳的還有十多種。而在歐西幾乎一本也沒有。（參照梁啓超著《中國古代學術思想》）

這一體系的學術思想的組織，在物理方面雖尚未完備，哲學的、道德的、社會的方面，已達到高等程度，在社會經世之用這一點既完備且充分，其內容分爲九類，所以特稱爲九疇，即記有相異範疇的九個事項。而所屬的九個範疇事項因已網羅了人生社會必要的物方面及心方面的要項，從這裏不僅得知當時先覺者事業的對象如何，也可得知中華民族思想的本質和學術精義之梗概。今將所謂《洪範》九疇揭示如次：

㈠五行——水、火、木、金、土。

㈡五事——貌、言、視、聽、思。
㈣八政——食、貨、祀、司空、司徒、司寇、賓、師。
㈣五紀——歲、月、日、星辰、曆數。
㈤皇極。
㈥三德——正直、剛克、柔克。
㈦稽疑——卜筮、雨、霽、蒙、驛、克、員、悔。
㈧庶徵——雨、暘、燠、寒、風、時。
㈨五福六極——壽、富、康寧、攸好德、考終命、凶短折、疾、憂、貧、惡、弱，九時失熄。

像上表所示，從五行到五紀的四疇，大抵來說，安行第五項皇極即本體系社會經世思想的極致。從第六項的三德到第九項的五福六極，是在輔成皇極。而皇極一項特別列於第五位，即掌握整個思想體系的綱維。所以，在此思想體系範疇雖有九，總括來說，皇極所以排在第五是總括整個體系的樞紐，今將各項詳加說明如次：

㈠所謂五行，像在〈洪範〉疏所記載的，「水最微爲一，火漸著爲二，木形實爲三，金體固爲四，土質大爲五。」即物質的要素是人類社會生活的資料之源，一日也不能缺少。先覺者修習它不至於汨陳。則民賴其利，以安其生。因這將是社會政策的要訣，首先把它擺在第一，大禹以金、木、水、火、土、穀為六府，所謂「府」即聚的意思。用這個，可以知道在禹之時，在物質生活資料的用意。《左傳》有「天生五材，民並用之，廢一不可」，五材就是五行。五行實際上是社會民衆利用厚生的緣由。而決非如一般所說的五行說一樣，一開始便含有深厚的哲理。從後世起以五行為氣，遂推衍五行之說成諸物的原行。而對全部事物的種類將具數約為五，配於五行，穿鑿附會的很多。更甚的是流為災祥之說，成了讖緯之學，其流弊是流為迷信，為禍後世，阻礙中華社會物質文明的進步不小。胡適在其所著《中國哲學史大綱》卷上說：

> 五行之說，大概起於儒家，《荀子．非十二子篇》說子思『案往舊造說，謂之五行』可以為証。騶衍用歷史附會五德，於是陰陽之說，遂成重要學說。（頁三五九）

五行說因完全出自後世，在古代中華民族的腦海裏，並無這種思想。在原來特別環境生長的中華民族，尊重現實的觀念最為濃厚，在形而上方面，並沒有馳想的餘地。何況，物質的，經濟的條件，足以決定吾人生活的全部內容，這是近代馬克斯派社會主義大大盛行的理由，當時的君長，對於民衆社會生活上最重要的物質要素的五行，首先得注意它也是當然的。所以，作為〈洪範〉的社會經世思想在開卷第一強調利用厚生，特別以第一項提出來。

㈡所謂「五事」是達到正德的緣由。

古來中華社會君長的職務，不外於政教運作。「政」以養民，其道是利用和厚生，即上項所述那樣。「教」以化民，其道是正德。而社會是二人以上的協同生活體，「教」的根本方式是最少應以兩人爲對象來考慮。其根本方式是修己治人。本來人類所以優於其他動物是因意識發達。意識即意志心識之意。容貌、言語、視覺、聽覺、思力皆是意識的作用，所謂心理學之本，倫理學之要，實際上就在這裏。所以，吾人爲了社會生活在接物、應事之際，非敬重五事不可。這即是正德。在社會經綸方面，如能具備五行的物質條件，是夠利用厚生之資，加之以正德的話，社會統制之功就極爲偉大。所以，這是把五事作爲第二項的理由。

㈢所謂「八政」是政治的要務，治國的典範。

君長能利用天地間的五行物質，以使人民厚生，又敬行五事，以正德化民，行社會經世思想是理所當然，在社會上想實行它，應以何者爲先？要討論「八政」施行的先後及順序。即政治的要務非以食爲第一不可。「食」爲人民所急。「貨」爲人民所資。這兩者是作爲社會生活上經濟運作之首要工作，必須努力推行，是現今社會政策的焦點。（註：現今中華民國所謂孫文的三民主義中民生問題，實爲其核心。）這經由這經濟的運作，使構成社會的個人生活可以成立之有形要素若已充分的話，於是變化已達生存的個人，使之符合社會一份子的身份。賦予其資格者，便是教化運作的效用，而祭祀則是教化的主要事項。即使是現在，祭祀仍被作爲相當重要的事項，所以在古代社會政教不分的時代，祭祀當然是最重要的教化工作。它的根本精神是所以使人知報本，但重「實際」的中華民族，自然重視「經驗」，因此崇拜祖先特別深厚。〈洪範〉的大典即揭開這祖先崇拜的美德，使社會的單位「家」更穩固的結合，而有資於社會統制的效果。其次是政治工作，政治工作和前述經濟工作，教化工作一起，是社會三大工作之一，其作用是依經濟工作和教化工作，爲求相當的社會生活，生成薰育衆多的個人，適當的組成，以形成渾然一體的社會。孟子說：「諸侯之寶三，土地、人民、政事。」土地是社會存在的物質性要素，民之所居，有司空以掌之，人民依此可以安其居。因此，成其社會上責務之便利。在政治運作上和司空相同之官「司徒」，教化的工作是教導倫理。倫理是社會統制的標準，生成民之性的緣由。上述八政中的食、貨、祀、司空及司徒諸法，是治理常態社會之社會經世。但是，處理社會變態事項，要根據什麼來處理，八政中的「司寇」談到此一政策。即不從政教，妨害社會安寧秩序，破壞社會組織的話，有司寇之官以刑罰禁治之。

這八政中的食、貨、祀、司空、司徒、司寇之職，是國內之事，即有關社會內部的事項，國際間即和國外社會的關係，別有「賓」、「師」兩個方策。《管子》說：「國之存也，鄰國有焉。國之亡也，鄰國有焉。」亞里斯多德也說：「政治不同，而國相鄰，實爲各國內政治叛亂的原因之一。」自來社會和社會間相互影響極大。他社會的諸侯爲交和親睦而來者，自應以豐厚禮儀待之，相反地，來侵略的，危及自己社會的統一和鞏固，不得已的最後手段，非以「師」來防衛不可。

這樣，社會的存立，社會工作的三大方面，包含上述〈洪範〉的社會經世思想的八政項目，處理常態或變態的社會方策，作爲一種對內或對外的政策非有所準備不可。而最有特色的一點是關於「師」，即把戰爭的事項分配到八項的最後，可以看出全中華民族愛好和平的心理表現。

以上是天人關係思想中，以人道治天道。

㈣所謂「五紀」，正與八政的精神相反，以天道治人道。即探究天體進化，星曆推移之理的方法。蓋天界的變動、氣象的變遷，與農事關係最大，影響民生問題爲最多。唐虞之時，羲和所掌已相當發達，及禹之世，所謂時令大備，到了後世，稱夏代的「時令」最爲正確，大家都遵行。歷代革命，改正朔時，必定用夏之時令。故孔子論爲邦之道時，一定說「行夏之時」，其間之消息可得而知。把一歲分爲四季及十二個月的方法，凡處於溫帶社會的，幾乎都遵行不改。

(五)所謂「皇極」是在〈洪範〉體系社會經世思想的究竟原理。詳細的說，是在說君長統制社會的本義。建皇極所以資天地之中，立人之正。然皇極所以不云數者，是不必以數明示。然建皇極的方策如何呢？根據〈洪範〉的根本精神，以五行爲根基，敬愼五行，以行八政，以五紀相協這即是立皇極之道。

統治國家社會的大理想，一是執大中至正之道。這是中華民族古來理想的思想。〈舜典〉中的一節已有明示。堯說：「咨爾舜，天之曆數在爾躬，允執其中，四海困窮，天祿永終。」從社會學的觀點就其文義加以繹繹的話，有下列的意思：

(甲)先覺者之責任，在於保全人民之社會生活。

(乙)月認恒常理法之遍滿光明的支配之存在。

(丙)確信如是支配之顯現，以所謂曆數爲其用。

(丁)以中作爲處事應物，即實踐社會倫理的第一義。

以上所述的皇極，實大中至正之道。而人人所由以取正。即使人無淫朋比德，公明正大，以遵行聖王之道義。以現代社會學的術語來說的話，是遵行社會實理的示命。所以，所謂「道義」是社會雋傑的聖人，質之事物之實理，基於人的本性，因一時代之所「是」，定全社會民衆之所由，以爲標準。所謂「實理」是如程子在《論語·志士仁人章》所註：「實理得之於心自別，實理者實見得是，實見得非也。」的精神。西洋距今百年之前，被稱爲社會學鼻祖的 August Comte，最早注意到這一點，並稱之爲「Positive」（Discours Sur Lesprit Positif 第三三節），而分析這實理實含有六義，具六義是實在、實用、確定、精密、積極又建設，相對。「實在」是反對虛無幻影，表示眞正達成人類知識的研究，「實用」是反對無用，好事，而以不斷前進的人類的實際態度爲主旨。「確定」是反對不確定不詳斷，拋棄有極限的懷疑性論議，而作調理的調整，「精密」是反對暖昧，表示不僅因應人類要求的精密。其次，「積極」是反對消極，特別排斥破壞而主張建設。「相對」，コムト二十歲時有一格言：「萬物之相對性是惟一絕對原理」說來好像反對絕對。在處理萬象時，也應有相關的看法。即要具備以上所述實用、實在、確定、精密、積極、相對六義的，才是實理。（參照建部博士《實理社會觀》第一輯，頁八）而這實理所表示的，即道義精神，中華民族自古以來即特別關心這點。唯中華社會古來君主以兼君師爲通例，一般或建極或王道，或制作，或所謂一王之法，但大抵來說，所謂道義即可說是實理之表示。因此，兼君師之責的當時國君，在治理一社會時，必建立社會統制的中正標準，一事一物的接觸，一言一動的發動，必極其理之當然，務必能做到沒有一毫或過不及之差。遵行這實理性的指示，策畫社會經世，以統制社會，可以建極，在大中至正精神上，達成社會的極致。極是福之本，福是極之效，極之所建是福之所集，即社會一般之幸福，〈洪範〉的社會經世思想也儘存於此。皇極既已建立，而後又以三德治之，明以稽疑，驗以庶徵，以福和極（這裏所用之極是禍之意）勸懲人民的話，皇極更完全顯現，且更得以安行。

㈥所謂「三德」，一是正直，二是剛克，三是柔克。此德不僅爲修己所必要，又是治人之道。蓋這三種方策的精神，是在輔成皇極，得以安心行德。故在社會統制上有極爲重要的任務。夫人民平康時，以正直治之，是常態之法。因有人人民平康的治道，而不取任何矯抑的方法，所謂無爲而治說的即是這種狀態。反之，人民強硬不順的話，要以剛的方法來治之，人民和柔順從的話，應以柔的方法來治它，此稱爲「順治」。剛克和柔克的方策是威、福、與、奪、抑、揚、進、退之用。所以，人民沈深潛退不及中者，或是人民高亢，明爽過乎中者，換言之，偏於習俗之一方，且氣稟之過者。對於前者激勵之以剛，後者抑之以柔，最爲得體。這叫「逆治」。

這樣，正直之用一，剛柔之用四，這五點是聖人順應社會的要求，因應時宜施行社會政策。其根本精神不外陽以舒之，陰以歛之。其具兩端，而用「中」於民。換言之，所納民俗於皇極，使社會民衆的行動協合於「中正」。

㈦所謂「稽疑」，在上述五紀，徹底以天道治人道的主旨，是因處於當時社會狀態極爲必要的一項社會政策。即依天道輔佐人道。實際的方法是設卜筮以決疑。古代社會的民衆篤信鬼神，以鬼神能預知將來之事，能給人吉凶。聖人對社會民衆之信仰，決不作無理的干涉壓迫，把能善導之以達大中至正之大理想作爲自覺的本務，對民衆的信仰，特別利用它以設神道，以安定民志，衡量社會民衆心理狀態的安定。這是卜筮的起因。其次，觀上古時代的官職，有「巫」、「史」二職，各掌其學，事鬼神的稱爲「巫」。「巫」之用由顯而入隱，推究社會人事吉凶禍福之理。因其處理的事情多涉迷信，常阻礙社會之進步甚大。有鑑於此，〈洪範〉特立時人作卜筮，三人占則從兩人之言。這是小事情的情況，若君長有大疑，首先第一是謀及己心，自己不能解決時，徵詢卿士等的意見，還不能解決疑問時，更徵詢庶人，換言之，是聽從多數民衆的輿論，在不能解決疑惑時，才採用徵之卜筮的方法。從這點來看，可知其時並不專信卜筮。和現今高唱順從多數民意並沒有不同。是極爲「德謨克拉西」式的思想。

這表示了中華民族特有天人關係思想的一端，是天之意依民之聲來表現。藉卜筮不過是一種形式的假託而已。

(八)所謂「庶徵」，和上述的稽疑相反，是以人道顯天道。在上述八政中最徹底的是以人道治天道。大抵來說，是談天人感應之驗。君長善行之的話，則應之以休徵，惡行的話，則應之以咎徵。蓋古代中華民族所居住的環境，因與黃河之特殊關係，畏天、敬天的心理比起其他民族更爲濃厚。且科學思想幼稚，不知雨暘、燠、寒、風的起因如何，因此，天人感應的思想從古就很發達，信天人關係甚深。對天然現象的變化，皆認爲人事所招來。如此，其民族固有的思想是基於天命觀，對君長的觀念，以爲是受命於天，受天命者因是天之子，所以稱爲天子。這種說法是要促使社會君長的天子自省，爲了讓自己不忘職分，因有這用意，災祥那樣的天然現象突發變化時，關係最大。例如：看到日蝕和彗星的出現，是起因於人君的失德，是要勸懲人君的行爲要謹慎。對這樣的思想，聖人也不強辨其惑，因是社會民族心理的信仰，寓有勸懲之意，爲了社會統治之用。

後世所說的災祥、陰陽、五行之說固非聖人本來之意。其非中華民族根本思想也不待言。

(九)所謂「五福六極」，是總結以上所述天人感應的事項。福爲人之所好，極（禍之意）爲人之所嫌。故凡爲善者天應之以福，爲惡者天應之極。所以，不限於天子的君長，每一位社會成員總脫離不了這種因果律的支配。但作爲理想的社會人，應依如何之道來發揮各自的識能！當時的民族思想依〈洪範〉的大典作理想。即遵行〈洪範〉者爲善必福，違背〈洪範〉者是惡必極，特別把這作爲社會經世思想體系之最後一項以作爲最終極的目的。

洪範的社會學色彩

綜而觀之，〈洪範〉的九疇，在當時是中華民族思想的範疇，以社會之事項作爲對象，包含政治、經濟、教化事項，由社會經世著眼，循著天地的運行及萬象的事理，教以治理人生之方法的大典。社會民衆生活關係事項全部網羅無遺，其道不能以一端盡之，乃約爲九類，分之爲九，合之則一，而成一體系，其所包含的思想是殷的箕子告訴周武王「洪範九疇，乃禹之所分，而使彝倫者」，的確，夏、殷二代的學術教法沒有比〈洪範〉更尊貴，也沒有比〈洪範〉更完備。其所敘的思想政策，是中華民族一直抱持的正德、利用、厚生之道及治己、治人之術的範圍，可說是社會的事項。所以，可知和當今的應用社會學相同。實則，當時所謂學問，不外處世日用之事，未聞有離物的論理學，翫文、衒名之習尚未出現，其學則其行、其行則其學，學與行不分離。大抵來說，學、問、思、辨、行五者一氣直下，是中華民族思想的精神，又可說是其學術的本義。

——譯自林履信著《洪範の體系的社會經綸思想》（台北市：如水社學術時事研究部，昭和五年三月，如水社講演集第二輯）。本書影印本爲中央研究院歷史語言研究所陳鴻森教授賜贈，特誌謝忱。

儒家教學精神㈠

㈠導言

儒家教學，承中華民族思想之正統，而孔子為其宗，歷代帝王靡不傾嚮，漢啓祠祭之端，唐明俎豆之典，尊為萬世師表，國紀民彝，因得不墜，凡有血氣，莫不能言。然自隋唐以降，科舉之士，習於空言，不求實踐，其弊百出，不知所止，輓近西學東漸，歐風美雨，瀰漫全亞，自由平等，辨之不明，無識之徒，力倡廢祀，綱常淪亡，名教墜地，逸出中庸之軌者久矣。差幸邇來人心漸轉知聖教之不可廢，而世道之不可淆也。崇孔之念，於是復起，臺灣孤島，僻處東南，尊孔之風，不遜大陸，曩者臺南大成殿舉行釋菜盛典，而臺北亦有重建文廟之議，余始聞之而喜，繼思之而憂。蓋念臺人士性喜外觀，復有迷信之習，恐其或不知覺，造就臺灣文化，為精神喪失之衣錦形骸，而為社會進化之累，不揣固陋，爰將儒家教學精神大旨，略述於此，以就正於碩學君子。而臺灣文化之精神的運動，或得藉此以興，則不佞之大幸也．七月十三日誌于臺北希莊。

(二)歐西學問大觀

夫人類所以異於禽獸，而得稱爲萬物之靈者，以其具有自由意識，故人生者有目的之進動而能連續者也。夫既有目的之進動，則不外以理想(知)及實現(行)爲要素，而行動云爲之現象，則又可稱爲知行之連續，然則爲求知行之進步，即所以期人生之完美，而學問之目的，亦在乎此，夫學問本以學問思辨行五者爲要旨，致知格物，研覈人生之理想，以圖進步之效果，故人生不離學問，學問不離人生，此固我先民五千年來之遺訓者也。

西人講學，其能以人生爲出發點者至鮮，自希臘以後，學者畢生研究者，概屬宇宙自然之事，所謂形而上者，蘇格拉底爲西方孔子，頗用力以研究人生，然其所得者，難脫幼稚之域，其弟子柏拉圖復不能紹承師志，而偏於考覈天道，及亞里斯德，遂專趨於自然科學，迨後斯端一派起，其學雖足與中國墨子匹敵，然仍不及儒家，中古之時，全歐社會實相，乃以猶太所賦之宗教信念爲精髓，羅馬所供之法制經營爲形骸，而漸趨於迷信，至於希臘所傳之人生社會之哲學的考察，早已遺忘，不留跡影，顧獨欲以客觀的上帝，解決人生，惡可得哉。當是時，社會人心，俶擾昏墊，誠可謂黑暗時代，然物格必反，勢所必然，歐西社會人心，受教會極端之束縛，人文頹敗，可謂至矣。一旦受其反動，人文主義勃然而興，遂以人間爲本位，自由爲主張，以起文藝復興，而復興之道，厥有兩途，一則整理舊學，一則創造新學，前者以舊時之學希臘而腐敗，乃專事於古學再興，以求希臘學問之精醇，後者以古學再興，尚有未足，既脫宗教之束縛，乃對自然界神及國家，自由討究，於是人生社會之事象，漸成爲歐西學問中心之問題，馴致近代社會學之發生，而歐西之學問始得其眞面目，不離人生社會，夫近世之社會學，實即古代之儒學也。

——原載《臺灣詩薈》第二十一號（大正十四年九月），頁五八一—五八三。

郭明昆（一九〇四—一九四三）

作者簡介

郭明昆，祖籍福建省漳州府龍溪縣錦湖鄉石尾堡，清順治五年（一六四八）錦湖開基第十五世由抱遷居臺灣，定居麻豆堡麻荳大庭。從麻荳開基祖到明昆為第十代。明昆生於光緒三十一年（明治三十八年，一九〇五）十二月二十五日，父郭就，母李氏。卒於民國三十二年（昭和十八年，一九四三）十一月二十三日，得年三十九。

民國二年（大正二年，一九一三）四月，明昆入臺灣公立臺南廳麻荳公學校。民國八年（大正八年，一九一九）三月，麻荳公學校畢業，六月三十日入臺灣總督府立商業專門學校預備學校，受林茂生教授影響很深。民國十四年（大正十四年，一九二五）三月，府立商業專門學校預備學校畢業。四月，入第二早稻田高等學校文科。民國十七年（昭和三年，一九二八）三月，第二早稻田高等學校畢業。四月入早稻田大學文學部哲學科社會哲學專攻，受到關與三郎、津田左右吉教授之影響。民國二十年（昭和六年，一九三一）三月，早稻田大學文學部畢業，畢業論文為〈儀禮喪服考〉。四月一日，任臺南州立臺南第二中學教師。

民國二十二年（昭和八年，一九三三）二月，辭去臺南第二中學校之教職。四月，入早稻田大學大學院，在津田左右吉教授指導下，研究「支那社會史」，民國二十三年（昭和九年，一九三四）六月，受日本外務省派遣，赴中國留學，滯留北京期間，與社會學家陶希聖等學者多有接觸，遊歷華北各地之外，潛心於中國家族組織的研究調查。民國二十五年（昭和十一年，一九三六）四月，被委任為第二早稻田高等學院臨時講師，並迎接妻兒至東京同住。民國二十七年（昭和十三年，一九三八）四月，被委任為早稻田大學特設東亞專攻科講師。民國二十九年（昭和十五年，一九四〇）三月，結識李獻璋。次年四月，被委任為第二早稻田高等學院專任講師。

民國三十二年（昭和十八年，一九四三年）二月二十二日，妻子過世。四月，被委任為第二早稻田高等學院教授。十一月二十二日，由神户乘「熱河丸」返臺灣途中，在溫州沖為美軍潛水艇擊沉，與長女、次女及長男全家一起罹難。

明昆之著作，今皆收錄於李獻璋所編《中國の家族制及び言語の研究》（東京：東方學會，一九五二年九月），計收單篇論文十二篇。是研究傳統喪葬制度、家族制度、語言學等應參考之重要著作。

《儀禮・喪服》考

李寅生譯

一、緒言

人死的時候，或著喪裝，或在某期間服喪，是在各民族間大抵都存在的習俗。但是，中國卻是一個對喪服極爲講究的民族。所謂的「三年之喪」從孟子之時就已開始提倡了，在《儀禮》一書中還專門有〈喪服篇〉，尤其是在《禮記》四十九篇中，更有四分之一以上的內容是論說喪服之禮的。此外，在中國的法律制度方面，喪服制度是作爲表現親屬關係親疏等級而使用的。特別是到了唐代以後，更是用法律的形式把喪服制度強制地實行了下來。因此，喪服禮在中國思想史及社會史上是一個值得研究的題目。在喪服禮的研究上，可以看出儒家所講解的禮具有什麼樣的性質，以及它所具有的思想意義。在弄懂一個實例的同時，也可在其它方面通過喪服禮的組織來略窺一個家族的生活狀態。又那麼講究喪服禮的社會背景，也非考察不可。

筆者這篇拙作的想法是，探討《儀禮・喪服篇》中喪服禮在古代說的是什麼？對年輕人來說，如果沒有一些提示，該於何時怎樣進行設計以及如何講解這些問題，都是需要進一步闡明的。

喪服之禮，是指特定的人在特定的時間所穿的特定的喪裝，因爲是居喪期間所穿，所以它肯定是由人、時、物三要素，即由服喪者、喪期、喪服三者所組成，爲了便於對《儀禮·喪服篇》的研究，特從三個方面做進一步深入的探討。

二、喪　裝

這裡所說的喪裝，除了狹義的喪服即衰裳之外，還包括杖、冠、屨等附屬品。服者（服喪者）根據對死者的關係的親疏遠近以及本人在家族中所處的地位，所穿的喪服等級也是有差異的，在杖、冠、絰、帶、屨的附屬品方面也是如此。先看一下喪服的等級差異問題。

《儀禮》的〈喪服篇〉由十一章所組成，所說的喪服即是衰裳，包括斬衰裳、疏衰裳、大功布衰裳、穗衰裳、小功布衰裳、緦麻六種。其中的穗衰裳是諸侯的大夫爲天子服喪時所穿的特殊喪服，一般人是不能用的。除此之外，普通的喪服即是所謂的「五服」。五服中的第一等是「斬衰」，其衣服不縫邊。第二等爲「齊衰」，衣服的邊是縫齊的。第三等爲「大功」，是經加工後做成的粗大服裝。第四等是「小功」，其服裝更爲精細。第五等爲「緦麻」，其縷細如絲，用更細的麻布製成。五種喪服，在實際的風俗中是什麼樣子？以及在古代的喪服禮中該怎樣予以說明，這才是一個要探討的問題。

首先，在文獻上，五服的組織在古代是否有所表現？這個問題除了《儀禮．喪服篇》之外，《詩》、《書》當然不用說了，即使是《論語》、《孟子》、《荀子》等所謂的先秦典籍也是看不到內容的，尤其是喪服的記述，不見載於典籍之中，喪服制的內容更是沒有記載。對喪葬之禮記述的較爲詳細的是《荀子》中的〈禮論篇〉，此處雖不做研究，但仍是值得注意的。

《論語．鄉黨篇》中有「見齊衰者，雖狎必變」之語，〈子罕篇〉中也同樣有這句話。齊衰的「齊」，經傳多用同音的「齊」字來假借，原本是作「齊」字的。亦即「齊忌」之意。「齊」字能夠表現出喪服本來的咒術、宗教的意義。喪服如果往遠古追溯的話，是用來表示對死神和死者靈魂的咒術意義，是表現對死穢齊忌意味的咒術宗教禁忌，在喪服方面，從這種禁忌的表現上看，是與平常的服裝有著顯著的變化的❶。在中國因爲是穿著粗制的服裝，所以具有齊衰和疏衰之意。即穿喪服的意義

❶參考C. S. Burne所著Hand book of Folklore，頁二一—三。

稱之爲齊衰，作齊衰的材料稱之爲疏衰。《孟子·滕文公篇》中所說的「三年之喪，齊疏之服」，即是對三年之喪從修辭上把齊衰和疏衰二者連在一起而寫成齊疏之服的。

齊衰的原義已如上文所說，《荀子》的〈禮論篇〉中所記載的「三年之喪，稱情而立文，所以爲至痛極也。齊衰苴杖，居廬食粥，席薪枕塊，所以爲至痛飾也。」他認爲齊衰是伴隨三年之喪最重要的喪服。但在《儀禮》的五服中，齊衰處於第二等，其上面還有一個更爲重要的斬衰。歷來學者在注釋《論語》、《孟子》及《荀子》時，都認爲齊衰之語已包含了斬衰。這種把《儀禮》看作是周公或孔子的經典，凡解釋都要與其它文獻的記載相符，似乎有些不太合適。

其次，在《儀禮》的五服組織上，疏衰（齊衰）之下還固定有大功、小功、緦麻。《孟子·盡心篇》中有「不能三年之喪，而緦小功之察，……是謂不知務」。《荀子·禮運篇》中也有這樣的記載，緦，從字面上來看是把小功服當作最輕的一種喪服，而大功並沒有見到。從《荀子》解釋的小功可能包含於大功的文章來看，後面的一些問題還是需要探討的，「三年以爲隆，緦小功以爲殺，期九月以爲閑」一節，在字面上看，緦只是小功，表現爲喪服之名。其它則都爲穿喪服期間。三年之喪如上文所引，既明確了齊衰之服，也表示了對與《儀禮》相對照的穿齊衰之服一事的懷疑。九月穿齊衰之服就屬於這類問題。楊倞等人認爲，九月在《儀禮》中是大功之服以外的事，即作穿大功之服的解釋是不妥的。爲什麼呢？第一，在《荀子》中所看到的喪服之禮就整體而言與《儀禮》肯定是相同的。例如，《荀子》認爲齊衰之外並無斬衰，苴杖雖支撐著齊衰之服，但在《儀禮》中，苴杖卻支撐著斬衰之服，齊衰之服則是用削杖支撐著的，二者的差別較爲顯著。第二，《荀子》中有「慈母衣被之者也而九月」之語，因爲慈母在《儀禮》規定了「慈母如母」（齊衰）三年章，所以，九月與大功所稱的輕喪服相比，仍作齊衰之解是較爲穩妥的。第三，荀子如果了解了《儀禮》中的五服制後，文章作「斬衰以爲隆，緦小功以爲殺，齊衰大功以爲閑」會比較好，但他沒有那樣寫，三年、期、九月，這三者都是因爲同爲服齊衰之喪，所以在穿喪服期間所體現的差別是沒有什麼例外的。最後，大功的喪服如後所述也令人懷疑。由這些理由來看，這個有問題的九月，仍應把它看作穿齊衰之服。

按《荀子》所說，喪服只有齊衰、小功及緦三種，這三種喪服他並不認爲需要較長的時間和煩瑣的計畫才能實行，在一些形式上是與實際的民俗相符的。在這種情況下，所謂的小功，恐怕是對疏衰而言的。如前所述，製作齊衰的材料是極爲粗糙的，故齊衰一名疏衰，相對地，小功是在這種疏衰的質料加什麼樣的人功，是稍加人功的喪服，所以才稱爲小功。

轉入的下一個問題是，爲什麼在《儀禮》中會在齊衰之上加斬衰、及小功之上加大功的情況出現呢？

先從斬衰和齊衰的關係上看，第一，在文獻上，《荀子·禮論篇》有齊衰而無斬衰，同樣編入《荀子》之書，而被認爲漢儒之作的〈哀公篇〉中有斬衰，雖是後來的文獻，已把斬衰加在齊衰之上。第二，在名稱上，齊衰所表現的是喪服本來的宗教咒術意義，疏衰是製作齊衰的材料，斬衰是表示製作方法的名稱，在這一點上值得注意的是命名法完全不同。斬衰的製作方法正如其名稱所說，而且由《儀禮》喪服傳「斬者何，不緝也」的注釋中也能有所了解。它與齊衰「齊者何，緝也」的注釋是相對的。〈喪服傳〉如按原來的舊說則並非子夏所作，而是經後人之手所爲，與經文本應該是分別單行❷。在這一點，大體傳述《儀禮經》著者的原意而已。斬衰的文字沒有其它的解釋，（《喪服經》第二章中「疏衰裳齊」的「齊」字，在最初的經文中並無此字，疑爲後人所加。疏衰即齊衰，「疏衰裳」下的「齊」字應不加爲好。與斬衰裳、大功布衰裳、繐衰裳、小功布衰裳的文字對照來看，「疏衰裳」下的「齊」字，是屬於例外的情況）。但「齊」正如所說的那樣，它本是具有宗教咒術意義的齋忌的「齋」字，而並不是使參差錯雜變得整齊的「齊」字，當然也不是裁縫上縫補整齊的意思，只是由於音通假借「齊」字使用而已，因爲表現喪服本

❷ 參見拙作《喪服經傳考》。

來的宗教咒術意義早已被忘卻，所以才被當做喪服的製作方法來解釋了。對齊衰的新解釋，是指它在喪服禮中所構成的理想組織，「斬」是指衣服不縫邊，故稱斬衰，屬於一種新的想法。斬與齊，正如《荀子・榮辱篇》和〈臣道篇〉所說「斬而齊，枉而順，不同而一」，從相對語上也是容易產生聯想的。斬衰是比齊衰更爲粗糙的喪服，其意義也在齊衰之上。在歷來喪服之禮的解釋上，對父母雖同樣是守孝三年，但重視父權，尊重男權，所以爲父親要比爲母親穿更重的喪服，這或許也是和這樣的思想有些關係吧❸！

其次從大功和小功的關係上看，《儀禮》喪服經的第六章及第七章有「大功布衰裳」之語，這是「大功布的衰裳」之意呢？還是「大功的布衰裳」的意思，也是個問題（第九章及第十章的「小功布衰裳」也以此爲標準）？如果按「大功布的衰裳」來解釋，大功布則爲表示製作喪服材料布的種類之語。如按「大功的布衰裳」來解釋，大功則是以布製作喪服方法的形容之語。鄭玄解讀「大功布的衰裳」時，加注了「大功布者其鍛冶之功麤沽之」。然而，第一，如果大功和小功都爲布的名稱的話，「大功布衰

❸《左傳・襄公十七年》載「粗縗斬，苴絰帶、杖、菅屨、食粥、居倚廬、寢苫、枕草」，「粗縗斬」的「斬」字，疑爲後人所加。

裳」的「布」即成了無用的文字。第二，在《荀子·禮運篇》「三年以爲隆。緦小功以爲殺。期九月以爲閑」的文章中，小功一詞，是表示比三年和九月還要短的在喪服期所穿的綜合性輕喪服，並不是單純地表示布的總類。在只有布的名字的綜合性喪服，而且能預料一定喪期的特殊喪服，應該是不用表現的。第三，大功、小功如果原來是紡織品名稱的話，大功則是所加入的人工較大，小功則是所加入的人工較少，大功是比小功品質優秀的布也是很自然的事。然而，大功所用的人工較爲粗糙，小功所用的人工較爲精細，大小的文字必須要加一些特異的解釋才行，因爲它們本來並不是紡織的名稱，只是這裡應作「大功的布衰裳」。即大功、小功和用麻的斬衰、齊衰不同，而是以布作喪服。大功是在布上加入淺淡的人工，而小功所加入的則是深濃的人工，這才是《儀禮》作者的意思。即使是這種解釋仍是使用大小形容詞的方法，雖然有些生硬，但大功作爲喪服的問題卻得以解決，這也算是一種說明吧。

《荀子》篇中，見不到大功的喪服（所看到的「父母之喪，三年不事。齊衰大功，三月不事」，出於〈大略篇〉，疑爲漢儒的僞作），小功的本來意思，是對疏衰那種質料粗糙的喪服來說，亦即如前所述的稍加一些人工成份在內的喪服。《儀禮》的作者以齊衰爲本造出了斬衰一詞，但卻把齊衰本來的意思忘掉了。由「齊」而得出相對的「斬」，把斬衰的新喪服置於齊衰之上。同樣，他又以小功爲本創造出了大功一詞，而對小功的意義卻沒有注意到，由「小」這一形容詞聯想到「大」這一形容詞，創造出了「大功」這種新的喪服，並置於小功之上。在語言上，民俗是不存在的，所以才在喪服的構成上忘卻了小功服的本來意義。小功服本來的意義，是稍微加了一些人工手續的喪服，與「大功」即加入大的人工手續所製成的喪服有所不同，所表現的是等級上的差別。和小功服相比，大功服是屬於較重的喪服。可能是作者就當初的大小文字、材料和加工方法的精疏及加工程度的大小一向沒有考慮，只是漫不經心地把原來的小功當成了喪期五月的布衰裳，大功同爲布衰裳，但喪服稍長，是九月及至七月的喪服，二者的區別即表現在這方面。亦即在等級上，「大」居上位，「小」居下位；在喪期上，「大」時間長，「小」時間短；即使在服喪意義的輕重上，「大」意義重，「小」意義輕，大功是居於小功之上的。由於大功居於小功之上，在有關大功、小功的成語方面，形容「功」的「大」「小」，無論怎樣來說都是不能給予特殊解釋的。大功所用的人工較爲粗糙，小功所用的人工較精細，這只是一種無聊的解釋而已。

以上所敘述的內容，是《儀禮‧喪服篇》中的斬衰和大功的大概情形，是《荀子‧禮運篇》著成之後的新設計，斬衰本於齊衰，大功本於小功，推測這可能就是《儀禮》作者新的想法吧！

《儀禮》的作者，採納了歷來說《禮》的一些新觀點，使之增色不少，它已不僅是限於喪服了。喪服的附屬品杖、冠、屨等，也嘗試用新的想法和新的觀念予以解釋，這也是容易想像的事。然而令人遺憾的是，我們幾乎沒有關於這方面潤色程度和過程的文獻資料可考。只有杖在《荀子・禮論篇》中稍有記載，以下對此一問題稍作考察。

在《荀子・禮論篇》中，按「三年之喪，稱情而立文，所以爲至痛極也。齊衰、苴杖、居廬食粥，席薪枕塊，所以爲至痛飾也」（「齊衰苴杖」也出于同篇）之說，齊衰三年是要杖苴杖的。但在《儀禮・喪服篇》中，苴杖是與斬衰相伴的，與齊衰相伴的，卻是其它的削杖。《荀子》與《儀禮》爲什麼會出現不同呢？這或許能用實際風俗的地方性差異來解釋。儒家主張的禮是以移風易俗爲目的。所以這樣的實際風俗是沒有的，因而也就不能討論了。

那麼，苴杖是什麼呢？它可能是用苴麻做成的杖，亦即所謂「孝杖」。孝杖本是驅邪鎮魂的咒具，因爲相信它具有鎮魂驅鬼的咒力，所以用新鮮的木頭，並且也只能用新鮮的木頭製成。按此思路，筆者認爲苴杖的「苴」實作雌麻解。在《儀禮・喪服篇》斬衰章中有「新衰裳苴絰、杖、絞帶」之語，其傳是「苴絰者，麻之有蕡者也，苴絰大搹，左本在下，去五分一以爲帶，……苴杖，竹也。」文中的「苴絰者，麻之有蕡者也」，並沒有說明苴絰的定義，是在說製作苴絰的材料，故與齊衰章牡麻絰的傳「牡麻者，枲麻也」相對。即「麻之有蕡者」已說明了苴絰的「苴」字。繼之苴杖的「苴」字，也同「麻之有蕡者」一樣，並沒有什麼不妥的地方。換言之，應該把苴杖解釋爲以苴麻即麻之有蕡者做孝杖。然而從傳中的「苴杖，竹也。削杖，桐也」來看，苴杖的「苴」與苴經的苴具有不同的意義，其解釋也有所不同。馬融解作「苴者，麻之色」❹，鄭玄也說過「苴麻者，其貌苴，以爲經，服重者尙麤惡」，把「苴」形容爲粗惡之色❺。張爾岐在《儀禮鄭注句讀》中說到「苴經杖絞帶，苴字冒下三事。謂以苴麻爲首經要經。苴竹爲杖，又以苴麻爲絞帶。苴，惡貌，又黎黑色也」。如果說「苴」字與經、杖、帶三者有關的話，在苴經與苴絞帶是以苴麻製作的同時，苴杖也應該是用苴麻作成。而粗惡之色和黎黑之色的竹子則有些不可理解了。賈《疏》所說的「傳意見經云苴杖，不出杖體所用，故言『苴杖者，竹也』」。用苴來形容顏色是從馬、鄭之說的。傳所傳的經意只是假說而已。若按筆者的愚見正和賈《疏》等的觀點相反，經中所說的苴杖，與《荀子·禮運篇》的苴杖是相同的，「杖體所用」中的東西正是苴麻。苴爲苴麻之略，傳所謂「麻之有蕡者」即指有種子的雌麻，牡麻（傳云「牡麻者，枲麻也」）則是沒有種子的雄麻。麻用於喪服、杖、經等，因爲相信

❹ 參見《玉函山房輯佚書》所收《喪服經傳馬氏注》。

❺ 參見《儀禮》鄭玄注〈士喪禮〉篇「陳小斂經帶」節。

拿著它能夠具有咒力，所以同樣是麻，苴麻所產生的活力、性能要比牡麻強一些。❻

總而言之，苴杖是苴麻之杖，但決不是竹杖。因爲不相信竹具有鎮魂的咒力故不用之。所謂苴色之竹、粗惡的黎黑色之竹即使有的話，也不用做孝杖。竹如果用來做孝杖，必須是新鮮茂盛的綠色竹子❼。

如上所述，在《儀禮・喪服篇》中有苴杖和削杖二種，但在《荀子・禮運篇》中卻只有苴杖而無削杖，並且《荀子》的苴杖是相當於《儀禮》的削杖的。此事的意義何在呢？削杖在《儀禮》中最初出現是什麼，還不清楚，但從文字上來看，苴杖與苴麻的材料是相同的，並且起這種名字或許是因爲苴杖有已被削薄的意思吧！如果是這樣的話，苴杖是由製作材料而得名的，削杖是由製作方法而得名的，而且削杖是以苴杖的存在爲前提。《儀禮》中的斬衰苴杖與齊衰削杖相當於《荀子》的齊衰苴杖，如前所說，斬衰是由齊衰衍生出來的話，那麼削杖也同樣由苴杖衍生而來。《儀禮・喪

❻ 麻的咒力是被認爲和麻的顏色有關係，苴麻因特色粗硬，相當於喪服的顏色。而孝杖是把苴麻的根部向下著地，我想這是導因於苴麻的根之生產性的咒力。

❼ 現在在臺灣爲父親，以竹爲孝杖，那是從竹叢中將新生的青竹切下來，在上端以麻布覆蓋。爲母親是切取一種叫苦苓的樹枝作爲孝杖。

喪服篇》的作者，由齊衰想出了斬衰，同樣也由苴杖想出了削杖。也可能「斬」與「削」是由相同觀念聯合的心理所組成的吧。在新設計的斬衰配置了苴杖，所以以往的齊衰也就配置了削杖。

按《儀禮》喪服經所記，苴杖和削杖是固定的，〈喪服傳〉對此的解釋是「苴杖，竹也；削杖，桐也。」即一個是竹杖，另一個是桐杖。《禮記》的〈喪服小記〉中也有「苴杖，竹也；削杖，桐也」的記述。竹杖、桐杖在文獻上，可能是最初見於今《儀禮．既夕篇》末尾〈既夕記〉的「杖下本、竹桐一也」。〈既夕記〉全篇似乎成於學統和《儀禮》相異的學者之手，其中明顯地與《儀禮》士喪經存在著矛盾❽。但〈喪服傳〉用竹杖、桐杖解釋喪服經的苴杖、削杖，恐怕是受〈既夕記〉的影響❾。

三、喪　期

喪服禮在喪裝的等級上是有差別的，即使是穿喪服期間也有等級差別的規定。即

---

❽ 例如《儀禮．士喪禮篇》在沐浴節說到「髮用組乃笄」，又有「鬠笄用桑長四寸纋中」，在〈既夕記〉說「浴鬠無笄」，這些都是明顯的例子。

❾ 有關孝杖的意義，〈喪服傳〉的解釋，參見拙稿〈喪服經傳考〉。

配附於五服而分為三年、一年、九月、七月、五月、三月六種。

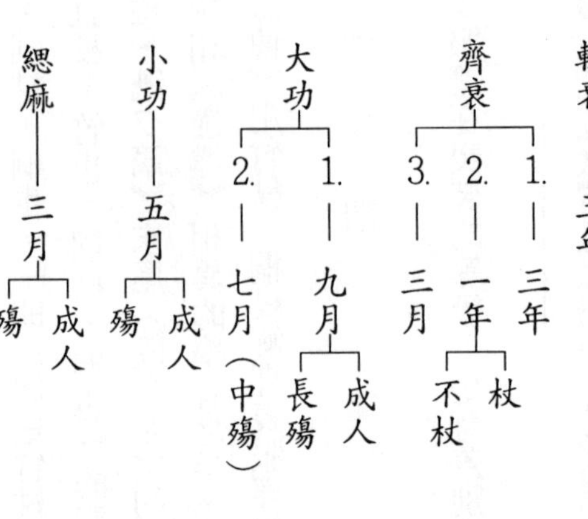

喪期最短的也有三個月之久，最長的有所謂三年之喪。最重的斬衰齊衰三年，並不是實際民俗，最輕的緦麻三月，也只不過是說說而已。久喪並不是實際的風俗，從理論上看有以下幾個原因：(1)喪事的民俗性已對此有所證明。(2)考察儒家特殊的古禮主張已對此有所了解。⑶儒家本身也持此說。⑷墨子等人的激烈反對。這些觀點現不能一一詳細論述，但關於⑶，宋末的馬端臨曾說：「案後之儒者，皆以爲短喪自孝文遺詔，以爲深譏。然愚考之，三年之喪，自春秋戰國以來，未有能行者矣。子張曰：『書云：高宗諒闇，三年不言，何謂也？』子曰：『何必高宗，古之人皆然』。蓋時君未有行三年喪者，故子張疑而問之，而夫子答以古禮皆然。蓋亦嘆今人之不能行也。滕文公問喪於孟子，欲行三年之喪，父兄百官皆不欲，曰：『吾宗國魯先君莫之行，吾先君亦莫之行也』。魯最秉禮之國，夫子稱其一變可以至道，而尙不能行此，則他國可知。」⑩從馬氏所說的三年之喪自春秋以後未能實行下來的話來看，在周初之時這種風俗也許是實行了。當然這只是一種推測而已。

喪期最長的是三年，但實際的守喪都不滿三年。「三年之喪，二十五月而畢」（《荀子・禮論篇・禮記三問》）。因爲這種觀點屬於異說，故馬融認爲「二十五月而大祥，二十七月而禫」。⑪鄭玄也對《儀禮・士虞篇》的「朞而小祥，……又朞而大祥，……中月而禫，是月也吉祭，猶未配」注釋道：「中猶閑也，禫祭名也，與大祥間一月，

⑩《讀禮通考》十八卷所引。

⑪據《玉函山房輯佚書》所收《喪服經傳馬氏注》。

自喪至此凡二十七月」。後世朱子爲其生母祝夫人服喪二十六個月，唐王元感、清毛奇齡主張三十六個月。⓬關於此事，《儀禮經》的本文，什麼也沒有記載，以《荀子》的〈禮論篇〉爲首，《公羊傳》（閔公二年條）和《白虎通》（服喪條）也都記載是二十五個月，此說大概從《荀子》時就已開始有了。服喪雖未滿三年，爲什麼要說三年之喪呢？這裡所產生的問題看到的只是三的數字意義。《荀子·禮論篇》中說：「曰至親以期斷，……然則三年何也。曰加隆焉，案使倍之，故再期也。」又在《論語·陽貨篇》中，假托宰我之口來反對三年之喪，「期已久矣，……期已可矣」。作爲儒家之禮，守喪當初並不是三年，可能是期年而已。其後爲雙親守喪極端注重孝道，把它加上「再期」的吧！關於「三」這個數字，在上古中國的思想中是極爲受到尊重的，因此才把喪期定爲三年。爲了要和「三年」名稱相合，才把它定爲二十五個月。這些想法只是推測而已，但從孔子的實踐態度和學風上看，即便是守三年之喪也不是與時俗的禮說相背。此外，即使是《詩》、《書》對當時喪服禮也沒有過分的喧染。始說三年之喪，可能是離孟子不遠的時代。

在大家族的社會中，即使是民俗，也是有根據其親疏來決定其喪期的等級差別的。

⓬ 參見毛奇齡《三年服制考》。

但如《儀禮》規定的那種較長的喪期和複雜的等級，則與實際的民俗不相符合。

與喪期的等級差別有關的還有一種受服制度，受服是指用輕喪服換下重喪服，即在一定的喪期內，用輕喪服換下正式的喪服。例如，大功九月之喪，開始時穿的喪服是大功衰和牡麻絰，過了三個月之後，則換成小功衰和葛絰。這種受服制度是否是實際的民俗還是令人感到懷疑的。《史記・刺客列傳》中的「聶政母死，既葬除服」，可能是一般的民俗吧。《禮記・檀弓篇》中的「既葬，各以其服除」，雖像是反對這一派的說法，但也應注意。

關於受服制度，《儀禮・喪服經》的規定並不完備，其遺漏之處也有不少。只有大功章的「三月受以小功衰，既葛」，小功章的「即葛」，以及大功殤章和齊衰三月章的「無受」有所記錄。在斬衰三年、齊衰三年、杖期、不杖期的場合，該在何時怎樣換喪裝？則沒有任何記錄。鄭玄在大功章中說「凡夫子諸侯卿大夫既虞，士卒哭而受服」。對斬衰章及齊衰三年章，他的注釋：「不書受月者，天子諸侯卿大夫士虞卒哭異數。」但可能不太符合經本義。又如鄭玄即使對齊衰無受章作注：「不著月數者，天子諸侯葬異月也」，但同章「寄公爲所寓」條的傳：「爲所寓服齊衰三月」，他並沒有考慮到諸侯與士大夫之間舉行葬禮時月數上的差異⑬。鄭玄爲這傳作注時，似乎

⑬傳將齊衰無受的服一律解釋爲三月並不一定妥當，參考拙稿《喪服經傳考》第四章。

也很爲難，「諸侯五月而葬，而服齊衰三月者，三月而藏其服，至葬又更服之，既葬而除之」的注釋是顯得有些勉強了。鄭玄的這個破綻表現在他認爲由於政治身份的不同，喪禮的月數也存在著差異，所以受服的時間也有所不同，這對《儀禮經》的解釋是不妥當的。在斬衰章、齊衰三年章，杖期章、不杖期章中沒有記載受服的時期和方法，「天子諸侯卿大夫士虞卒哭異數」，也並不是原因，在這種情況下，作者的腦海裡似乎並沒有完全考慮受服之事。透過〈喪服〉十一章的規定，首尾的內容達到了一貫。由於受服的規定沒有考慮進去，以及思想上的混亂和不統一，有的章節對此有所規定，而有的章節則沒有規定。服喪期限的規定與民俗也有所不同，因爲受服之事在民俗裏並沒有。另外，高唱三年之喪的儒家，此時也是沒有受服之說的，只是因襲了他人的觀點而已。在沒有設立一般的受服規定的同時，按照禮的要求喪期是比民俗要長一些的。由於哀情隨著時間的流逝而變得淡漠，故在一定的時期後，就在穿輕喪服了。總之，在《儀禮·喪服篇》中受服的規定並不完備，〈喪服篇〉的組織構成在古代並沒有存在。新想出來的禮制，一時要完密周備也不可能吧！

四、服喪者

喪服之禮是由喪服的輕重、喪期的長短及服喪者的身分關係三個方面構成的。如果把服喪者分爲喪者，即服喪的人；服者，即穿喪服的人的話。那麼，對喪者而言，由於服者身份關係的親疏尊卑，決定了所穿喪服和喪期的等級。但是喪服本來是表示對死穢齋忌之意和宗教咒術的禁忌，如果喪裝和喪期也要分爲輕重、長短等級的話，那麼主要是與喪者的接觸和親近的程度來區別。在《儀禮》中，喪服的等級(包括喪裝的輕重和喪期的長短)是不能按照服者與喪者接觸的程度來安排。喪服的分配原則上大體有兩類，第一是按家族的身份關係，第二是按政治的身份關係。

這裡所說的家族身份，是指在家族組織乃至家族生活中的關係地位。因爲家族的身份決定了喪服的分配原則，所以通過《儀禮·喪服篇》的服制，可以看出當時的家族生活狀況。簡言之，《儀禮》的五服制，在父系父治的父權大家族組織中，男親、尊屬、嫡長子、嫡妻、宗子的地位是比女親、卑屬、庶子、妾、宗親的地位要重。在西洋的法學家的措詞中，是以寺院法主義的親等制爲標準，根據衆多的家族的身份來分配喪服的輕重等級的。

(1)與爲父親所服最重的斬衰三年喪期相比，「父在爲母」僅是齊衰杖期，「父卒則爲母」所服的齊衰三年之喪（案頭上的禮制），這說明在父權家族組織中，母親的地位還是較低。⓮

(2)「父爲長子」斬衰三年與「母與長子」齊衰三年相比，「爲衆子」則爲齊衰不杖期。另外，與爲嫡孫和衆子的同樣不杖期相比，爲庶孫則是大功，長子相續制所體現的是對長子的尊重。⓯

(3)「妻爲夫」斬衰三年，「夫爲妻」齊衰杖期，對其妻而言，它所體現的是君臨其下的強烈夫權思想。

(4)「爲宗子、宗子之母妻」齊衰三月，暗示了在宗族中宗子的特殊地位。傳中

⓮ 除了母之外，對尊屬宗親的配偶者（例如：祖母、世母、叔母、從祖母等），因對血緣宗族的男親，規定同等的喪服，並不是所有的母親都是卑下。（關於宗族的女親比宗族的男親疏遠，參考拙稿〈喪服經傳考〉第三章）還有，斬衰之服新的考證，並不是說和父母同樣地齋衰三年之喪，在唐代，父在世時，改爲爲母服三年之喪，又在明代，和父同樣地，改爲服斬衰三年。在喪服制中，母的地位有明顯的提昇。

⓯ 在《禮》中尊重長子嫡孫，其程度如何？實際情況是否有所反映？這還是一個需要愼重周密研究的問題。

所說的是尊祖敬宗之義，但在傳中也有些如宗法制——「庶子不得爲長子三年，不繼祖也」（斬衰章）、「大宗者尊之統也，大宗者收族者也，不可以絕，故族人以支子後大宗也」（不杖期章）、「居異而同財，有餘則歸之宗，不足則資之宗」（不杖期章）等內容，在《儀禮》經和喪服制中都是不適用的。⑯。

(5)爲祖父是不杖期，爲世父母叔父母也是不杖期，爲外祖父母是小功，爲從母也是小功，爲舅父是緦麻三月，對母黨的親戚服喪較輕，正是父系父治的父權家族組織的反映。

(6)與「婦爲舅姑」的不杖期相比，「爲妻之父母」則是緦麻三月，即對妻黨的姻族服喪較輕，這也是嫁娶制父權的家族組織的來歷。

(7)中國是有名的副妻制社會，喪服禮制所表現妾的地位確實是很低的。「妾爲君」斬衰三年（與妻爲夫同），而夫爲貴妾只服緦麻三月（爲妻齊衰杖期）。此外，「妾爲女君」（鄭玄云「女君，君之嫡妻也」）齊衰不杖期（與婦爲舅姑同），「女君于妾無服」。⑰與嫡妻相比，妾的地位極低。特別是妾爲嫡妻的長子及衆子，與嫡妻同樣服斬衰三年及齊衰

---

⑯ 參見拙作《喪服經傳考》第四章。

⑰ 經傳無明文記載，從鄭注作「無服」解。

不杖期⑱，「士爲庶母」只服緦麻三月，「庶子爲父，後者爲其母」也是服緦麻三月，妾母的地位比作爲母親的妾的地位還要低。⑲

(8)「爲人後者」爲所後之父斬衰三年，即養子爲其養父母與爲其生父母的服喪相同。這也與日本現行民法第七百二十條⑳及其立法原因相似。在親族中爲所謂生身父母以下服齊衰不杖期，爲其他的近親服喪則要降一個等級。㉑

(9)有關女子的服喪。如果女子出嫁，就要爲本宗即娘家的親族服未出嫁前之服

---

⑱ 經傳無明文記載，從大功章「大夫之妾爲君之庶子」條的傳及注。

⑲ 緦麻三月章「庶子爲父後者爲其母」的規定，是意表妾腹之子成爲相續人，應爲生母緦麻三月，喪服經「庶子」對「適子」也適用，幾乎透過各種情況不僅妾子，也包含適妻所生的長子之弟，即適妻子的同母弟。並沒有僅指稱妾的情形。大功章「大夫之庶子爲母妻」的庶子，如鄭注所說，是妾子之意。這緦麻三月章「庶子爲父後者爲其母」的庶子，也指妾子。而且，「父卒則爲母」齊衰三年有一般的規定。因此，爲嫡母時，對照著庶子爲父後者應服三年，這「庶子爲父後者爲其母」緦麻三月的規定，在禮制上，這可說是妾乃至母地位卑下，最明白的表示。

⑳ 民法第七二七條：「在養子和養父母及其血緣近親之間，自養子婚姻成立之日開始，便產生了與血緣近親同樣的親屬關係。」

㉑ 在經的部分，大功章只有「爲人後者爲其昆弟」，但〈記〉把這擴大解釋，規定爲「爲人後者於兄弟降一等，報。」

(本服)或降殺，爲本家的親族和出嫁的姑姊妹等要比本降一等。㉒

⑽《儀禮・喪服篇》中的規定，都是爲了本親宗族的，對外親的母族、妻族及出嫁族㉓的人雖然也包括一些，但基本上還是宗族男親之喪爲主的，可以說原則上它與所謂寺院法式親等制是一致的。亦即(A)對與自己是同一始祖的世數旁系親屬，根據自己所處的輩份及其世數的遠近，按照正規的標準進行服喪；昆弟(兄弟)期，從父兄弟(從兄弟)大功，從祖昆弟(再從兄弟)小功，族昆弟(三從兄弟)緦麻㉔。(B)對是共同始祖但與自己是不同世數的旁系親屬，根據與共同始祖關係的遠近來決定服喪的標準，屬高祖系的族曾祖父、族祖父、族父與族昆弟相同，爲緦麻親，屬曾祖系的從祖祖父、從祖父與從祖昆弟相同，爲小功親。屬祖父系的從父(世父叔父)本來與從父昆弟相同應該是大功親㉕(請見次頁)，但結局卻與寺法院式的親屬關係相一致。

㉒ 上面所提到的說，是順著傳來解釋，嚴格來說，出嫁女子的喪服不全是降服，參見拙稿〈喪服經傳考〉第三章。

㉓ 出嫁族指出嫁女子之子即姑之子、姊妹之子(甥)、女子子之子(外孫)。

㉔ 中田薰博士指出，中國所謂行列制度和五服制，古代日耳曼民族所施行節世計算法的Vetterschafts-systen相同。參見《法制史論集》第一卷〈古法制三題考〉。

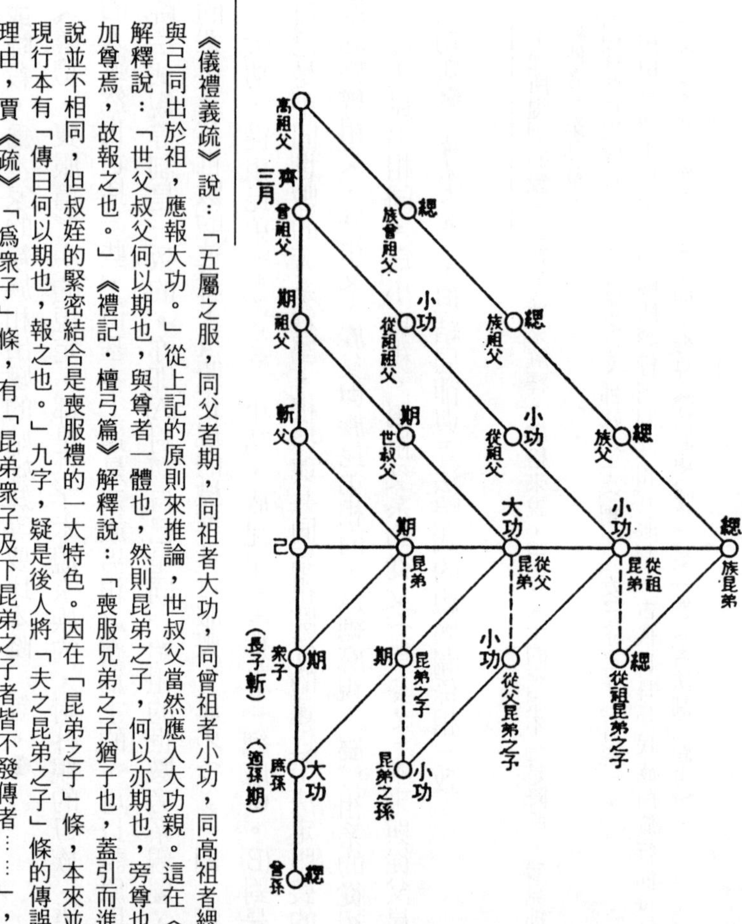

㉕《儀禮義疏》說：「五屬之服，同父者期，同祖者大功，同曾祖者小功，同高祖者緦，世叔父與己同出於祖，應報大功。」從上記的原則來推論，世叔父當然應入大功親。這在〈喪服傳〉解釋說：「世父叔父何以期也，與尊者一體也，然則昆弟之子，何以亦期也，旁尊也，不足以加尊焉，故報之也。」《禮記・檀弓篇》解釋說：「喪服兄弟之子猶子也，蓋引而進之。」而說並不相同，但叔姪的緊密結合是喪服禮的一大特色。因在「昆弟之子」條，本來並沒有傳，現行本有「傳曰何以期也，報之也。」九字，疑是後人將「夫之昆弟之子」條的傳誤入。什麼理由，賈《疏》「爲衆子」條，有「昆弟衆子及下昆弟之子者皆不發傳者……」，又上節在「世叔父母」的傳已說明，沒有重複的必要。

⑾嫂叔無服——即夫之昆弟與昆弟之妻相互之間不必服喪。爲從母（母之姊妹）之服（小功），比起爲舅（母之兄弟）之服要重。叔侄在服制上有緊密聯繫，所反映的也不僅僅是道德思想上的東西，還有遠古的婚姻形態和家族組織的成因等，它是一個值得愼重研究且饒有興趣的問題。

喪服制的分配原則，第二類是按政治身份進行。這裡分爲政治身份關係的喪服和具有政治身份的降服進行考察。

所謂政治身份的喪服，是指由君臣關係及君民關係所確定的喪服之禮。

在君臣關係的喪服上，首先是對君主的「諸侯爲天子」和「臣爲君」都是規定爲斬衰三年，而對臣子的「士爲貴臣」來說，國君只服緦麻三月即可。除了有直接君臣關係的正服還有所謂的從服，在齊衰不杖期章規定爲「爲夫之君」和「臣爲君之父母、妻、長子、祖父母」用從服。前者的夫是以臣的身份爲君服斬衰三年，其家族的妻也要從夫服此喪。後者是君在自己家族中，對其家族服斬衰三年時，臣子也要從國君服此喪。家族身份包括在政治身份中，但在家族中，政治身份又是服從於家族身份的㉖。

㉖ 齊衰無受章的「爲舊君，君之母妻」和「大夫在外其妻長子爲舊君」的規定，也可看出君臣關係的喪服。

起先，喪服本來屬於私生活的禮儀，是儒家提倡久喪之禮和極端之孝來規範親子關係。而把君臣間的道德看成與父子關係同樣重要，則是在戰國末期，對國君要服三年之喪的事情，在《孟子》和《荀子》中都有記載。但是，講解君臣關係的所謂從服，則又更進一步，大概是《儀禮·喪服經》的新說吧。

其次是君民關係的喪服，有庶人爲國君服齊衰無受之喪的規定。依照這個規定，「寄公爲所寓」也同樣成了齊衰無受。此外，作爲特殊政治身份的喪服，諸侯大夫爲天子規定要服繐衰（既葬除之）之喪㉗。關於君臣關係的喪服是要特別引起我注意的，庶民爲對天子服喪的喪服，在喪服經的明文中，無論是畿內的庶民，還是諸侯國的庶民，爲天子服喪的喪服並沒有具體的規定。齊衰無受章的「庶人爲國君」一條，有諸侯國之民爲天子服喪的規定，鄭玄

㉗ 繐衰，是服喪者僅限於「諸侯之大夫爲天子」的特殊喪服，恐怕，荀子時的三種喪服即齊衰、小功、緦，新加斬衰、大功而爲喪的五服制，是後來所追補。而且在原來的三種喪服，新設兩種，以制定喪服的「五服」，在《尙書·皐陶謨》、〈益稷〉有「以五采彰施于五色作服」「五服五章」的五服，和〈舜典〉的「五刑有服，五服三就」，和在〈益稷〉、〈禹貢〉王化的領域，讓人聯想到政治地理區劃的五服（甸服、侯服、綏服、要服、荒服（《荀子·正論篇》甸、侯、賓、要、荒））大抵來說，是戰國末期所流行的五行思想所促成。

在這一條內容上雖注釋有「天子畿內之民，服天子亦如之」，但諸侯國之民如果爲國君服喪的話，其意義是相同的，從畿內之民也應爲天子服喪的話來看，此大概屬於一種推測性的解釋。只是畿內之民爲天子服喪沒有規定特殊的喪服，或許已包含在對國君服喪的規定之中了。中央王室實際上與諸侯是不一樣的，時代的形勢可能是在無意識之中暴露出來了。另外，在戰國時代，諸侯國之民爲天子服喪的喪服也並沒有什麼樣式，在天下大一統的漢代，才有了「爲天王服斬衰，服父之義也。爲后服資衰，服母之義也。」(《禮記・昏義》)之說㉘，其中時代的特色已明顯地反映出來。㉙(請見次頁)

㉘《禮記・昏義》的末節有「爲天王服斬衰，服父之義也。爲后服資衰，服母之義也」之文，在上節，相對於天子和皇后應調和天地陰陽的道德和政治之責任。又使用「天王」和「后」的話，是從更廣大的君臣關係來立言。臣民也一樣應爲天子和皇后服斬衰和資衰。在《儀禮》，對天子，諸侯應服斬衰，對皇后並沒有規定。勉強推求的話，爲「君子妻」可類推適用齊衰不杖期的規定。但臣子爲君之妻服齊衰不杖期，是間接的從服，和「父在爲母」的齊衰杖期等級不僅相異，意義也不同。〈昏義〉之說，不僅把君臣關係擴大爲君民關係，把對「后」之服，提高爲對母同樣的正服。這是把政治、道德教化的責任爲配合陰陽二分在天子和皇后之上。又以實權作爲天子君臨王室而存在的時代，喪服禮爲了隨著時勢的變化的說法產生了，又《周禮・春官宗伯・司服》條有「凡喪爲天王斬衰，爲王后齊衰」，恐是根據〈昏義〉之說，這也是《周禮》作於漢代的一個佐證。

值得注意的是，《儀禮・喪服篇》所規定的服喪者的身份，在家族中，不僅包含本親宗族、外親母族、妻族及出嫁者，而在政治上，也擴大到了君、君之祖父母、父母、妻、長子、舊君的母、妻、長子及貴臣的廣大範圍。儒家所提倡的久喪之禮，最初只限於親子關係，隨後用在君臣關係上，最終又把這種關係進一步擴大。隨著禮制思想的發展，服喪者的身份關係變得極爲複雜起來，服喪的範圍更加擴大，《儀禮》的喪服制也再不是古代的那種情況了。

㉙ 在《書經・堯（舜）典》有一段文字：「二十有八載，帝乃徂落，百姓如喪考妣，三載四海遏密八音」，從來解釋爲百姓爲堯帝服三年之喪，那並不妥當。百姓如不像《僞孔傳》解釋爲百官，即如蔡《傳》採庶民之意，並無限於畿內庶民的理由。應解爲和廣大的萬民同意。其次，「喪」，蔡《傳》該作「爲之服」，即在日本一般訓讀作「も」，在《今文尚書》，幾乎是用作「亡」「滅」之意。這喪訓作「失」，應解作萬民悲傷得像失去父母。庶民天子服三年之喪在《儀禮》並沒有。又全體都三年之喪，在《今文尚書》好像也不成問題。孟子說舜「帥天下諸候以爲堯三年喪」（〈萬章〉），記三年之喪適用於君臣關係，是根據這點來解釋〈堯典〉之文。又對〈無逸篇〉的高宗「亮陰三年不言」，以前把亮陰解釋作「凶廬」（《尚書大傳》），又作「杜楣」（鄭玄〈喪服〉經傳注、《禮記・喪服四制註》）的附會之說，《呂氏春秋・審應覽・重言篇》有：「人主之言，不可不愼。高宗，天子也。即位諒闇三年不言，卿大夫恐懼患之，高宗乃言曰：以余一人正四方，余唯恐言之不類也。茲故不言。古之天子，其重言如此。故無遺者。」恐怕，這應是和喪禮的解釋沒有關係！

所謂具有政治身份的降服，是指由政治身份的尊卑，在所謂本服即普通的家族性身分關係所應服的等級之喪服，作降殺的制度，詳細說的話，是指比本服降一等的輕喪服降服，也叫做在守喪過程中不必完全穿（絕服），絕服是作爲國君的天子和諸侯，對其直系尊屬、嫡長子及妻的三年之喪和期之喪以外完全可以不穿㉚，這些內容在《儀禮》沒有明文記載，是屬後人推定的解釋㉛。

㉚〈中庸〉的「期之喪達乎大夫，三年之喪達乎天子，父母之喪無貴賤一也」的鄭註：「期之喪達乎大夫者，謂旁親所降在大功者，其正統之期，天子諸侯猶不降也。大夫所降，天子諸侯絕之，不爲服，所不臣乃服之也。」

㉛〈喪服篇〉的作者因是以士大夫爲中心來考慮喪服禮，君和庶人之禮並沒有明示。僅在君（諸侯）之禮「諸侯爲天子」斬衰三年條和「君爲姑姊妹女子子嫁於國君者大功」條有明文。對於其他事，參照大夫之禮，考慮君主的特殊地位來作推定。但至於庶人之禮，僅有「庶人爲國君」齊衰無受一條。在庶人自己家族的身分關係該如何服喪並沒有什麼表示。在齊衰無受章的「大夫爲宗子、舊君、曾祖父爲士者如衆人」條，衆人之語的意思並不明瞭，從積極面看，庶人的喪服禮並不和士相同來看待。又庶人之禮和士之禮同一的話，因和儒家階級性的禮思想相予盾，儀禮的作者並不規定庶人的喪服。儀禮作者，作爲「自天子達於庶人」之禮的僅僅三年之喪。因此，《儀禮》十七篇中，大多是士之禮，〈喪服篇〉包括上自天子下至庶人各階級之禮的說法，本來就不能相信。

關於降服，古代鄭玄有「降有四品」之說，近代程瑤田有新的降服說。鄭玄在《喪服經》不杖期章的「大夫之嫡子爲妻」注釋中，曾嘗試著爲降服進行分類，他說：「降有四品。君、大夫以尊降。公子、大夫之子以厭降。公之昆弟以旁尊降。爲人後者，如子出嫁者以出降。」程瑤田在其著作《儀禮喪服足徵記》中，也論述道「喪服，有屈、有厭、有降。屈者，屈于父。厭者，厭以君。何以謂屈於父？父在母期也。……何謂厭以君？公子爲其母，練冠麻衣縓緣……。既葬除之……。降服者，降其親服一等也。有尊降、有從降、有出降。尊者，大夫也，大夫尊則降其旁親矣。不降同尊、不降祖、不降嫡，不降大宗。……其從降者何也，父爲大夫尊降其旁親，子亦從之而降也。蓋父之所降，子亦不敢不降也。故大功章曰：公之庶昆弟大夫之庶子爲母妻……。其出降者何也，爲人後者，降其小宗也，女子適人者，降其旁親也。」㉜以上所談，出降爲一般家族身份的降服，尊降、厭降等爲具有特殊政治身份的降服。此處分別依自已的尊貴把政治身份的降服降下來（尊降），和依父和君的尊貴，被厭降（厭降）來考察。

先從自已尊貴的降服即尊降來看，大功章說「大夫爲世父母叔父母、子、昆弟、

㉜ 參照《皇清經解》卷五二九所收《儀禮喪服足徵記》的「降服說」。

昆弟之子爲士者」，對這些人而言，一般家族身份的本服是齊衰期，在政治身份上，如果喪者是士而服者爲大夫，則在服喪時降一等服大功。小功章也說「大夫爲從父昆弟、庶孫、姑姊妹女子子適士者」（鄭注云：『從父昆弟及庶孫亦謂爲士者』），本服大功，由於政治身份尊貴之故降爲小功。但在齊衰不杖期章云「大夫爲祖父母，嫡孫爲士者」、在齊衰無受章云「大夫爲宗子，曾祖父母爲士者」，規定大夫對政治身份較低的士的家族應該服本服，亦即所謂的「不降祖，不降嫡，不降大宗」之意。此外，大功章的「大夫爲姑姊妹女子子嫁於國君者，君爲姑姊妹女子子嫁於國君者」，是所謂的「不降同尊」，對期親以下的家族身份者，由於尊貴之故則都爲降服，對政治身份與自己同等則不降格，只服本服即可。

第二，由於他人的尊貴而被厭降，相當於鄭玄的厭降，程瑤田的從降及厭降㉝。例如，不杖期章所說的「大夫之子爲世父母、叔父母、子、昆弟、昆弟之子、姑姊妹女子無主者，爲大夫命婦者」，對這些所服者而言，其政治身份是大夫命婦，故服本服（不降其尊同者）。但是相反的解釋卻是，由於場合的不同，大夫之子因爲父親是大

㉝ 所謂厭降，大功章「公之庶昆弟，大夫之庶子爲母妻」條的傳，有「先君之餘之所厭，不得過大功，大夫之庶子則從乎大夫而降也」，是其由來。

夫之故厭父的尊貴，在服喪時其規格要比本服降一等（「大夫之庶子爲母妻」的大功雖不明了，但由於政治身份的原因故爲降服，妾子由於在家中的身份卑微，所以規定其爲父和嫡母應該服輕喪服）。小功章的「大夫之子爲從父昆弟、庶孫、姑姊妹、女子子適者」（鄭注云『從父昆弟及庶孫亦謂爲士者』），也有從大夫爲降服的規定。反過來說，因其家族身份卑微，但有政治身份故不受尊厭的影響，服喪時也是本服。齊衰不杖期章的「公妾大夫之妾爲其子」，傳的解說是「妾不得體君，爲其子得遂也」。鄭注是「此言二妾不得從於女君尊降其子也，女君與君一體，唯爲長子三年，其餘以尊降之。」《賈疏》云「諸侯絕旁期，爲衆子無服。大夫降一等爲衆子大功，其妻體君皆從夫而降之。至於二妾皆不得體君，君不厭妾，故自爲其子得伸遂而服期。」傳、注、疏的解釋是否得經之眞義雖然還不明確，但目前還是沒有其它的解釋。這裡因爲妾及其家族身份卑微，但並不受政治身份尊者的尊厭影響，自己對其子似乎也並不進行厭降。[34]

由政治身份決定的降服，雖然是《儀禮》喪服禮的一個特色，但這是否《儀禮》

---

[34] 這例子反映了上古的中國人，因爲尊卑的觀念還沒有被分化，私法性質的家族身分的尊卑和公法性質的政治身分之尊卑，混雜在一起。但是，從我們方法論的見解，應分家族身份和政治身份來處理，除了出降的狹義之降服，應該是由於政治身份的尊卑。

之前的說法？現將對此稍做考察。

先從孟子的觀點來看，可以推知當時的儒家是注重喪服禮的學派，但在孟子自身的思想體系中，他還是盡孝要守三年之喪的㉟。〈盡心篇〉中的「王子有其母死者，其傅爲之請數月之喪」㊱雖被當作厭降解釋，但可能與本來降服是沒有什麼關係的，王子的母親去世時王子如按儒家之禮守三年之喪，父親是不會允許的，所以王子之傅

㉟ (a)〈盡心篇〉：「不能三年之喪，而緦小功之察，放飯流歠而問無齒決，是之謂不知務。」

(b)〈離婁篇〉：「（齊宣）王問曰：禮爲舊君有服，何如斯可爲服矣。……」

(c)〈滕文公篇〉：「滕定公薨，世子謂然友曰……，孟子曰：……親喪因所自盡也，曾子曰生事之以禮，死葬之以禮，祭之以禮，可謂孝矣。諸侯之我，吾未之學也，雖然吾嘗聞之矣，三年之喪，齊疏之服，飦粥之食，自天子達於庶人，三代共之，……世子曰，然，是誠在。五月居廬，未有命戒……」

(d)〈萬章篇〉：「〈堯典〉曰，二十有八載，放勳乃徂落，百姓如喪考妣，三年四海遏密八音。……舜……帥天下諸侯以爲堯三年喪。」「堯崩，三年之喪畢，舜避堯之子於河南。」

(e)〈盡心篇〉：「齊宣王欲短喪，公孫丑曰，爲朞之喪，猶愈於已乎。孟子曰：是猶或紾其兄之臂，子謂之姑徐徐云爾，亦教之孝弟而已矣。王子有其母死者，其傅爲之請數月之喪。公孫丑曰，若此者何如也。曰是欲終之不可得也，雖加一日愈於已，謂夫莫之禁而弗爲者也。」

㊱ 參見註㉟。

爲之請數月之喪其意義也就好理解了。㊲《儀禮》中所說的「君大夫以尊降服」，所強調的是喪服之禮的政治意義，道德的儀禮雖從屬於政治的權力，但孟子還是極力主張三年之喪的道德意義的。尤其孟子在〈滕文公篇〉中，就滕文公之薨對然友問話回答道「諸侯之禮，吾未之學也。雖然，吾嘗聞矣，三年之喪，齊疏之服，飦粥之食，自天子達於庶人，三代共之」。這裡雖然模糊地談到了諸侯有諸侯之禮，士大夫有士大夫之禮，但諸侯之禮的具體內容卻沒有談到。如果從強調喪服禮的道德意義立場來看，諸侯之禮與士大夫之禮即使有一些差別，但降服並不因政治身份尊貴而有所拘限。而是因其具有較高的道德品性必須加以大力提倡。

其次，如荀子所說「創巨具者其日久，痛甚者其愈遲，三年之喪，稱情而立文，所以爲至痛極也」〈禮論篇〉。對君父而言，臣子的道德思慕在哀情上雖是以喪服之禮

㊲ 趙岐註以爲妾母爲嫡母所厭，焦循《正義》說是爲父所厭。兩說都以爲是厭降，把王子當作妾出庶子，其母當作妾母，是符合儀禮規定的解釋，的確，「有其母死」的「其」字，在《儀禮・喪服篇》因出宗、出嫁的男女和妾、妾子對本生父母、昆弟等所謂私親，使用很多，這從「妾子爲其私親」即可看出來，如《儀禮》大功章的「大夫之庶子爲母妻」和「女子子適人者爲眾昆弟」，是不用「其」字的例子，特別地，《儀禮》喪服制的組織並不是古習俗，作爲禮的經典的《儀禮》一直受到信任，在孟子的時代也是，孟子之文並沒有應合於《儀禮》的理由。

爲基礎，但如「君大夫以尊降」所言，是附加了政治意義的。當然，荀子在解釋禮的一般意義和禮的概念時，雖有尊卑之分，但他在解釋喪服禮時，卻沒有談到有尊卑之分的降服。總的來說，他是強調喪服禮的道德意義的。在〈禮論篇〉中他進一步說到「天子之喪，動四海，屬諸侯。諸侯之喪，動通國，屬大夫。大夫之喪，動一國，屬修士。修士之喪，動一鄉，屬朋友。庶人之喪，合族黨，動州里。」「天子七月，諸侯五月，大夫三月而葬。」「天子棺槨七重，諸侯五重，大夫三重，士再重。」[38]這些是與葬禮有關而與喪服禮無關的內容。在當時注重厚葬的風俗下，與處於下級地位的人相比，處於上級地位的人更容易實行厚葬。對應富和權勢，葬禮有厚薄也是合理的，這在思想上來說也是允許的。與政治地位相應而明顯地確定階級上的地位並不算得上過分。但在喪服之禮中因爲稍有一些差別，儒者的政治身份即爲因應尊卑之分的降殺之禮卻是確定的，而在風俗上的契機卻是不存在的。《禮記・檀弓篇》所說的「縣子瑣曰：吾聞之，古者不降，上下各以其親」，可能是解釋尊降和厭降的降服在禮儀派的反面的觀點吧，它所展示的仍是尊厭的降服在過去的舊說而已。

那麼，《儀禮》在解說尊厭的降服是怎樣的呢？第一，大家族社會幾乎網羅了一

---

38 「天子棺槨七重」從王引之之說，將「十」改爲「七」。

切的身份關係，使喪服禮能夠得以合理的組織。《儀禮・喪服篇》作者的想法是，君、大夫、士有多種多樣的禮，所以對其具體的喪服也要有所考慮。第二，在歷來對禮的道德解釋之外，從荀子時在思想界就已強調「尊卑之分」即作爲政治秩序的禮的思想，喪服之禮是較爲適用這種思想的，畢竟喪葬的儀禮是在政治統治之下的。

無論怎樣來說，由於政治身份規定了尊厭的降服，我們也必須承認《儀禮》喪服篇是《荀子》之後的一個新的發展。

五、結　論

在以上的幾章中，對《儀禮・喪服篇》的成立進行了分析考察。斬衰、大功、削杖是齊衰、小功、苴杖爲本的新設計，在受服的規定和尊厭的降服規定中，以及在君臣關係的從服規定中，〈喪服篇〉並不古老，它在更大的範圍內網羅了喪服者的身份關係，是一個新的發展，也就更爲明確了。可以肯定〈喪服篇〉是在《荀子》之後的戰國末期形成的。㊴最後，對這些綜合性的喪服禮制體系構成意圖的考察，即是本文

㊴ 在自然年代的時間，〈儀禮・喪服篇〉編成於《荀子・禮論篇》之後，並無法斷定，但是，至少思想文化時代應後於《荀子・禮論篇》。

的終結。

爲什麼戰國末期的儒家編制了複雜煩瑣、並且擴大了服喪者的身份使之納入了喪服禮制的體系中呢？這其中是有著種種原因的，首先從下面的事情來看，第一，戰國時的上流社會盛行厚葬的風俗，行極爲豪奢的盛大的葬式，和當時物質文化明顯發達一起的，是上流社會實行的風習。由於需要長時間的準備，所以喪禮的日期也要延遲，繼而居喪的時間也就延長了。第二，儒家把這種厚葬從孝敬上來判斷（justify），它更是由於有了禮樂說上的支持。在支持厚葬的同時，儒家稍長時間的事實上的居喪，使孝道和禮樂說的思想要求達到了儀禮化，進而提倡極端的久喪之禮。第三，在厚葬的葬禮上，由於數量較多的宗族、姻戚（母黨、妻黨）和出嫁族等有種種身份關係的人參加，所以從儒家禮樂說的立場來看，爲了適應參加會葬者的種種身份，也就需要按照禮制來確定喪服等級了，並以喪服的等級來確定葬禮的排列次序㊵。第四，在上

㊵《禮記・文王世子篇》有「喪紀以服之輕重爲序」「其公大事，則以喪服之精麤爲序，雖於公族之喪亦如之」。這雖是漢儒之說，但或許喪服禮制，在某一方面也具備此順序列次而受到重視，喪服制度所以從很早便具有親等制度的機能，也是因爲在某一方面缺乏統治大家族集團生活的適當的社會規範。

流社會中，恐怕也有將被視爲重要儀禮的喪葬加予政治性統治意圖。第五，解釋禮的儒者，實際上處於上流社會葬禮指導者的地位。㊶大抵來說，《儀禮》經喪服禮制的組織構成，是由於儀禮道德的新解釋才創造了新儀禮，它不僅只形成了思想上的動因，也產生了直接的具有實際狀態的社會動因，可能是由於兩者的交錯，才產生了〈喪服篇〉的組織結構。

——譯自郭明昆著：《中國の家族制及び言語の研究》（東京：東方學會，一九五二年九月），頁一—三六。

㊶《墨子．非儒篇》有「大喪是隨，子姓皆從，得厭飲食，畢治數喪，足以至矣。……富人有喪，乃大說喜曰此衣食之端也。」對反對派儒家黨派性的擊非打折扣不可。但特意請說禮的儒者，協助辦理葬儀也是一項事實。一般來說，講說禮的同時也帶有實際的演練，這就如津田左右吉博士在〈儒教の禮樂說〉（第二章）已說過，但實際演練有困難的喪葬之禮，至少在指導他家的葬儀時，雖僅止一部分，或許也可以收到同樣的效果也說不定。

〈喪服〉經傳考

金培懿譯

一、緒言　喪服篇的經、記、傳

這裡所說的喪服經，當然是指儒教的重要的〈禮〉的經典〈喪服篇〉正文而言的，所謂的傳，是指在該篇中解釋喪服規定的內容，即通常所說的「子夏傳」。

歷來的學者並非只是一味地認爲，經是聖人周公或孔子所述作，傳是子夏一類的聖賢之徒所傳，他們還認爲傳的解釋不與經的宗旨相違背，或解說之、或敷衍之，並對此極爲深信不疑。其牽連之廣，自不待言地，亦波及到現代的日本和西洋的學者。

筆者先前在《儀禮喪服考》中，論述了〈喪服篇〉是在《荀子》以後戰國末期時被編成的❶，這篇文章主要則對所謂子夏傳（以下簡稱傳）是否忠實地傳述了喪服經（以下簡稱經）的宗旨這一問題來進行若干的考察。

❶ 參照拙作《儀禮喪服考》。

在〈喪服篇〉中，經之外有記，記又附以傳，所以在思考傳的時候，有必要先提及記的內容。此記在其後半部中對喪裝的製作方法特別是尺寸方面作了規定。在其前半部分中，大約並列了十六條經中所沒有的有關喪服的規定。喪裝尺寸的規定無論何者，雖然皆補充了經的不完備之處，但是這原本就不是成於經書作者之手。爲什麼呢？這是因爲其中的斬衰和齊衰雖然確定了「以其冠爲受」的受服方法，但如《儀禮喪服考》所說的，在此種情況下的受服，經書作者當初並沒有考慮到❷。與大功章的受服相對照則可以看出，除了未表示出其時期之外，而且其方法和目的也大異其趣。在前半部分的經中所沒有的有關喪服的規定，例如「大夫、公之昆弟、大夫之子、于兄弟降一等」，雖是根據經的喪服禮制體系（以下簡寫作「喪服制」）所敷衍而成，應該認可的規定。但是根據，如「朋友、麻」之類，則是將朋友關係加進了服喪義務者行列，這便有別於經的喪服制思想的新思維方式，而到了如「童子，唯當室，緦」，則明顯地是與經的喪服制相互矛盾。爲什麼會有這種情況呢？「童子唯當室緦」的寫法，從內在意涵來看，不外是「童子不當室則無服」之意，但在經的大功殤章、小功殤章兩章和緦麻章中，幾乎對一切未成年者應該對其各種輩分的親屬服何種適當的喪服皆

---

❷ 參照拙作《儀禮喪服考》第三章。

做出了規定。在經已然對各種輩分的親屬，分配其該服之喪服的立場中，童子一語，實在是一太過總括性的言辭。據胡培翬《儀禮正義》的說法，則是「記言唯當室緦，則不當室自無緦服，而傳言之者，嫌期功之服亦無也。蓋童子不當室雖無緦服，而期功以上之服，則仍服之」的意義，但這畢竟是在注意到經與記之間的矛盾之後，所採的下下之策❸。此外，我們也不能不注意到：記的「昆弟」與經的「兄弟」意義是完全不同的。

要之記中所載的喪服規定雜亂無章，清儒盛世佐評論記而說的「諸說不出一手，亦非一代所成」，確爲卓見中肯之詞。若拙作《儀禮喪服考》中對經（《荀子・禮運篇》以後）成書于戰國末期的考證沒有大錯的話，那麼，記或許應該是出於漢代諸儒之

---

❸ 只限於有所謂當事這種特別情形的童子，因爲如此所以服最輕的緦服，則不當事的童子就無需服。不論是從文章理路來考量，或是由邏輯上來推論，記的「童子，唯當室，緦」一語，除此意思之外，無法有其他的解釋。傳的說法，只是把經和記的矛盾弄得更加糊塗罷了，並未將其矛盾解決。又記的這項說法，也可以看出其似乎與《禮記》〈問喪篇〉的「或問曰，免者以何爲也。曰不冠者之所服也。禮曰童子不緦，緦者其免也。當室則免而杖矣」有某種關連，但是因爲〈問喪篇〉中「緦」字一語另有別的意思，而且「童子不緦，唯當室緦」的寫法也不同，所以以其來解釋記的「童子唯當室緦」也不妥當。

手。

關於傳，與其是否忠實地傳述了經的宗旨這一問題有關的是，它是何時的著作？爲何在《儀禮》的諸篇中只有〈喪服篇〉有傳？其原因又是什麼？又其是在何時被認爲是子夏所作？（或者，其與今日《禮記》中所收錄的有關喪服禮的諸篇，有著什麼關係？）此類問題都是必須要思考的，對這些問題全部予以深入的探究實非本文所能企及，然而有時或許也會自然而然地提及。

首先我們若閱讀傳，傳中所言者大概可分別爲：一是對經的規定，定訂其實行上的手續和細密規則，一是解釋或說明經的規定。明示的喪裝（衰裳、絰冠、帶、屨、杖）的製作材料及方法，或規定服喪中的居處、飲食、哭泣的儀節等乃屬於前者，而解斬衰章「父爲長子」爲「傳曰何以三年也？正禮于上，又乃將所傳重也。庶子不得爲長子三年，不繼祖也」。解緦麻章「甥」爲「傳曰甥者何也？謂吾舅者，吾謂甥也。何以緦也，報之也」則是屬於後者之例。如果更加詳細劃分的話，解釋經即是單純地解說文字，也就是解釋經所規定的主旨精神，也可能是敷衍擴張經的規定，也可能是使其內容限定在一個特定的範圍內。此外也會展開本來與經的規定沒有什麼關係的理論，種類紛繁複雜。

其次，在檢討傳的解釋方法之前，首先從經傳中有關孝杖部分，說法不同之處來進行考察。

二、經傳在孝仗與親等制的發展

傳是否忠實地傳述經的宗旨，只要就其對孝杖的解釋來進行研究，就能窺其一端。關於杖，經規定以苴杖配斬衰，以削杖配齊衰。苴杖爲苴麻之杖，亦可見於《荀子·禮論篇》中，也可見於現實的民俗中。削杖以其首次出現在經中，故不明爲何物，但從文字上來考量的話，其材料應該是與苴杖相同的苴麻，但因其是被削過的，故根據其意義而取名削杖。而相當於《荀子》中的齊衰苴杖的，在經中卻分成了斬衰苴杖和齊衰削杖二類，就如同斬衰是根據齊衰而來的新發明，削杖應該也是一面根據苴杖，並聯合「斬」與「削」兩種觀念而有的新發明。拙作《儀禮喪服考》對此已作過簡要說明。

然而傳有關經中苴杖和削杖的解釋則是「苴杖，竹也；削杖，桐也」。傳把二者一個看作了竹杖，另一個看作了桐杖。按傳所以如此解釋，是因削杖原本並不存在於現實的風俗中，而苴杖是什麼東西，傳也未能明示，不得已只好用〈既夕記〉等所記載的竹杖、桐杖來比喻這兩件東西。這種解釋自不待言地可以明確地違背了作經者的原意。

又傳對孝杖的解釋是「杖者何？爵也。無爵而杖者何？但主也。非主而杖者何？輔病也」(斬衰章)。賈《疏》將之解爲「有爵之人必有德，有德則能爲父母致病深，故許其以杖扶病。……雖無爵無德，然以嫡子，故假取有爵之爲之喪主。……衆子雖非爲主，子爲父母致病，是同亦輔病也。」就如《荀子·禮論篇》記載有「齊衰苴杖……所以爲至痛飾也」。《禮記·問喪篇》也載有「或問曰：杖者以何爲也？曰：孝子喪親，哭泣無數，服勤三年，身病體羸，以杖服病也。」如果將傳的解釋與《荀子》、《禮記》這種將孝杖的意義，從作爲道德要求的哀傷感情上來賦予其根據的普通詮釋相比照的話，傳的解釋是將孝杖所涉及的道德上要求，進一步隸屬在政治權力下，這從思想發展上來看，應是更後期的思想產物。❹至於經對杖的解釋，其詳情已不可得知，但恐怕未必會與傳的這種權勢本位式的解釋相同。

---

❹ 所謂傳的爵也。擔主也。輔病也的三段說法，雖然也可見於《禮記》的〈喪服四制〉，但這就如同《白虎通》裏有「所以必杖者，孝子失親，悲哀哭泣，三日不食，身體羸病，故杖以扶身。明不以死傷生也。是輔病之義也。」若將之與《白虎通》所採用的普通的輔病之說，合起來加以考慮的話，傳的說法似乎不是一種一般性的說法。

下面則從親等制的方面來比較經、傳。

在中國，喪服制原原本本便被當作親等制來用。亦即親族中除了如父母、子、孫、夫妻等最近親的親屬外，其他親屬並不依據親屬稱謂來稱呼，而是以期功、大功親、小功親、緦麻親等喪服制的詞彙來表示。例如《禮記・曲禮篇》言「大功小功不諱」，以及《白虎通》（嫁娶條）的「外屬小功以上，亦不得娶也」便是如此。《禮記・學記篇》中「師無當于五服，五服弗得不親」中的五服，並不是指喪服制五個等級的喪裝即斬衰、齊衰、大功、小功、緦麻，而是指穿這些喪服具有服喪義務的親族，可以說是指五等親內的親族。誠如上述，本身便具備親等制機能的喪服制，總而言之，這是因爲喪服制中喪服的分配，主要是以親屬關係的密切度，亦即親等爲其基準。從另一方面而言，或許是因爲沒有統制古代大家族式集團生活的適當的社會性法制規範所致❺。

而從經的寫法來看，斬衰、齊衰、大功、小功及緦麻，只不過是表示各種喪服的用語，並不附帶任何親等的意義。此喪之五服，正如拙作《儀禮喪服考》中所說的，它當然是作經者的一種新的想法❻。但是到了傳中，在齊衰杖期章「繼父同居者」這

❺ 作爲喪服制的親等的功能，在唐代以後的法律中越來越加強，此事自不待言。

❻ 參照拙作《儀禮喪服考》第二章。

條中，用了「大功之親」一語，表示出其從喪服制向親等制的發展❼。記的傳中有「小功以下爲兄弟」，此處的「小功」比前者的「大功之親」，更進一步向親等制發展，喪服的名稱就這樣原封不動地完全轉化成了表示親等的用語。由上述看來，自然顯示了經與傳之間思想上的變化及進展。

三、傳對經之規定所進行的解釋

爲了檢討傳的解釋，首先要對經的喪服制有個概觀的了解。構成喪服制的人爲因素從服喪者而言，家族上不只包含本親宗族和外親中的母黨、妻黨，就連政治上的君、先君及其最近親和貴臣等，衆多具有複雜身份關係的人都網羅了進來。其中如果除去由政治身份關係所產生的喪服，和由政治身份和家族身份相交錯而產生的從服、降服之外，總的來看，喪服在古代的大家族組織中，是以親族關係的緊密程度，（此緊密

---

❼ 小功章「夫之姑姊妹，娣姒婦。報」條的傳中有「娣姒婦者弟長也，何以小功也。以爲相與屋室中，則生小功之親焉」，這「小功之親」，在其似乎意味著應服小功之喪的家族關係這點上，與杖期章「繼父同居者」條的「大功之親」，指的是應服大功之喪的親族一事，雖然未必相同，但是在喪服名稱轉化爲表示親等之語這點上，則沒有不同。

度從法理上來確定的話，即所謂親等）即所謂親等關係為基準來分配的。這大體上在西洋法制史專家的用語中，是與寺院法式的親等制一致。但因這是父系制、父治制、嫁娶制的父權大家族，所以是以本親的宗族為中心，而輕視外親的母黨、妻黨。尤其是在宗族中，父、尊屬、長子、嫡孫、妻、宗子比起母、卑屬、庶子、庶孫、妾、宗族更為人所重視。拙作《儀禮喪服考》已對此進行過論述❽。

喪服原本是表現家族身份關係之禮儀，終於也發展成為適用於政治上的身份關係。然而，在經的喪服制中，它更為之一變，發展成為與政治身份和家族身份交錯的關係。齊衰不杖期章中的臣之妻「為夫之君」和臣「為君之父母、妻、長子、祖父母」即是如此。二者直接地說來並沒有什麼服喪的義務關係，以其一從夫、其他則從君而服喪，這明顯地便是從服。前者是家族身份隸屬於政治身份，後者則是政治身份從隸於家族身份。因此，傳把這些經所規定的理由，解釋為二者同是「從服也」，這是完全正確的。只是傳解釋成從服的還不止這些。緦麻章的「妻之父母」、「舅」、「舅之子」，大功章的「夫之祖父母、世父母、叔父母」，與不杖期章的「婦為舅姑」等諸條，傳也都解為從服。而如果這些從妻黨、母黨和夫族的喪服來考慮的話，大概就

---

❽ 參照拙作《儀禮喪服考》第四章。

作傳者而言，彼等並非有血緣關係的親人，因爲由婚姻關係而形成的姻族之間原本就沒有服喪義務的思想，因而將之解釋爲從服，這是否是正確地傳述了經的意義，還多少存有疑問。爲什麼這樣說呢？因爲在經的喪服制中，妻黨、母黨的喪服居於次要的地位，其中親族關係的緊密程度所形成的喪服分配原則並沒有失去。例如，「舅之子」和「姑之子」相互爲「中表兄弟」，因爲處於同一輩份，緊密程度相同，所以按規定互相服喪應同爲緦麻，其間應無先後之別和主客關係。然而，傳所以把「舅之子」是所服者❾時解釋成「從服」，「姑之子」是所服者時解釋成「報之也」，是因爲雙方的服者當中，先是「姑之子」從其母，故對「舅之子」有服喪的義務因而產生，而後「舅之子」也相對地對「姑之子」產生了應該報之以服喪的應盡義務，但是這種作法似乎乎略欠穩妥。如後文所述，如果經的作者對喪服制的服喪者的考量更整頓，在類似法律條文的表現法上更注意的話，那麼「姑之子」與「舅之子」兩條便可以歸結地寫爲「姑之子爲舅之子，報」。或「舅之子爲姑之子，報。」的其中一條。如果是這樣，傳可能也就不會以主客將兩者二分之，而一解爲從服，一解爲報服了。關於「舅

---

❾ 喪服禮人方面之要素的服喪者，可分爲應服之人，與應被服之人，筆者將前者稱爲服者，後者稱爲喪者或所服者。

之子」可以得知的就是，不管是外甥對「舅」所服的也好，或是女婿對「妻之父母」所服的也好，都是一樣的。關於婦對夫族的喪服，傳只把「婦為舅姑」（不杖期）和「夫之祖父母、世父母、叔父母」（大功）二條解釋為從服，而緦麻章的「夫之諸祖父母，報」一條和小功章的「夫之姑姊妹……報」一條則沒說明任何理由，這或許是因其無法簡單地說明。或言從服、或言報服，要之都不過是恣意的主觀性的解釋罷了。

關於報服，更有著重大的疑問。那便是有關在經的齊衰不杖期章中，有「大夫之子為世父母、叔父母、子、昆弟、昆弟之子、姑姊妹、女子子適人無主者、為大夫命婦者，唯子不報，」一節，對「唯子不報」，傳的解釋是「何以言唯子不報也。女子子適人者為其父母期，故言不報也，言其餘皆報也。」自鄭玄對之產生了「唯子不報，男女同不報爾。傳唯據女子子，似失之矣」的懷疑以來，各家意見紛紜，儘管晚近程瑤田仔細地論證了經傳之間無謬，而以之駁斥鄭玄，但就如萬斯同所發出的「古喪服最可疑者莫如此」的感嘆一樣，這個問題依然沒有能夠得到解決。

為了確認經中「報」具有什麼意義，筆者試圖就其寫法來加以檢討，「報」字所能看到的條目只有十二條，無論何者，都是指互相應該服同等之喪的情況，換言之，即便服者亦即應服喪之人，與所服者亦即喪者，處於相反的立場，都規定他們必需服同等之喪。通覽用此字的條文我們便可以想到，這是因為在立場相反的情況下，所服者與服者的身份關係很難簡單地記述，爲避免煩瑣，所以不再另外設立規定，只在文末附以「報」字來表示。所以「報」字在條文中，即便它是在所服者的位置也是一樣，其意思不外就是應以喪服報以位於服者立場的人。例如，不杖期章中的「爲人後者爲其本生父母，報」，是說過繼他人爲後嗣（繼承者）的兒子，應該爲其生身父母服不杖期，而其生身父母也要爲他們過繼給他人的兒子服同樣的喪。之後的場合，要將之另外規定時，服者與所服者的身份關係，實在很難依據經的一般例子，簡明地書寫表示出。如杖期章的「父卒，繼母嫁，從，爲之服。報。」這種身份關係特別複雜的例子即使另當別論。小功章的「從祖祖父母、從祖父母。報。」「夫之諸祖父母。報。」等各條也是同樣很難說明白。就如大功章的侄與大功章的從母，看起來雖未必如此，「侄」的相對語「姑」，就好像在「婦爲舅姑」的情況下的「姑」，「姑」還有夫之母的意思。再有如果針對從母寫「姊妹之子」的話，那麼對舅父而言，外甥也就包含其中了，所以此二者都是很容易混淆的。作爲所服者，一舉其卑屬，其他則舉其尊屬，這也是舉出的親族名稱會具有多義性的原因。一旦這樣思考便可以想見，在相互有同等服喪義務的人中，無論是所服者還是服者，都會被列舉到條文字面上來，當然這完全是一種權宜之計，並沒有什麼深遠的意義。而且，我們也很難想像，當服者與所服者立場對調時，會有主客之別或輕重之差。喪服分配的根本原理之所以在親族關係的緊密程度，也應該如此來看。如果將「報」字從上記的條文中寫法中抽離出來，即便其所說的是「報服」這樣的一個名稱，那也是除了相互服同等之喪以外，別無其他的意義。

那麼，傳是如何解釋經中「報」的意思的呢？對此傳似乎沒有下定義式的說明。針對這點，我們可以從經所規定的解釋中，各個地方都用了「報之也」這一文句，以及上述「唯子不報」這一問題的條文寫法，來對此進行考察。

傳在解釋「報之也」時，用了不杖期章的「世父母、叔父母」條下的昆弟之子，和「夫之昆弟之子」條、和緦麻章的「甥」、「婿」、「姑之子」等諸條。緦麻章這三條條文，分別與對同章的「舅」、「妻之父母」、「舅之子」三條之所以解釋爲「從服也」有關。亦即，甥、婿、姑之子分別對其舅、妻之父母、舅之子的服喪解釋爲「從服」，然後相反地，後面三者成爲服者時，也要爲前面三者服同等之喪服，這種情況便解釋爲「報之也」。如前所述，如果我們可以想到甥與舅、婿與妻之父母、姑之子與舅之子的三組關係，一開始在喪服分配時，相互間是具有相同的親密程度的話，按規定便應該服同等之喪，其間是不存在先後之異和主客之別的。但是，傳在對相同的服喪義務關係時，說明了兩個不同的理由，一個解釋爲從服，另一個則解釋爲報服。其中的從服是從何人？文中雖無明確記載，但考察之則可看出是甥從母、婿從妻、姑之子又從母，並分別要對舅、妻之父母、舅之子服喪。但如果要將這三組服喪關係解釋為從服的話，根據相同的論證方法，相反地也可以想成舅從姊妹、妻之父母從女子子、舅之子從姑，三者分別對甥、婿、姑之子服喪也是應該的。但是，傳不按這樣的說法，而如前述般解釋的原因究竟為何？假如有理由的話，那可能就是以從母或從妻這種從最近親者的場合為從服。因為姑姊妹女子子是由本宗出嫁的，而母與妻雖為異姓，但卻加入了本宗，因而有前者疏遠，後者親近的想法，其原因大抵即是如此。再從被定為報服的方面來看，雖無明文記載其理由，但從世父母、叔父母的情況來推察的話，舅、妻之父母、舅之子分別對甥、婿、姑之子服喪的理由雖然很薄弱，但按照從服的規定，他們是有服喪的理由的。他們是要以同等之服報其應報之喪。或者我們也可以推測是因為，舅與妻之父母是年長者，因此按照順序，他們會先成為所服者，即喪者，甥與婿遂成為了服者，這便被解釋成「從服」。若是情形相反的話則可想成是「報之也」。但是用這種考慮方法的話，則很難說明屬於同年齡層的姑之子與舅之子的關係。

我們再看「世父母、叔父母」這條，傳所解釋「報服」的理由是「傳曰：世父、叔父何以期也？與尊者一體也。然則昆弟之子何以亦期也？旁尊也。不足以加尊焉，故報之也。」⑩世父、叔父與昆弟之子等喪服制的喪服分配標準，原則上將之視為是與西洋學者所謂的寺院法式親等制的觀點一致，而來考慮的話，那麼這些明明應該算是大功，以之爲期之服，這在法理學的意義上而言，親等的觀念尚未發達，僅是在實際生活中，以親族關係的緊密程度做爲標準而已。總之，對這種同一的服喪關係，傳仍然是將之解釋成了兩樣理由。亦即，對從父（世父叔父）因爲把他看成與至尊的父親是一體的，所以服喪解釋成比大功還加重其期。對昆弟之子，從父雖是尊屬但因只不過是旁系的尊屬，本來不應該加重之但卻加重了，故以應報此過分之禮之期，而說成「報之」。在這種解釋中，因爲基於喪服原來是對直系尊屬的禮，它是不爲卑屬所服的這種考量基礎。爲了用這個想法來解釋無法充分適用於各個情況的喪服規定，只好另出方案，「報之」服之說便是。另外，世母叔母與叔之昆弟之子之間的喪服也是相互爲同等之期，關於這些內容，傳一方面是解爲「以名服也」，另一方面則解爲「報之也」。這在「以名服」的說法中，有喪服原本就是只限於本宗血族親的禮這種思想，由此而導出與上述例子同樣的「報之」服的說法。確信經傳絕對無謬、並對此進行論證的程瑤田〈喪服報例皆報其所施說〉一文中，他敘述道：「人必有所施，而後

⑩ 不杖期章的「昆弟之子」條的「傳曰何以期也，報之也」的一節九字爲衍文，胡培翬的《儀禮正義》即有此說，拙作《儀禮喪服考》中亦注意到此事。

如其所施以答之，斯之謂報。故施之義，據創意者而言，報之義，非無因而至者也」。⑪就這點而言，他可以說是很好地傳述了傳的思想。但在同一喪服體系中，正如先前所述，原本是不應該有主客和先後之別的。這種先後之別具體地就個人來考慮的話，例如在從父和昆弟之子之間，從父一旦先成爲喪者（所服者），昆弟之子沒有所謂的應該報服，反之如果昆弟之子先成爲喪者的話，因其尙未能施以喪服之禮，所以沒有理由「報之」，結果現實中也就不可能有「報之」之服。由此我們可以明白，傳所說的「報之」，並沒有具體地去考慮喪服禮的實行情況而是爲了講釋經的喪服禮，只是抽象式的在服喪義務這點上，先規定某一個身份，然後就這一個身份來考慮與之相對的身份所應報的喪服禮。之所以在相互成了同一種服喪義務關係的兩種身份中還立下先後之別，都是因作傳者只是在書桌上制作其所謂的喪服禮，只是在桌上講說其喪服禮，未考量實際情況所致。

傳中會作出此種牽強的報服之說的，是在互相是同等喪服，而且經中未見「報」字的項目中。經中所以用的「報」字，是在服喪身份關係特別複雜的情況，乃至在一

---

⑪ 參照程瑤田著《儀禮喪服足徵記》之八〈喪服報例皆報其所施說〉（收於《皇清經解》卷五百三十三）。

語卻有兩種含意的親族名稱的情況，這些已有論述，但在普通一般的服喪身份關係，尤其是在可以簡單地記述所服者親族名稱乃至關係的情況下，因爲經是把自己立於服者的地位，單單僅止於寫出所服者，所以雖然相互是同等的喪服。但卻分別有各自的規定⑫。因此，如果經所寫的表現方法嚴格地用把每條服者和所服者合記在一起的方式來加以統一的話，那麼限於特殊煩瑣場合作爲省略法而使用的「報」字，就會自然而然地變得一般化，或許也就能適用所有相互相同喪服的情形了。例如，「婿」與「妻之父母」二條，就可以總結爲「婿爲妻之父母。報。」或「妻之父母爲婿。報。」中的其中一條了。⑬

由以上的考察再更進一步，越發不得不去檢討看看在這裏有所問題的「唯子不報」的解釋。先從經的「大夫之子，爲世父母、叔父母、子、昆弟、昆弟之子、姑姊妹女子無主者，爲大夫命婦者。唯子不報。」進行分析的話，服者是大夫之子，所服者是

---

⑫ 斬衰章的「爲人後者」條，是唯一只表示出服者的例外。又有關昆弟、從父昆弟等諸條的寫法，可參照後文。

⑬ 喪服制在喪裝和喪期方面，不完備或不整頓之處頗多，筆者於拙稿《儀禮喪服考》中已有所指出，而即使是服喪者方面，其寫法亦未整備。這或恐是因爲喪服制實際上並不是例行於周代的制度，而是剛剛在桌子上被編造出的新產物。

具有特殊條件的世父母、叔父母、子、昆弟、昆弟之子，姑姊妹女子子。所謂的特殊條件是如果是男子則爲大夫，如果是婦人則爲命婦即有大夫之妻身份者，而且姑姊妹女子子爲命婦者，更是只限於沒有祭主的情形⓮。亦即，大夫之子對姑姊妹女子子以外的這些所服者，在普通情況下是從其父之尊貴分別降一等而服大功，但是在這種情況下，因身份與自己同等之故所以沒降，而應服本來之等級的不杖期。又對於姑姊妹女子子，若其爲未出嫁者的情況，以服者的身份尊貴之故，則由普通的期降爲大功，如果已出嫁則更進一步是根據出降而服小功，此爲一般性的原則，雖然如此，在這種規定的情況下因出嫁大夫之故而不受尊降只接受出嫁而已，因此由小功而升爲大功，而且以其無祭主之故而不必忍受被降，而是由大功而升爲期⓯。「唯女子不報」的「報」字，已如前所述，因爲它是表示服者和所服者的地位，即使在相反的場合也是

⓮ 若參照「無主者」乃「姑姊妹女子子適人無主者。姑姊妹報。」條的寫法，則只限定在姑姊妹女子子而已，但是實際上並非無主而能成爲命婦，而是命婦而成爲無主的意思。

⓯ 此說明乃是依據歷來的解釋。有關女子的出降，可參照後節。大功章中有「大夫爲世父母、叔父母、昆弟之子爲士者」「傳曰何以大功也。曰尊不同也。尊同則得服其親服」，小功章中有「大夫、大夫之子、公之昆弟爲從父昆弟，庶孫，姑姊妹女子子適士者」，大功章中有「大夫、大夫之妻、大夫之子公之昆弟爲姑姊妹女子子嫁於大夫者」。

服相同的喪服，所以或許可以解釋成是除了子以外的所服者，應該皆以同等的喪服，來對待服者、大夫之子這樣的意思。在這種情況下，因爲被排除在外的「子」，在這規定的文章中，是與「女子子」相對的稱呼，自不待言地，並不包括女子，而是專指男子而已。如果通觀全經，「子」作爲男女通稱之例，也並非絕對就沒有，但是一般所說的「子」是專指男子而言，女子則另外記爲「女子子」，此二者或用作連稱或用作對稱⑯。然而傳中所說的「何以言唯子不報也。女子子適人者爲其父母期，故言不報也，言其餘皆報也。」則是將「子」解作「女子子」，難道不應該說很奇怪嗎？我們姑且從擁護傳的程瑤田的《儀禮喪服足徵記》的說法來考慮看看，他首先說：「期內章『姑姊妹女子子適人無主者，姑姊妹報』見子不報。此言『唯子不報』見姑姊妹報。正經文之互相足者也。」⑰但是「姑姊妹報」只是不言女子之「報」，並沒有

---

⑯ 如緦麻章的姑之子、舅之子，子應該是男女的通稱，但因女子出嫁，故自然只將重心置於男親方面。斬衰章的「子嫁反在父之室，爲父三年」條中，「子」明顯的是男女的通稱，雖然依據嫁字而女子子的意思被限定，但由此條之用語方法有所改變，與條文之分配排列，不可在其前面的「布緦箭笄髽衰三年」之後來考慮的話，怎麼也不像是當初就有的文句，筆者懷疑其乃後來追加補進之文。

⑰ 參照程瑤田《儀禮喪服足徵記》五〈不杖麻屨章大夫之子條經傳義述〉又同書九的「姑姊妹女子子報，唯子不報。互見省文說」中，也說道「經曰『姑姊妹報』容子不報。省文也。」

女子子「不報」之意。「不見報文」直接不同於「不得云報」⑱，也不是「言不報」。「姑姊妹報」就如賈《疏》解釋爲「女子子不言報者，女子子出適大功，反爲父母，自然猶期，不須言報，故不言也。姑對侄，姊妹對兄弟，出適反爲侄與兄弟大功。侄與兄弟爲之降至大功，今還相爲期，故須言報也」似的，只是因爲「報」沒有寫的必要也就沒寫了。即使特殊情況與一般情況有所衝突，由於特殊情況也是包含於一般情況當中，所以「報」也就不寫了。程瑤田還在同一著作中談到「男子爲父，斬衰三年，不疑于報。唯女子子適人爲父母期，疑于以期報期，故經言不報，以釋人疑耳。……謂女子子于大夫之子，父也。雖非命婦，雖非命婦之無祭主者，本服期，故不得言報也。傳非不知唯女子不報者之男女同也，而偏屬之女子子者，以欲破以期報期之疑之專在女子子，勢不得不別言之，以見言各有當也。」⑲他還反覆地說道：「唯子不報，實專主女子子言，不兼男子也，而鄭注乃云『男女同不報爾，傳唯據女子子，似失之

---

⑱ 「不見報文」與「不得云報」，乃是將程瑤田所著的《儀禮喪服足徵記》之四「報服舉例述」中所有的文句，原原本本地加以引用，「言不報」則是經「唯子王報」條的傳文的句子。即便由所謂漢文的「不言報」可用於「不見報文」和「不得云報」這兩個意義來說，容易陷入此種邏輯謬誤一事，無需贅言。這便是言語文辭所具有的多義性，招致思想混亂的一個例子。

⑲ 參照程瑤田《儀禮喪服足徵記》之五〈不杖麻屨章大夫之子條經傳義述〉。

矣』此大謬之說也。請循其本而言之，姑姊妹適人者，于其侄昆弟本服大功，今而服期，是以期期報也。女子子適人者，于其父本服期，今而服其本服，非以期期報也。止將上經言報，此經言不報，合而觀之，則互義自見。若男子爲父三年，與期無涉，何有于報，而云不報，不亦贅乎。」⑳恐怕沒有比這更善意地來解釋傳的說法的了。但是程瑤田說因爲男子斬衰三年之服明顯地是「不報」，所以無需贅言，這不免會被譏爲是爲傳強辯。爲什麼呢？因爲經中的這個「子」明確地是指男子而已，如要解釋「唯子不報」的話，當然不能不就男子來說明。但傳中「何以言唯子不報也，女子子適人者爲其父母期，故言不報也。言其餘皆報也。」的寫法，卻把男子放進「其餘皆報」中，而來加以解釋。程瑤田強調說明的要點便是：如果不是「以期報期」的話，那麼也就不能說是「報」了，而且此女子是「於期父本服期，今而服其本服」。傳的解釋畢竟也就在這兩點，首先從後者來考量的話，女子對父親一般原則是服期，即使在命婦和無祭主的特殊情況下也是服期，但因特殊情況包含於一般情況之中，只是在女子的喪服一般原則與特殊的情況有所衝突而已，特殊的情況並不會因此而消失，所以沒有理由不寫「報」。經之前有關於此並不寫作報，在此雖然將之視爲報的例子，

⑳ 參照程瑤田同書卷四〈辯論鄭氏斥子夏喪服傳誤之譌〉。

也不足爲怪。這補強了上面所考證說明的所謂經中所說的「報」，原本不過是說喪服相互同等的意思而已。即便「以期爲報」不能說是「報」，那麼又何必不承認女子期之服特殊情況的意義呢？這或許就是其特別報服解釋的由來。所謂的「以期報期」，例如所謂「姑姊妹適人者，于侄昆弟本服大功，今而服期，是以期報期也」，這是在對方加重其本來的喪服於此方的情況下，爲報其過分之禮，此方也服以同等之服的想法。傳以「唯子不報」的「子」爲女子子，其實就是因爲其將「報」如此解釋，這又與前面所敘述的「世父母叔父母」條的傳的說法一致。如是看來，程瑤田便如阮元所讚賞說的：「精言善解，窮極隱微，明聖人制禮賢人傳禮之心」㉑，很能夠精研傳的中心思想。但是，這是否果眞能傳達經的原意？則有必要重新認識。把原本同一的服喪關係分成了兩部分，並認定其有輕重先後之別，而傳把其中一方說成是報服的解釋是有不當，又其非經之主要思想這點在此已無需多贅言，只是服其當然之本服者並不是報，而是不必服喪亦可但卻對此方服喪，或在加重其本服於此方的情況下，只將爲報答此之事，解釋成「報」，這中間含有賈《疏》中所說的「感恩者皆稱報」的思想，像「侄，丈夫婦人，報。」（大功）和「從母，丈夫婦人，報。」（小功），一爲卑屬

㉑ 參照程瑤田同書卷首有阮元的〈儀禮喪服足徵記敘〉。

後，其他則爲尊屬，所服者所以立的原因何在，終究未能得到說明。

總之，報在經中本來只有相互服等同的喪服的意義，但是到了傳中便被扭曲成了由於特殊的理由，被服了加重的喪服，爲了回報而服同等喪服這種報恩之服的意思。而經與傳這種思想上的變化，自不待言地，相對的便是「報」與「報之」在文法上的差異。

需要補充一句的是，經中的「報」是基於服喪者的寫法而來的，其意義如果根據上述的考證論說，說是在相互服相等的喪服的話，則旁系親的昆弟（期）、從父昆弟（大功）、從祖昆弟（小功）、族祖昆弟（緦）都不可不說是典型的報服。這些只是因爲經中「報」字的用法，而沒能寫成「報」而已。特別是在經所用的語法上，「昆弟」是不分兄與弟的長幼順序的，它所表示的是單一平等的身份關係，因此我們可以認爲它完全沒有使用「報」這一省略法的契機。程瑤田所以把這些條文的「不見報文」看成是與「不得云報」㉒相同，這或許是被漢文「不言報」的多義性所連累吧！另外，程氏還說了「蓋服之言報者，謂旁親也。」「至親一脈之服，無所謂報也」㉓。這雖

㉒ 參照程瑤田同書卷四〈報服舉例述〉。

㉓ 參照程瑤田《儀禮喪服足徵記》卷四〈報服舉例述〉。

是家族生活的親密度，原原本本地成了旁系親屬之間相互服喪的等級，但這只不過是因爲基於直系親屬之間，所謂尊卑之分和適庶之別這種禮思想上的需求，其發現被歪曲罷了。

下面則試圖對名服進行考察。傳對小功章的從母之喪服解釋道「何以小功也？以名加也。外親之服皆緦也。」意思是說：因爲從母是異姓的外親，本來只能服最輕的喪服緦麻，但因名份尊貴故加重而服小功。雖然經中規定母親之姊妹的從母之服，比母親之兄弟的舅父之服還要重的理由爲何？是一需要愼重研究的問題，但這或許不是只像傳所說的，單單只是因爲其名稱而已。再有在不杖期章的世父母叔父母條下，傳認爲「世母叔母，何以亦期也。以名服也。」這也不僅是因爲其名稱尊貴，大概是因爲在與參照世父叔父的父之昆弟之子之間，有著緊密的親族關係吧！不論如何，傳之所以如此解釋，是因爲其認爲喪服義務本來就是只針對父系的血親族的產物。對從母昆弟服緦麻之服的理由，仍說是「以名服也」，只不過是就文字而下的附會之說而已。「士爲庶母」的喪服所以是最輕的緦，是因爲妾的地位，特別是在禮上的地位較爲低微，但是傳卻將之解釋成說是因爲名稱之故，實在可以說是夠苛酷的了。而且也將對乳母的緦麻之服，說爲「以名服也」。這或恐也是一種牽強之言。原來經是以父系宗親爲本位而來分配喪服的，而且爲士大夫以上政治身份的人規定了降服，但在實際生活中對親近關係和情感關係也是要有所考慮的。如乳母之服，毋寧從情愛和恩義方面來進行解釋，反而更接近經的精神。齊衰三年章的「繼母如母」的喪服，所以把繼母子關係虛擬爲親生的母子關係，或許是因爲有其法律原理上的必要性，但是「慈母如母」的喪服，傳偏頗地根據作爲命令者的父權而試圖加以解釋的作法㉔，是因爲它與孝杖的道德性解釋同樣有著使之隸屬於政治權力的思想傾向所導致。

接著有關降服也是必須要加以考察。所謂的降服是普通身份關係中的喪服，亦即歷來的注釋家所說的服比本服降一等的輕喪服，降服有家族身份的降服和政治身份的降服兩種。前者所謂的家族身份的降服，亦即相當於鄭玄所說的「爲人後者，女子子嫁者，以出降」。後者所謂的政治身份的降服，亦即相當於鄭玄所說的「君，大夫以尊降。公子、大夫之子以厭降。公之昆弟以旁尊降」（參照不杖期章「大夫之嫡子爲妻」節的鄭注）。

首先就從家族身份的降服來考察。男子的「爲人後者」亦即指成爲別人後嗣的場

㉔ 齊衰三年章的「慈母如母」條有如下記載「傳曰慈母者何也？傳曰：妾之無子者，妾之無母者。父命妾曰女以爲子。命子曰女以爲母。若是則生養之終其身如母。死則喪之三年如母。貴父之命也。」在經中慈母的語義雖不明白，但並非如傳所解釋的。

合，經的不杖期章規定「爲人後者爲其父母。報。」大功章規定「爲人後者爲其昆弟」，小功章規定「爲人後者爲其姊妹適人者」。也就是規定對自己的親生父母、昆弟、姊妹出嫁者在一般情況下服喪服要輕一個等級。在「爲人後者爲其父母。報。」條中，傳認爲「何以期也，不貳斬也。何以不貳斬也？持重於大宗者，降其小宗。爲人後者孰後？后大宗也。」因爲「爲人後者」所以應爲其「所後之父」服斬衰三年的解釋雖然可以，然而僅將「爲人後者」，限定在出自小宗而相續大宗的場合，這恐怕是不恰當的縮小解釋吧！其理由是因爲「爲人之後」在傳的斬衰章「爲人後者」條中，只被規定了「何如而可爲之後？同宗則可爲之後。何如而可以爲人後？支子可也。」這是因爲在小宗之間以及同輩的家族內部也應該有的事。而且事實上，成爲完全不同宗者之養子的情況也是有的㉕。何況對經的「爲人後者爲其昆弟」，傳認爲「何以大功也？爲人後者降其昆弟也」，對小功章的「爲人後者爲其姊妹適人者」條則沒有附加什麼解釋。記由這些規定而加以推斷，附加了所謂「爲人後者於兄弟降一等。報。」這種

㉕ 當時家族生活的實際情況，尚未被闡明，近者似乎也有成爲同家族內的從父之後者，遠者也有成爲異姓養子者，這樣的推測應該還算可以。養子不單只是宗法的問題，對父親個人而言，毋寧是更切實的問題。

擴充的解釋試圖用以補充經的不完備之處。記的「兄弟」與經的「昆弟」意思完全相異，關於親族的意義後一節中應有機會敘述。

關於女子出嫁的情況，經在前面的不杖期章有「女子子適人者爲其父母、昆弟之爲父後者」和「女子子爲祖父母」的規定。傳在前條中，將父之斬衰三年之服降爲期的理由，解釋成「婦人不貳斬也」，這就如同「未嫁從父、既嫁從夫，……父者，子之天也；夫者，妻之天也。婦人不貳斬者，猶曰不貳天也，婦人不能貳尊也。」所說的，是從君臨婦女的父權與夫權不兩立的觀點而來立論的。而對於衆昆弟之服是大功，「昆弟之爲父後者」之服爲期的解釋是「婦人雖在外，必有歸宗，曰小宗，故服期。」這是在說，出嫁女子與其娘家的緊密關係，是依據宗法而來立論的。「女子子爲祖父母」之期，經中所寫的這個內容雖不明確，但從傳的齊衰無受章「女子子嫁者未嫁者爲曾祖父母」條中推測出與其相同的，出嫁也是「不降其祖也」。但是，後者在齊衰無受章條中，傳將「嫁者」限定是「其嫁于大夫者也」，這是不恰當的縮小解釋。又經的大功章所以有「女子子適人者爲衆昆弟」之語，雖然向來被解釋爲因爲出嫁所以降期爲大功，但傳卻對此沒有附加別的解釋。

但是關於女子出降卻有所謂逆降這個麻煩問題。在大功章中有所謂「大夫之妾爲君之庶子女子子嫁者未嫁者爲世父母叔父母姑姊妹」這一連串的話，不僅此句話的句讀無法完全明白，而且因其傳與注的文章錯雜混亂，歷來異說紛紜，故朱子曾對此感嘆「可見此經不易讀矣。」據通行本，傳的文章是「嫁者其嫁于大夫者也，未嫁者成人而未嫁者也。何在大功也，妾爲君之黨服得與女君同。是言爲世父母、叔父母、姑姊妹者，謂妾自服其私親也。」「下言」以下的二十一個字正如阮元的校勘記等所說的，因爲攙混進了說明舊式讀法的鄭註之文，所以應該將之從傳中加以刪除㉖。那麼，經的原文究竟該如何訓讀呢？鄭玄以前的舊讀是把「大夫之妾」作爲全體的服者，把君之庶子並女子子嫁者未嫁者當作妾的君之黨的所服者，把世父母叔父母姑姊妹解釋爲妾自己的私親的所服者。對此鄭玄把服者和所服者兩組分別規定加以訓讀。即第一組把大夫之妾作爲服者，把君之庶子作爲所服者；第二組把女子子嫁者未嫁者作爲服者，把世父母、叔父母、姑姊妹作爲所服者。結果舊讀把女子子嫁者未嫁者作爲所服者，與鄭注的服者有所不同。那麼傳的解釋是什麼呢？其文曰：「何以大功也？妾爲君之黨，服得與女君同」。從其解釋嫁者與未嫁者之文後面所寫的來考慮的話，可以看出與舊讀似乎是一致的。傳將出嫁限定在嫁給大夫，是不拘泥舊讀的對錯與否。雖然與齊衰無受章一樣都是沒有根據的解釋。但是另一個問題，如果平心讀經的話，舊

㉖ 胡培翬的《儀禮正義》卷二十三，第三十三頁中載有依據阮元等之說，改正經、傳、註之文。

讀之說首先從文章結構來看是令人難以信服的，另外與經的其它規定彼此互相比較對照，即使進一步從喪服制整體上綜合觀之，其立論仍是有相當的困難㉗。但是鄭玄之說也不能就那樣予以肯定。爲什麼呢？那是因爲他原原本本地承繼了傳的解釋，將一般的出嫁，縮小限定地解釋成嫁給大夫。再有「女子子成人者，有出逆降旁觀，及將出者明當及時也」，句中所說的出降和逆降之說也令人難以信服。若依筆者所見的話，大功章的這種「女子子嫁者未嫁者，爲世父母叔父母姑姊妹」的喪服之禮，與男子對其世父母、叔父母、昆弟、姑、姊妹的喪服之禮在意義上是沒有任何差異的，後者如

㉗ 若是私親之服，則可以「其」字區別，但經大體上所用的筆法，則誠如鄭註所指摘的一般。嫁者未嫁者若解爲所服者，則與大功章的「大夫之妾爲君之庶子適人者」重複，而且將未嫁者解爲所服者的規定，其他也無此例。又，妾爲其私親之服，「公妾以及士妾爲其父母期」的規定之外，即使是其祖父母或昆弟的喪服，也沒有什麼問題。而且我們也不得不考慮到，若根據舊式讀法，以出嫁女子爲服者的話，則喪服中便缺少了世父母、叔父母、姑姊妹的規定。但鄭玄以傳文的「何以大功也，妾爲君之黨服得與女君同」的十六個字，乃是上節經文的「大夫之妾爲君之庶子」後面的文句，以爲此乃傳的錯簡，這不過是在提倡反對舊式讀法的己說的同時，爲確立與舊說矛盾的傳的權威，而有的強辯之說。此點顯露了相信經典無有謬誤的儒者們的共同弊端。

果是本服的話，那麼前者同樣也可以說是本服。原因是，第一，通觀喪服經全篇可以看出，即使在相同本宗的親族中，女親通常和男親也是有區別的。第二，直系尊屬除了為曾祖父母、祖父母乃至父親以外，不用說女親相互之服了，從女親與男親之間之服通常也是要比男親相互之服輕一個等級看來，也可知女親男親是有所區別的。這從親等關係來說的話，因為即使是同一本宗的親族，在女親要與男親有同等的資格一事上，也是不為親族所承認的。例如雖是屬於同祖父系的宗親，相對於男親的從父昆弟是大功，女親的從父姊妹則是小功，這即是這方面最顯著的事例。與此相同的是，昆弟是期，姊妹是大功，「女子子適人者為衆昆弟」也是大功，衆昆弟對出嫁姊妹也是服大功。而說到未出嫁姊妹與昆弟之服各是怎樣呢？昆弟為所服者則應按不杖期章「昆弟」的一般規定去做。昆弟為服者時雖無明文規定，但從大功章「女子子嫁者未嫁者為……姑姊妹」的規定，和同一章的「姑姊妹女子子適人者」的規定來看，是不可能服比大功更重的喪服。或者對未出嫁姊妹的昆弟之服，大功章的「姑姊妹之長殤中殤」，或者是小功殤章的「為姑姊妹女子子之下殤」是可以適用的也說不定。之所以這樣說是因為在經的寫法上，服者或寫為「適人者」，或連記為「嫁者未嫁者」，但是所服者即使寫成「適人者」，但卻也沒有寫作「未嫁者」的例子。因此很難將之想成為不是大功殤（乃至小功殤）的未嫁者。傳把經中殤服的三個階段，分別從相應的年齡上給予了劃分，「年十九至十六為長殤，十五至十二為中殤，十一至八歲為下殤」。這是傳的一種恣意的解釋，經文原意本來就不明瞭。但是，男子即使到成年以後也有未婚者，但對他們卻沒有任何設想。將上述二者合而考慮的話，即使將殤服解釋成「未成人」的喪服，因為成年式冠禮在當時社會也沒任何實際意義，也已被廢棄，所謂的「成人」時期，與其說是二十歲的成年期，倒不如說是結婚後的時期，這種說法似乎是較為穩妥一些。㉘傳把「未嫁者」限定在「成人而未嫁者」，仍是和把「嫁者」限定在「其嫁于大夫者」一樣，屬於不合理的縮小解釋㉙。

即使在相同的宗親中，關於女親與男親之間和女親相互之間的喪服，通常比男親

㉘《禮記．曲禮》有「男女異長，男子二十冠而字，……女子許嫁笄而字」，但以之而將經的「未嫁者」，像傳一樣地來解說，則或恐有所勉強。

㉙「適人者」乃為與嫁者區別而單獨記之者，所以與「嫁者未嫁者」連記，是和適人者未適人者意義相同的簡潔的表現，前者根據出嫁，被用於有降服的情況，後者則是為了明白表示出嫁者，在室者也都是服同樣的喪服而被使用，所以不應該「嫁」解釋成是嫁給大夫以上，而將「適」字解釋成是嫁給士庶人。又不論是在齊衰無受章的規定，還是在這個問題的規定，「嫁者未嫁者」若照傳那樣的解釋，則不得不考慮到，如此一來，便遺漏了未嫁給大夫的女子子與未成人之女子為服者的情況。

之間相互的喪服輕一個等級的事也是應該考慮的問題點。因爲女子與姑相互之間服大功之事，由問題的規定和「侄丈夫婦人。報。」的規定可以看得很明白，但女子與從父（世父叔父）之間的喪服則有些偏頗。亦即在問題的規定中，從父爲所服者時是大功，反之，從父爲服者，昆弟的女子子爲所服者時，經中則無明文記載。在世母、叔母爲服者的情況下，由「爲夫之昆弟之婦人適人者」（鄭注云：婦人子者，女子子也。）的規定，可知明白表示著要報以同等的大功。由此類推，從父爲服者的情況應該可以解釋成也是與昆弟之女子子同樣應報以大功的。此外，在不杖期章中，旁系卑屬的喪服與旁系尊屬世父叔父及其配偶者之間並無差別之事也可供參考。尤其是不是男親，但卻與從父屬同一旁系尊屬，而且爲同一輩份的姑，其對旁系的卑屬而言則無男女之區別，同樣是報以大功之服，此亦可強化此推斷。最後是喪服制分配的標準，原則上從與寺院法式親等制一致這點來看，屬於祖父系的男親尊屬，本來也與同系同輩的女親之姑是相同的，必須爲大功親。㉚

㉚　屬於祖父系的親族，本來是大功親一事，可參照拙稿《儀禮喪服考》（第四章喪服者）。又，上述的推斷，乃是將沒有明文記載爲了「昆弟之女子子」而服的事情，看做是由於著經者不愼而有的遺漏脫文，大功殤章也有「昆弟之子、女子子」的遺漏脫文。若參照小功殤章的例子，這與昆弟之妻和夫之昆弟之間的喪服有異，並非故意不設規定。所以會產生此不愼的脫漏，是因爲大功章中「姪，丈夫婦人。報。」的姪這個親族稱呼，因不只是針對姑而已，也可對從父

上面的論證如果沒有大的失誤的話，那就是「女子嫁者未嫁者爲世父母叔父母姑姊妹」（大功）之服，絕對是本服而不是降服。女子對世父母、叔父母和姑姊妹，本來應服大功，沒有因出嫁而降服的。因而也沒有所謂的逆降。然而歷來女子在室時，對這些所服者如世父叔父，與其他男子相同，本是應服期的，但由於其出嫁而降爲大功。而未出嫁者也說「雖未出即逆降世父已下旁親」㉛，事先就已降之了。但是在這裡，世父叔父卻對在室的昆弟之女子子，按「昆弟之子」的規定，卻必須服期，此舉則陷於不合理的地步了，逆降顚倒過來成了降服。總而言之，不得不反過來說成是降。注與疏的逆降之說、傳與注文章的錯簡、經與傳之間的齟齬等諸說紛紜，因而不免紛雜錯亂。說《儀禮》是自古以來最難讀的書，並不是完全沒有道理的。又對男子的「姑姊妹女子子適人者」的大功之服，傳認爲「何以大功也？出也」，這是把這些大功之服解釋爲因爲出嫁而成爲降服，此乃不妥當的說法，由上述的說明便很容易想見。

使用，一方面，如「昆弟之女子子」，在記述上一面書寫表示出親族關係，另一方面，由於實際稱呼的意義並不是單一的，因此有思想上的混亂，「姪，丈夫，婦人。報」的規定中或許也有也說不定。傳對這個姪和甥下定義一事，反而因此可以想成是這些親族稱呼，在實際上是多義性的一個反證。有關此點以及親族稱謂，有待今後的研究。

㉛ 所引用的爲推演鄭注的賈公彥的《儀禮疏》。

其次有關政治身份的降服，應該稍加考量，在《儀禮喪服考》中對此已有過解釋，在這裡僅止於對傳的說法做一個簡單的補充說明。首先經的大功章有「大夫爲世父母、叔父母、子、昆弟、昆弟之子爲士者」之說。這些所服者在普通的本服中是期，但因服者的政治身份是大夫，所服者爲士，故降爲大功也。傳對此說道「何以大功也，尊不同也，」還立下了一個「尊同則得報其親服」的原則。所以對經的不杖期章的「大夫爲祖父母、嫡孫、爲士者」和齊衰無受章的「大夫爲宗子、曾祖父母、爲士者」，傳不管其政治身份尊卑有差，因其與本服相同，故言「大夫不敢降其祖與適也」，又說「大夫不敢降其宗也。」這可看成是從傳述經的宗旨來說明的。下面對經的大功章的「公之庶昆弟、大夫之庶子爲母妻」之言，傳對前者的公之庶昆弟及其母與妻說道：「先君余尊之所厭，不得過大功也。」即解釋爲公之庶昆弟被處於尊貴地位的父權陰影所壓迫，而不能與母、妻服本服的齊衰期。此即爲厭降的由來，但這是否是經的原意則不得而知。又後者的大夫之庶子對其母及妻的大功服，傳認爲「大夫之庶子則從乎大夫而降也。父之所不降，子亦不敢降也。」即解釋成因爲父爲降服所以不得不從其父。這也就是所以被稱爲從降的原因。而且「父之所不降，子亦不敢降」也是傳經常使用的說法。對不杖期章的「大夫之適子爲妻」條和「大夫之庶子爲適昆弟」條已不用說了，即使對「母爲長子」的齊衰三年也是用同樣的說法，即「父之所不降，母亦不敢降也。」這是說政治身份高者，對尊屬乃至最近親的喪服禮從簡亦可的，一面編造出這種方便權力階級的制度，一面試圖將之一味地從對人子強大的父權來加以解釋。對「母爲長子」的齊衰三年的說法，毋寧說是當時對卑屬服喪在民俗上早已廢除，而且發現即使作爲禮儀，齊衰三年之喪實在太長而且不太可能，雖然如此，也可將之解釋成母需從父的這種所謂辯解之言。若從《荀子・禮運篇》等典籍中所強調是自然哀情來說，那麼對母親的哀情大概要比對父親的哀情來得強烈些，但是傳在這方面完全沒有顧及，這成爲其思想上值得注意的一個特色。㉜

又關於政治身份的降服，記確立了「大夫、公之昆弟、大夫之子于兄弟降一等」的一般性規定。這雖然是從經的明文中推測出來的，但因在現實中那是政治身份紊亂的時代，明文所缺的部份，或許就是作經者思慮所不及之處也說不定。或者是與記的說法不同的，無需所謂的絕服或服喪也說不定。但無論如何，是無法把記的擴大解釋原封不動地，簡單地認爲是經的原意。

接著與降服相反的，即是所謂的加服。在小功章的外祖父母條和從母條中，傳對

㉜當然，《荀子》的〈禮論篇〉之說，是從對双親的人子的立場來立說的，無論如何，試圖依據道德性的情愛，來爲喪服的禮尋求其根據這點，在此，將其與傳的說法比較之後而被注意到。

此分別解釋道「以尊加也」、「以名加也」。因爲是或由尊而加服、或由名而加服的，所以加服與降服、與名服和從服不同，是根據各自的分類法而來的，前者說明了喪服等級的輕重，後者說明了穿喪服的理由，此自不待言㉝。在此不得不提的是，記中所規定的加服。亦即記中雖有「兄弟皆在他邦、加一等。有及知父母，與兄弟居、加一等」一連串的文字，但在記下面的傳中的「傳曰小功以下爲兄弟」，卻限定了兄弟的語義。如從鄭玄之說即是「于此發兄弟傳者，嫌大功以上又加也。大功以上，若皆在他國，則親自親矣。若不及知父母，則母等財矣」。在客死異鄉的情況下，如果是小功親以下（疏，據正義之解說），則明明事情應愍，宜加重一等而服之，但大功親以上則是雖愍之而不及加服，這似乎是稍微有些不合理。這恐怕是將傳的「小功以下爲兄弟」的限定，套在上節的「兄弟皆在他邦加一等」來加以解釋所產生的錯誤！傳在這裡所以把大功親以上排除在「兄弟」的範圍之外，是與不杖期章「繼父同居者」條中，假

㉝ 廣池千九郎博士在《支那喪服制度の研究》中曾說：「予累年研究之結果，得知其所謂名服，義服、報服、從服四種，爲喪服制度運用之原因，加服、降服、絕服、無服四種，則是喪服制度運用的結果。此爲漢唐以來的一大發現，喪服制度之精神因此而大明。予因此發現，始發現喪服制度的基礎，在支那思想大系的仁義……」（參照同博士所著《東洋法制史本論》第三卷第五二九—三〇頁），博士所說，於當時學界，就各種意義而言，或爲空谷跫音。

定大功親以上當然應是同居者一事有關，因此這應該只適用於下節的規定，即在「不及知父母」的孤兒情況下。不僅如此，在記中使用「兄弟」用語時，正如鄭玄對「大夫，公之昆弟，大夫之子于兄弟降一等」條的注釋一般因爲全部將之解爲與廣泛的「親族」同義，所以也沒什麼齟齬之處，傳加進此種限定，這也是很難將之看成是記的原意，這是一種縮小的解釋，而且畢竟大功親以上，當然是應該同居者，這恐怕是爲了主張其宗法制的理論。論述至此，問題自然轉入了喪服制和宗法制的關係上。

四、經傳的喪服制與宗法制

經對父親和《孟子》、《荀子》一樣要求服三年之喪，但同時也規定父親也應要爲長子服斬衰三年之喪。這是與爲「衆子」所服的不杖期的相對之物，從與爲「庶孫」所服的大功相比，爲「嫡孫」，與加重不杖期一事相應這一點來看，可以推測其宗旨大概是尊重繼承者吧！但是因爲當時的相續制度尚未能明確知曉，所以現在也難知其正確與否。所謂的「長子」，不問其母是妻是妾，問題在於它是指最年長的兒子呢？還是指正統婚姻中妻子的嫡長子呢？這才是個問題。在喪服禮中，妾的地位甚低一事來考慮的話，「長子」指的應是後者的意思[34]。但是因爲經中也有如「庶子爲父後者爲其母」（緦麻章），承認妾子的繼承，所以也不能就此簡單地概括論之。但是，「長子」意味著什麼？經中除了有「父爲長子」的規定外，其它並沒有限定的任何條件，所以解爲凡是父親都是要爲其長子服喪三年也算是理所當然的。然而傳也認爲「何以三年也，正體於上，又乃將所傳重也。庶子不得爲長子三年，不繼孫也。」傳將之限定說若非嗣於父親之後者，則無需對其長子服三年之喪。（傳在這裡所說的庶子，如鄭注「庶子者爲父後者之弟也」之解，是衆庶之子的意思，與上面所引緦麻章「庶子爲父後者」的「庶子」意義不同）。按傳的解釋，爲長子服喪三年，是因爲他擔當繼承家系、祭祀祖先的重要責任，庶子因爲不能紹繼祖先而祭祀之，所以說也沒有爲其長子服喪三年的理由。而即使爲長子服喪三年的理由是在「正體於上，又乃將所傳重」，也不是說庶子的長子就不適合此項理由（僅限於有關經的規定）。就算其庶子是「不繼祖」，也未必就與《禮記・喪服小記》的「不繼祖與禰」是相同的，但從與傳有最密切關係的《禮記・大傳》中「庶子不祭，明其宗也。庶子不得爲長子三年，不繼祖也」的記載來看，要之歸結

---

34 緦麻章的「庶子爲父後者爲其母」的「庶子」，與相對嫡孫而言的「庶孫」的「庶」，乃是衆庶的意義不同，是指妾子而言。傳、註皆解作此。

其理由爲庶子不能祭祀祖先。「庶子不祭」與《禮記・曲禮》中的「支子不祭」是相同的，前者是對嫡子而言，後者是對宗子而言，就此點兩者語言雖有差異，但結果是兩者都認爲作爲所謂宗法制的基本條件只有宗子才有祭祀祖先的特權。然而在經的喪服制中，原來就如後文所敘述的那樣，齊衰無受章有類似暗示宗子特殊地位的規定，但因爲從全體來看未必就像傳等的宗法制所預料的那樣，所以將經明文中沒有任何限定的一般性規定，根據宗法制的特殊理論，附加上「庶子不得爲長子三年」的縮小解釋，這恐怕是不妥當的。相對於記多將中的內容，加以擴充解釋，傳卻有將經縮小解釋的傾向，這由前面所敘述的內容也可看出，這些也是其中之一。齊衰三年章的「母爲長子」條，所以沒有附加這樣的限定，雖然或許是因爲傳的說法未必是始終貫徹如一，但這或許是因「庶子不祭」這個宗法制，並不是一實際存在的習俗，所以產生了思想上的混亂。宗法制在瞭解以家族團結爲中心的古代中國的社會生活時，是一個極爲重要的問題，也是一個需要愼重研究的重要問題。在《禮記・曾子問》中，有這樣的記載「曾子問曰：宗子去在他國，庶子無爵而居者可以祭乎？孔子曰：祭哉！請問如之何？孔子曰：望墓而爲壇以時祭。若宗子死，告於墓而後祭於家，宗子死稱名不言孝，身沒而已。子游之徒，有庶子祭者，以此若義也。今之祭者，不首其義，故誣於祭也。」這不就明白說出「庶子不祭」不是實際存在的風俗嗎！

以上是關於「庶子不得爲長子三年」的論述，對於不杖期章的「爲人後者爲其父母」條，傳根據其宗法制的理論，不恰當地將之縮小解釋成只限於出自小宗而繼承大宗的情況，這已如前節所述。而對於同爲不杖期章的所謂「繼父同居者」的一般性規定，傳也是將之解釋爲只是限於盡「繼父之道」者也就是說：「⑴夫死妻稺、子幼。⑵子無大功之親，與之適人，而所適者，亦無大功之親。⑶所適者，以其貨財爲之築宮廟，歲時使之祀焉。妻不敢與焉。若是則繼父之道也。同居則服齊衰期。」經中允許「出妻」承認繼父，但若根據傳，不用說這只限於母稺子幼，如果子有「大功之親」的話，因爲其在宗法制上與其他同居者是同居同財，是應該被扶養的人，所以被允許有繼父㉟。而且若非爲繼子立宗廟使之盡祭祀父祖之禮的繼父話，則可不必爲之盡服喪的義務。經的規定果眞原就是這樣缺乏通融性，在義理人情上顯得冷酷的嗎？經中的「出妻之子爲母」、「父卒繼母嫁，從，爲之服」在一般情況下與「父在爲母」一樣，都是服齊衰杖期，對乳母也規定了緦麻之服，其宗旨具有報恩的意味，而且其似乎也顧慮到適合實際生活的情理，這些我們都應該綜合加以考量。

㉟ 在應該是繼父者方面也是，以無大功之爲條件者，或許還是基於與其人別居異財，在宗法制上是不被允許的。

接著將就對宗子服齊衰三月之服的研究來加以討論。經在齊衰無受章設立了「丈夫婦人爲宗子，宗子之母妻」的規定。所謂的無受就如鄭注所說「服是服而除，不以輕服受之」，雖然從著服之後到除服是輕服，雖有不容易接受的意思，但其喪期就不明白了。因爲傳將之解釋爲三個月，因而筆者也就只能從其說而來進行考察。首先從服者這方面來看，這個規定對一切宗族，不論是五服之內者還是五服之外者是否都是適用，傳沒有任何的說明，從尊重宗子的主旨來看，則應如同鄭註所說的㊱，在五服之外的「絕屬者」也與五服之內者同樣適合這種規定。然而，難道絕屬者和五服之內者也都不論其與宗子的親等關係的親疏遠近，而一律都應該服齊衰三月之喪呢？關於這一點傳雖然沒有特別的解釋，但鄭玄卻對記的「宗子孤爲殤」一條做了如下解釋「與宗子有期之親者，成人服之齊衰期，……有大功之親者，成人服之齊衰三月，卒哭受以大功衰九月，……有小功之親者成人服之齊衰三月，卒哭受以小功衰五月，……有緦麻之親者，成人及殤皆與絕屬者同。」（疏云：與絕屬者同者，以其絕屬者爲宗子齊衰三月，緦麻親亦三月。）這是說：本來無服的絕屬者因宗子之故，在此也要服齊衰三月，這雖然沒有什麼問題，但五服之內者，因爲宗子之服與五服之本服等多種因素糾纏在

㊱參照記的「宗子孤爲殤」條之註。

一起，喪期與喪裝有了齟齬出入，所以緦麻親在宗子之服的齊衰之上加重喪裝，期親則從重本服，爲之服一年喪期，大功親小功親的宗子之服如果期滿的話，到本服喪期滿了就可以接受小功的喪裝了。鄭玄的這種解釋，大體是爲了調和因應親等遠近而來分配喪服的喪服制全體的組織，但是說大功親和小功親在齊衰三月之後，到其分別服滿本服的喪期爲止，必需受服的說法，則與經明文記載的「無受」矛盾。如果將服宗子之服的服者只限定於絕屬者的話，那麼這個矛盾就可以回避了。但是相反地，絕屬者反而比緦麻親服了更重的喪服，這在喪服等級的輕重上就會失去了均衡。服者的範圍無論是寬泛也好，還是狹窄也好，宗子之服的規定如果按照傳等的解釋，沒有齟齬矛盾的說法是不可能的。

更進一步地，如果是從所服者方面來看宗子之服的規定，傳在這方面與《禮記》的〈大傳〉等相同，雖說宗有大宗、小宗之別[37]（參照不杖期章「爲人後者爲其父母報」條），但這個規定中的宗子是只限於大宗還是小宗也涉及，這便成爲了問題。傳雖有說其服喪的理由是「敬宗者尊祖之義也」，但關於所服者的範圍卻無明文記載。如按鄭注

[37] 參照不杖期「爲人後者爲其父母報」條。又《禮記》的〈喪服小記〉的鄭註中有「小宗有四、或繼高祖，或繼曾祖，或繼祖，或繼禰。」

所說「宗子繼別之後，百世不遷，所謂大宗也」，小宗便排除在外。這或許是基於因爲小宗的內部因應種種親等關係而服五服之喪，所以說也就不需要服宗子之服的想法而有的說法也說不定。但是如果是這樣的話，相對於大宗的宗子，都可以接受到從非常疏遠者到親近者的所有宗族，服齊衰三月以上的喪服㊳，小宗的宗子同樣處於主事祖先祭祀的地位。卻只不過有如五等親的近緣宗族，爲其服緦麻之服，其間產生了顯著的不均衡尊重宗子的宗道也產生了偏頗。「百世不遷其宗」的大宗與「五世則遷之宗」的小宗之間，會有如此輕重之差，恐怕也是始料未及的。還有如果這是爲了不稱主事小宗祖先祭祀者爲宗子的話，那麼大宗與小宗之間的區別因爲在經中尚未有，傳中的宗法制內容就完全令人感到懷疑了。並且如果將小宗的宗子包含在所服者裏面的話，雖然大宗與小宗之間就不會產生不均衡，但是上述的從服者來看而產生的難題，即五服之內者也要服宗子之喪，這樣廣義解釋的話，其與五服的本服之間因各種原因糾纏在一起將引起矛盾和分歧，而如果只有五服之外者要服喪，這樣狹義解釋的話，就不免會產生絕屬者要服比近親者更重的喪這種奇怪的現象㊴。

㊳ 此規定的服者的範圍，廣義的並非只限於絕屬者，解釋爲也包含五服之內者。

㊴ 最後一點，即將服者的範圍狹窄地限定在只有絕屬者的情況下所產生的不均衡，並不會在小宗內部產生。而會產生在大宗的五服之內的宗族與絕屬者的宗族之間。而且若更進一步，將所服者狹隘地限定在只有大宗的宗子的話，大宗便會出現双重的不均衡。

如果是這樣，宗子之服所以會產生上述的矛盾齟齬，這是起因於傳的解釋，抑或經的規定一開始便種下此矛盾的種子，這成了一個問題。關於這點對傳將經的齊衰無受喪期，解釋爲三月一事，是必須要仔細研究的。無受是說從服喪到除服是不受服的，但是其喪期經是否將之規定爲三個月，要檢驗這個問題，唯一的線索便是大功殤與之相同都是無受。因爲經在大功章的結尾規定「其長殤皆九月……其中殤七月」，所以齊衰無受或許也可以認爲是九個月乃至七個月。而齊衰無受的情形所服者並沒有像長殤和中殤的區別，而且七個月的，除了大功中殤之外再沒有其他的例子，所以我們也可以猜測，喪服也一樣被規定穿九個月。而且如果從小功的殤服與成人之服同爲五月這點來推測的話，因爲大功的殤服原則上也應該與成人之服同樣爲九個月，那麼齊衰無受也應該是九個月。但若從其它方面來考慮，小功殤服實際上明明並不受服，其所以明示月數，或許是因爲喪期一樣，而大功喪服所以記爲無受，畢竟因爲喪期有兩種，而大功殤的喪期從喪服的等級上看，並不比小功殤的五月短，又因爲不可能比成人之服的九月長，所以變成有九個月和七個月二種。如果是這樣的話，僅由所謂無受這樣的一個詞，就推測說齊衰無受的喪期也同樣是九個月，或九個月乃至七個月，這就相當危險。尤其是齊衰無受章的所服者，除了家族身份的宗子、曾祖父母、繼父之外，因爲還有國君、舊君等，我們實在不得不去想，喪期爲何一律不予明記這樣的事。但是如果能把普通家族身份的宗子、曾祖父母的喪期解釋爲九個月的話，那麼因爲喪期會比不杖期短，喪裝會比大功要重，那麼在喪服制的整體上，喪裝輕重與喪服長短的組合方式，或是喪服等級順序的排列，都會比較調和。所以關於宗子之服也是，因爲按照了傳的三月之說的解釋，而發生的矛盾和分歧，也就自然而然地消除了。如果說得詳細一點的話，因爲期親從重本服，大功親以下的宗族悉服齊衰九月之喪，大功親和小功親便無受服的必要，因而也有就與經中的「無受」的明文相抵觸，而且因爲緦麻親和絕屬親爲同等的喪服，其間並不會產生不均衡，尊重宗子的宗旨首尾可說相當貫徹一致。（因爲「宗子」本來是與一切「族人」相對者，所以把宗子之服的服者限於狹隘的絕屬者來解釋是不妥當的。而把服者只限於絕屬者時，自然地也就把所服者限於大宗了，但是因爲如果五服之內者也包含在服者中的話，小宗的宗子也就自然進入了所服者的範圍，則即使經中有所謂小宗和大宗之間的差別，那麼它們之間也不會發生任何的不均衡了。）

以上針對宗子之服，雖嘗試推測其喪期爲九月，並加以解釋，但因爲這只不過是個假說，可能無法求得經的原意。然而如果堅持傳的三月之說，不僅會產生上述之類的矛盾和分歧，在經的喪服制中，宗子的地位也就變得薄弱了。爲了靈活地運用經的規定，這樣的假說也並非沒有意義。然而，傳一方面努力把本來與宗法無關的喪服規定，勉強解釋成帶有宗法制的色彩，但另一方面不知什麼原因，對宗法中心的宗子的喪服解釋，卻又有此挫折。這也可能是在經的喪服制和傳的宗法制，原本是屬於理論上的空談上，潛藏著根本的原因。經的喪服制如果是現實存在的風俗的話，或者至少喪服制中宗子的特殊地位，反映出現實的家族性集團生活中宗子的地位的話，傳也就不會把宗子之服的喪期弄錯解釋爲三月了。再有，傳的宗法制如果是在現實生活中實行的制度的話，或者至少是自古所宣傳而來的理論的話，那麼對重要的宗子喪服，理應可以用宗法制毫無困難地加以解釋，因此也就不會一味地在使與宗法制毫無關係的喪服規定，帶有宗法色彩時，感到焦慮的同時卻又有所躊躇[40]。

順便一提的是，例如在不杖期章的「世父母叔父母」條，如按傳所說的「父子一體也，夫妻一體也，昆弟一體也。故，父子首足也，夫妻牉合也，昆弟四體也。故，昆弟之義無分，然而有分者，則辟子之私也，子不私其父，則不成爲子。故，有東宮、有西宮、有南宮、有北宮，異居而同財，有餘則歸之宗，不足則資之宗」，那麼也就沒有必要說明對世父母叔父母服喪的理由。這是傳借解釋此條的機會主張宗法制。即使在同章的「爲人後者爲其父母。報。」條中，以及大功章的「君爲姑姊妹女子子嫁

[40] 在《詩·大雅·板》中有「大宗維翰」一句，其「大宗」一詞歷來被當做大宗小宗的大宗來解釋，但卻未必妥當。又有關宗法制，他日有機會可敘述筆者淺見。

於國君者」條中，則可看出其離題與偏離同樣的方向。再如對齊衰無受章的「大夫爲舊君」的喪服，如傳所說的「言其以道去君而猶未絕也」，「大夫去君埽其宗廟」，即是發展了像孟子所謂的「三有禮」㊶的思想，有附加進類似這樣的縮小解釋的例子，此事在此也順便一提。

五、結束語，傳的思想和著作年代

在以上數章中，筆者研究了傳的說法。經的喪服制，因爲是把喪服看做禮，因應家族身份關係的親密度，而來確定其等差。除特殊規定外，並沒有必要說明其服喪的理由，但是傳甚至將相互服同等之喪的情形，將之強分爲二，試圖分別說明其特殊的服喪理由。在針對從服和名服的說法，對異姓的外親不承認其本來的服喪義務，表現

㊶《孟子．離婁篇下》有「（齊宣）王曰，禮爲舊君有，何如斯可爲服矣。曰諫行言聽，膏澤下於民，有故而去則使人導之出疆，又先於其所往，去三年不反，然後收其田里，此之謂三有禮焉，如此則爲之服矣」。

出其血族宗親本位的思想❹❷。對經中「報」字的用法，因爲認識不足而創出了矛盾很多的報服之說。「唯子不報」的「子」，曲解成了「女子子」，宗族的女親本服則誤解成出嫁的降服。因爲想將經喪服制染上宗法制的色彩，故對以「庶子不得爲長子三年」爲始的很多例子，進行縮小解釋。爲了把齊衰無受的喪期直接解釋爲三個月，使得喪服制的宗法化在對宗子服喪之事的解釋上，有其牽強困難，這些作者都將之舉出檢討。又將經中的苴杖和削杖理解爲竹杖和桐杖之事，把杖的意義，從歷來的道德性解釋，隸屬成爲政治權力之物。在對從降的解釋中，或在對「慈母如母」的服喪理由的解釋中，所強調的都是諸如「父者，子之天也」的父權本位思想。因爲對經的喪服制不能有整體的把握，所以也就會誤讀經的規定。又或許是自然的發展，傳又把經中只不過是單純的喪服名稱，轉化成了表示親等關係的用語，這些也都已經加以指出。這些考證說明如果沒有大錯的話，傳顯然絕非如歷來被盲目崇信似的，認爲其忠實地傳達經的宗旨，此當自不待言。特別應該注意的是，在傳的思想中，道德的意義變爲淡薄，例如，傳只是簡單地說了「爲父何以斬衰也，父至尊也。」比起孟子、荀子專

---

❹❷ 除上述各章所指出的以外，還可參考小功章娣姒婦之服的「何以小功也，以爲相與居室中，則生小功之親焉。」

心致志想爲三年之喪在爲人子的道德性思慕，與哀情上尋求根據一事，則有著隔世之感㊸。喪服禮所建構的初期的道德基礎，迹象完全消失了，代之以權力本位的解釋。再如緦麻章的「庶子爲父後者爲其母」條，從傳的「與尊者爲一體，不敢服其私親也。然則何以服緦也？有死於宮中者，則爲之三月不舉祭，因是以服緦也」解釋來看，其父權中心的說法是很不自然的，完全沒有顧慮到道德性的情愛等因素。總的說來，傳對喪服禮的解釋，與其說是道德的，倒不如說是權力的，說其爲人情味澆薄的權勢本位思想也是恰如其分的。

那麼，傳究竟是創作於何時呢？如筆者淺見，經是在《荀子》的〈禮論篇〉以後戰國末期時編制的，如果記出於漢儒之手的話，那麼解釋經也解釋記的傳，則肯定是在經、記之後的著作。那麼在內容上，傳與《禮記》的〈大傳〉似乎有著密切的關係，不只在〈大傳〉中，將喪服制和宗法制合而爲說，與斬衰章的傳的「庶子不得爲長子三年」和大功章的傳的「其夫屬乎父道者，妻皆母道也。其夫屬乎子道者，妻皆婦道也。謂弟之妻婦者，是嫂亦可謂之母乎。故名者人治之大者也，可無愼乎？」文章完全相同。再如「服術有六，一曰親親，二曰尊尊，三曰名，四曰出入，五曰長幼，六

㊸《荀子．禮論篇》有「三年之喪，稱情而立文，所以爲至痛極也。……二十五月而畢，哀痛未盡，思慕未忘，然而禮是斷之者，豈不以送死有已，復生有節也哉。」可參照。

曰從服」的喪服分類，也與傳的說法是相同的。在〈大傳〉所以有「立權度量，考文章，改正朔，易服色，殊徽號，異器械，別衣服，此其所得與民變革者也。其不可得變革者則有矣；親親也，尊尊也，長長也，男女有別，此其不可得與民變革者也。」這是。關於禮樂制度，將之從百王不易的戰國時代以來的說法，與因爲王朝更迭而有所更動改定的漢代新說，兩相折衷而成的產物㊹。又如「改正朔，易服色」等內容。若由其可見於董仲舒的對策而來加以考量的話㊺，〈大傳〉或許可以視爲是漢武帝以後的著作。如果是這樣的話，可以推測出喪服傳也大約是與〈大傳〉同時被創作出來的作品。此外，傳和〈大傳〉同樣，是根據宗法制來解釋喪服制的，對各種喪服的規定說明其思想上的理由，這應該是儒家對其所提倡的禮樂無法付諸實行的，西漢後半期的說法吧！㊻從這一點來看，推測傳乃漢武帝時的著作，應無大過才是。

——譯自郭明昆著：《中國の家族制及び言語の研究》（東京：東方學會，一九五二年九月），頁三七—七九。

㊹ 參照津田左右吉先生〈儒教の禮樂說〉其二。

㊺ 參照津田左右吉先生〈漢代政治思想の一面〉。

㊻ 在廢除實演禮樂風俗習慣的西漢後半期，關於其禮樂說的傾向，可參照津田左右吉先生〈儒教の禮樂說〉其五。

張深切（一九〇四—一九六五）

作者簡介

張深切，字南翔，南投人。清光緒三十年（明治三十七年，一九〇四）八月十九日生於南投廳南投堡三塊厝庄，卒於民國五十四年（一九六五），享年六十二歲。

宣統二年（明治四十三年，一九一〇）入位於李春盛公館之私塾就讀，塾師為洪月樵。民國二年（大正二年，一九一三）入草鞋墩公學校就讀。民國六年（大正六年，一九一七），因講臺灣話被處罰，遭學校開除。八月，隨林獻堂赴日本東京，進入傳通院礫州小學校五年級就讀。畢業後進豐山中學、轉學東京府立化學工業學校，插班青山學院。民國十二年（大正十二年，一九二三）年底赴上海。民國十三年（大正十三年，一九二四）與范本梁、彭華英、洪輯洽等舉行「國恥紀念」演講會，抨擊臺灣總督府之政治措施。民國十六年（昭和二年，一九二七年）三月，與林文騰、郭德欽、張月澄等組成「廣東臺灣革命青年團」。五月，返臺，受臺中一中學潮之牽連，被日方逮捕。臺灣日方當局開始檢舉「廣東臺灣命青年團」之會員。民國十八年（昭和四年，一九二九）四月，因「廣東臺灣革命青年團」案，被判刑二年。

民國二十一年（昭和七年，一九三二），赴上海，進入山田純三郎所辦的《江南正報》

社工作，負責副刊主編與時事評論。次年，《江南正報》停刊。返臺，進入「東亞共榮協會」的機關報《東亞新報》社工作。民國二十三年（昭和九年，一九三四）五月，組成「臺灣文藝聯盟」，任委員長，十一月出刊《臺灣文藝》。民國二十七年（昭和十三年，一九三八）赴北平，在北平國立藝術專科學校任教並兼訓育主任，也在國立新民學校教日語。次年，在北平創辦《中國文藝》，擔任主編兼發行人。民國三十四年（昭和二十年，一九四五）日本戰敗投降後，返臺擔任臺中師範學校教務主任。民國四十六年（一九五七），組成藝林電影公司，自編自導《邱罔舍》，獲得第一屆影展最佳故事金馬獎。民國五十四年（一九六五）十一月八日，因肺癌病逝於臺中。

張深切的著作有：《里程碑》又名《黑色的太陽》、《我與我的思想》、《在廣東發動的臺灣革命運動史略》、《獄中記》、《孔子哲學評論》、《談日本、說中國》、《邱罔舍》、《遍地紅—霧社事件》、《生死門》、《再世姻緣》、《人間與地獄》、《荔鏡傳》、《北京日記》等。已由陳芳明等學者編為《張深切全集》（臺北：文經出版社，一九九八年一月），計有十二冊，是研究張深切最齊備的資料。

臺灣怎樣要革命

怎樣要革命？革命豈不是在這社會中有很大的毛病，這個毛病，須要施行大手術的時候，纔有革命的必要呢。換句話說：就是大多數的民衆，要求這個社會要根本大改革了，非靠著革命的手段去改造沒有法子的時候，纔有革命的必要，把這個理論來適合臺灣的情形看一看，我們感覺好像沒有革命的必要；因爲臺灣的情形是很安穩的，沒有大多數的民衆要求革命的，所以表面上看起來，一點都沒有改革的必要。不過，這是表面上的事實，實在卻大大相反的。我們看這好像安穩的情形，和沒有要求革命的事實，不覺流出許多的血淚和冷汗下來！爲怎麼呢？這就是我們應要革命的原因——就是證明日本帝國主義，怎樣厲害痛毒我們！剝去我們的自由精神！撲滅我們的民族觀念！使我們變成奴隸以上的變態人種！那裡是我們不革命，在著很安穩的地位呢？喪失了自由精神的四百萬臺灣同胞！起來革命！我們除非革命以外是沒有生路的。我們不可盲坐在催眠中被人指揮！被人支配；不可忍在斷頭台下，等候斬頭的日子。覺醒起來！我們的家伙被人將要搬完了！我們的未來，也已經陷在很危險的田地了！我們怎樣不革命呢？我們若不革命，不打倒這如虎似狼的日本帝國主義；我們是沒有生甦的希望。尙且就要進入被他們滅種的時代了。這不是胡說，也並不是用揑造謠言要來煽動大家。因爲大家都知道；不是不得已的革命，是不能達到眞實的成功，所以我們第一，要研究我們的革命是出於不得已也不是？但是這個事實已經很明明白白在我們的眼前了，我們知道我們的歷史，和我們的現在。換句話說：就是日本佔領了台灣以後的經過，和現在的情形。我們不能忘去日本自進兵到台灣以來，三十餘年的政策；第一次，他就用帝國主義的武器來鎭壓我們，殺得我們的同胞，滿山遍地死屍壘壘，鮮血成流！一陣陣的摧殘！一陣陣的屠殺！殺到我們不敢作聲。什麼是自由？什麼是民權？民生？纔止！這個慘史你們忘去了嗎？

大家想一想：我們是最好自由，好平和的民族的。我們脫離了滿清的蹂躪，惜別了愛著的故鄉，冒險到台灣，開發台灣的土地，臥薪嚐膽的忍苦，到底我們是爲什麼事呢？豈不是要打倒滿奴政府，恢復漢人的天下，朝訓暮練，不忘民族觀念而始終貫徹奮鬥的嗎？雖然以後，不幸以寡不敵衆，再蹈像祖國的運命，但是我們奮起了拾餘次的革命，豈不是大家都還很記憶的嗎？李鴻章賣國奴，在馬關條約的時候，他曾對日本帝國主義的大走狗伊藤博文說：「臺灣三年小叛，五年大亂」的事實看來，我們就可以知道我們的民族觀念和熱血了。後來我們再將繼受日本帝國鐵蹄下的時候，我們的先烈就明白那時祖國的漢民族，也不能靠得住，他們就想要建設「台灣獨立民主國」，主張共和政治，選舉唐景松爲臨時大總統，與如火似燃的熱烈民衆，共同立一戰線，拼命和日本帝國主義的走狗開始第一回的戰鬥。但是精神那裡會抵敵一時強烈精銳的武器呢？東亞最光榮的歷史，最崇高的主義，也被這最可惡的日本帝國主義折倒了。然後，繼續到一九一五年，噍吧哖大革命失敗，生出空前未曾有大慘案的痛史，也豈不是証明我們的民族性嗎？

第二次，他們就用資本主義的吸血政策，來橫劉我們。台灣在世界上，由土地平均的比例看來，是可以說最罕有的農產國。爲怎麼台灣應要經過的過程——封建制度崩壞，資本主義成立——到今爲何還沒有經過呢？台灣人所辦的大工廠、大公司，所謂工業時代的背景爲怎麼我們沒有呢？樟腦的生產額是世界第一，米、茶、糖、香蕉，也可以說是世界著名的生產品，平野無餘寸地，淺山皆盡開墾，到底台灣的生產品，經濟是怎麼樣處分，怎麼樣分配了呢？台灣並不是經濟落後的國家，工業、農業也非常發達，結局我們所經營的結果，是什麼人拿去了呢？豈不很奇怪嗎？不奇怪，完全是被日本帝國主義者剝削去，是被他們所飼的資本家把在懷吐（肚）裡，在他們的大市場賭博算清楚了。我們知道台灣各地摩天的大煙筒是要做什麼？這個大煙筒簡直是代理阿片筒要給我們吸的。老實我們也不能客氣吸食到今天了。朦朧的眼睛，髑髏的身體，這就是這個好朋友賞賜我們的！可憐呀！親愛的農民！愚呀！親愛的變態資本家！

我們再曉得各市、各郡、各庄的銀行、信託事業是要做甚麼？貨物的代價的銀紙，積如高山，他們寶寶重重的算著，高唱黃金（其實是銀紙）萬能的鬼歌，迷惑我們的眼光，挑撥我們的慾心；騙猿入網的誘計，誘惑我們入這個鐵網，然後他們即用一條繩子，縛在我們的後面，而把我們弄做猴戲的猿公，他們如此剝去我們的經濟，奪我們的自由了。他們感覺這個法子是好幾倍從前對待我們第一步的手段，所以他們現在完全是用這個法子來對待我們了。

從此再分爲一段。我們知道銀行、公司、工場是資本家要強掠我們的強盜場，也知道臺灣銀行的使命。臺灣雖沒有像印度那般的東印度會社，但是將來這個怪東西也快要成立了。現時的臺灣銀行，就是代理這個拷問器。他已經調查清楚我們的一切的財產，第二步的「萬有吸錢機械」——臺灣拓殖社也要來開始動力，來盡剝去我們的經濟和我們的權利了。最後再拿一個例來說，如台灣人所辦的公司一天衰微一天，以外的生意人也漸漸受日本的淘汰，一日不如一日，結局這是什麼緣故？豈不是日本資本主義者時時刻刻橫戮我們的鐵證嗎？

在會社、官界、學校等處，我們的臺灣人都受他們——日本人——直接、間接的排斥，台灣人的就職難，失業問題已經不是只要救恤的慘狀，事實上都迫得不得不著要革命的時機了。土地年年被他們強買去！搶掠去！將來的台灣農民有甚麼地方可以耕作？智識階級有什麼地方可以就職呢？由此觀之，我們可以斷定臺灣人的將來一定要經過他們所置布的三種時代—第一種，就是奴隸時代；這個時代已經過大半了。第二種，就是消滅固有性時代；我們也已經步了一半了。第三種，就是滅種時候；雖然現在纔進入這個時代，但是我們想像到這裡的時候，不覺感應悚然的恐怖起來，像是豫感我們的末日已經到了，但是我們絕對不願意行到這個地步。我們已經要起來革命了，起來改造舊、一切劣陋的社會制度，造出眞善美的社會制度，與二十世紀末將出現的文藝歷史並行前進了。

——二十世紀末的文藝歷史是什麼？就是全世界的弱小民族，被壓迫階級共同合作起來，打碎全世界的帝國主義的鐵鎖，完全享受民族解放，人民自治，自由平等，而且使全世界永遠不再發生戰爭的歷史，這個歷史的第一頁，就是文藝歷史的開編，正是我們人類所希望的眞實的歷史。

四百萬的台灣同胞！起來罷！全世界十二萬萬五千萬的被壓迫民族，和被壓迫階級，在看伸手招待。（呼）我們好久了。我們應該要同他們攜手聯合起來，向這文藝歷史的大路前進，造成鞏固的戰線，向我們的敵人帝國主義者進攻。不要怕他們，我們雖然從前經過被他們詐騙，造成他們的力量，但是我們已經覺醒了，全世界的弱小民族，被壓迫階級也覺醒了。我們不只要脫離了他們的羈絆，尚且要反攻他們！但是我們要怎樣進行革命呢？就是：

第一，個個覺醒起來！放大眼光看我們的地位。

第二，個個聲明反對日本帝國主義，和被日本帝國主義壓迫的階級親善聯合起來！

第三，跑出海外研究革命，聯合各弱小民族共同奮鬥！

——以上的三大政策去實行，去堅固我們的戰線，而等候下出總攻擊令的時候，即從我們十二萬萬五千萬的大軍，而這幾百萬或是一二千萬少數的資本主義和帝國主義聯合的敵兵進攻，一定是能夠成功的。他們死滅的日子，就是我們勝利的日子！我們的力量日日隆盛起來！他們的勢力日日衰微下去！我們的生命日日延長，他們的生命日日短縮了，同胞們！我們現在已經知道我們怎樣要革命了，那末進攻！進攻！努力呵！四百萬的同胞！掃滅、掃滅！革命呵！全台的被壓迫階級！最後我們高呼：台灣革命成功萬歲！世界被壓迫階級革命成功萬歲！

一九二七、三、五于先鋒社

（以筆名「紅草」發表）

孔子與老莊

在這之後，我閱讀的是《四書》。《四書》我在少年時代曾經被迫讀到滾瓜爛熟的程度，然而那是「讀論語而不知論語」，當然不能和這次的閱讀相比。孔子的力量將漢民族支配兩千年以上（《四書》正是這個力量之精華）—而《四書》正是四億人民之統治者！孔子在《四書》裡到底說了些什麼呢？我一邊和梁啓超的《先秦政治思想史》對照，一邊以懷疑的眼光研讀了它。

閱讀時，孔子的名字在我的腦子裡時常和考茨基（K. J. Kautsky）重疊在一起。

孔子‖考茨基　　考茨基‖孫文

孫文‖孔子＋考茨基

說來奇怪，我竟然有了這樣的感受。孔子是企圖將他的理想社會建立於既成社會制度之上的人。也就是說，要把一幢華麗的屋宇建蓋於破朽不堪的簡陋平房之上。這和讓猴子穿上周公的衣服，在旁邊敲鑼大喊「周公來了！」有何不同呢？

他是一名改良主義者，同時又是一名修鞋匠。他把男鞋改為女鞋，同時也把女鞋改爲男鞋。他是一名巧奪天工的修鞋匠，同時也是一名裁縫師。稱他爲建築師未免過份抬舉，稱他爲泥水匠則未免有些小覷。就模仿性強和正經八百之觀點而言，他簡直和日本人一樣。

•

爾後我翻讀的是《莊子》。這本書我是費了很大的勁才得到的。他是令人刮目相看的超人！能與他比擬的唯有列寧一個人而已！如果說馬克斯是老子，那麼，莊子就是列寧。莊子可以說永遠活在人類的心理。莊子是哲學家、自然科學家、政治家、進化論者、雄辨家、宗教家，同時也是具備人類所需要之任何學問的偉大權威！

對於老子和莊子的學說，我可以說佩服得五體投地，半句批評的話都不敢說出來。

在我一輩子讀過的汗牛充棟的書籍裡，使我最受感動的莫過於「共產黨宣言」、「辨證法」、和「老莊」。

指老莊爲虛無主義者，這是什麼人說的呢？說這句話的人太胡說八道了！這一點我當然沒有意思去追究，我卻認爲老莊是貨眞價實的唯物論者，願意奉以「唯物史觀哲學創始者」之美名（實際上我對這個名稱猶未滿意）。倘若世人不贊同奉以這樣的稱號，我起碼也要以「客觀眞理之把握者」稱呼他。

或許有人要譏笑我不經引經據典就如此大言不慚吧？然而，我寫的是感想文，並非學術介紹或討論問題，這一點尙請讀者們海涵。

民族精神與民族性的概念

人類究竟生自何物，始自何時，又我民族到底出自何源，來自何族？這的確是一個問題，就是我民族的名稱，到了現在也還沒有人能究出其眞實的原始名字，可見欲稽考一個民族的沿革和來源，決不是容易的事。過去我民族雖然另有諸夏、華族、漢族、唐族等的諸名稱，但是這莫非都是後代所賦予的稱呼，斷不是原始的名字。

本來欲探究這些問題，並沒有什麼困難，爲什麼倒這樣難能研究呢？這個原因過去歷代的支配階級、宗教家、歷史家常常爲遂其所欲爲，把一切的眞正事實加以竄改，演致歷代的傳說與歷史都弄得迷濛混亂，以訛傳訛，終於無法稽考。現在對此問題姑且勿論，祇就目前我國人最須關懷的中國民族性與民族精神，先提出作談論的題目，因爲這個問題和我國的建設與民族復興是有密切的關係。

關於這個問題，向來並不是沒有人發表過議論，然而看過去的許多議論都似乎太偏頗，還未能得到普遍的共鳴；就是日本的所謂中國通的中國民族觀也實在不敢領教。原來民族性並不是什麼神秘的東西，同時也並不是完全生起在形而上的觀念，所以不能單從閃現在形而上的概念中去探究，如果這一點踏錯了，就毫無方法可以糾正。因爲民族性是表現在整個的民族生活的型態，所以它有憑藉而且有對象，這正和個人的品性一樣；視其所以，觀其所由，聽其所安，或以通俗的方法觀其嗜好，視其行動，聽其語言，便能夠看出他的性格。

但是性格決不是固定而不會發生變化，祇是其變化的動態沒有像精神那麼活動而已。民族性和民族精神不一樣，因爲民族性是整個的民族生活的靜的表現；反之，民族精神卻係整個的民族思想的動的表現，所以前者是跟民族生活之諸型態的變化而變化，後者是跟民族思想的變化而變化的。

質言之：民族性是建築在生活形式上面，而民族精神是復建築在民族性的上層建築，所以後者的性質比前者抽象而且微妙。至若觀其表現的根據，前者是象徵在生活的形式，而後者是象徵在生活動態和紀錄；比方衣食住或與這三項有關係的一切事務，都莫不象徵民族性。語言、制度、政治、學術、動態等，這些比較屬於觀念的、或概念的、抽象的諸現象都莫不象徵民族精神。

所以欲研究這些問題的人，必須熟悉這些關係，能夠將這些關係解剖分析，綜合整理，分成系統，以純客觀的材料去用正確的科學加以檢討研究，才能探出眞實性來。關於這點，日本的後藤朝太郎還可以稱爲斯界的權威，只看他在「大支那大系」第八卷的風俗趣味篇裡所發的議論，也能看出他對中國的研究是曾經費了多少的苦心。不過他的研究法還很散漫，又不是中國人，在這一點說，他似乎比林語堂較爲吃虧的。他有一段文說：「凡欲知支那事物的眞相，必須要能認識支那的社會裡在於無意中所發生的許多自然現象才行。」這種說法，苟非對一個民族富有理解或很有經驗的人，是說不出來的。可是他還未有給予我們滿足的答覆。

民國二十八年十二月短評

民族精神與民族性

精神與性的概念

何謂民族性？何謂民族精神？對這個問題，過去似乎少有人做過明確的比較論，所以這兩個問題到現在還弄不清楚。有的說民族性與民族精神無甚懸隔，有的主張民族精神裡頭有民族性，民族性裡頭有民族精神，以爲這兩項問題都是屬於形而上的概念，很難分別。

關於民族精神的研究者，我記得我國只有陳高傭先生一個人，其他是否另有權威？

可惜我還沒有認識。但是日本方面卻很多，不過日本的研究目標，多以日本本國為對象，關於外國的研究，除德國外很少，尤其是關於中國的更寥寥無幾。然而關於中國民族性的研究著作，卻頗有汗牛充棟的數量；凡所謂「支那通」者，莫不有其論說，而其論說莫不涉及「支那民族性」，可見日本對中國的民族性，特別關心注意。

為什麼日本對中國民族性這樣注意，而對民族精神卻漠不關心呢？這雖然有許多不必說明的理由（為要侵略與統治）；總之，現時國際間都一樣不甚注意外國的精神，同時對民族精神的重要性，也還沒有充份的認識。日前我特意到北京近代科學圖書館去看看其藏書中與日本精神有關係的書有那些，結果約六十餘種，類別冊數達一百左右，執筆者也差不多有一百多人。就中似乎以紀平正美博士的著作為最出名，而版數也最多。

紀平博士的《日本精神と辨證法》（日本精神與辨證法），《日本精神に關する一考察》（關於日本精神的一考察），都重印過二十版；清原貞雄的「日本精神概說」十六版，小倉鏗爾的《平易なる日本精神解說》（日本精神的平易解說）八版，池岡直孝的《日本精神の闡明》（闡明日本精神）五版，野村八良的《上代文學に現はわたる日本精神》（表現在上代文學的日本精神）五版，田制佐重的《日本精神概說》四版。

出版的數量，當然不能用以判斷其作品的好壞或做內容價值的標準，可是據這版數還能看出讀者們的嗜好和理解力，也是很有意思的。這些作者中，特別引我們注意的有近衛的「國史に現はれたる日本精神」（表現在國史上的日本精神），德富豬一郎的「聖詔に現はれたる日本精神」（顯現在聖詔的日本精神），及藤村作的《國文學と日本精神》（國文學日本精神）其他井上哲次郎的《日本精神の本質》（日本精神的本質）和評論家長谷川如是閑的《日本的性格》與津田左右吉的《支那思想與日本》也很值得注意的。

統觀前舉的著述中，我覺得長谷川的《日本的性格》和津田的《支那思想與日本》比較富有理論，而且較有哲學根據；可惜我的理解力還未能達到理解他們這部門的怪學說，這點我對他們和西田幾多郎博士都一樣很抱歉的。

我未看紀平博士的《日本精神與辨證法》以前，對這部書抱了很大的期待，以爲能夠跟他學一學高深的學說，及至閱讀其內容之後，纔知道他要說的是「流行思想與現代青年的苦悶」、「錯誤的教育」、「事實是什麼」、「階級意識」等，都是一些很膚淺的談話，每篇都很簡單平凡，得不到什麼哲學上的辨證，大失所望。

又本年（民國卅二）七月一日在《朝日新聞》第二頁「聲」欄，偶爾見著一篇關於日本精神的投稿，大意說日本精神很難理解，也因爲難能理解，才堪稱爲日本精神，如果日本精神能夠理解的話，就算是洩漏了日本的最高秘密。這個投稿者的用意，好像要說他所讀過的日本精神論都不能理解，日本精神是特別神秘的東西，應當不能理解，若是寫得能夠理解，那就算是洩漏了日本的最大秘密。換句話說：就是會暴露日本的醜態。

我援引這些例子，並沒有惡意要攻擊他人的議論，我祇覺得過去中日兩國互相對於雙方的民族精神，都太不關心，因此互相不能理解，引致造成這次的戰禍，是以不揣冒昧，決意草寫這篇拙文想喚起世人的注意。

原來民族性和民族精神並無一點神秘或秘密性質，而是極光明正大，而且絕無絲毫的掩飾，無論任何人都能容易理解和認識。我們在要檢討這個問題以前，須先檢討精神的意義。夫「精神」、「思」、「性」既然名詞不同，自然其意義也不同，我們且把現成概念來觀察一下，自能明瞭。所謂精神者大體有兩種概念，一個是指瞬間的心理狀態，一個是指偉大的群衆思想，例如精神爽快、精神煥發、抖擻精神等，是屬於前者；革命精神、儒道精神、民族精神等，是屬於後者；而前者是情感與理性結合的心理狀態，後者是理智與氣魄的思想象徵，雖然都屬於生命裡的一獨立部門，卻不是純粹的本能，和「心」的概念也有明確的區別，應當是屬於理性的範疇。

「心」可以說是思維的本體，意識的根源。「思想」好像是綜合的思維，也可以說是集成的思考。「精神」似乎是情感的現象，理性裡的偉大氣魄，很閃現的，斷片的，不像思想那樣有系統的組織。「性」莫非是象徵生理生活的概念，而加上後天經驗配合生成的本能，比較固定的，感情的，而不容易改變。

《中庸》說「天命之謂性」，孟子主張「性善」，荀子、韓非主張「性惡」，告子說「生之謂性」，王陽明說「性則理」，各說都有異同；我想中庸似乎以人的本能爲性，孟子以理性爲性，告子以生命的自然動向爲性，荀子與韓非以人的慾念爲性，王陽明好像根據孟說，也是以理性爲性的主張。對以上幾說，我還是贊成中庸與告子的見解，因爲這兩者對「性」才有正確的認識，其餘都把性的含義解錯了。性與理性應當要有明確的分別，否則性善說就很難成立。質言之，性如果本來就是善，那就不必「率性」、「修道」，同時也不會「習相遠，苟不教，性乃遷」。我們須知性的善惡有主觀與客觀的相對觀念；前者是只有善而無惡，後者是因相對關係而發生善惡的分別。例如蛇蠍螫毒，虎豹會舞爪弄牙，這於牠本身是正當防衛的本能，絕無惡之可言，但是由第三者來說，就算是惡的天性。過去有一部份的學者，對性的解釋議論紛紛莫衷一是，事實都是因概念不同而生異論，斷不是故意要自出機杼的意思。

《中庸》對性已有很鮮明的定義：「天命之謂性」，我以爲此句應解作「自然的本能叫做性」，不知怎樣，孟子卻把理性誤認爲性，率而創造了性善說，和告子打起哲學的官司，使這場官司打到現在還沒有解決，這的確是中國哲學史上一件很無聊的事。

民族概念

民族概念的含意是很廣義的，不能一言而詳；這若是研究過民族問題的人，大概都能理解。對這個概念現在分得較爲明確的，是人種與種族的關係。然而這個區別，也似乎還沒有達到充份的普遍；不但一般人弄不清楚，就是學者們之間，也不見得都有正確的認識。

例如最近還有人主張「人種就是民族」，而且這種議論，在學界之間還佔有相當的勢力，可見這個概念，在學術界還沒有達到確定的統一。有人判斷「人種是生物學的概念，而民族是社會學的概念」，這種區別，確實很有意思，但是我們還不敢給與無條件的贊成，因爲這種見解，雖然持之有故，然而看其內容和解說，似乎還留有許多檢討的餘地。

諾班指民族與國民的區別，有兩種對立的見解，一是以民族爲自然的統一概念，以國民爲政治的或國家的概念；一是以民族爲政治之統一，以國民爲自然的或文化的概念；前說的源流是起之於法蘭西，而後說的支持者有布倫臼利、薩加利亞、耶爾特班等。

一般俗說大概都以民族爲文化共同體，可見這個定義，猶不甚完全，於是更加上

「成爲文化共同社會之民族的成員，應有血緣的近緣性之信念或意識」。換言之，民族是以血液類似性的信念與意識做基礎，而在廣義的諸文化之共同性所成立的基礎社會。由其文化統一性發生的社會意識，自然會發生要求自己國家形成之意志。

這種說法，雖然比較完善，卻還嫌有點複雜和縈迂。我以爲民族可以用兩種的觀察來給它規定：一個是客觀的概念，一個是主觀的概念。客觀的概念，是以人種或類似型爲根據去判斷其所屬的民族；主觀的概念是以信念或精神意識爲根據來肯定自己所屬的民族。前者是以物型爲對象，後者是以意識爲信念。

舉一個例子說：我們都知道中國和日本是完全兩樣的民族，這個概念是從其形態——衣食住、風俗習慣、語言等歸納的認識，斷不是從生物學上給予規定的。如果從生物學上觀察的時候，我們便分不出中國人和日本人有什麼不同的地方。

對民族概念，我想不該以過去或未來做問題，我們應當以現實爲標準；因爲現實才能規定他的型態而決定他的意識。譬如現在這裡有一個混血兒，無論他自己怎樣極力主張他是中國人，事實他的意識絕對不會肯定他是純粹的中國人。可見民族意識絕對不能脫離血緣，脫離了血緣就沒有民族意識。

中華民族固然由許多異民族混合而形成的集團，然而現在的中國人都已經分不清他們的血的來源，自然也都肯定他們自己是滿民族的一員；又有一部份的漢民族移居於日本，都被他們同化，他們現在也都完全變成日本民族了。將來漢民族或日本民族的一部份，也許會再互相同化，到那個時候會變成怎樣，是由那個時候決定的。我相信狹義的民族概念，是以血緣的信念爲根據，而形成文化共同體，雖然離開了文化共同體，猶能以血緣的信念規定他本身的民族意識；廣義的民族概念，是以生物學上的同類型爲根據，而加上文化共通性做標準。前者是屬於主觀的觀念，而後者是屬於客觀的觀念。

結論

民族應當以血緣爲體，以信念爲精神，如果離開了血緣，就需要以信念爲根據，要之民族是血緣或血緣近似性的人類集團，由其文化與智識的發展進步，而希求形成共同體或社會國家；在這個社會國家所形成的共通性或共通精神，就可以積稱爲該民族的民族性或民族精神。

民族性與民族精神都一樣屬於「形而上」的問題，所以彷彿看來，似乎有點神秘性，其實不然，民族性與民族精神都很顯現，不但比個人的性格與精神容易認識，而且是絕對公開，毫無人爲的粉飾，個人生活與其實在的中心思想，我們往往無法去窺探其內容，可是民族生活和民族思想是絕無隱蔽的。

中國的風俗習慣、語言文字，以及其他的生活形式，都無不表現中國的民族性；民族性是顯然的表現在整個的民族生活型態上，由形態的變化而變化，不能脫離其形式。所以我們如果要改造中國民族性的時候，必須要先認識其形式的重要性，方能找出妥善的辦法。但是民族性的變動，跟民族精神正相反，異常緩慢，而且很有惰性，雖然變化後，有時候仍會復原本性；是以中國有句俗話：「山可移，性不可改」，這就是形容其改變的困難，但不是說絕對沒有可能的意思。

根據上述，民族性無疑是象徵在整個的民族生活之形態上，那末民族精神是象徵在什麼地方呢？民族精神既然可以說是民族的最偉大的思想與氣魄，自然其象徵也反映在這方面的寓象。例如某民族所有或所創造的最理想的政治，最偉大的人物，最燦爛的文化，都無不象徵該民族的精神。所以研究民族精神的人，有的從其歷史與政治，有的從其偉人與文化，其所選擇的題材，大概都不外乎在這個範圍而已。

我們若把民族性與民族精神研究到底，自會知道這兩者也有一個共同點，都發生在民族生命的根源；前者是屬於本能，後者是屬於理性。前者的表現是慾念，而後者的表現是道德。易言之，性可以說是生存慾的本能，精神可以說是共存共榮的理念。所以告子說：「食色性也」，「生之謂性」，又說：「性猶湍水也，決諸東方則東流，決諸西方則西流，人性之無分於善不善也，猶水之無分於東西也。」其意殆與《中庸》的「天命之謂性」相同。

至若荀子與韓非的「性惡」說，可認爲都是出自結果論，決不是原理論；因爲他們所說的「人性利己」之觀念，是從人的行爲而做歸納的判斷，決非從人性解剖分析而演繹的。怪不得他們這一說很難受到一般儒家的支持。總之，我們以後應當把性再分爲「天性」與「理性」的區別；也只從理性的觀點，纔能肯定孟子的「性善說」，否則這個打不完的官司，還是無法收束的。

果然性的表現帶有利己的色彩，因爲「性」的確是「生」，是「生存的本能」，因此生存的本能只有意向，而沒有善惡的觀念；迨至生存上發生困難，或希求上進時，纔用得著理智，而理智一用就成爲理性的問題。孟子等不明乎此，誤認惻隱，羞惡，忠敬之心便是性的本體，所以論到現在，還不能得到正確的結論。嘗試論之：孟子所說的「心」，如果是天性，那末何必再言「弗思耳」，「求則得之」的必要？既然要「思」，要「求」，那就不能說是「天性」；況且良心、良知、道德觀念，是由理性的發展進步而進步發展，可見孟子所說的「心」，不是屬於純粹的先天性，倒是屬於「率性」「修道」的後天性。

這樣，民族性無疑是民族生存的本能，而象徵在於民族生活形態的上面，因其生存慾而帶有利己和自私的指向，所以和民族精神相對立。我以爲民族精神只有善而沒有惡，民族性儼然與它相反，須用民族精神來給它指導、改造，方能完成其道德觀念，若不然「性」祇跟其生命和本能活動罷了。

關於民族性與民族精神的差異，我們現在已經略能了解，那末關於民族精神的認識法還得來解釋一下。民族精神雖然可以分別部門去研究，但在這種研究法，不過只能認識其一斑，決不能窺見其全貌。所以要研究這個問題的時候，必須從各方面和各角度去研究，並綜合其全體，纔能得到實在的結論。

起初，我以爲民族精神不論善與不善，需要綜合其全體，纔能代表其整個的概念。譬如中國的代表人物有：三皇五帝、歷代的名帝昏君，忠臣孝子、烈女節婦、亂臣賊子等，都得要混合平均的辯證法去找其結論，纔爲合理；後來，我深思熟慮的結果，又明白這個見解，完全是錯誤。因爲凡所謂精神者，是指其最偉大、最精粹的思想與氣魄，只有善而沒有惡，如果帶有「惡」就不算爲精神了。

循是以推，民族精神是由民族所產生的最崇高的意志與力量，時時刻刻要和民族性鬪爭；如最好的政治，最高的道德，最燦爛的文化，最偉大的人物，都無不是民族精神的權化；所以無論其歷史、政治、思想、文化、人物等，實在與否，苟係其民族所創造者，就可以代表該民族的精神，它不容允民族裡存在劣性，所以它不斷地要攻擊其劣性，由此而產生革命家和進步的論說。

過去我們對我們自己的民族精神太不關心，同時也不關心外國，外國也一樣不關心我們，演致互相不能理解，互相輕侮，進而妄動干戈，鬧得舉世無法調停，這是何等悲慘的事！如今而後，我們已知凡有偉大文化的大國家民族，都有其偉大的民族精神，除其民族精神毀滅，或其民族分崩離析外，無論其盛衰隆替如何，總有復興的一日。從民族生命裡產生出來的民族精神，不時在淘汰其民族性的惡劣根性，民族性跟民族精神漸漸地轉向，等到民族劣性完全被民族精神克服的時候，就是該民族復興的日子。我們必須要找出眞正的民族精神，來給民族做目標，民族的復興纔能容易實現，否則自己的民族也要弄到危險的地步去，對這點我們是應該注意的。

民族精神雖然是絕對公開的民族氣魄，可是我們往往會因自己的無能而不能認清其實在的本體，對此我們往後也得要重新加以認識的。

民族精神雖然是絕對公開的民族氣魄，可是我們往往會因自己的無能而看不清其實在的眞相，顚倒是非，不能得其要領；將來如果有中國民族精神論出版的時候，那時我們便能根據它而作一個具體的批判。現在日本友邦對於民族精神的問題，還繼續在努力研究，同時毅然援助緬甸、菲律賓、印度等處獨立，欲使東亞各民族各得其所，各各發揮其固有精神，而建設東亞共榮圈，可見日本友邦對於民族精神已有很深切的認識和理解；中日兩國的眞實親善提攜，也必須從互相理解雙方的民族精神時而開始。藉此以期待在中國趕緊出版日本民族精神論與中國民族精神論早日實現。

理性與批判

一

人類之所以優越於普通動物者，是他有特殊的理性，因爲有特殊的理性，所以有人稱人類是「理性的動物」。

關於理性的解釋，各家學說都有異同，然而最通俗的是說：「理性（Vernunft）係概念的思考能力，即與視聽之能力有分別和對立」，這從實踐意義解釋時：由義務意識被動的行動稱爲理性行動，其能力稱爲理性。

理性與悟性自有明確的分別，例如悟性是論辯認識的能力，而理性是最高實在的直觀認識。又悟性乃係範疇的能力，而理性卻係理念的能力。換句話說：悟性是抽象概念的能力，而理性是具體概念的能力。

這樣理性不但與感性相對立，同時也和論證概念的思考能力之羅戈斯（logos此語係希臘語，本來是語言或悟性之意，由其語言表出之理性活動，例如指其語言、思想、概念、學問等的意思外，進而更解作神之創造理性或世界性的意思。）亦有明確的分別。

康德把理性分作兩種的解釋，第一種是以悟性及判斷力與理性合成的次高認識能力全體，作廣義的理性。第二種是以原理能力，即由規則能力之悟性分別出來的，作狹義的理性。

黑格爾是以抽象、固定、分離的思考能力之悟性分出具體的、發展的、止揚的思考能力為理性。

這兩大哲學家對理性的見解雖然似有不同，然而都一樣很注重理性。

不過我覺得西洋哲學對理性的問題太偏重於原理論，所以對唯理論、主理論、合理論等雖然比較精細，然而對作用論、實踐論、倫理論等，卻似乎較為疏忽。

二

中國古來，對理性論雖然沒有專門的著作，對心理論卻異常注意，而且也有相當深刻的探討；如孟子、陸象山、王陽明等這些學者都有他們獨到的見解和發明。

孟子主張「盡心」。他說：「盡其心者，知其性也。知其性，即知天矣。」

陸象山說：「心即理」。

王陽明說：「性即理」。又在其《傳習錄》謂：「無善無惡心之體，有善有惡心之動，知善知惡是良知，爲善去惡是格物。」

孟子說的「心」是否與理性同意，我不敢妄下斷言：如把陸象山的「心即理」，王陽明的「性即理」綜合起來，就可以說「心」是理性。理性這個名詞，本來是翻譯語，與中國的「心」有何區別，對此姑且勿論，現在只藉孟子的「盡其心者……」這段文來附加一點鄙見，便能夠了解其用意。

我以爲這段文的意思，是說：「人能徹底運用其理性，就能知道他的本性，如果他能知道自己的本性，便能知道他的天命。」

這種解釋，也許有人會懷疑我的見解，完全和朱熹不同。實在也因爲不同，所以纔特別提出來議論的。

朱熹把「心」解作「人的神明」，所以它「具衆理而應萬事」，他又說：「天是理之所從以出者，所以極其心之全體而無不盡者，必其窮夫理而無不知者也。」

孟子的本意是什麼，我們不得而知，可是我覺得朱熹的解釋不但不對，而且是獨斷。「心」誠然是好像人的神明，有包含意識、精神、思想，及其它種種的知能。然而人的「心」不一定都具衆理而能感應萬項的事物，像神明那麼靈聖。例如大人和小人，賢人和愚人，都有不同的思考力和思考指向，怎能說都是「神明」呢？

至於對「天」的解釋，我覺得更沒有道理，孟子如果說「天」是萬物之理，那末他何必在其下句好像解釋上句說：「存其心，養其性，所以事天也，殀壽不貳，修身以俟之，所以立命也。莫非命也順受其正，盡其道而死，正命也。」可見他說的「天」是「天命」，是跟《中庸》說的「天命之謂性」的意思相同；而且是說各個人的天命，決不是「理」，也不是「天理」，更不是綜合的天命。

陸象山主張「心即理」，王陽明定義「性即理」，蓋與鄙意相合。

三

關於理性的概念，綜合以上觀之；大體已能明瞭，那末理性與意識有何區別？茲再把意識的意義和理性與感情及意識與感覺來闡明一下：

意識（Consciousness）是什麼？各學派的解釋都沒有一致，然而一般都通作「精神現象」或「心的事實」。換句話說：意識和事實的世界是站在對立的地位，有其獨自的存在，或者可以說是「心實在的本質屬性」。

意識本身自有意識內容和意識作用的區別，例如聽一個聲音時，聽見的聲音是內容，聽覺的活動是作用。這兩個問題之中，對於意識作用方面比較眷注的學者是閔德和布齡達諾二氏。

閔德（W. Wundt）說：「意識是感覺感情的要素被統覺統一的時候，成立的。」

布齡達諾（F. Brentano）把意識置在表象作用，以爲能使對象的指向留在於裡面。

一般俗說謂：「意識是指精神覺醒的狀態，一切精神現象，如知覺、記憶、想像等都作意識內容的一種」，似乎與「心」同義。

佛學解釋解意識是：「心法之一，亦稱第六識，意根對法塵時所生之識也。識者了別之義，此識以了別法爲其作業，所謂法者有二義，一爲十八界中第十一法界，二總十八界通稱爲法，意識偏以一切法爲所緣，一切識所緣，意識皆得緣也。此意識於了別外，尚別有作業，如身、口、意三業及輪迴三界六道之業，皆其所作，又發心修道，斷惑證眞，亦依意識始得有成，故其業用，於諸識中爲最強。」

佛家語中的「心法」，「第○識」，「第○界」，「輪迴」等都是屬於佛教專門語，很難用現代語說明（如欲用現代語說明，恐非本篇所能盡詳），希望讀者把前舉幾段文互相參造，自能理解。總之，諸學派中對於意識論最透徹的算是佛家，我也有一篇「意識與人生」，專門闡述這個問題，將來如有機會，還可以再作一次發表，供給讀者們參考。

四

理性與感情，雖都知道是兩樣的機能，但是我們平素對此都沒有顯明的意識，或意識的區別，因此很容易生出錯覺和做出錯事。比方在日常生活中，我們對自己的言動，很罕爾加以意識的批評——到底剛才說的話，做的行爲，是否出乎理性或感情——茫茫然說完就完，做了就算，沒有鮮明的意識。

我們都知道感情是屬於人的天性（本能），是因受外界的刺激，而情動於心的一種感覺。理性是屬於人的道性，或思考能力；可以說是思考作用的根原，也可以說是人本來具有的知能。我們因爲對感情的觀念，認爲是本能的作用，所以很容易理解，然而對理性總覺得和本能好像有點隔膜，所以不甚明瞭；尤其是各派的哲學家對理性的解釋都有差異，因此越使我們覺得莫衷一是。

前面所說理性是「人的道性」，讀者或許會誤會我喜歡自出機抒，對此我想來解釋一下。我說的「道性」的意思是「指向眞理的理念」，這確實和康德所定義的「悟性是要求相對之統一作用，理性是要求絕對之統一作用」稍有出入。其實他說的是西洋哲學的原理論，我說的是東洋哲學的倫理論；若看他主張「理性是居乎悟性之上」，也可以想見他的結論和我的結論是大體沒甚有懸隔的。我的意思是說：人從自己的良心想要求出眞理的理念的這個能動性能就是理性，這和孟子的「盡心，知性，知天」與陸象山的「心即理」，王陽明的「性即理」的理性論都很相接近。

五

理性與感情有時候能夠相符合，有時候卻會兩相背馳；譬如關雲長與劉備之間，也許理性和感情都能一致，然而關雲長之投降曹操，的確是理性與感情互相背馳的。

這樣理性與感情往往會相反或相離合，祇有意識介在這中間始終不變，表象心的動態，且能調節這兩個官能。現在且把意識與感覺再來檢討一下，就可以進入結論。

意識與感覺彷彿似乎同一官能，事實不然；因爲意識是以內心爲主，帶有知識與理性的要素；而感覺是以外體爲主，受外界的表象與刺激，由神精傳到內心的官能；所以意識是屬於理性（兼有知識、經驗等）的性能，而感覺是屬於本性的性能，故意識是從靜態而進出於動態，反之，感覺是從動態而進入於靜態的。

意識的本體異常靈妙神秘，除藉佛語外，很難說明，就是藉佛語說，也不過只能領會其大概，不能了解其全部。佛語說：「意識徧以一切法爲所緣，一切識所緣，意識皆得緣也」可見意識緣（緣吾強爲之名曰「關係」）很大，莫怪他說：「身口意三業及輪迴（輪迴吾強爲之名曰「循環變化」）三界六道之業皆其所作」，他更斷定「發心修道，斷惑證眞，亦依意識始得有成，故其業用（業用吾強爲之名曰「性能」）於諸識中最強。

這樣，意識不但在諸識中最強，而且是最靈妙，居乎理性與感情之間，有時候還能左右理性與感情，或決定人的思想與行動。

在前面，已提及意識能調節理性與感情的關係。這個意思是說，我們對一切的感覺，雖然沒有鮮明地分出理性與感情，但是我們在於彷彿之間，總能曉得那一句話可以說，那一句話不可以說，那一個事可以做，那一個事不可以做，好像有判斷的「知覺」規定我們的意志，這知覺作用就可以算是意識。

不過意識有時候很鮮明，有時候很模糊，不能分別何爲理性，何爲意識，何爲感情。這個理由是因爲理性的感應，須經過很複雜的官能，然後能動，所以其動態比較有時間性而鮮明；然而感情的感應，是屬於本能的發動，所以其動態比較沒有時間性而模糊。

由此，我們能夠理解意識鮮明的是屬於理性，模糊的是屬於感情，至於意識的作用，是居乎這兩者之間，只作一個緣而已。

這裡，我們要特別注意的是關於意識的作用。意識不像理性有絕對的指向，它是一種相對性的存在。所以意識不是有眞理性，也不是絕對沒有錯誤。例如有的以爲殺生是罪惡，有的以爲不罪惡，有的以爲地球能轉動，有的以爲它是靜止的，有的以爲同性結婚無妨，有的以爲應該要禁止。

由是觀之，意識裡有包含多分的知識要素，緣知識而能規定意識的正誤，這意識就是從感觀而緣起的。

六

錯覺與正覺也很難分別，因爲不容易分別，所以纔會生出信仰的觀念。人自來不相信人，同時也不相信自己，所以他們從理想中創造了神和聖人，假設聖人是近於神，而神則是「正義」與「眞理」的本體。但是中國人對神的觀念，和外國人稍有不同。中國人不敢創作（或自作）像釋迦、耶穌、穆罕默德等那種的神人。我相信中國人是最富有理性的民族，所以他不信活人能做神（莊子與張天師不能算神），也不信「一神論」，更不信神有獨裁性。中國能產生諸子百家，而不能產生釋迦等的事實，就可以證明中國人對信仰是固執懷疑主義的態度。

中國人從來不信死後的事，所以孔子說：「未知生焉知死」，「敬鬼神而遠之」，「未能事人焉能事鬼」，又「不語怪力亂神」，老子與諸子百家的思想也跟孔子大同小異，只墨子一人似有異說；然而他並不是宗教家，也不敢創造宗教上的神，或承認自己是神之子。他們大體都以「道」做人的路線，他們的全精力都貫注在人道的上面：所以中國人的意識裡（即所謂中心思想）只有人道與天道而沒有神道。

吾人所意識的世界，人生科學、道德、思想及其他種種的事物都很不完全。正覺與錯覺都異常錯亂：如個人、集團、民族、國家及時代都有很可怕的錯覺。譬如曹操殺呂伯奢是個人，猶太人殺耶穌是集團；中國人維護滿清是民族，各國互相仇視是國家，清末反對新思想是時代的錯覺。

那末怎樣纔能保持正確的意識與正覺呢？這雖然不能一言而詳，却可以勉強說：「虛心致知格物」是一個方法。因爲虛心像鏡，所以纔能映照一切的事象，致知格物所以能認識事象的本體；我以爲格物和批判有很接近的意思，所以在這結論想要把這兩個問題一起說明。

王陽明說：「爲善去惡是格物」，是把格物作批判解釋的。關於格物的原意，議論紛紛莫衷一是，有的解作「空」或「虛心」，有的以爲是「格正事物」，有的當作

「解剖分析」，有的認爲是「窮究原理」，然而孔子不能復生，將誰使定其正誤呢？各說之中，我覺得張希江的解釋最特異，他把格物與道、釋的「無」「空」相比較，斷定是「虛心」的意思，他的見解我不能贊成，我還是贊成「解剖分析，窮究原理」這種按字解說的俗說。

七

批判（critic）普通是用於分別「善惡」，其語原係希臘語Krninein，即「分割」的意思。康德主張知識上的批判與事物的批評或學說的批判不同，說這種批判是由經驗獨立得來的一切認識所關的理性能力的批判，這與獨斷論及懷疑論是相對立的。因爲獨斷論是樹立定說的態度，而懷疑論是繼續探究的態度，所以獨斷論缺乏探究精神，很容易止於獨斷，而懷疑論是光止於疑惑，不能獲到確實的知識。

中國過去雖然沒有專門的批判哲學，然而對批判卻有相當的進步理論和嚴正的觀察法，例如孔子的《春秋》，左丘明的《左傳》，諸子百家的論說，多帶有批判褒貶的旨意。

不過這裡要說的是關於一般的批判，對純粹理性批判，暫擱不提。我以爲批判必須要有虛心的準備，精博的學問，及正確的意識條件，纔能中肯。因爲虛心，所以毫無邪念，無邪所以能保持正覺，然而正覺必須要有知識爲前提，知識不廣，學問不深，不能得到正確的意識，沒有正確的意識，便不能有純正的批判。

批判的態度有二，一是理性批判，一是感情批判。理性批判也有主觀批判與客觀批判的分別。關於感情批判，我想這裡沒有議論的必要。然而對理性批判，却覺得很有檢討的必要。

現在一般人多傾向於客觀主義，以爲客觀主義纔能認識事物的正態。但是什麼是客觀，什麼是主觀，我想這個界限是很難分辨的。譬如對世界時局，或國家社會的觀察，我們所認識的現象與批判，究竟到什麼範圍爲客觀，到什麼範圍爲主觀，誰能下正確的判斷呢？所以有的以爲是客觀的倒是主觀，有的以爲是主觀的卻是〈無意識的〉客觀。

這樣主觀與客觀很容易顚倒或混淆，假設我們沒有純粹理性（良知）的時候，恐怕連主觀與客觀也分不出來。中庸的「率性、修道」，《大學》的「致知格物」，孟子的「盡心」，王陽明的「致良知」等，都不外乎欲得中和的理性而已。

《大學》謂欲正心（正覺）必須誠意、致知，然後纔能格物（認識事物的正態），又謂欲到至善（眞理——最高理性）須「知止」而定，而靜，而安，而慮（纔能得到至善的判斷）。

子思即以「天命之謂性」，認天與人爲一體。他說：「天命之謂性，率性之謂道，修道之謂教」。又說：「喜怒哀樂之未發謂之中；發而皆中節，謂之和，中也者，天下之大本也，和也者，天下之達道也。致中和天地位焉，萬物育焉。」他很恐懼「不聞，不見」而失去了客觀。因此他主張發而皆中節纔能算是正確的批判。

《老子》有句「致虛極，守靜篤，萬物並作，吾以觀其復」。這幾句還可以敷衍說：「虛極」是理性的本體，「靜篤」是批判的態度（此與《大學》之「定而后能靜，靜而后安，安而后能慮，慮而后能得」意思相接近，換句話說：就是「靜、安」纔能得到正確的判斷），「萬物」是意識的對象。

《老子》雖然沒有提出「理性與批判」的個別理論，但是我們細審他的全書，總能夠領會他的一言一句，都有包含廣大的意義，斷不能分章定句拘束於一說而已。

總之，我作本篇的目的，是在乎欲闡明「理性與批判」的意義，設能從這理論中，更觸及中國哲學的關係，那就望外之至，雖然有甚謬誤，在所不計，願讀者批判爲幸。

——以上各文皆錄自陳芳明等編：《張深切全集》（臺北：文經出版社，一九九八年一月）。